Zu diesem Buch

Brauchen wir eigentlich noch Zoos? Ist die Zurschaustellung exotischer Tiere nicht überholt? Viele Menschen verkennen, daß Zoologischen Gärten neben ihrem Freizeit- und Erholungswert heute eine unschätzbare Aufgabe in Natur- und Artenschutz zukommt. Sie werden immer mehr zur letzten Zuflucht für etliche Tierarten, die in ihren ursprünglichen, mittlerweile veränderten oder zerstörten Lebensräumen dem Untergang ausgeliefert sind. Für viele Arten ist der Zoo eine Arche Noah für Jahrzehnte, für manche – nach Auffassung von Colin Tudge – für Jahrhunderte, bevor sie in geeigneten Gebieten wieder in Freiheit entlassen werden können.

Gerald Durrell, Gründer des Zoos auf der Kanalinsel Jersey und Autor von Büchern wie *Der Spottvogel*: «Ein ausgezeichnetes, hervorragend ausgearbeitetes Buch. Ich kann es gar nicht nachdrücklich genug empfehlen!»

© Alex Robinson

Colin Tudge hat in Cambridge Zoologie studiert und arbeitet heute als Wissenschaftsautor und Forscher am Centre for Philosophy an der London School of Economics. Für seine Arbeiten erhielt er bereits dreimal den renommierten britischen «Glaxo/ABSW Science Writer's Award». 1994 erschien sein Buch *Wir Herren der Schöpfung.*

Colin Tudge

Letzte Zuflucht Zoo

Die Erhaltung bedrohter Arten
in Zoologischen Gärten

Deutsch von Andreas Held

Mit einem Vorwort
zur deutschen Ausgabe von
Gunther Nogge,
Direktor des Kölner Zoos

Rowohlt

rororo science
Lektorat Jens Petersen

Veröffentlicht im Rowohlt Taschenbuch Verlag GmbH,
Reinbek bei Hamburg, Februar 1998
Die Originalausgabe erschien 1991 unter dem Titel
«Last Animals in the Zoo: How Mass Extinction Can Be Stopped»
im Verlag Hutchinson Radius, London (Random Century Group Limited)
Copyright © 1991 by Colin Tudge
Die deutsche Erstausgabe erschien 1993 unter dem Titel
«Letzte Zuflucht Zoo: Die Erhaltung bedrohter Arten in
Zoologischen Gärten» im Spektrum Akademischer Verlag,
Heidelberg/Berlin/Oxford
Copyright © 1993 by Spektrum Akademischer Verlag,
Heidelberg/Berlin/Oxford
Umschlaggestaltung Barbara Hanke
Alle deutschen Rechte vorbehalten
Gesamtherstellung Clausen & Bosse, Leck
Printed in Germany
1990-ISBN 3 499 60361 6

Inhalt

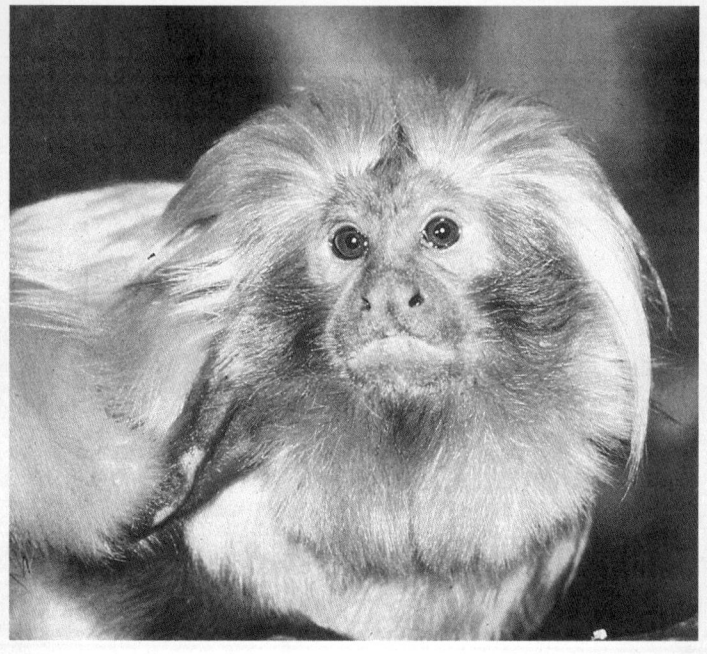

Goldgelbes Löwenäffchen, Zoo London.

Das Goldgelbe Löwenäffchen verkörpert eines der klassischen Beispiele für eine erfolgreiche Erhaltungszucht einer stark gefährdeten Tierart im Zoologischen Garten und deren anschließende Wiedereinbürgerung. Die koordinierte Zucht dieser südamerikanischen Krallenaffen hatte Modellcharakter für zahlreiche weitere Zuchtprojekte. (Photo A. Held.)

Vorwort zur deutschen Ausgabe

Zum Ende unseres Jahrhunderts werden wir Zeitzeugen des größten Artensterbens seit dem Ende des Erdmittelalters vor 65 Millionen Jahren. Während über die Gründe für das Aussterben der Dinosaurier aber noch spekuliert wird, ist die Ursache für das heutige Artensterben sehr gut bekannt. Wir sind selbst die Ursache. Das explosionsartige Wachstum der Weltbevölkerung hat die Ausbeutung sämtlicher natürlicher Ressourcen, zivilisationsbedingte Belastungen von Böden, Gewässern und Atmosphäre, die Zerstörung der letzten natürlichen Lebensräume und den unaufhaltsamen Rückgang der Vielfalt von Tier- und Pflanzenarten in allen Teilen der Welt zur Folge. Wir müssen damit rechnen, daß die Hälfte aller Tierarten die nächsten 100 Jahre nicht überleben wird. Um die Situation, in der sich unser Planet befindet, zu begreifen, stelle man sich einmal vor, die Münchner Pinakothek stünde lichterloh in Flammen, und es blieben nur wenige Minuten Zeit, einige der Tausende von Kunstschätzen zu bergen. Dies könnten sicher nur wenige Stücke sein. Mit Sicherheit aber würden zahllose Menschen ihr Leben aufs Spiel setzen, in das brennende Gebäude eindringen und versuchen, soviel wie möglich zu retten.

Durch diese Entwicklung sind Zoologische Gärten für viele Tierarten zur letzten Heimstatt geworden. Die Zahl der Arten, deren Bestände in den Zoos größer sind als in der Natur, steigt von Jahr zu Jahr an. Beispiele sind das Löwenäffchen, der Sibirische Tiger oder der Balistar. Und schon gibt es eine Reihe von Arten, die nur noch in Zoos und in der Natur überhaupt nicht mehr vorkommen, zum Beispiel das Przewalskipferd, die Guamralle oder die Socorrotaube.

Die Zoos sind sich der Verantwortung für die bedrohte Tierwelt, die ihnen durch diese Entwicklung zugefallen ist, bewußt und haben während der achtziger Jahre Strategien entwickelt, durch planvolle Zucht bedrohter Tierarten in ihren Gehegen zur Arterhaltung beizutragen. Zuchterfolge sind nicht mehr Zufallsereignisse, sondern das

Ergebnis wissenschaftlich fundierter Zuchtplanung. Die Zoos in den verschiedenen Regionen haben sich hierzu zusammengeschlossen und koordinierte Zuchtprogramme entwickelt. So entstanden etwa der amerikanische Species Survival Plan (SSP) und die Europäischen Erhaltungszuchtprogramme (EEP).

Mit dem Aufbau langfristig sich selbst erhaltender Tierpopulationen werden die Zoos nicht nur unabhängig von der Entnahme von Tieren aus der Natur. Ihre Tierbestände sind zugleich Reserven für die Natur, denn sie stellen die Grundlage für Wiederansiedlungen dar. Beispiele für erfolgreiche Wiedereinbürgerungsprojekte sind der europäische Wisent, der chinesische Milu, die Arabische Oryxantilope und das brasilianische Löwenäffchen.

Die Zuchtbemühungen Zoologischer Gärten und die Wiederansiedlung von Tieren in der Natur sind heute integraler Bestandteil der Weltnaturschutzstrategie der internationalen Naturschutzorganisation IUCN. Die IUCN erklärte 1987 hierzu: «Biotopschutz allein reicht nicht aus, wenn das erklärte Ziel der Weltnaturschutzstrategie, die Erhaltung der biologischen Vielfalt, erreicht werden soll. Der Aufbau sich selbst erhaltender Zuchtpopulationen und andere Stützungsmaßnahmen sind notwendig, um den Verlust vieler Arten zu verhindern, insbesondere solcher, die durch weitgehend zerstörte, zerstückelte oder verkleinerte Lebensräume in höchstem Maße gefährdet sind. Zuchtprogramme müssen begonnen werden, bevor Arten bis auf kritische Anzahlen reduziert sind, und zwar international koordiniert nach wissenschaftlichen, biologischen Prinzipien, um lebensfähige Populationen in der Natur erhalten oder wiederaufbauen zu können.»

Der Beitrag Zoologischer Gärten zum Natur- und Artenschutz ist quantitativ vielleicht nicht so bedeutend. Bei größter Anstrengung werden die Zoos zur Rettung einiger hundert, möglicherweise sogar an die tausend bedrohter Arten durch den Aufbau von Reservepopulationen beitragen können. Letztlich ist dies also ein verschwindend geringer Anteil der allenthalben bedrohten Tierwelt. Wichtiger als die absolute Zahl ist aber vielleicht der exemplarische Charakter, den solche Projekte haben. 100 Millionen Menschen besuchen alljährlich die mehr als 200 Zoos in Europa. Hier lernen sie die erstaunliche Vielfalt von Tierarten unserer Erde kennen. Tiere im Zoo sind heute Botschafter ihrer in der Natur bedrohten Art und vieler anderer Tier-

und Pflanzenarten ihres Lebensraumes. Sie sollen die Menschen auf-
rütteln und zum Umdenken im Umgang mit der Natur aufrufen.

Keine andere Einrichtung, kein anderes Medium kann so viele
Menschen auf so eindrückliche Weise auf den Zustand der Natur aufmerksam machen und für Natur- und Umweltschutz werben. Zoologische Gärten sind deshalb in zweifacher Hinsicht Zentren des Naturschutzes.

Die Entstehung koordinierter Zuchtprogramme ist in ihrer Bedeutung und Tragweite mit der durch Carl Hagenbeck ausgelösten Umwälzung in den Zoos zu Beginn des Jahrhunderts vergleichbar. Nur
spielt sich diese zweite große Umwälzung zum Ende unseres Jahrhunderts sozusagen hinter den Kulissen ab. Dem Zoobesucher, der sich
beim Rundgang durch einen Zoo an den Tieren erfreut, bleibt sie
meist verborgen. Das vorliegende Buch von Colin Tudge berichtet
hierüber und ist zugleich ein Plädoyer für den modernen Zoo. Wenn
es keine Zoos gäbe, wäre es höchste Zeit, sie zu gründen!

Prof. Dr. Gunther Nogge
Direktor des Kölner Zoos
Vorsitzender des EEP-Komitees des
Europäischen Zooverbands (EAZA)

Danksagung

Während der vergangenen beiden Jahrzehnte haben mir so viele Wissenschaftler, Zoodirektoren, Kuratoren und Tierpfleger ihre Zeit geschenkt, daß ich Bedenken habe, auch nur einen von ihnen namentlich zu erwähnen, aus Furcht, einen anderen zu vergessen, den ich unbedingt hätte nennen müssen. Ich bin ihnen allen sehr dankbar. In ganz besonderer Schuld stehe ich jedoch gegenüber meinen Freunden und Kollegen im Zoo von Chester, in der Zoological Society of London und in der Federation of British Zoos, mit denen mich etwa ein Jahr Zusammenarbeit verbindet. Außerordentlich dankbar bin ich auch Dr. Sophie Botros von der Universität London, die zwar keine Naturwissenschaftlerin ist, dafür aber eine ausgezeichnete Ethikerin; sie half mir beim Ordnen meiner Ideen für Kapitel 1.

Ganz besonderen Dank schulde ich auch meinen biologischen Fachkollegen, die ebenfalls als Autoren oder Herausgeber tätig sind; sie unterstützten mich über Jahre hinweg auf vielfältige Weise: Dr. Donald Gould, der es hervorragend versteht, Sätze umzuwandeln, und von dem ich meine erste Stelle als Autor erhielt; Dr. Michael O'Donnell, der mir für mein erstes Buch ein recht ansehnliches Honorar bezahlte; Graham Chedd und dem verstorbenen Ian Low, die mir in den frühen siebziger Jahren zu meinem Karrierestart bei der Zeitschrift *New Scientist* verhalfen; und schließlich Dr. Bernard Dixon, Dr. Roger Lewin, Dr. Jeremy Cherfas und Miranda Robertson, die mir zum Teil über 20 Jahre lang zuverlässig zur Seite gestanden sind und mich unterstützt haben.

Schließlich möchte ich Ann Scott danken, die den vorliegenden Text mit ausgezeichneter Fachkenntnis gegenlas und mir das Leben somit sehr erleichterte; desgleichen Neil Benton vom Verlag Hutchinson Radius, dem geduldigsten und hilfreichsten aller Redakteure.

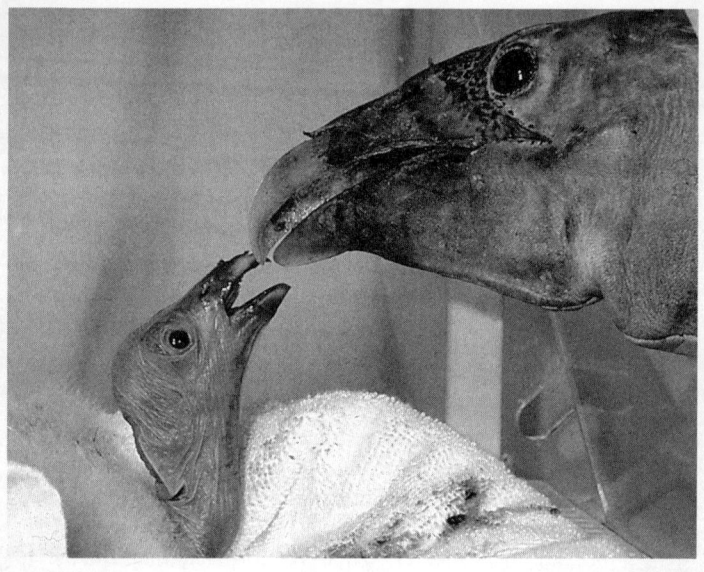

Junger Kalifornischer Kondor bei der Fütterung, San Diego Wild Animal Park.

Zoos können heute bei der Erhaltung gefährdeter Arten einen wichtigen Beitrag leisten. Für manche, wie den Kalifornischen Kondor, werden sie zur letzten Zuflucht. Seit man die letzten drei freilebenden Kondore in Menschenobhut nahm, hat sich der Bestand dieser Art von 27 auf 55 Tiere mehr als verdoppelt. Um eine Prägung auf den Menschen zu vermeiden, setzt man – wie hier in San Diego – zur künstlichen Aufzucht der Jungvögel Kondorhandpuppen ein. (Photo C. W. Racicote, Copyright Zoological Society of San Diego.)

Einführung

In diesem Buch geht es schlicht und einfach um folgendes: Zoos sind heute ein wesentlicher Bestandteil moderner Naturschutzstrategie. Von ihren vielfältigen Aufgaben ist die Zucht bedrohter Tierarten die weitaus bedeutendste. Kurz gesagt, das Buch handelt von der Vermehrung der Tiere in der Obhut des Menschen oder – wie ich es gerne ausdrücke – von der «Erhaltungszucht».

Ist es nicht offensichtlich, daß Zoos Tierarten erhalten können, indem wir sie dort züchten? Lohnt es sich deshalb überhaupt, darüber ein Buch zu schreiben?

Zweifellos war die Antwort auf diese Frage lange Zeit keineswegs selbstverständlich. Für einige ältere Zooleute ist sie das auch noch heute nicht. Bis vor kurzem neigten die Verantwortlichen in den Zoos dazu, Artenschutz nur als eine der vier Hauptaufgaben Zoologischer Gärten anzusehen – neben Bildung, Unterhaltung und Forschung. Erst in den vergangenen Jahrzehnten ergab es sich und wurde auch erkannt, daß von immer mehr Tierarten in den Zoos größere Populationen als in freier Wildbahn leben. Darüber hinaus sind Zoopopulationen oft erheblich stabiler als jene in der Natur; viele von ihnen wachsen sogar an, während die gefährdeten natürlichen Populationen immer mehr zurückgehen. Mit nur wenigen Ausnahmen vergrößern sich die Bestände in jenen Zoos, die ihren Namen zu Recht tragen. Das tun sie, weil die Tiere dort erfolgreich nachzüchten und nicht weil die Zoos die Natur «ausplündern». Wenn heutzutage ernsthafte Artenschützer freilebende Tiere einfangen und sie in Menschenobhut halten, wollen sie diese vor dem sonst unvermeidlichen Aussterben retten. Der Kalifornische Kondor, der Rotwolf und die Arabische Oryxantilope sind wohl die bisher bedeutendsten Beispiele hierfür. Wann immer Tiere zum Aussterben verurteilt sind – wenn also nur noch wenige Individuen von ihnen leben –, sollte man zumindest darüber nachdenken, die verbliebenen an einem geeigneten Ort zusammenzubringen.

Natürlich wäre es am besten, die noch vorhandene Wildnis zu bewahren und die natürlichen Lebensräume der Tiere zu schützen. Aber kurzfristig ist das nicht immer möglich. Ständig herrscht irgendwo Krieg; ständig existieren anscheinend unabänderliche Pläne zur Veränderung der Landschaft durch den Bau von Dämmen, Häfen oder Städten; ständig wächst die menschliche Bevölkerung in solchem Maße, wie keine Population einer größeren Tierart je zugenommen hat. Diese Tendenz wird sich wohl noch einige Jahrzehnte fortsetzen und die menschliche Bevölkerung für Jahrhunderte nicht wieder abnehmen. Um einen Großteil der Welt wird es bald schlecht stehen. Die noch verbliebenen, verhältnismäßig ursprünglichen Gebiete sind weitaus kleiner als die Kontinente, zu denen sie gehören, und kleine Flecken Land unterliegen ganz anderen ökologischen Einflüssen als Kontinente. Selbst in Zeiten des Friedens und Überflusses ist es schwierig, die ursprüngliche Natur zu bewahren. Es reicht nicht, Zäune zu errichten, Schilder «Betreten verboten!» aufzustellen und das Ganze als «Schutzgebiet» zu bezeichnen. Wildnisgebiete müssen zumindest wirklich geschützt werden und verlangen im allgemeinen ein mehr oder weniger intensives Management. In turbulenten Zeiten – so wie heute sowohl in biologischer als auch in politischer Hinsicht – lassen sich die notwendigen Schritte nicht unternehmen. Das bedeutet: Die Tiere sterben aus. Damit sind sie nicht nur für heute, sondern für immer verloren.

Bei manchen Tieren ist es einfacher, sie in Zoos zu züchten, als ihre Lebensräume zu schützen. Für eine zunehmende Zahl großer Wirbeltiere – die verschiedenen Nashornarten, einige Unterarten des Tigers, für immer mehr Primaten, einige Kraniche, viele Papageien und verschiedene Reptilien – ist dies die *einzige* kurz- und mittelfristig einigermaßen erfolgversprechende Lösung. Unternehmen wir nicht bald geeignete Schritte, können wir die Zukunft vergessen. Was verloren ist, ist verloren.

Obwohl sich noch lebensfähige Populationen in der Obhut des Menschen grundsätzlich weiterzüchten lassen, ist eine solche Erhaltungszucht alles andere als einfach. Natürlich haben problemlos zu haltende Arten in den Zoos schon oft nennenswerten Nachwuchs hervorgebracht. Damit locken die Zoologischen Gärten immer wieder Menschenströme an. Doch gelegentlicher Nachwuchs bei den fruchtbarsten Arten ist nicht das, was wir benötigen. Sowohl die schwierigsten als auch die unproblematischsten Arten müssen sich zuverlässig fortpflanzen. Ist dieses Ziel erreicht, müssen Inzucht und andere genetische Katastrophen verhindert werden. Die theoretischen Grundlagen hierfür sind noch recht jung. Sie wurden erst in den siebziger Jahren formuliert. Sowohl die Theorie als auch die notwendigen Techniken (einschließlich der molekularbiologischen und fortpflanzungsphysiologischen) entwickeln sich ständig weiter.

Doch es bleibt immer ein Einwand, der auch von manchem Naturschützer erhoben wird. Er lautet: Wenn Tiere nur noch in Zoos überleben können, dann sollten sie lieber sterben. Fragte man allerdings die Tiere nach ihrer Meinung, dann würden sie dem sicher nicht zustimmen, höchstens, wenn der Zoo eine dieser häßlichen, althergebrachten Einrichtungen mit ihren trostlosen Reihen vergitterter Käfige wäre. Doch das Erscheinungsbild moderner Zoologischer Gärten ist anders. Zumindest sehen die besten Bereiche der fortschrittlichsten Zoos nicht so aus. Jene, die der Zeit hinterherhinken, werden vielfach so schnell wie möglich umgebaut. Wie ich gegen Ende des Buches noch ausführen werde, beginnen die Zoos immer mehr, die Natur nachzuahmen. Dadurch ermöglichen sie den Tieren, wie in ihrer natürlichen Umgebung zu leben.

Ganz gleich wie angenehm der Zoo für seine Insassen auch werden mag, er bedeutet nicht das Ende ihres Weges. Das Ziel ernsthafter Erhaltungszüchter ist es, die Tiere in ihre natürlichen Lebensräume zurückzubringen, sobald deren Fortbestand wieder ungefährdet ist. Vielleicht mag man glauben, das werde nie der Fall sein. Doch schon jetzt verbessern sich hier und da die Bedingungen dafür. Großbritannien erkannte bereits, daß es heute weniger Ackerfläche benötigt als früher; denn schließlich ist die moderne Landwirtschaft extrem produktiv. Dieses Land läßt riesige Gebiete ungenutzt, von denen zumindest einige der Tierwelt überlassen werden könnten. Selbst heute gibt es genügend Raum in Großbritannien, um jene Großtiere wieder einzubürgern, die bis ins Mittelalter, ja sogar bis in die Neuzeit hier gelebt haben – den Wolf, das Wildschwein und vielleicht sogar den Bären.

Außer Land ist natürlich eine veränderte Einstellung nötig – und diese beginnt sich herauszubilden. Die Bewohner von North und South Carolina in den USA setzten einst eine Prämie für jeden erlegten Wolf aus; jetzt schaffen sie Raum für Rotwölfe, die man durch

Zucht in Menschenobhut (im Staate Washington) vor dem Aussterben bewahrt hat. Die Arabische Oryx bewohnte einst ein Gebiet von der Größe Indiens, wurde jedoch Anfang der siebziger Jahre bis zur Ausrottung bejagt. Einige wenige Tiere konnte man retten und in den Zoo von Phoenix in Arizona bringen. Gegen Ende des Jahrzehnts wünschte der Sultan von Oman eine Rückkehr der Oryx; sein Volk, die Harasis, wollte sich um sie kümmern. Heute gibt es wieder nahezu wilde Herden in Oman, Jordanien, Saudi-Arabien und Israel. Weltweit laufen bereits insgesamt etwa 100 Wiedereinbürgerungsprogramme. In wenigen Jahrhunderten – im Artenschutz muß man in Jahrhunderten denken – wird die menschliche Bevölkerung vielleicht wieder abnehmen, jedenfalls besagen dies moderne demographische Theorien. Sollte es dazu kommen, könnten Wiedereinbürgerungen in großem Maßstab beginnen, jedoch nur, wenn wir die Tiere heute bewahren.

Warum ist dieses Buch trotz dieser einfachen Behauptung so lang? Ich hatte nicht geplant, es so lang werden zu lassen. Als ich im Jahre 1976 zu schreiben begann (ich erinnere mich deshalb genau an das Datum, weil ich eine Reise nach Hannover so arrangierte, daß ich mir den Zoo ansehen konnte und es damit rechtfertigte, daß ich dabei war, «ein Buch zu schreiben»), sollte das Buch nur von den Techniken der Zucht und Zurschaustellung handeln, aber noch nicht von der Theorie und Praxis des modernen Artenschutzes. Denn damals, 1976, erkannten nur sehr wenige, daß Zoos hierbei einmal eine wichtige Rolle spielen würden. Dieses Buch ist so umfangreich, weil es soviel zu sagen gibt. Die Theorie ist kompliziert (doch – wie ich hoffe – äußerst interessant). Jedes Tier verlangt eine andere Handhabung, und das finde ich so unendlich faszinierend. Jedes verursacht andere Probleme. Jedes ist wertvoll, und die Zeit ist kurz.

Zumindest der Aufbau des Buches ist einfach. Die Theorie und Praxis der Erhaltungszucht – die Zucht, die Genetik und was tatsächlich unternommen wird – bilden das Mittelstück, die Kapitel 3, 4 und 5. Die letzten drei Kapitel (6, 7 und 8) gewähren Ausblicke in die Zukunft: in moderne und zukünftige Fortpflanzungstechnologien, in die Bereicherung des Lebens in den Zoologischen Gärten, um das Wohlergehen der Tiere zu verbessern und sie auf ein Leben in der Natur vorzubereiten, und in die Zukunft der Zoos in den kommenden Jahrhunderten.

16

Zu Beginn geht es jedoch um einige grundlegendere Themen. In Kapitel 2 diskutieren wir die gegenwärtige Situation der Tiere und fragen, was Zoos (und andere Schutzeinrichtungen) wirklich tun können, um ihnen zu helfen. In Kapitel 1 stellen wir die grundlegendste aller diesbezüglichen Fragen überhaupt: Warum diese Bemühungen?

Afrikanische Elefanten im Masai-Mara-Reservat in Kenia.

Ästhetische oder ethische Gründe sprechen eindeutig für die Erhaltung von Tierarten. Oft stehen jedoch andere Interessen im Vordergrund. Das Elfenbein, der Hauptgrund für den rapiden Rückgang des Afrikanischen Elefanten durch Wilderei, könnte sich durch gezielte Nutzung vielleicht sogar als wichtiger Faktor bei der Erhaltung dieser Art erweisen. (Photo A. Held.)

1.
Warum wollen wir
Tierarten erhalten?

Es gibt vielleicht 30 Millionen verschiedene Lebewesen auf unserer Erde – 30 Millionen *Arten*, deren Vertreter sich nur mit anderen Angehörigen ihrer eigenen Art erfolgreich fortpflanzen. Die Mehrheit dieser 30 Millionen Spezies lebt im tropischen Regenwald. Es sind vorwiegend Tiere, vor allem Insekten. Von diesen sind die meisten wiederum Käfer – weil Gott, wie J. B. S. Haldane einmal scherzte, «eine außerordentliche Vorliebe für Käfer» hat.

Was nützen sie uns alle? Die Zahl von 30 Millionen ist eine Schätzung. Bisher hat man nur etwa eine Million gezählt. Wie gesagt, die meisten beschriebenen (und deshalb nach Ansicht der Biologen auch die Mehrheit der noch nicht beschriebenen) Arten sind Käfer. Nur eine Handvoll Menschen auf der ganzen Welt kann sie auseinanderhalten. Viele verschwinden gegenwärtig, weil die Wälder, auf die sich ihr Vorkommen beschränkt, gerodet werden. Was geht das mich an, was Sie, und was kümmert es überhaupt jemanden? Was macht es, wenn selbst auffallendere Lebewesen über Bord gehen? Wann haben Sie zuletzt einen Hyazinthara gesehen, so daß Sie seinen Verlust vielleicht bedauern würden? Was haben Sumatratiger uns je genützt?

Zoos – zumindest die ernsthaften, die Gegenstand dieses Buches sind – rechtfertigen ihre Existenz heutzutage durch ihren Beitrag zum Artenschutz. Doch warum sollen sie sich darum bemühen? Warum soll sich überhaupt jemand um den Schutz von Arten kümmern?

Sicher tragen Sumatratiger und Hyazintharas sehr wenig zu unserem täglichen Leben bei. Es gibt aber eine ganze Reihe stichhaltiger, sogar «utilitaristischer» Argumente dafür, solche Lebewesen zu erhalten; denn Wildtiere und -pflanzen können uns nützen. Wie lauten diese Argumente?

«Was gut für Tiere ist, ist auch gut für uns Menschen»

Die IUCN (International Union for the Conservation of Nature and Natural Resources) ist den Vereinten Nationen angegliedert und die «offizielle» Organisation und Stimme des weltweiten Naturschutzes. Nach ihrer Ansicht sollten Naturschutzmaßnahmen die Bedürfnisse der belebten Natur mit denen der Menschen in Einklang bringen.

Dieser Ansatz ist alles andere als dumm. Er berücksichtigt zunächst einmal eine unausweichliche Realität: Die menschliche Bevölkerung hat in den achtziger Jahren die Fünf-Milliarden-Marke überschritten, wird wahrscheinlich irgendwann Mitte des kommenden Jahrhunderts einen Höchststand zwischen acht und zwölf Milliarden erreichen und diesen gewaltigen Wert für Jahrhunderte beibehalten (sofern die Welt das ertragen kann). Michael Soulé, führender amerikanischer Ökologe und Präsident der Society for Conservation Biology, malt ein Bild der zukünftigen Welt, das dem des heutigen Südostasien ähnelt, «wo jeder Quadratzentimeter genutzt wird». Eine solche Masse Menschen wird nicht zu ignorieren sein. Solange wir in den Wildtieren unserer Umgebung nicht irgendeinen Nutzen sehen, werden wir sie vernichten. Daran wird uns keinerlei Gesetzgebung hindern. In manchen Teilen Afrikas erschießt man zwar Menschen ohne weiteres wegen Wilderei – dieses Delikt wurde auch schon seit jeher als Kapitalverbrechen behandelt. Doch jeder Mensch stirbt nur einmal; und wenn Menschen vom Verhungern bedroht sind, riskieren sie sogar die Todesstrafe.

Außerdem sind die meisten führenden Naturschützer der Welt (einschließlich Dr. Soulé) durchaus Menschenfreunde. Manche von ihnen meinten zwar, sie würden «Tiere den Menschen vorziehen». Ich persönlich kenne jedoch niemanden, der Menschen ihre Rechte nehmen wollte, nicht einmal aus den schwerwiegendsten naturschützerischen Gründen. Naturschutz kann und sollte auch nicht funktionieren, solange er nicht die Bedürfnisse der Menschen mitberücksichtigt. Es liegt in der Tat an uns, einen Konsens zu finden.

Glücklicherweise gibt es beeindruckend viele Möglichkeiten, die Bedürfnisse der Menschen und jene der Tiere in Einklang zu bringen. Zunächst einmal ist der Tourismus heutzutage einer der größten Industriezweige. Die Menschen sind zu den beweglichsten aller Lebewesen geworden, womit sie ihren übrigen Spitzenpositionen eine weitere hinzugefügt haben. Der Tourismus entwickelte sich sowohl in reichen als auch in armen Ländern – in diesen jedoch ganz besonders – zu einer der wichtigsten Einnahmequellen. Kenia bezieht ein Drittel seines Einkommens aus dem Tourismus. Richard Leakey, der Direktor des Kenya Wildlife Service, bezweifelt nicht, daß der Hauptgrund für Reisen nach Kenia Tierbeobachtungen sind. Sicherlich verfügt das Land über wunderbare Strände, aber die haben viele andere auch. Doch nur in den Ländern Afrikas erhielt sich die pleistozäne Fauna aus großen Säugetieren in einer erstaunlichen Fülle. Ihr Aussterben würde, so Leakey, zu einer erheblichen Verschlechterung der kenianischen Wirtschaft führen. Ruanda, ein noch ärmeres Land südwestlich von Kenia, verdient mit seinen Berggorillas Geld. Nur wenige Außenstehende hätten je von diesem Land gehört, und noch weniger würden dorthin reisen, gäbe es die Gorillas nicht. Aber auch reiche Länder «verkaufen» ihre Tierwelt. Die Bewohner Queenslands profitieren von den Touristen, die das Große Barriereriff bewundern wollen. Tatsächlich kann nach oft geäußerter Ansicht das gesamte Management des Riffes (dazu gehören gleichermaßen Einrichtungen für Wissenschaft, Fischerei und Tourismus) als Modell für die Verwaltung von Wildnisgebieten in aller Welt dienen.

Touristen geben sich aber nicht mit Photos und Erinnerungen zufrieden. Sie möchten auch Souvenirs, und sei es nur eine Samenkapsel oder Muschelschale. Sie sind auch bereit, dafür zu zahlen. Das wirft ethische und praktische Fragen auf. Grundlegend ist: Jede erfolgreiche Population von Lebewesen produziert mehr Nachkommen, als ihre Umgebung tragen kann. Außerdem *sollte* bei einigen Individuen im Interesse des Artenschutzes eine Auslese erfolgen, denn sie würden ohnehin sterben. Daher ist es also im allgemeinen durchaus sinnvoll, «Produkte» von Tieren zu verkaufen, die der Lebensraum nicht tragen kann. Zu diesem Zweck schlägt die IUCN vor, natürliche Lebensräume derart zu verändern, daß die Erträge steigen. Deshalb unterstützt sie Programme in Papua-Neuguinea zur Pflanzung zusätzlicher Futterbäume in den Wäldern, um die Populationen großer, farbenprächtiger, von den Touristen so sehr geschätzter Schmetterlinge zu vergrößern. Ohne diese Maßnahme, so das Argument der IUCN, bleibt den Einheimischen keine andere Wahl, als den Wald zu zerstören und Feldfrüchte anzubauen. Die Zucht der Schmetterlinge ist für sie ein Grund, den Wald zu schützen. Einige afrikanische Länder, beispielsweise Zimbabwe, verlangen von besonders wohlhabenden Leuten entsprechend hohe Beträge, wenn diese ihre überzähligen Elefanten und anderes «Großwild» erlegen wollen – Tiere, die man sowieso auf jeden Fall töten müßte.

Schon oft wurde darauf hingewiesen, daß heimische Tiere auf ungünstigem Gelände sehr viel besser zurechtkommen als eingeführtes Vieh. Beispielsweise gedeihen Antilopen und Zebras in der afrikanischen Savanne, wo Hausrinder, selbst die tropischen Zebus, oft in erbärmlichem Zustand dahinvegetieren. Daher gab es schon den einen oder anderen Plan, kleine Antilopen zur Fleischgewinnung zu nutzen und sogar die Milch von Elenantilopen – den größten aller Antilopen – zu verwerten.

Ein allgemeineres, in die gleiche Richtung zielendes Argument – das Dr. Norman Myers besonders befürwortet und speziell auf den tropischen Regenwald bezieht[1] – lautet folgendermaßen: Wildtiere und -pflanzen besitzen alle möglichen Eigenschaften und Gene, die uns zwar noch nicht heute, aber doch in Zukunft nützen könnten. Wir *wissen* nur noch nicht, daß wir sie einmal brauchen werden. Das ist der springende Punkt. Weil sich bereits in der Vergangenheit zahlreiche freilebende Organismen als nützlich erwiesen, wir bisher jedoch nur einen kleinen Prozentsatz der Erdbewohner identifizieren und noch weniger genauer untersuchen konnten, sind wir sicher, daß es noch vieles zu finden und zu verwerten gibt. Zu den bisherigen Entdeckungen gehört die Mehrzahl der gebräuchlichsten Medikamente, von Aspirin bis hin zu Substanzen aus dem Madagaskarimmergrün, die gegen Leukämie wirken. Dazu kommt manches Gen in wilden Verwandten unserer Nutzpflanzen, das diesen mehr Widerstandsfähigkeit gegenüber Krankheiten, Trockenheit oder dem Salzgehalt des Bodens verleiht. Gewiß beziehen sich die meisten derartigen Beispiele auf Pflanzen – sie sind die vollendetsten Pharmakologen der Welt. Aber auch Tiere enthalten wertvolle Verbindungen. Beispielsweise bilden manche australischen Korallen, die den ganzen Tag der Sonne ausgesetzt sind, Schutzsubstanzen. Die Hersteller von Sonnencremes extrahieren diese heute oder erzeugen sie synthetisch.

Schließlich wird häufig gesagt, die biologische Vielfalt trage allgemein dazu bei, die Stabilität der Ökologie auf der Erde zu bewahren und somit eine prinzipiell angenehme Umwelt sowohl für die Menschheit als auch für alle anderen Lebewesen zu erhalten. In einer typischen Form lautet dieses Argument: Die Wälder der Tropen nehmen große Mengen Kohlendioxid auf. Wenn nun die Bäume verschwinden, nimmt der Kohlendioxidgehalt der Atmosphäre zu. Das fördert wiederum den Treibhauseffekt. Die Stabilität der Tropenwälder beruht auf ihrer enormen biologischen Vielfalt. Wird dieser Artenreichtum verringert, ist das Fortbestehen der Wälder gefährdet, und wir könnten alle unter der sich daraus ergebenden globalen Erwärmung leiden.

Dies scheinen stichhaltige Argumente zu sein. Aber sind sie es wirklich?

Lob der Ausbeutung

Natürlich rufen Versuche, Tiere zu nutzen, um dadurch ihr Überleben zu garantieren, zahlreiche Probleme hervor. Über die offensichtlichen ethischen Fragen mache ich mir nicht allzu viele Gedanken. In der heutigen Welt ist es schwierig, überhaupt irgend etwas eindeutig Gutes zu unternehmen. Haben wir die Wahl zwischen Nutzung und Vernichtung, scheint ersteres das kleinere der beiden Übel zu sein. Überdies sind diejenigen Tiere, die man als Trophäen verkauft, im allgemeinen dieselben, die ohnehin der Auslese zum Opfer gefallen wären. Auch ist es ethisch nicht verwerflicher, eine Antilope zu töten und zu essen als ein Hausschaf. Zumindest würde das Schaf den Unterschied nicht zu schätzen wissen.

Die praktischen Probleme sind weitaus größer. Beispielsweise versuchte Richard Leakey zu der Zeit, als ich diese Zeilen schrieb (Anfang 1991), weltweit einen enormen Geldbetrag (etwa 200 Millionen US-Dollar) aufzubringen, um Kenias Einrichtungen für Touristen aufzuwerten. Zur Zeit drohen die Besucher, das zu zerstören, wofür sie gekommen sind. Die Geparden leiden vielleicht am meisten darunter. Sie sind die einzigen Großkatzen, die vorwiegend bei Tage und im offenen Gelände jagen, wo sie ihre Beute in einer 200-Meter-Hetzjagd niederrennen. Somit lassen nur sie sich leicht in Aktion beobachten. Die Touristen scharen sich um die Geparden, um sie bei der Jagd zu erleben. Der Lärm der Kleinbusse in den kühlen Morgen- und

Abendstunden veranlaßt diese Tiere, mittags zu jagen, was für sie mit einem enormen physiologischen Streß verbunden ist. Die kreisförmige Ansammlung von Bussen um ihren Futterplatz zieht Hyänen und Löwen an, die sie leicht von ihrem Riß vertreiben. Richard Leakey möchte dem gesamten Unternehmen eine verträglichere Basis verschaffen: mit weniger, aber dafür größeren Fahrzeugen, gesperrten Schutzzonen, einem besseren Wegenetz (um zu verhindern, daß Wege durch den Busch gebahnt werden) und mit mehr und besser ausgerüsteten Wildhütern.

Wildtiere zur Fleisch- und Milchgewinnung zu töten ist ebenfalls sehr viel schwieriger, als es scheinen mag. Tiere, die für einen allgemeinen Markt bestimmt sind, sollten im Idealfall auf humane Weise geschlachtet und hygienisch weiterverarbeitet werden. Zwischen einem sauber ausgebluteten Tierkörper und einem, in dessen Adern das Blut geronnen ist, besteht ein beträchtlicher Unterschied. Doch brächte man deshalb mobile Schlacht- und Kühlhäuser in den Busch, würde das Fleisch der Wildtiere unerschwinglich teuer. Zäunte man andererseits die Tiere ein und hielte sie in Farmen, um leichter an ihr Fleisch zu kommen, gingen wiederum einige ihrer biologischen Vorteile verloren. Beispielsweise sind Elenantilopen unter ariden Bedingungen außergewöhnlich effiziente Milchproduzenten, vorausgesetzt, man ermöglicht ihnen, bei Nacht weit umherzustreifen. Treibt man sie abends in einen Pferch, um sie morgens zu melken, und zwingt sie so, am Tage zu äsen, beginnen sie unter denselben Streßsymptomen zu leiden wie Haustiere.

Gewiß bestehen Meinungsverschiedenheiten über das richtige Vorgehen, selbst vom utilitaristischen Standpunkt aus. Afrikanische Elefanten bieten hierfür ein gutes Beispiel. Ihre Zahl ging in den letzten Jahrzehnten erschreckend zurück: von den geschätzten 1,5 Millionen im Jahre 1979 auf 500000 bis 750000 heute. Das war in einem gewissen Ausmaß unausweichlich. Selbst mit dem allerbesten naturschützerischen Willen wird es wohl unmöglich sein, einen weiteren Rückgang zu vermeiden; denn in Afrika nimmt die Bevölkerung viel rascher zu als irgendwo sonst auf der Erde. An manchen Stellen war ein Abschuß sogar nötig. Nur so konnte man die Verwüstung verhindern, zu der es bekanntermaßen kommt, wenn in einem Reservat mehr Elefanten leben, als es tragen kann. Der Rückgang wurde jedoch auch durch Wilderei verursacht, die ebenso grausam wie planlos verläuft. Sie gleicht eher einem Abschlachten als einer vernünftigen Verringerung der Population, wie man sie durch kontrollierten Abschuß erreicht. Elefanten werden wegen ihrer Stoßzähne aus wertvollem Elfenbein gewildert. Jeder afrikanische Staat könnte größere Einnahmen erzielen, wenn er zumindest einen Teil seiner Einkünfte aus dem Elfenbein seiner Elefanten beziehen würde. Alle sind sich einig, daß Wilderei etwas Verwerfliches ist (schlecht für die Elefanten und schlecht für die Wirtschaft), und möchten ihr ein Ende machen.

Ist es demnach für die betreffenden Regierungen besser, das Elfenbein zu verkaufen, das sie durch rechtmäßige Jagd erlangen, und das Geld für weitere Naturschutzmaßnahmen zu verwenden? Oder sollten sie auf den Handel mit Elfenbein verzichten und versuchen, den Weltmarkt zu zerstören und somit der Wilderei ihren Anreiz zu nehmen? Oder ist ein Mittelweg möglich?

Jede Möglichkeit hat ihre Befürworter. Nach Ansicht von Dr. David Jones, Direktor der Zoos von London und Whipsnade, ist der Verkauf legal erhaltenen Elfenbeines nicht nur sinnvoll, sondern sogar äußerst wünschenswert, eben weil ein solcher Handel für die ortsansässige Bevölkerung ein Grund ist, Elefanten zu erhalten. Außerdem liefert er ihnen die Mittel, gegen die Wilderer vorzugehen.[2] Richard Leakey zufolge ist der einzige Weg, die Wilderei von Elfenbein zu unterbinden, sie zu unterminieren. Man sollte den Besitz von Elfenbein unzeitgemäß machen, so wie es heute unzeitgemäß ist, den Pelz einer gefleckten Katze zu tragen. Aus diesem Grunde unterstützte er die Beschlüsse der kenianischen Regierung von 1989 und 1990, Elfenbein im Wert von drei Millionen US-Dollar beziehungsweise eine große Menge Nashornhörner zu verbrennen. Er verweist darauf[3], daß die Entscheidung Großbritanniens, den Verkauf von 700 Tonnen Elfenbein in Hongkong zu erlauben, geradewegs eine Zunahme der Wilderei in den folgenden Monaten herbeiführte.

Dr. John Beddington vom Imperial College in London schlägt eine dritte Strategie vor, bemerkt aber, er tue dies unparteiisch und nicht als ihr Fürsprecher. Die Stoßzähne der Elefanten, so betont er, wachsen lebenslang. Außerdem verläuft ihre Größenzunahme exponentiell; das heißt, je größer ein Elefant wird, desto schneller wachsen seine Stoßzähne. Also, sagt er, würde es sich für einen Geschäftsmann lohnen, für die Zukunft in Elfenbein zu investieren. Der könnte beispielsweise einen Kredit zu 15 Prozent Zinsen aufnehmen und einen Elefanten kaufen. Mit jedem Jahr, das der Elefant länger lebt, würde sich seine Investition mehr und mehr auszahlen. Dies ist eine interessante Umkehrung: Aus dem Elfenbein der Tiere ließe sich Kapital ziehen, indem man sie am Leben erhält. Man könnte sich Reservate vorstellen, in denen siebzigjährige Elefantenbullen ihre letzten Jahre verbringen, sorgsam behütet durch den geborgten Reichtum einiger weit entfernter Millionäre.

Ich wage nicht zu sagen, welche dieser Strategien die richtige ist. Vom ethischen Standpunkt gibt es keine großen Unterschiede: Alle sind von der Absicht her in Ordnung, und die Tiere, deren Elfenbein verkauft werden soll, sind vermutlich dieselben, die man ohnehin abschießen würde. Ein bißchen von der Beddingtonschen Logik ließe das Unternehmen jedoch etwas freundlicher erscheinen. Doch alles, worauf es ankommt, so scheint mir, ist folgendes: Egal, was man auch tut, es muß funktionieren. Die Zahl der Elefanten sollte auf einem gesicherten Niveau bleiben, die Kontrolle der Populationen sowenig traumatisch wie möglich sein und die Wilderei abgestellt werden. Alle diese verschiedenen Strategien sind aus dem einen oder anderen Grund interessant.

Letztlich sind alle praktischen Probleme im Prinzip dazu da, überwunden zu werden. Im allgemeinen sollten diese «utilitaristischen» Argumente zum Tragen kommen. Bei der Erhaltung von Tierarten muß man versuchen, daß die ortsansässige Bevölkerung so weit wie eben möglich davon profitiert, anderenfalls sind die Schutzbemühungen zum Scheitern verurteilt. Ohne jeden Zweifel versprechen solche Maßnahmen Erfolg. Beispielsweise hat die Wiedereinbürgerung der Arabischen Oryx in Oman, die ich das ganze Buch hindurch immer wieder anführen werde, dem Volk der Harasis, den «Bewachern» der Antilopen, während der vergangenen zehn Jahre mehr Einkommen gebracht als die Ölindustrie.

Es gibt jedoch immer noch beträchtliche Einwände gegen die Nützlichkeitsargumente. Daher glaube ich, daß sie alleine nicht genügen, obwohl sie notwendig sind und man nach ihnen handeln sollte.

Wie viele Wildtiere brauchen wir wirklich?

Der erste große Einwand ist, die meisten der hochtrabenden Nützlichkeitsargumente träfen ganz einfach nicht zu oder hätten zumindest nicht genügend Wahrheitsgehalt, um zu überzeugen. Die tropischen Wälder (die mit mindestens 90 Prozent aller Arten den größten Formenreichtum der Welt beherbergen) leisten nämlich gar nicht den wesentlichsten Beitrag zur chemischen Zusammensetzung der Atmosphäre. Einzellige marine Algen, die kaum bemerkbar im Plankton schweben, absorbieren wahrscheinlich 80 Prozent des von anderen Lebewesen produzierten Kohlendioxids.

Darüber hinaus resultiert die Fähigkeit der Wälder, Kohlendioxid aufzunehmen, nicht aus deren Artenreichtum, sondern aus deren Biomasse. Obwohl es oft so dargestellt wird, ist es nicht die Artenvielfalt, die jene Stabilität verleiht und eine solche Biomasse ermöglicht. Vielfalt mag zwar wichtig sein, aber ihre Bedeutung wird gewöhnlich weit überschätzt. Sicherlich stimmt es, daß Monokulturen – Pflanzungen, die nur aus einer Art oder einer Rasse einer Art bestehen – extrem anfällig gegenüber Krankheiten oder Klimaveränderungen sind. Daher rät man Bauern in der Dritten Welt, die sich keine Pestizide leisten können, verschiedene Arten oder Varietäten (genauer: Landrassen) von Nutzpflanzen anzubauen, die genetisch besonders variabel sind. Wahrscheinlich wäre jedoch ein Wald vor der Vernichtung durch irgendwelche bestimmten Schädlinge schon einigermaßen sicher, enthielte er nur einige Dutzend Klone ein paar weniger Arten. Er brauchte nicht die Tausende verschiedener Bäume, die man in den natürlichen Wäldern der gesamten Tropen findet, und noch viel weniger die damit einhergehenden Millionen von Insekten. Gewiß bestehen in einem natürlichen Tropenwald viele wechselseitige Abhängigkeiten. Daher zieht das Verschwinden einer Art das Aussterben vieler anderer nach sich. Doch dies zeigt nur, wie kompliziert und empfindlich natürliche Wälder sind. Es besagt nicht, daß die Menge der Biomasse von der Vielfalt abhängt; denn die verbliebenen Arten füllen bald die von den verlorengegangenen hinterlassenen Lücken. Kurz gesagt: Wäre es unser einziger Anspruch an die Tropenwälder, Kohlendioxid aufzunehmen und die Bodenerosion zu verhindern, könnten wir ebensogut eine einigermaßen abwechslungsreiche Plantage kommerziell nutzbarer Bäume anpflanzen, einige wenige Dutzend Klone Kautschukbäume, Eukalypten und so weiter. Dadurch erhielten wir die erforderliche Biomasse und dazu noch eine finanzielle Gegengabe.

Allgemeiner ausgedrückt, sind die Nützlichkeitsargumente alleine deswegen so ungenügend, weil sie sich von selbst aufheben, führt man sie zu ihrem logischen Schluß. Lautet unser Argument, man sollte die Wildtiere erhalten, weil sie den ortsansässigen Menschen Einnahmen durch den Tourismus verschaffen, müssen wir letztendlich fragen: «Sollte man die Wildtiere auch erhalten, wenn die Einheimischen einen besseren Weg finden, ihr Geld zu verdienen?» Zugegebenermaßen führen viele Menschen in Kenia als Wildhüter oder Kellner ein besseres Leben, als es ihnen möglich wäre, rotteten sie alle Wildtiere aus und bauten Mohrenhirse an. Aber ein solches Argument gilt nicht immer. Die Mangroven der Everglades in Florida verschaffen vielen Einheimischen (darunter ortsansässigen Indianern) eine Arbeit als Reiseführer, Geschäftsinhaber und so weiter. Doch bei Miami hat man die Mangroven an der Küste beseitigt, um Platz für Hotels und Casinos zu schaffen, und diese bringen tausendmal mehr Menschen tausendmal mehr Einkommen. Welchen Wert haben hier noch die Wildtiere? Und welchen Wert haben die Wildtiere im Malawisee, seitdem man im Boden darunter Öl gefunden hat? Welchen Wert hätten die Wildtiere in der Serengeti, würde man dort auf Diamanten und Öl stoßen? Das Problem ist: Nützlichkeitsargumente sind immer zeitlich begrenzt. Einleuchtenderweise lassen sich Wildtiere nur so lange als Einnahmequelle verteidigen, wie sich nichts Einträglicheres ergibt. Sobald etwas Derartiges auftaucht, erfordert die Logik der Argumentation, die Wildtiere zu beseitigen, um Raum für das Neue zu schaffen.

Die Nützlichkeitsargumente führen uns noch in eine andere logische Falle. Angenommen, wir könnten zweifelsfrei beweisen, daß die Touristen tatsächlich die beste Einnahmequelle Kenias darstellen und man deswegen die Tiere für immer erhalten sollte. Trotzdem wäre deren Existenz nicht sicher. Denn Touristen haben es sehr eilig. Sie kommen nicht, um Honigdachse und Wüstenfüchse zu sehen; das sind Tiere für Kenner (die nur Spezialisten je wirklich bemerken). Die «normalen» Touristen werden der Antilopen schnell müde. Sie möchten Elefanten und Löwen erleben und am liebsten beobachten, wie eine Beute geschlagen wird.

Wenn wir also Touristen wollen samt dem Geld, das sie bringen, warum bieten wir ihnen dann nicht das, wofür sie bezahlen? Man könnte die Population der Löwen vergrößern, indem man sie mit Rindfleisch füttert, und jene der Elefanten durch Gaben von Heu. Man könnte Pfade und künstliche Wasserlöcher anlegen, um den Touristen die größtmögliche Illusion einer Wildnis zu verschaffen und die beste Gelegenheit, auf ein Tier beim Beutefang zu stoßen. Jedes Tier, das nicht zum Gewinn beiträgt, könnte man einfach seinem Schicksal überlassen. Manager von Wildtieren haben bereits jetzt Schwierigkeiten, immer den richtigen Weg zu finden, und vermeiden diese Falle gerade noch (jedenfalls meistens). Doch wenn das finanzielle Argument die Oberhand gewinnt, wird man die Falle schließlich als das Ziel ansehen.

Selbst Norman Myers' Argument, unerforschte Lebewesen würden uns einmal Medikamente und Nutzpflanzen liefern, erweckt Zweifel. Es könnte sich zwar durchaus bewahrheiten; denn allem Anschein nach wird man beispielsweise ein Heilmittel für AIDS – sollte es je eines geben – wohl wirklich aus (zuckerähnlichen) Substanzen von Leguminosen erhalten, die mit der Oberflächenstruktur des Virus in Kontakt treten. Doch es wird nicht einfach sein, alle Pflanzen der Welt auf nützliche chemische Substanzen hin zu untersuchen. Darüber hinaus werden sich auch die entstehenden Kosten nicht immer amortisieren. Als alternative Strategie versucht man heutzutage herauszufinden, welche Art von Molekül den gewünschten pharmakologischen Effekt erzeugt, und es dann zu synthetisieren. Wenn Menschen die Wahl haben zwischen der Erhaltung eines Waldes, der *vielleicht* in einigen Jahrzehnten ein nützliches und gewinnbringendes Medikament hervorbringt, und seiner Rodung für sofortigen Profit aus der Viehzucht, werden sie wahrscheinlich sagen: «Keine Frage.» Das würden sie als Hungerleider sagen, aber auch als Geschäftsleute, die immer darauf bedacht sind, den Ertrag ihrer Investitionen zu maximieren.

Norman Myers' Argumente sind am stichhaltigsten, legt man sie ganz allgemein aus. So könnten wir beispielsweise vorbringen, es gebe bereits Beweise für die *potentielle* Nützlichkeit wildlebender Geschöpfe (siehe das Madagaskarimmergrün). Auf dieser Grundlage ließe sich vernünftig argumentieren, daß man die biologische Vielfalt generell (nicht einfach die Mannigfaltigkeit der Lebewesen an sich, sondern die Gesamtheit der in ihnen enthaltenen Gene) *en bloc* als Ressource ansehen und in intaktem Zustand an unsere Nachkommen weitergeben sollte, auch dann, wenn wir selbst vielleicht noch nicht wissen, wie sich diese Ressource einst nutzen läßt.

Gleichermaßen stellt die Geschäftsmoral, die in den achtziger Jahren vorherrschte, diese Argumentation in Frage. Ist eine solche wenig eindeutige und allgemeine «Ressource» wirklich «wertvoller» als der Reichtum, den wir hinterlassen könnten, verstreuten wir ein paar Landwirtschaftsbetriebe mehr über die Wildnisgebiete? Die Molekularbiologie steckt zwar immer noch in den Kinderschuhen, doch wissen wir auch heute schon, wie man Gene synthetisieren kann. Warum sollten wir sie in abstrusen Pflanzen und Tieren «aufbewahren», wenn wir sie selbst nach Maß herstellen können? In den vergangenen Jahren wurde in vielerlei Zusammenhängen argumentiert, unsere Nachwelt sollte in der Lage sein, für sich zu sorgen. Aber die ethische Entscheidung, unseren Nachkommen eine vermeintliche Ressource zu hinterlassen, ist – denkt man darüber nach – gar nicht so utilitaristisch, wie es auf den ersten Blick scheint. Warum sollten wir uns um Menschen kümmern, die erst in vielen Jahrhunderten geboren werden? Nützen uns diese Menschen etwa mehr als Sumatratiger?

Eines dürfen wir nicht vergessen – und die Natur wird schon dafür sorgen, daß wir das nicht tun: Die freilebenden Geschöpfe sind nicht ausschließlich zu unserem Nutzen da; und selbst wenn sie es wären, würden sie sich sicher nicht in diesem Sinne verhalten. Nach einer gängigen Vorstellung haben erst die jüngsten Generationen die «Verbindung zur Natur» verloren, so daß sie sie sogar zerstören wollen. Doch das ist kaum richtig. Im Mittelalter waren die Menschen vielleicht mehr mit der Natur «verbunden», aber sie erfreuten sich nicht gerade daran. Die Natur wurde mindestens so gefürchtet wie bewundert. Die Gärten waren als Rabatten und Spaliere angelegt – kunstvolle Zurückweisungen der Natur. Wälder und Meere schienen dunkel und bedrohlich. Die Menschen des 14. Jahrhunderts wußten zwar nicht, daß der Schwarze Tod durch ein Bakterium in Ratten verursacht wird und von im Boden lebenden Nagern in Asien ausging. Aber wenn sie es gewußt hätten, hätte sie das nur in ihrer Überzeugung bestärkt, vieles außerhalb ihrer Stadtmauern sei das Werk des Teufels, das man am besten beseitigen sollte. Nach Ansicht der alten Perser war das Paradies ein Garten, kein natürlicher Lebensraum.

Gleiches gilt für den «Garten» Eden. In der Tat ist in der gesamten Bibel «Wildnis» mit Bedrohung und Mühsal gleichzusetzen. Die Menschen fürchteten bis ins 20. Jahrhundert Sumpfgebiete – und sind immer noch überaus eifrig damit beschäftigt, Sümpfe trockenzulegen –, weil sie Angst vor dem Wechselfieber hatten, das sie aus der Feuchtigkeit aufsteigen fühlten. In den biologischen Details lagen sie zwar falsch, im Prinzip hatten sie aber recht, denn in den Sümpfen leben die Malaria übertragenden Stechmücken. Die Krankheit war bis vor einigen Jahrzehnten in Europa genauso verbreitet wie in den Tropen. Bei den englischen Dichtern und Malern der Romantik stand die unberührte Natur hoch im Kurs, doch in Wirklichkeit entwarfen sie ihre Gemälde meistens im Atelier und bewunderten vor allem solche Landschaften – die Seen Nordenglands, das Schottische Hochland und die Toskana –, die der Mensch umgestaltet hatte. Erst die Menschen des ausgehenden 20. Jahrhunderts haben die Furcht vor der Natur verloren; denn sie wissen, wie leicht sie etwas vernichten können, was sie nicht wollen. Nur *wir* können uns wirklich erlauben, so erhaben über «biologische Vielfalt» zu reden, und versuchen – soweit das eben möglich ist –, die Natur in ihrem ursprünglichen Zustand zu erhalten. Doch selbst jetzt bemühen wir uns noch (vernünftigerweise), die Erreger der Malaria und der Schlafkrankheit auszurotten sowie die Insekten, die sie übertragen, zu töten. Auch heute noch fürchten sich die Menschen vor Wölfen. Also dürfen wir es auch nicht so wörtlich nehmen, wenn wir behaupten: Was gut für andere Lebewesen ist, ist auch gut für uns. Stechmücken und die von ihnen übertragenen Parasiten sind es jedenfalls nicht.

Verfolgten wir den Nützlichkeitsansatz bis zu seinem logischen Ende, und wüßten wir zudem noch sehr viel mehr über die Natur, als es zur Zeit der Fall ist, dann könnten wir mit Erfolg ein Forum von Biologen einberufen – ähnlich den SCOPE-Komitees, die heute der Welt über allgemeine Umweltprobleme berichten. Dieses Forum müßte eine Liste von Organismen zusammenstellen, die wirklich für die Menschheit von Nutzen sind und daher erhalten werden sollten. Angenommen, wir interpretierten «Nutzen» recht frei, dann müßte die Liste nicht nur jene Tiere, Pflanzen, Pilze und Mikroorganismen einschließen, die uns als Nahrung oder Transportmittel dienen oder uns mit Arzneimitteln versorgen, sondern auch diejenigen, woran wir uns erfreuen und die wir gerne beobachten oder streicheln, und schließlich jene, die dazu beitragen, die biologische Stabilität zu erhalten und die Zusammensetzung der Atmosphäre zu regulieren. Kurzum: Die Liste enthielte sowohl den Kongopfau als auch das Haushuhn, das Okapi und die Holsteiner Kuh. Doch würde eine solche Liste (meines Erachtens) kaum mehr als 100 000 Arten umfassen. Das wären weit mehr, als den tüchtigsten Biologen je vertraut werden, und wahrscheinlich tausendmal mehr, als die meisten Menschen erkennen würden. Doch selbst wenn wir hiernach eine Welt schüfen, mit glücklichen und ungefährdeten Menschen und so vielen anderen Lebewesen, daß es die Vorstellungskraft fast aller überstiege, hätten wir dennoch ein Massenaussterben verursacht. 100 000 Arten sind weniger als 0,3 Prozent all jener Lebewesen, die vermutlich heute auf der Erde leben.

Die Nützlichkeitsargumente sind stichhaltig, ja unausweichlich. Wir müssen Wege finden, den Artenschutz mit dem Wohlergehen der Menschheit in Einklang zu bringen. Und dennoch reichen diese Argumente nicht aus. Für sich allein scheinen sie keine überzeugenden Gründe für die Erhaltung von mehr als einer winzigen Minderheit der heutigen Lebewesen zu liefern. In Wirklichkeit sind sie Zirkelschlüsse; sie liefern uns nur Gründe für die Erhaltung jener Kreaturen, die uns augenscheinlich direkten Nutzen bringen. Was können wir also noch auf die Frage antworten: «Warum wollen wir Tierarten erhalten?»

Welche anderen Gründe gibt es für die Erhaltung von Tierarten?

Würde im Boden unter irgendeinem Wildreservat Öl gefunden, ließe sich nicht länger argumentieren, die Wildtiere seien erhaltenswert, weil sie einen wirtschaftlichen Ertrag bringen. Diese Begründung könnte man höchstens anführen, schaute man 100 Jahre voraus, denn Ölquellen versiegen, während Ökosysteme für immer überdauern können. Doch wie die Redewendung sagt, der Mensch «schaut kaum über den eigenen Tellerrand». Kommt es zu einer solchen Situation – und es wird immer öfter dazu kommen –, bleibt nur noch das ethische Argument: Man sollte Tierarten erhalten, weil es eben richtig ist, sie zu erhalten. Sicher ist es günstig, wenn sie einen gewissen wirtschaftlichen Ertrag bringen; doch nur der ethische Standpunkt – ihre Erhaltung sei etwas «Gutes» – wird ihnen ein Fortbestehen ermöglichen, brächte ihre Vernichtung einen noch größeren Ertrag. Kurz gesagt: Die Einnahmen aus dem Tourismus sollte man nicht als Grund für die Erhaltung von Tierarten ansehen. Der Tourismus macht es nur wirtschaftlich möglich, das Richtige zu tun.

Wie können wir aber diesen ethischen Standpunkt verfechten? Welche Argumente lassen sich über die Nützlichkeitsargumente hinaus vorbringen, um zu zeigen, daß irgendeine bestimmte Vorgehensweise «gut» ist?

Wie schriftliche Zeugnisse nahelegen, haben sich Philosophen diese allgemeine Frage zumindest seit der Niederschrift des *Exodus* gestellt; wahrscheinlich sogar (wie könnte es anders sein?) schon etliche 10000 Jahre zuvor. Es gibt ganze Universitätsabteilungen, die sich mit der Ethik befassen, und ganze Bibliotheken mit wissenschaftlichen Abhandlungen darüber. Die Fragen «Was ist gut und warum?» und «Wie wissen wir, was gut ist?» beschäftigen die menschliche Gedankenwelt wohl am meisten. Sicher ist jedoch nur, daß verschiedene Philosophen zu unterschiedlichen Antworten gelangt sind. Manche begnügten sich tatsächlich damit, einfach dem Nützlichkeitsdenken zu folgen, mit dem Argument, letztlich sei das gut, was für die Menschen gut ist, oder zumindest für ihre überwiegende Mehrheit. Einige berufen sich auf Gott – was er sagt, sei richtig. Doch herrscht nur wenig Übereinstimmung darüber, was er wirklich sagt, oder welchen der verschiedenen Götter der Welt man als maßgeblich ansehen sollte. Einige, darunter Immanuel Kant, haben grundlegende Prinzipien unabhängig von Gott und von bloßer Zweckmäßigkeit gesucht, um darauf ein unantastbares ethisches Gefüge aufzubauen, dem selbst Gott untergeordnet sein sollte. Weder Kant noch sonst irgend jemand hatte damit Erfolg; sie konnten höchstens sich selbst oder grundsätzlich Gleichgesinnte zufriedenstellen.

Ich bin immer noch gefesselt von der Ethik und betrachte sie nicht als sinnloses Bestreben. Zumindest lassen sich ein paar Prinzipien erkennen, die einigen Argumenten augenscheinlich mehr Gewicht verleihen als anderen. Sicher ist es berechtigt, dem Beispiel einzelner Menschen zu folgen – Jesus Christus, Mahatma Gandhi oder dem Dalai Lama –, die wir für «gut» halten. Doch bis jetzt gelang es noch niemand, eindeutig die Fragen «Was ist gut, warum, und wie wissen wir, was gut ist?» zu beantworten. David Hume meinte im 18. Jahrhundert, wir müßten uns letztendlich von unserem «Gefühl» leiten lassen. Gefühle lassen sich mit Gründen verteidigen – und genau das tun schließlich die Ethiker. Man kann versuchen, die feineren Gefühle zu pflegen – das ist meines Erachtens die Rolle der Religion, zu deren Rüstzeug Gebet und Meditation gehören. Letzten Endes ist das richtig, was wir im Innersten als richtig empfinden. Wie Hume feststellte, besteht zwischen den innersten Gefühlen verschiedener Menschen ein bemerkenswertes Maß an Übereinstimmung: Die Gebote, daß wir nicht töten oder uns nicht zu eigennützig verhalten sollen, finden sich gleichbleibend viele Jahrhunderte hindurch und in vielerlei Gesellschaftsformen. Die innersten Gefühle darüber, was «richtig» ist, sind also nicht so willkürlich oder individuell verschieden, wie man vielleicht befürchten mag.

Was mich angeht, habe ich all die vielen hundert Seiten weggeworfen, in denen ich zu erklären versuchte, warum ich in meinem Innersten fühle, daß es richtig ist, Tierarten zu erhalten. Durch Argumente kann ich der Behauptung nicht viel mehr Gewicht verleihen, daß es für uns einfach richtig ist, als intelligente Angehörige unseres Universums zu versuchen, für unsere Mitgeschöpfe Sorge zu tragen, und daß es schlecht ist, etwas anderes zu tun.

Ich kann zwar keine Gründe finden, die es sich lohnt niederzuschreiben, um mein innerstes Empfinden zu verteidigen, es sei richtig, Tierarten zu bewahren. Aber ich halte es dennoch der Mühe wert, die Tragweite und Konsequenzen eines solchen Empfindens eingehend zu diskutieren.

Gefühle und Haltungen

All unseren anscheinend vernünftigen Entscheidungen – diese oder jene Partei zu wählen, ein Naturschutzgebiet zu schaffen oder die Wildnis zu vernichten – liegt eine Auffassung von der Welt und unserer Stellung darin zugrunde, die sich in dem Wort «Haltung» ausdrückt. Unsere Haltung ist durchaus nichts Irrationales, denn sie ist rationalen Argumenten zugänglich. Aber sie ist letztendlich auch

«nichtrational». Sie ist die Gesamtheit unserer innersten Gefühle darüber, was gut und was schlecht ist.

Jeder von uns kann viele verschiedene Haltungen oder Einstellungen annehmen. Wie schon das Alte Testament sagt: Die Menschen
haben die Wahl, und die grundlegendste Wahl ist, für welche Einstellung wir uns entscheiden. Auch in verschiedenen Gesellschaftsformen herrschen unterschiedliche Grundhaltungen vor, zumindest
insofern, daß sie manchmal bestimmte persönliche Einstellungen vor-
herrschen lassen und manchmal andere.

In historischer und prähistorischer Zeit waren unter den Menschen
vornehmlich zwei Grundhaltungen gegenüber ihrer Umwelt und den
darin lebenden Geschöpfen vorherrschend – oder oft eine Mischung
daraus. Manchmal sahen die Menschen in der übrigen Welt eine Ressource, die man erforschen und ausnutzen konnte. Bisweilen standen
sie ihr ehrfürchtig gegenüber und behandelten sie sorgsam. Poetisch
und theologisch ausgedrückt, betrachtete man die gesamte Welt als
Schöpfung, von der wir ein Teil sind. Das mag stimmen oder nicht.
Vielleicht ist diese Vorstellung auch nur eine Metapher. Wichtig ist in
jedem Fall folgendes: Die Metapher formuliert eine Haltung; und
Haltungen lassen sich ohne Rückgriff auf Metaphern nur schwer ausdrücken.

Jede dieser beiden Grundhaltungen gegenüber der Welt – aus-
nutzend-erforschend oder ehrfürchtig-sorgsam – hat ihre eigenen
Vor- und Nachteile. Im allgemeinen ist die sorgsame Einstellung die
«sicherste». Jede Generation achtet darauf, was die vorhergehende
getan hat, und richtet sich danach. Konnte sich die vorausgegangene
Generation behaupten, dann wird die nächste höchstwahrscheinlich
ebenfalls Erfolg haben. Scheiterte sie, so wird es keine nächste Generation geben. Archäologischen und paläontologischen Funden zufolge waren die Menschen bisweilen extrem sorgsam. Beispielsweise
tat *Homo erectus* – der Vorgänger des *Homo sapiens* – vor einer Million Jahren offenbar genau dasselbe wie vor zwei Millionen Jahren.
Der dazwischenliegende Zeitraum wird von Paläoanthropologen als
«Million Jahre der Langeweile» bezeichnet. Doch die Strategie dieser
Menschen war erfolgreich. Was für den frühen *Homo erectus* galt, war
auch gut für den späten.

Zu erkunden und auszunutzen ist riskanter. Suchende könnten einfach etwas verkehrt machen und dadurch aussterben. Bei zu intensi-

ver Ausnutzung werden sie ihre eigenen Ressourcen vernichten und ebenfalls von der Erde verschwinden.

Diese Haltung kann jedoch unter Umständen erfolgreicher sein als diejenige der Ehrfürchtig-Sorgsamen. Erfolg ist hier im Darwinschen Sinne zu verstehen: Die erfolgreichen Forscher und Ausnutzer werden mehr Nachkommen haben als die Ehrfürchtig-Sorgsamen. Stehen sich beide Typen gegenüber – als Rivalen um dasselbe Stück Land oder eine Mammutherde –, werden die erfolgreichen Forscher und Ausnutzer die Oberhand haben. Trotz des vorhandenen Risikos begünstigt die natürliche Selektion also zumeist ein erforschendes und ausnutzendes Vorgehen. Natürlich geht es den Suchenden und Ausnutzenden wohl auf lange Sicht schlechter als den Ehrfürchtig-Sorgsamen, kurzfristig verdrängen sie diese jedoch. Und ist eine Gruppe erst einmal verschwunden, dann ist sie das für immer.

Früher behauptete ich, es hätte eine deutliche Trennung zwischen ehrfürchtig-sorgsamen und erforschend-ausnutzenden Menschen gegeben, die mit dem Entstehen der Landwirtschaft vor rund 10 000 Jahren zusammenfiel. Schließlich herrschte in den sechziger Jahren (als ich zum ersten Mal über diese Dinge nachdachte) der Mythos, die Jäger und Sammler – die Vorgänger der Bauern – hätten mit der Natur in «Harmonie» gelebt, wohingegen die Bauern der Natur zumeist einfach ihren Willen aufdrängen.

Heute denke ich, dies war naiv. Die Archäologie kennt viele Beispiele für Völker von Jägern und Sammlern, welche die Natur rücksichtslos ausbeuteten. Die Maori – die Polynesier, die Neuseeland 900 nach Christus besiedelten – vernichteten die meisten der etwa 25 hier lebenden Moaarten (und überließen es den Europäern, die übriggebliebenen auszurotten). Die Bevölkerung der Osterinsel, die sich aus Jägern und Sammlern zusammensetzte, zerstörte etwa zu Zeiten Christi ihre Umwelt völlig, bevor sie selbst ausstarb. Vielleicht vernichteten die ersten Menschen, die Amerika über die Landbrücke von Asien her (die heutige Beringstraße) besiedelten, bei ihrer Wanderung nach Süden alle größeren Landtiere – Elefanten, Kamele, Riesenfaultiere und deren Feinde, die Säbelzahnkatzen. Das «Massensterben des Pleistozän» könnte also auf Ausrottung beruhen. Ein aktuelles Beispiel: Heutige Fischer gehen äußerst unbedenklich vor, und Walfänger können fast nur durch Zwangsmaßnahmen davon abgehalten werden, ihre Beute endgültig zu vernichten.

Es stimmt also nicht, daß alle Jäger sorgsam sind. Doch vermutlich werden auf lange Sicht nur diejenigen überleben, die es schaffen, etwas Zurückhaltung zu üben. Daher haben die verbliebenen Jagdvölker der Welt anscheinend eine ehrfürchtige Einstellung gegenüber den Geschöpfen, die sie töten, und gegenüber der Natur überhaupt. Die australischen Ureinwohner sind vielleicht typisch dafür. Sie nutzen ihre Umwelt äußerst effizient. Bemerkenswerterweise gebrauchen sie Feuer, um die Vegetation aufzufrischen. Sie kamen vor mindestens 40 000 Jahren – manche meinen vor mehr als 80 000 Jahren – von Asien auf den Inselkontinent. Vielleicht haben sie viele der größeren Tiere (darunter riesige Beuteltiere und Reptilien) ausgerottet, doch scheinen sie zumindest in den letzten 10 000 Jahren mit den übriggebliebenen in Harmonie gelebt zu haben. Die als Jäger und Sammler lebenden Ureinwohner, auf die die Europäer zuerst trafen, töteten noch Tiere, aber sie verehrten sie auch. Sie nutzen das Land weiterhin, doch ihrer Ansicht nach gehören sie dem Land und nicht das Land ihnen. Sie haben keinen Sinn für Landbesitz. Folglich schufen sie erfolgreicher als alle anderen Völker, die je gelebt haben, ein Gleichgewicht zwischen Ausnutzung und sorgsamer Achtung.

Auch Bauern können sorgsam sein und eine ehrfürchtige Einstellung haben. Herkömmliche Bauern bemerkten im allgemeinen, daß es falsch ist, jeden Baum zu fällen und sich über jeden Hang auszubreiten. Die Ernte war lange eine Zeit der Dankbarkeit, in neuzeitlichen Gesellschaften in der Regel gegenüber Gott, in althergebrachten oftmals gegenüber der Erde für ihre Freigebigkeit. Wir können also keinen deutlichen Unterschied der Einstellungen von Jägern und Bauern erkennen; manchmal scheinen die Bauern sogar die ehrfürchtigeren und sorgsameren zu sein.

Aber die Jagd unterliegt natürlichen Einschränkungen, die der Landwirtschaft fehlen. Jagen Jäger zu intensiv, rotten sie ihre Beute aus. Manch ein Jagdvolk hat dies getan. Doch wenn ein Bauer intensiver wirtschaftet als sein Nachbar, wird er vielleicht mehr Ertrag erzielen. Der Unterschied liegt darin, daß die Ackerbauer im Gegensatz zu den Jägern die Ressourcen *vermehren*. Früher oder später wird ein Bauer eine Grenze erreichen; er kann dann ebenso wie der Jäger über das Ziel hinausschießen. Doch dieser Punkt liegt in weiter Ferne. Bis er dort ankommt, gilt die Regel: Je härter er arbeitet, desto mehr wird er erreichen. Schon auf rein technischer Ebene wird deutlich, daß der

Ackerbau von Natur aus auf Ausnutzung beruht: Denn indem man eine Pflanze beseitigt und eine andere anbaut, geht man der Natur an den Kragen. Außerdem bedeutet Ackerbau deshalb Ausnutzung, weil er Ausnutzung belohnt. Jäger überjagen allzu leicht ihre Beute, wie die heutigen Fischer und Walfänger ständig demonstrieren. Doch für den Ackerbau gilt im allgemeinen: Je mehr man investiert, desto größer wird der Ertrag sein.

Daher glaube ich nicht länger an eine einfache Einstellungsänderung zwischen den Jägern und Sammlern des oberen Paläolithikums und den Bauern des Neolithikums. Nach meiner Ansicht zahlte sich jedoch die Ausnutzung beständiger aus, nachdem der Ackerbau erst einmal so richtig im Gange war. Auch wenn wir uns heute noch so sehr bemühen, ehrfürchtig und wohlmeinend gegenüber der Natur zu sein, haben wir dennoch unausweichlich eine auf Ausnutzung beruhende Lebensweise von unseren Vorfahren übernommen.

In der Vergangenheit hatten Philosophen und Biologen zumeist eine romantische Vorstellung von der Evolution. Nach ihrer Meinung führte die Evolution mittels der natürlichen Selektion zwangsläufig zu Lebensformen oder Lebensweisen, die besser waren als das Vergangene. Man kam kaum davon los. Wie jedoch Charles Darwin betonte, der als erster die Idee der Evolution durch natürliche Auslese formulierte, führt diese nicht zwangsläufig zu Verbesserungen. Er sagte nur (um es am zurückhaltendsten auszudrücken), daß allein der Erfolg hat, der sich durchsetzt.

Dennoch haben Philosophen und Biologen die Idee, Evolution bedeute Fortschritt, häufig auf den Ackerbau angewandt. Sie vermuteten, das Leben eines Jägers sei «ärmlich, schwer, erbarmungslos und kurz» gewesen – so wie Thomas Hobbes das menschliche Dasein generell sah. Der Ackerbau kam (nach traditioneller Sicht) buchstäblich als Retter in der Not. Die Menschen mußten sich nicht länger den Gefahren der Wildnis aussetzen. Sie konnten einfach ihre Gärten bebauen. Dies erlaubte (vermutlich) nicht nur ein Leben im Überfluß, sondern war auch bequem.

Neuere archäologische und anthropologische Forschungen legen jedoch nahe, daß genau das Gegenteil zutrifft. Jäger und Sammler, die an günstigen Orten leben (wie einige australische Ureinwohner heute noch auf der Halbinsel Kap York), haben wahrscheinlich ein äußerst leichtes Leben. Zugvögel kommen wie gerufen vorbei, es gibt

Schalentiere, die man sammeln kann, immer tragen irgendwelche Bäume Früchte. Die Bauern dagegen führten ein schrecklich mühsames Leben, immer in Gefahr, ihre Ernte durch Trockenheit oder eine Heuschreckenplage (wie es im 2. Buch Mose bildhaft beschrieben ist) zu verlieren. Tatsächlich kann man den Mythos vom Garten Eden (in der Schöpfungsgeschichte) mit Recht als weiterlebende Erinnerung an das Ende der glücklichen Zeit als Jäger und Sammler und den Beginn der Landwirtschaft sehen. Gott sprach zu Adam, als er ihn aus dem Garten verbannte: «Im Schweiße deines Angesichts sollst du dein Brot essen!» Adam muß auch wirklich geschwitzt haben. Die Überreste neolithischer Skelette zeigen erschreckende Anzeichen von Abnutzung, da die Menschen das Getreide mit schweren Steinen mahlten, und ebenso Zeichen der Unterernährung, denn die vielseitige Nahrung der Jäger und Sammler wurde durch eine auf Getreide basierende einseitige Ernährung ersetzt.

Warum aber gaben die Jäger des oberen Paläolithikums / Mesolithikums ihr leichtes Leben zugunsten des Ackerbaus auf? Aufgrund natürlicher Auslese im Sinne Darwins, die etwas anderes ist, als einige spätere Autoren sie interpretierten. Nur eine begrenzte Anzahl von Menschen kann als Jäger und Sammler leben, nur so viele, wie die Natur versorgen kann. Der Ackerbau hingegen steigert den Ertrag, und damit steigt die Zahl derer, die er ernährt. John Yellen zufolge liegen die eigentlichen Ursprünge der Landwirtschaft wahrscheinlich schon etwa 20 000 Jahre vor der Zeit, zu der man sie archäologisch nachweisen kann. Damals verbanden die Menschen vermutlich einige wenige Ackerbaumethoden – etwa das Pflanzen bevorzugter Bäume oder das Aufstauen von Flüssen – mit der traditionellen Jagd. Die Hottentotten in der Kalahari leben noch heute so: Sie halten in manchen Jahren ein paar Ziegen, schaffen sie dann wieder ab und wenden sich wieder der Jagd zu.

Jene Menschen jedoch, die ein solch angenehmes Leben führten, vermehrten sich stärker als diejenigen, die nur von der Jagd lebten – einfach deshalb, weil sie mehr Nahrung produzierten. Je mehr sie sich vermehrten, desto notwendiger wurde es für sie, etwas anzubauen. Wahrscheinlich – oder besser zweifellos – hätten viele lieber weniger angebaut und die Population klein gehalten, weil das einfach angenehmer gewesen wäre. Doch genau da setzte die natürliche Auslese ein. Diejenigen, die sich nicht für das angenehme Leben, sondern für verstärkten Ackerbau entschieden, verdrängten jene, die lieber bei der herkömmlichen Lebensweise blieben. Viele tausend Jahre später sehen wir ein derartiges Aufeinandertreffen in Australien: Trotz stabiler und gesicherter Populationen wurden die als Jäger und Sammler lebenden Ureinwohner von den energischeren und sich stärker vermehrenden Europäern mit ihrer langen Ackerbautradition verdrängt. Kurzum: Ackerbau ist nicht *besser*. Die Menschen erwarteten ihn nicht mit angehaltenem Atem. Ganz sicher widerstanden sie ihm viele tausend Jahre lang. Aber letzten Endes war ihm der Erfolg sicher, weil mehr Menschen von ihm leben können.

So, durch die anscheinend unausweichliche Zunahme des Ackerbaus, behauptete sich die ausnutzende Lebensweise. Sie kam nicht unvermittelt auf, aber schließlich zu ihrem Recht. Die klassischen Bauern Roms, Griechenlands und Ägyptens, diejenigen des Mittelalters auf der ganzen Welt und viele heutige «traditionelle» Bauern zeigen, wie qualifiziert die *Kunst* des Ackerbaus sein kann. Selbst der fortschrittlichsten heutigen Landwirtschaft liegen vorwiegend Methoden zugrunde, die vor tausend Jahren entwickelt wurden. Andererseits waren die Erträge der Bauern sogar noch über das Mittelalter hinaus verhältnismäßig gering. Sie konnten es sich einfach nicht leisten, viel zu experimentieren – das heißt zu forschen –, denn jedes Abweichen von der bewährten Tradition führte eher zu Fehlschlägen als zum Erfolg.

Durch den Einsatz wissenschaftlicher Methoden in der Landwirtschaft seit dem 18. Jahrhundert änderte sich dies alles. Die Wissenschaft erlaubt es, formal zu experimentieren, eindeutig zu zeigen, ob eine bestimmte Neuerung funktioniert oder nicht, und schließlich zu zeigen, warum sie das tut (oder nicht tut). Mit ihrer Hilfe könnte der Ackerbau letztendlich sein Versprechen einlösen, den weltweiten Ertrag nicht nur bis an seine ökologischen Grenzen, sondern auch an das physische Limit zu bringen. Es gibt verschiedene Gründe, warum die menschliche Bevölkerung in den letzten 200 Jahren so außerordentlich zugenommen hat und auch weiterhin zunimmt; ein Grund sind die Leistungen der Medizin. Doch die Erweiterung und Sicherung der Nahrungsgrundlage waren und sind die unerläßliche Bedingung dafür. Sie beruhen auf dem Zusammenwirken von Forschung und Landwirtschaft. Dieses Einhergehen führte schließlich zur Rechtfertigung des erforschenden und ausnutzenden Lebensstils. Auf diese Weise hatten die Menschen immer Erfolg über die Natur und über viele ihrer sorgsameren Zeitgenossen. In den vergangenen 10000 Jahren zahlte es sich gleichsam aus, forschend und ausnutzend zu leben, in den vergangenen 200 Jahren noch hundertmal mehr.

Wie wir im nächsten Kapitel sehen werden, ist dies jetzt vorbei. Offenbar haben wir die Welt schon so weit es geht belastet. Das Gefüge wird schneller zerstört, als wir es wieder aufbauen können. Selbstverständlich müssen wir irgendwann in den nächsten Jahrzehnten das Anwachsen der menschlichen Bevölkerung zum Stoppen bringen, oder es wird zum Zusammenbruch führen. Kurzum: Eine nur erforschende und ausnutzende Lebensweise ist nicht länger tragbar. Wir müssen die Gepflogenheiten des sorgsamen Umgangs mit der Natur neu erlernen.

Man beachte – um einen späteren Punkt vorwegzunehmen –, daß ich absolut *nicht* die simple Rückkehr zu einer früheren Lebensweise befürworte, wie es einige meiner Zeitgenossen aus der Hippiezeit der sechziger Jahre gewöhnlich taten. In Wirklichkeit gab es meines Erachtens nie den heutigen Erfordernissen entsprechende Lebensweisen oder Einstellungen; und selbst wenn es sie gegeben hätte, ist es einfach nicht richtig, der modernen Wissenschaft den Rücken zu kehren. Dieses Buch wird vielmehr verdeutlichen, daß die Wissenschaft – sofern sie sich entfalten kann – unerläßlich ist, geht es darum, zu retten, was von unserem Planeten und unseren Mitgeschöpfen noch übriggeblieben ist. Die Wissenschaft läßt sich durchaus ebenso auf eine ehrfürchtige und sorgsame Lebensweise anwenden wie auf eine ausnutzende. Tatsächlich ist die Tradition der Ehrfurcht in der Wissenschaft genauso stark wie die der Ausnutzung. Isaac Newton, einer der Begründer der modernen Wissenschaft im 17. Jahrhundert, interessierte sich vor allem für Theologie. Er betrachtete (wie viele seiner Zeitgenossen) die Wissenschaft nicht als Mittel, um die Welt zu verändern, sondern als Einblick in die Absichten Gottes. Für ihn war wissenschaftliche Forschung selbst ein Akt der Ehrfurcht. Doch in den vergangenen Jahrhunderten haben wir anscheinend diese Tradition beiseite geschoben, wie wir zumeist auch Ehrfurcht im allgemeinen verdrängt haben.

Die unmittelbare Frage ist: *Wie* können wir nach all den Jahrhunderten und Jahrtausenden zu einem ehrfürchtigeren Vorgehen zurückkehren?

Mythen und Tabus –
Ehrfurcht und Religion

Aus verschiedenen Gründen ist es schwierig, wieder zu einer ehr-
fürchtigen Lebensweise zurückzufinden. Einer davon ist, daß viele
Menschen einfach keinen Sinn darin sehen. Nur eine Minderheit
ist wirklich imstande, Bücher wie dieses zu lesen, welche die Notwendigkeit einer solchen Änderung unterstreichen. Weiterhin ist es
schwierig, Argumente zu finden und sie kurzgefaßt und rhetorisch so
geschickt vorzutragen, daß sie diejenigen überzeugen, die sich ge-
danklich mit ganz anderen Dingen befassen. Das schwerwiegendste
Problem ist jedoch jenes, mit dem schon Jesus Christus ständig konfrontiert war. Denn kurzfristig sind – selbst jetzt noch – Erforschung
und Ausnutzung erfolgreich. Auch heute kann eine Nation, die eine
Sache selbstsüchtig angeht (mit welchen Mitteln auch immer), eine
andere, weniger egoistische zerstören. Eine ehrfürchtige und sorgsame Lebensweise wird sich erst auf lange Sicht auszahlen: in einem
angenehmeren und beständigeren Leben. Doch kurzfristig sind die
Angreifer im Vorteil.

Christus redete sich aus diesem Dilemma mit Sprichwörtern heraus: «Gelobt seien die Friedensstifter, denn sie erben die Welt.» Die
Anthropologie deutet immerhin an, daß Menschen – seit der Zeit, da
sie begannen, bewußt zu denken – der Versuchung gelegentlich widerstehen, sich für den kurzfristigen Nutzen zu entscheiden, indem sie
Mythen und Tabus ausdenken oder entwickeln. So behauptet Marvin
Harris von der University of Florida in Büchern wie *Good to eat*[4], die
Juden hätten sich ihr Tabu gegen Schweinefleisch nicht «ausgedacht»
(beschrieben im 3. Buch Mose), weil es wirklich schmutzig, sondern
weil es zu verlockend ist. Das wahre Problem war: Jeder Versuch,
Schweine in der Wüste zu züchten – wo die alten Juden leben mußten –,
hätte zu einer wirtschaftlichen Katastrophe geführt; denn Schweine
brauchen Schatten, Wasser und eine abwechslungsreiche Nahrung
mit hohem Energie- und Proteingehalt. Die einzigen geeigneten –
wenn auch weit weniger schmackhaften – Nutztiere waren Schafe und
Ziegen, denen die Trockenheit nichts ausmacht und die von Disteln
leben können. In ähnlicher Weise empfinden Gesellschaften, in denen Pferde dem Transport und militärischen Zwecken dienten, gewöhnlich Ekel bei dem Gedanken, sie zu essen. Andernfalls hätten sie

in Notzeiten ihre eigene Lebensgrundlage zerstört. Die heiligen Kühe der Hindus sind deswegen heilig, weil sie *notwendig* sind. Die Kühe sind die Mütter der Ochsen, welche die Pflüge ziehen – die Wurzel der gesamten Wirtschaft.

Möglicherweise wurden solche Mythen und Tabus bewußt von weisen alten Propheten erdacht, die vorausblickten und wußten, daß ihr Volk Geschichten brauchte, an denen es sich festhalten konnte. Ebensogut könnten solche Mythen durch natürliche Selektion entstanden sein. Menschen mit einem solchen Weltbild überlebten besser als diejenigen, denen es fehlte. Wie es auch sei, eine Tatsache ist unausweichlich: Erfolgreiche Gesellschaften verdanken diesen Erfolg vor allem ihrem Festhalten an dem tiefen und nicht hinterfragten Glauben, eine bestimmte Handlungsweise sei schlecht und eine andere gut, selbst wenn ein Nichtbeachten dieses Glaubens unmittelbare Vorteile bringen könnte.

Juden und Hindus gab es schon vor langer Zeit. Doch sie waren nicht «primitiv». Sie unterschieden sich nicht von uns. Ihr Vorgehen, mit dem sie auf dem Pfad der Tugend blieben, entsprach vollkommen dem unseren. Möchten wir von nun an die Welt ehrfürchtig und sorgsam behandeln und insbesondere Tiere erhalten, müssen wir uns bestimmte Mythen schaffen und daran festhalten; irgendeine Form der alten Auffassung, Tiere seien göttlich, und sie zu vernichten sei Sünde. Es kommt nicht so sehr darauf an, dies zu beweisen, als vielmehr darauf, einen überzeugenden Weg zu finden, es auszudrücken. Michael Soulé führt gerne Albert Schweitzers Auffassung an, Tiere und Pflanzen seien unsere Brüder und Schwestern, und uns, den fähigsten Mitgliedern der «Familie», komme es zu, für sie Sorge zu tragen. Das ist auf jeden Fall eine gute Möglichkeit, diese Haltung darzulegen.

Man beachte, das Entstehen von Mythen als Handlungsrichtschnur *ist* Religion. Bewußtes Denken und Argumentieren kann die Art der Mythen beeinflussen, die wir schaffen möchten. Doch die Prozesse, durch die sich solche Mythen herausbilden, beruhen auf Nachdenken und gemeinsamer Erfahrung. Die australischen Ureinwohner haben damit gewöhnlich keine Probleme. Doch wir «Fortschrittler» aus den westlichen Ländern, die wir die Welt beherrschen und in den vergangenen Jahrhunderten so umfassend gezeigt haben, daß eine ausnutzende Einstellung, geleitet durch «vernünftiges» Denken, der Schlüssel zum Erfolg ist, müssen alte Gewohnheiten neu erlernen. Ob die traditionellen Religionen dieser Aufgabe gewachsen sind bleibt abzuwarten.

«Grüne» und «Umweltschützer»

Eines gebe ich deutlich zu bedenken: Bevor wir nicht sorgsamer mit der Natur umgehen, werden wir in größte Schwierigkeiten geraten. Wir werden das Gefüge des Planeten zu stark ausnutzen und die Grundlage unserer eigenen Existenz zerstören. Das läßt sich gewiß nicht bestreiten. Doch zwischen dieser Vorstellung und der zuvor geäußerten, zwischen ökologischer Stabilität und biologischer Vielfalt bestehe kein direkter Zusammenhang, herrscht anscheinend ein gewisser Widerspruch. Es gibt aber keinen Widerspruch. Was immer wir tun, wir müssen die Welt maßvoller behandeln, wenn wir überleben wollen. Wir können uns nicht weiterhin so rasch vermehren wie bisher. Theoretisch gibt es viele verschiedene Möglichkeiten, ökologische Stabilität zu schaffen. Eine davon ist der Versuch, so viel wir nur können von dem zu erhalten, was jetzt existiert – einschließlich zahlreicher noch lebender Tierarten. Eine andere wäre, eine Liste jener Arten aufzustellen, die wir vermutlich brauchen, um den Planeten bewohnbar zu halten, sowie jener, die uns eindeutig Nutzen bringen, und nur diese zu schützen, während wir die anderen zugrunde gehen lassen.

Letztere Möglichkeit – maßvoll zu sein, doch nur insofern, als es uns augenscheinlich nützt – würde ich als «umweltschützerische» Einstellung bezeichnen. Vorstellungen dieser Art liegen den meisten politischen Reden über die «Umwelt» zugrunde. Sicher kennen die meisten Politiker nicht den Unterschied zwischen einem Naturschutzgebiet, das geschaffen wurde, um die biologische Vielfalt zu erhalten, und einem Golfplatz, der hübsch aussehen und einigen wenigen Leuten Freude bringen mag, aber wahrscheinlich nur sehr wenige Arten beherbergt.

Der umfassendere Ansatz – der Versuch, soviel des heutigen Artenreichtums wie nur möglich zu erhalten – entspricht einer Ideologie, die man in Europa als «grün» bezeichnet. Menschen mit «grüner»

Einstellung meinen nicht, wir sollten einfach eine uns angenehme Welt schaffen und alle Geschöpfe, die uns offenbar nicht nützen, vergessen. Grüne argumentieren auf dieselbe Weise, wie ich das hier bereits getan habe, nämlich daß andere Lebewesen um ihrer selbst willen geschützt werden sollten. Diese Ideologie birgt natürlich auch gewisse Unannehmlichkeiten für uns. Schließlich müßten wir ihr zufolge vielleicht unsere Mitmenschen bitten, ihre Träume von einem Jachthafen zugunsten eines Mangrovenbestands aufzugeben, auch wenn es einer außergewöhnlichen Vorliebe für Spinnen bedarf (wie ich bestätigen kann), um an Mangroven Gefallen zu finden. Die grüne Ideologie ist bis zu einem gewissen Grade «abartig». Sie fordert Menschen auf, einen Kurs zu verfolgen, der nicht ihren direkten materiellen Interessen entspricht. Genau deswegen ist der Verweis auf die Ethik notwendig. Wir sollten vor allem deshalb auf eine bestimmte Weise handeln, weil wir sie als «gut» erkennen. Da aber ein solches Vorgehen gewöhnlich mit kleineren oder größeren Schwierigkeiten verknüpft ist, muß es durch sorgfältig gepflegte Haltungen und durch religiöse Mythen unterstützt werden.

Natürlich müssen wir zugestehen, daß grüne Politik am ehesten erfolgreich ist, wenn sie sich irgendwie auszahlt – wenn die damit konfrontierten Menschen direkt davon profitieren. Nur darum ist es notwendig, einen Gewinn zu erwirtschaften. Doch der ist nicht der tiefere Grund für eine grüne Einstellung. Er rechtfertigt sie nur in den Augen Andersdenkender. Grüne Ideologie sollte zu einer stabileren Welt führen, als wir sie zur Zeit schaffen. Doch auch das ist nicht der eigentliche Grund grüner Haltungen, sondern nur ein Pluspunkt. Auch Christus behauptete nicht, man solle nur deshalb Gutes tun, um in den Himmel zu kommen. Das war ebenfalls nur ein Pluspunkt. Aber es gibt gewiß viele Christen, die meinen, der Himmel hätte nie die Bedeutung eines realen Ortes gehabt, sondern sei vielmehr eine Metapher für eine Lebensweise und eine Geisteshaltung, die man auf der Erde annehmen sollte. Eine solche Vorstellung paßt sehr gut zur grünen Ideologie.

Noch einmal muß ich abschweifen. Wie bereits erwähnt, ist eine «grüne» Welt, in der auch Geschöpfe leben, die uns kaum nützen, nicht dasselbe wie eine Welt der Umweltschützer, die auf unsere eigenen Vorlieben zugeschnitten ist. Demzufolge würden wir gewisse Opfer bringen, schafften wir eine Welt nach grünen Gesichtspunkten;

denn wir können nicht gleichzeitig eine Welt herbeiführen, die exakt unseren materiellen Bedürfnissen entspricht. Doch wie viele Opfer sind sinnvoll?

Wie viele Opfer sollten wir bringen?

Manche, die sich in Naturschutzkreisen hervortun (eher politisch als biologisch), sagen bekanntlich, sie zögen Tiere den Menschen vor. Derartige Einstellungen verleihen dem Naturschutz einen schlechten Ruf. Sie bestärken die Überzeugung bei dieser Aufgabe Untätiger, Naturschutz an sich sei schlecht, weil extrem inhuman. Ich kenne jedoch keinen einzigen inhumanen Naturschützer. Deren allgemeines Argument ist vielmehr: Die Menschen *müssen* ihr Bevölkerungswachstum im Zaum halten und so schließlich (auf freiwilliger, annehmbarer Basis) ihre Zahl im eigenen Interesse verringern. Durch diesen Rückgang sollten auch andere Lebewesen imstande sein, besser zu gedeihen.

Natürlich scheint es bisweilen direkte Konflikte zwischen den Bedürfnissen der Tiere und denen der Menschen zu geben. Viehzüchter verlieren Tiere an Wölfe, Tiger und Geparden (die mit einer Schafherde ebenso kurzen Prozeß machen können wie ein Fuchs mit einer Schar Hühner). Ackerbau betreibende Bauern und Pflanzenzüchter erleiden Verluste durch Kakadus, Affen und Elefanten. Das sind jedoch von Menschen verursachte Konflikte geringen Ausmaßes. Nähme die Welt den Naturschutz auch nur ein wenig ernst, könnten wir solche Probleme mit Geld lösen – einerseits durch Ausgleichszahlungen, andererseits durch das Errichten von Zäunen und Gräben, um die Tiere abzuhalten.

Größere Konflikte entstehen, wenn Farmer sich über Land ausbreiten, das zuvor von Wildtieren bewohnt war. Beispiele sind das Eindringen von Ziegen in die Sahel, einst das Verbreitungsgebiet der Säbelntilope, oder von Rindern in Schutzgebiete Afrikas und Asiens. Daß Europäer den Bauern vorschreiben wollen, sich nicht auszubreiten, wenn sie dies einfach tun müssen, ist äußerst anmaßend. Schließlich haben wir bereits seit langem die meisten fruchtbaren Täler unseres eigenen Kontinents vereinnahmt und einen Großteil der Laubwäl-

der vernichtet. Gleichermaßen scheint es unmenschlich, die Bauern in
Sahelzone anzuweisen, nicht zu versuchen, von der Wüste zu leben;
denn ihnen bleibt keine andere Wahl. Sollte die Säbelantilope aussterben – nun gut, dann geht es ihr nicht anders als dem Wildschwein in
England, als man dort die Wälder rodete.

Die europäischen Einwände sind jedoch nicht einfach überheblich,
sondern verweisen auf reale gesellschaftliche Mißstände. Tatsache
ist: Reiche Länder der gemäßigten Zone, die landwirtschaftlich gut
erschlossen sind, versorgen mit relativ geringen Kosten eine enorme
Bevölkerungszahl. Die Wüste ist hingegen kein gutes Ackerland und
kann es auch nicht werden, sofern man nicht große Geldmengen darin
investiert. Die Bauern der Sahelzone führen ein kärgliches Leben.
Ihre Erträge an Getreide (Mohrenhirse), Milch oder Fleisch erreichen manchmal nur einen Bruchteil der europäischen. Das Land läßt
sich – gemessen an anderen Maßstäben – nur sehr schlecht nutzen,
und die Menschen sowie ihr Vieh leiden darunter, daß es so ungeeignet ist. Sie leben hier aber nicht, weil sie es sich so ausgesucht haben
oder weil sie dumm sind. Sie wurden in diese wenig versprechenden
Gebiete gedrängt, und zwar im allgemeinen nicht, weil gutes Ackerland in ihren Ländern so rar ist, daß sie nicht darauf leben könnten,
sondern weil es den Reichen gehört und daher den Kleinbauern nicht
zur Verfügung steht. Menschen, die unfruchtbares Land bebauen, leben tatsächlich in ihrem eigenen Staat im Exil. Doch es ist politisch
einfacher (weil es kostengünstiger ist und die reichen Landbesitzer
nicht verärgert), Menschen in die Wildnis zu drängen, als sie auf den
fruchtbareren Böden leben zu lassen. Der «Konflikt» zwischen Menschen und Tieren ist in solchen häufigen Fällen nur ein scheinbarer.
Der wahre Konflikt besteht zwischen den Armen und den Reichen.
Die Reichen machen keine Zugeständnisse. Daher sind die Armen
gezwungen, sich gewissermaßen mit den Wildtieren auseinanderzusetzen.

Doch wiederum gilt: Sorgte man sich auf der Welt nur etwas mehr
um diese Probleme, dann würden wir auch etwas gegen solche Konflikte unternehmen. Es kostete sicher nicht viel (verglichen mit dem
Aufwand für einen Großteil des westlichen Luxus), die Bauern der
Sahelzone nicht dafür zu bezahlen, daß sie etwas anpflanzen, sondern
dafür, daß sie sich statt dessen um die Säbelantilopen kümmern. Dies
erforderte gewiß einen weit geringeren Preis als die Ausgleichszah-

lungen an europäische oder amerikanische Bauern, damit diese keinen Weizen und keine Kartoffeln anbauen.

Dennoch müssen wir zugeben, eine Welt unter grünen Gesichtspunkten kann für die Menschen nicht so angenehm sein wie eine unter Umweltschutzaspekten, denn letztere ist *per definitionem* ausdrücklich dazu geschaffen, die Bedürfnisse der Menschen zu erfüllen. Mit wie vielen Unannehmlichkeiten sollten wir uns demnach abfinden?

Um wieder allgemeiner zu werden: Es scheint absurd, Menschen gefühllos zu bitten, ihr Leben aufs Spiel zu setzen, um Tiere zu retten. Das würden sie auch bestimmt nicht tun, selbst wenn es «richtig» wäre. Aber andererseits können wir nicht alle danach streben, wie die Königin von Saba oder der Durchschnittsbürger Hollywoods zu leben. Wie Paul Ehrlich von der Stanford University bemerkt, braucht eine durchschnittliche mittelständische Familie aus zwei Erwachsenen und zwei Kindern in Los Angeles mehr als ein normales «übervölkertes» Dorf in Bangladesch. Insbesondere in den achtziger Jahren unter Ronald Reagan und Margaret Thatcher wurden wir alle ermuntert, persönlichen Wohlstand als moralisches und wirtschaftliches Ziel anzustreben. Aber zweifellos ist das nicht mit einer Welt unter grünen Gesichtspunkten vereinbar. Möchten wir, daß mehr als eine minimale Anzahl anderer Arten überlebt, müssen wir unsere persönlichen Träume von unermeßlichem Reichtum für immer aufgeben. Dies ist im wesentlichen das erforderliche Opfer. Der Traum vom unermeßlichen Reichtum rührt von jenen neolithischen Bauern her, die zu einer Zeit lebten, als die Welt noch unendlich schien. Doch dieser Traum ist heute ein Anachronismus.

Wir müssen auch einsehen, daß man unsere Mitmenschen, obgleich wir sie nicht bitten können, ihr Leben zugunsten von Tieren aufs Spiel zu setzen, dennoch auffordern sollte, ein gewisses Risiko auf sich zu nehmen. Risiken sind extreme Unannehmlichkeiten. Doch das sollte nicht so problematisch sein. Wir akzeptieren Risiken als Bestandteil unseres täglichen Lebens. Wir akzeptieren, daß Straßen ihren Tribut fordern – einen wirklich erschreckenden. Bei jedem größeren zivilen technischen Bauwerk, jeder Brücke, jedem Tunnel, jedem Staudamm sind Arbeiter geradewegs dazu *bestimmt*, getötet zu werden. Dennoch bauen wir immer weiter. In den Pufferzonen um die Schutzgebiete für Tiger, die man im Rahmen des *Project Tiger* in Indien eingerichtet hatte, kamen Menschen ums Leben[5]. Manche sprachen sich deshalb dafür aus, das Projekt zu beenden. Dies läuft auf die Behauptung hinaus, die Spezies *Panthera tigris* sei weniger wichtig als das Recht eines Kaufmannes, mit mehr als 110 Stundenkilometern Auto zu fahren. Zu schnelles Fahren kostet sehr viel mehr Menschen das Leben als dies Tiger tun. Selbst in den Ländern der Dritten Welt rangieren Unfälle auf der Straße als Todesursache in vorderster Linie. Dennoch sieht man Autofahren als «akzeptables» Risiko an.

Natürlich müssen wir hinnehmen, daß die heutige Welt übervölkert ist und die Menschen ebenfalls Rechte haben. Ich habe dafür plädiert, daß wir der Tiere wegen Einschränkungen akzeptieren und tatsächlich dazu bereit sein sollten, Risiken auf uns zu nehmen. Doch ich würde niemanden bitten, sein Leben zu riskieren, um beispielsweise die Malariaerreger oder die Mückenart zu erhalten, die sie überträgt. Dieser Fall ist aber nicht ganz so einfach, wie es scheinen mag. Beispielsweise bestehen kaum Zweifel, daß die Wildtiere Afrikas unter anderem deshalb so lange überlebt haben, *weil* Afrika von der Tsetsefliege verseucht ist, die Parasiten der Gattung *Trypanosoma* überträgt. Diese verursachen beim Menschen die Schlafkrankheit und ähnliche schwere Krankheiten bei Rindern und Pferden. Die Tsetsefliegen und Trypanosomen haben die Wildtiere geschützt, indem sie die Menschen und ihr Vieh in Schach hielten. In einer technisch hochentwickelten Welt sollten wir jedoch imstande sein, die Tsetsefliege zu dezimieren und die Tiere trotzdem zu erhalten, ganz einfach, weil wir es wollen. Kurzum: Ein «Grüner» zu sein heißt nicht, daß man dumm ist. Eindeutige Krankheitserreger und ihre Überträger, welche die bestgemeinten Pläne über den Haufen werfen würden, beseitigt man am besten.

Es bleibt noch eine weitere ethische Frage. Grundlage dieses Buches sind folgende Prämissen: Wollen wir die noch verbliebenen Tiere der Welt erhalten, müssen wir uns ihrer annehmen. Wir müssen bereit sein, ihre Freiheit einzuschränken und ihre Zucht zu organisieren. Es wird gelegentlich nötig sein, Individuen zugunsten von Populationen – gegenwärtiger wie künftiger – zu töten. Das klingt alles sehr arrogant. Haben wir das Recht, uns derart anmaßend zu verhalten?

Sollten wir in das Leben
von Tieren eingreifen?

Jesus Christus war ein Pragmatiker, immer bereit, das Notwendige zu tun, um etwas Besseres zu erreichen. Dies verdeutlicht Lukas 6, Vers 9. Christus hat am Sabbat einen Mann mit einer abgestorbenen Hand geheilt, und die Pharisäer fragen, ob es erlaubt sei, so etwas an einem solchen Tag zu tun. Er erwidert: «Was ziemt sich zu tun an den Sabbaten, Gutes oder Böses? Das Leben erhalten oder verderben?» Dies kann als Präzedenzfall dafür gelten, sich der Sache der Tiere anzunehmen, selbst wenn wir dabei über sie bestimmen. In dieser Welt ist es sehr schwierig – selbst für Christus –, etwas eindeutig Gutes zu tun. Doch wir müssen das Bestmögliche anstreben. Es scheint besser, zu versuchen, die Tiere vor dem Aussterben zu bewahren, als sie aussterben zu lassen, auch wenn das nun eben einmal etwas kostet.

Die Einstellung, die Natur müßte geachtet werden, besagt keineswegs, wir sollten sie sich selbst überlassen. Viele Wildtierarten sind bereits in einer solch prekären Lage, daß sie nicht überleben können, nähmen wir uns nicht ihrer an. Natürliche Lebensräume, deren Ausmaße verringert worden sind (von kontinentalem Maßstab bis zur Größe von Schutzgebieten), brauchen ein Management, oder sie verkommen. Für sie zu sorgen bedeutet handeln, insbesondere die Anwendung ausgefeilter wissenschaftlicher Methoden.

Wir sollten unserem Handlungsspielraum jedoch Grenzen setzen. Wir dürfen Tiere nicht grausam behandeln, ihnen keine vermeidbaren Schmerzen und kein Leid zufügen. Bei unseren Bemühungen zur Arterhaltung sollten wir nie das Wohl der Tiere vergessen. Die Techniken des modernen Artenschutzes – darunter Geburtenregulation und gezielte Verpaarungen – sind auch an sich nicht grausam. Und wird es einmal notwendig zu töten – ein schneller und humaner Tod ist nicht das schlechteste Schicksal, das einem Individuum widerfahren kann, ob Mensch oder Tier. Einige wenige Individuen müssen vielleicht jetzt geopfert werden, damit viele tausend andere in Zukunft fortbestehen können. Mancher Soldat ist für weniger gestorben, ohne selbst darüber entscheiden zu können. Es ist nicht unbedingt «gut», einfach vor dem Unangenehmen zurückzuweichen.

Kurz gesagt: Haben wir uns für den Versuch entschieden, möglichst viele der heutigen Tierarten zu erhalten, sollten wir meines

Erachtens auch das Notwendige tun – jedoch ohne grausam zu werden. Tun wir das nicht, machen wir uns einer Unterlassungssünde schuldig. Dies ist nicht weniger schlimm als ein direktes Vergehen. Es bedarf jedoch noch einer weiteren Anmaßung, soll Artenschutz überhaupt Erfolg haben. Wir können nicht alles bewahren. Versuchten wir das und müßten unsere Bemühungen daher verzetteln, würde alles zugrunde gehen. Das gilt auch für die Zucht in der Obhut des Menschen; denn Zoos können – wie wir in Kapitel 2 sehen werden – nur eine Minderheit der Millionen von Arten erhalten, die heute gefährdet sind. Das gilt weiterhin für für den Schutz von Lebensräumen, denn es ist bei den heutigen Verhältnissen unmöglich, mehr als nur einen Bruchteil selbst jener verarmten Wildnis zu bewahren, die uns noch erhalten blieb. Daher müssen wir eine Auswahl treffen: Wir müssen bereit sein zu sagen, «diese Art werden wir erhalten, und jene werden wir ihrem Schicksal überlassen». Die Kriterien, die moderne Erhaltungszüchter bei dieser Auswahl anwenden, werden in Kapitel 4 diskutiert. Vielleicht ist eine solche Auswahl anmaßend; doch es scheint besser, den Vorwurf der Anmaßung zu riskieren und einige Tierarten zu retten, als bescheiden zu bleiben und alles zugrunde gehen zu lassen. Unproduktiv zu sein ist keine Tugend.

Aus alldem folgt: Wir sollten Tierarten erhalten, weil es gut ist, dies zu tun. Wirtschaftlicher Profit macht es möglich, Gutes zu vollbringen, doch er ist nicht der alleinige Grund dafür. Das Überleben anderer Geschöpfe darf nicht davon abhängen, was wir als unmittelbar nützlich für uns ansehen. Tatsächlich müssen wir, um Gutes zu tun, zu einigen Einschränkungen bereit sein und zumindest gewisse Unannehmlichkeiten in Kauf nehmen.

Um zu sichern, daß Gutes getan wird, selbst wenn sein Nutzen nicht offensichtlich ist, müssen wir uns so verhalten, wie sich Menschen immer unter solchen Umständen verhielten: Wir müssen Tabus, Metaphern und Mythen pflegen – Ideen und bestimmte Losungen, an denen wir uns festhalten können und die uns weiterhelfen. Allgemeiner ausgedrückt: Wir müssen eine ehrfürchtige Einstellung gegenüber der Welt pflegen, statt eine, die Ausnutzung ermuntert. Zu den Praktiken, mit denen sich eine solche Einstellung fördern läßt, gehören auch religiöse. In der Tat: Ob wir die Existenz eines Gottes anerkennen wollen oder nicht und uns entscheiden, die Vorstellung von Gott als Metapher anzusehen – die Pflege von Haltungen *ist* Religion.

Eine ehrfürchtige Einstellung gegenüber der Natur darf jedoch heute nicht bedeuten, der Natur einfach ihren Lauf zu lassen. Tun wir das, werden die verbliebenen Wildtiere weiter zurückgehen, da wir sie bereits in eine prekäre Lage gebracht haben. Aus ethischer Sicht ist es notwendig, sich der Sache anzunehmen und für die Anwendung geeigneter wissenschaftlicher Methoden zu sorgen.

Der Rest dieses Buches handelt vom praktischen Artenschutz und insbesondere vom Beitrag der Zucht in Menschenobhut, wie sie speziell in den Zoologischen Gärten überall auf der Welt versucht wird. Doch zunächst sollten wir den Umfang des Problems abstecken und fragen, welchen Beitrag Zoos in der Praxis überhaupt leisten können.

Sumatranashorn, Zoo Djakarta, Indonesien.

Die Veränderung ihres Lebensraumes stellt heute eine der größten Gefahren für Wildtierbestände dar. Das Sumatranashorn gehört zu den jüngsten Beispielen für eine Tierart, von der Reservepopulationen in Menschenobhut aufgebaut werden sollen. Dazu brachte man einige Tiere nach Port Lympne (England), San Diego und in indonesische Zoos. (Photo M. Riffel.)

2.
Der Umfang des Problems

Wie ich in Kapitel 1 ausführte, ist es gerechtfertigt, Tiere zum größtmöglichen Nutzen für ihre eigene Art in der Obhut des Menschen zu halten – vorausgesetzt, ihr kurzfristiges Wohlbefinden wird ebenfalls berücksichtigt. «Arten» sind schließlich nicht einfach Abstraktionen, wie Nichtbiologen vielleicht vermuten. Eine Art besteht aus einer Anzahl von Individuen, von denen einige leben, andere bereits tot und wiederum andere noch nicht geboren sind. «Eine Art zu erhalten» bedeutet, es möglich zu machen, daß Lebewesen wie die Arabische Oryx oder das Spitzmaulnashorn in hundert oder tausend Jahren noch leben – vielleicht sogar in einer Million Jahren. Allerdings umfaßte in den vergangenen 65 Millionen Jahren die durchschnittliche Lebensspanne einer Säugetierart nur 550000 Jahre. In dieser Zeit starb sie entweder aus oder (was natürlich etwas anderes ist) wandelte sich in eine weitere um. Unsere grundlegende moralische Haltung ist eine pragmatische. Es mag nicht ideal sein, Tiere ihrer «Freiheit» zu berauben. Doch wir können selten eindeutig Gutes tun, sondern müssen uns gewöhnlich für das am wenigsten Schlechte entscheiden. Ich persönlich wäre beispielsweise genauso gerne eine Giraffe im San Diego Wild Animal Park wie in Afrika. Tiere in der Natur leben alles andere als «frei», und ich tauschte eine theoretische Freiheit gern gegen das Fehlen von Löwen und für weniger Parasiten ein. Doch dieses Argument könnte etwas frivol erscheinen.

Es gibt aber Kritiker, die diese moralische Haltung akzeptieren und dennoch fragen: «Was hat das für einen Sinn?» Schließlich, so meinen sie, sind zur Zeit vielleicht Millionen Lebewesen vom Aussterben bedroht. Der Zucht in Menschenobhut kann man bisher nur bescheinigen, eine Handvoll Arten gerettet zu haben, wahrscheinlich weniger als 20. Nur mit wenigen Dutzend klappt die Zucht im Gewahrsam des Menschen derzeit so überzeugend, daß wir mit einiger Gewißheit sagen können, wir werden sie retten, selbst wenn sie in der Natur aussterben sollten. In ihrer jetzigen Form könnten die Zoos allenfalls nur wenige hundert Arten vor dem Aussterben bewahren. Die optimistischsten Zooleute sprechen von bestenfalls wenigen tausend Arten. Rein rechnerisch gesehen scheinen die Bemühungen demnach bedeutungslos – um nicht zu sagen abträglich, da sie von ernsthafteren Bemühungen ablenken.

Es gibt noch eine Reihe weiterer Einwände, beispielsweise, diese Tiere seien, selbst wenn wir sie im Zoo retten, durch die «Gefangenschaft» so hoffnungslos verändert, daß sie nicht in die Natur zurückkehren können. Auch wenn wir ein Tier vor dem gegenwärtigen, natürlichen Aussterben bewahrten (so lautet das Argument), erreichten wir nichts, was der Mühe wert wäre. Wir würden nur ein Wildtier in ein weiteres Haustier verwandeln.

Ich werde diese Art von Befürchtungen in späteren Kapiteln diskutieren. Jetzt möchte ich mich der Arithmetik widmen. Welchen Sinn hat es zu versuchen, nur wenige hundert Arten zu retten, wenn Millionen gefährdet sind? Doch wir sollten uns die Sache noch etwas genauer ansehen. Wie sind die Argumente der Kritiker überhaupt begründet? Warum sollten wir eigentlich davon ausgehen, daß «Millionen» bedroht seien? Das ist doch sicher stark übertrieben?

Leider nicht.

Wie viele Arten gibt es?

Die Biologen haben bisher zwischen einer und zwei Millionen Arten von Lebewesen beschrieben und benannt. Wir werden später noch auf die genaue Bedeutung des Begriffs «Art» zurückkommen, denn im Artenschutz erweist er sich als äußerst wichtig. Eine gute Arbeitsdefinition ist jedoch folgende: Eine Art (Spezies) ist eine Gruppe von Lebewesen, deren Mitglieder sich untereinander geschlechtlich fortpflanzen können und deren Nachkommen voll lebensfähig sind, wobei «lebensfähig» bedeutet, daß sie imstande sind, all das zu tun, was lebende Geschöpfe normalerweise auszeichnet. Somit gehören Schäferhunde und Pudel zur gleichen Art (*Canis familiaris*), denn trotz ihres sehr verschiedenen Aussehens paaren sie sich leicht und bringen gesunde Welpen hervor. Pferde (*Equus caballus*) und Esel (*Equus asinus*) hingegen gehören zu verschiedenen Arten. Sie können sich zwar kreuzen, doch die Nachkommen einer solchen Kreuzung – Maultiere beziehungsweise Maulesel – darf man nicht als «voll lebensfähig» bezeichnen. Sie sind nämlich unfruchtbar. Wie wir noch sehen werden, gibt es aber noch weitaus kompliziertere Situationen, denn die Nachkommen aus Kreuzungen zwischen Hunden (*C. familiaris*) und Wölfen (*C. lupus* oder *C. rufus*) oder Kojoten (*C. latrans*) zeigen keine Auffälligkeiten, obgleich man sie als verschiedene Arten betrachtet. Ich werde jedoch auf derartige Dinge noch einmal zurückkommen. Jedenfalls genügt die allgemeine Artdefinition unseren Ansprüchen.

«Eine bis zwei Millionen Arten» erscheint recht ungenau. Es sollte doch wenigstens möglich sein, präzise zu sagen, wie viele bereits benannt sind? So ist es aber nicht. Die Menschheit bestaunt nämlich im allgemeinen ihre eigenen Werke mehr als das Werk Gottes. Wie Robert May, Royal Society Professor für Zoologie an der Universität Oxford, beklagt, findet man vielleicht einen Gesamtkatalog der Gemälde Rembrandts oder der Bücher der Smithsonian Bibliothek, aber es gibt keine Gesamtliste all der Arten, mit denen wir gemeinsam diesen Planeten bewohnen.[1] Ein bis zwei Millionen erscheinen jedoch sehr viel. Außerdem haben Menschen die Namen von Arten erst seit der griechischen Antike festgehalten (obgleich sie zweifellos schon viele tausend Jahre zuvor damit begonnen hatten, Arten zu benennen). Das heutige Klassifikationssystem rief vor 200 Jahren der Schwede Carl von Linné ins Leben. Besonders seit dem ausgehenden 18. Jahrhundert durchkämmten Expeditionen die Welt auf der Suche nach neuen Lebensformen. Daher mag man vielleicht annehmen, die Botaniker und Zoologen müßten inzwischen eine recht gute Vorstellung davon haben, was alles auf der Welt lebt. Biologen sind jedoch zurückhaltend und legen sich auch nicht gern fest. Die meisten halten aber zwischen fünf und zehn Millionen Arten für möglich. Neuere vorläufige Untersuchungen in den Tropenwäldern Panamas deuten hingegen an, daß sie immer noch nicht zurückhaltend genug sind.

Man ist sich schon seit einigen Jahrhunderten darüber im klaren, daß die tropischen Wälder sehr viel mehr Arten beherbergen als jeder andere Lebensraum. Auf seiner Weltumsegelung mit der *HMS Beagle* in den dreißiger Jahren des 19. Jahrhunderts war Charles Darwin besonders von der Vielfalt in den Wäldern Südamerikas beeindruckt. Der Lebensraum mit dem zweithöchsten Artenreichtum, die Korallenriffe, ist schon weit weniger mannigfaltig als die Tropenwälder. Ein Wald der gemäßigten Zone beherbergt normalerweise nur etwa ein halbes Dutzend Baumarten und manchmal (wie die kalifornischen Redwood-Wälder) tatsächlich nur eine (nämlich die Küstensequoie). Doch in den Tropen gibt es insgesamt etwa 50000 verschiedene Baumarten. Ein einzelner Wald umfaßt wohl 100. Jede einzelne dieser 100 Arten begünstigt wiederum Hunderte andere: Insekten, Milben, Vögel, Säugetiere, Frösche, Pilze, Epiphyten und all die Parasiten, die in diesen leben.

Ende der siebziger Jahre machte sich Terry Erwin vom Smithsonian Institute in Washington, D.C., daran abzuschätzen, wie vielfältig der Tropenwald wirklich ist.[2] Er zählte nicht einfach Art für Art, wie es Naturforscher bisher getan hatten. Statt dessen benutzte er ein Insektizid, um all die kleinen Organismen, die in der Krone einer einzigen Baumart (*Luehea seemannii*) in Panama leben, «herunterzuholen». Von diesem Fang zählte er nur die Käfer, und im Laufe von drei Jahreszeiten fand er mehr als 1100 Arten. Sodann zog er auf der Grundlage des gesunden Menschenverstands, aber auch unter Verwendung bereits vorhandenen biologischen Wissens, eine Kette von Folgerungen. Zunächst einmal hängt das Überleben von etwa 20 Prozent jener 1100 Arten (das sind etwa 160 Käfer der Kronenregion) wahrscheinlich von *L. seemannii* ab. Weiterhin beherbergt vermutlich jede andere der 50000 bekannten tropischen Baumarten ebenfalls 160 Käferarten, die jeweils auf ihren Baum angewiesen sind. Auch das leuchtet durchaus ein. 160 mal 50000 ergibt acht Millionen. Somit könnte es in der Kronenregion der tropischen Wälder weltweit acht Millionen verschiedene Käferarten geben.

Wie ich bereits erwähnte (oder vielmehr J. B. S. Haldane), hat Gott eine außerordentliche Vorliebe für Käfer. In gut bekannten Faunen – wie jener vieler Gebiete der gemäßigten Regionen – machen Käfer 40 Prozent aller Gliederfüßer (Arthropoden) aus (hierzu gehören sämtliche Insekten, Spinnentiere wie Spinnen oder Milben, und Krebstiere wie Asseln). Sollte dieses Verhältnis auch für die tropischen Wälder zutreffen, dann könnte die gesamte Kronenregion 20 Millionen verschiedener Arthropodenarten beherbergen. Die Krone – Äste und Blätter – ist der wichtigste und größte Bestandteil eines Baumes. Sie ist Sonne und Luft am meisten ausgesetzt und hat die komplexeste Struktur. Desgleichen könnte der Wurzelbereich der Bäume, den Erwin nicht untersuchte, seiner Meinung nach etwa halb so viele Arten beherbergen wie die Kronenregion. Das wären weltweit insgesamt zehn Millionen. Zehn plus 20 Millionen ergeben 30 Millionen Arten allein für die Gliederfüßer in den Wäldern der Tropen. Die Anzahl aller Organismen sollte fraglos noch weitaus höher sein. Doch die meisten sind Tiere, und die Mehrheit davon wiederum Gliederfüßer. Somit bedeuten 30 Millionen eine angemessene, zurückhaltende Schätzung für die Gesamtartenzahl.

Im Jahre 1988 brachte Robert May in der Zeitschrift *Science* einen kritischen Überblick über die Schätzungen Erwins und anderer, die in der Regel fast rein theoretischer Natur waren.[3] Er gab zu bedenken, daß die Kette von Folgerungen – von einer Studie der Käfer auf einer Baumart einer Region bis zur Schätzung des weltweiten Artenreichtums – sehr lang ist. Doch enthalten die Folgerungen nach seiner Aussage keine offensichtlichen Fehler. Er betont auch, die Zahl von 30 Millionen sei vielleicht tatsächlich zu zurückhaltend. Denn letztlich beherbergt wohl fast jede Art zumindest einen artspezifischen Parasiten. So werden aus 30 umgehend 60 Millionen. Wie May weiterhin bemerkt, sind Käfer nicht die einzige Gruppe mit hoher Formenvielfalt. Sie sind nur zufällig die einzige mannigfaltige Gruppe, die gut untersucht ist. Darwin – einer der vielen Verehrer von Königin Victoria – drückte es so aus: «Jedesmal, wenn ich vom Fang seltener Käfer erfahre, fühle ich mich wie ein altes Schlachtroß beim Klang einer Fanfare.»[4] Doch die Milben, Verwandte der Spinnen, die kleiner als Staubpartikeln sein können (und tatsächlich manchmal einen bedeutenden Bestandteil des Staubes ausmachen), mögen ebenso vielfältig sein. Aber nur wenige Menschen kümmerten sich je um sie.

Es mag den Anschein haben, die Biologie des Artenschutzes sei in Mode. Doch wäre sie nur ein Zehntel so aktuell wie die Teilchenphysik oder die Weltraumforschung, dann würden die Regierungen viel größere Studien finanzieren, um Terry Erwins vorläufige Beobachtungen zu vervollständigen. Professor May schlägt eine – wenngleich etwas gewaltsame – Berechnung der gesamten Artenzahl eines Hektars durch Biologenteams vor.[5] Nach den Maßstäben der Artenschutzbiologie wäre dies in der Tat ein gigantisches Projekt, nach denen der Teilchenphysik hingegen wäre es nur alltäglich. Forschung für den Artenschutz ist dringend erforderlich, weil die Arten verschwinden. Teilchenphysik ist dagegen nicht so dringend, denn Teilchen existieren tatsächlich unbefristet. Für die Physik, für Rüstungstechnologien wie auch für Rembrandts stehen Gelder zur Verfügung. Für die Biologie des Artenschutzes ist aber offenbar nicht *genügend* Geld vorhanden. Daher müssen wir – wie bereits in Kapitel 1 erwähnt – andere Werte als bisher hervorheben und zum Tragen bringen.

Gehen wir also von ungefähr 30 Millionen als angemessener Zahl aus (anderenfalls müßten wir eingestehen, daß die tatsächliche Zahl irgendwo zwischen fünf und 100 Millionen liegen mag, und ein derart großer Bereich der Ungewißheit wäre wahrhaft ein Schandfleck). Wie viele dieser Arten sind nun gefährdet?

Das Ausmaß der Gefährdung

Wie jeder Biologe bestätigt, leben die meisten Arten in den Wäldern der Tropen. Die Mehrheit hiervon kommt jeweils nur in einem begrenzten geographischen Gebiet vor. Das zeigen die vielen bereits bekannten Formen. Die Verbreitungsgebiete der tropischen Arten sind gewöhnlich kleiner als diejenigen der meisten Arten der gemäßigten Zone. Das gilt nicht nur für Gliederfüßer. Viele hundert – womöglich viele tausend (wie derzeitige Untersuchungen vermuten lassen) – Arten von Fischen leben jeweils nur in bestimmten Flüssen, die austrocknen, wenn die Baumdecke verschwindet (falls sie nicht schon durch den Bau von Dämmen aufgehört haben zu existieren). Die meisten Lemuren Madagaskars sind auf bestimmte Waldstücke beschränkt. Mit den Bäumen werden auch die Lemuren verschwinden. Nach Berechnungen von Dr. Norman Myers wurde seit Beginn dieses Jahrhunderts mindestens die Hälfte der tropischen Wälder gerodet[6]. Bei der gegenwärtigen Zerstörungsrate werden sie Ende des Jahrhunderts alle verschwunden sein. Die meisten Arten bewohnen nur ein eng begrenztes Areal. Daher rottet man in jedem Gebiet, das geopfert wird, einen hohen Prozentsatz von ihnen aus, weil sie sonst nirgends vorkommen. Ob es nun fünf oder 100 Millionen Arten gibt – in diesem Jahrhundert müssen bereits einige Millionen Arten ausgestorben sein; und ein Großteil der übrigen – vielleicht die Hälfte, also vermutlich rund 15 Millionen – scheint in den nächsten Jahrzehnten zum Aussterben verurteilt.

Man mag dies alles als etwas zu vage empfinden und die Kette der Folgerungen für zu lang halten. Aber wiederum, sie weist keine offenkundigen Fehler auf. Wir können auch durchaus genauer werden. Es gibt zwei Tiergruppen, die recht gut bekannt sind: die Vögel und die Säugetiere. Wie der Physiologe an der University of California Medical School in Los Angeles und hervorragende Kenner tropischer Vögel Jared Diamond erklärt, sind diese beiden Tiergruppen sichtlich in Gefahr.[7]

Der jüngsten Ausgabe des *Red Data Book* des International Council for Bird Preservation (ICBP) zufolge sind von den 9000 bekannten Vogelarten der Erde seit 1600 nach Christus 88 bereits ausgestorben und 283 gefährdet.[8] Dies sind große Zahlen, und dennoch entsprechen sie nur einem beziehungsweise drei Prozent der Gesamtzahl, was nicht allzu verheerend erscheint. Doch wie Dr. Diamond bei einer Tagung der Royal Society of London im Jahre 1989 berichtete[9], verharmlosen sie die wahre Sachlage um mindestens eine Größenordnung.

Punkt eins ist, so Diamond, daß der ICBP – vollkommen korrekt – in erster Linie genau sein möchte. Daher nimmt er einen Vogel erst dann auf seine Liste der ausgestorbenen Arten, wenn wirklich keinerlei Hoffnung mehr besteht: Erst wenn ihn Ornithologen auch nach jahrelanger Suche an den Stellen, wo er erfahrungsgemäß lebte, nicht gefunden haben. Äußerst selten tauchen ausgestorben geglaubte Vögel wieder auf (Diamond selbst fand 1981 in Neuguinea den lange verloren geglaubten Gärtnervogel *Amblyornis flavifrons* [Gelbscheitelgärtner] an zuvor unerforschten Bergen). Im allgemeinen jedoch muß die Suche so intensiv und langandauernd gewesen sein, daß ein Vogel wirklich definitiv verschwunden ist, wenn man ihn für ausgestorben erklärt. Darüber hinaus sind nach Erkenntnissen des ICBP die Listen zum Zeitpunkt ihrer Veröffentlichung bestimmt schon wieder veraltet.

In Anbetracht dieser Tatsache stellten N. J. Collar und P. Andrew vom ICBP 1988 die Liste *Birds to watch* zusammen, auf der jene Arten aufgeführt sind, von denen man mit Recht annehmen kann, sie seien gefährdet.[10] Nach ihrer Meinung sind zur Zeit nicht weniger als 1029 Vogelarten weltweit vom Aussterben bedroht, und weitere 637 stehen kurz davor. Addiert man nun wie Diamond diese Zahlen zu den 88 nachweislich ausgestorbenen, kommt man auf insgesamt 1754 Spezies. Anders ausgedrückt: Fast ein Fünftel der bekannten neuzeitlichen Vogelarten ist erwiesenermaßen seit 1600 nach Christus ausgestorben oder als unmittelbar bedroht anzusehen.

Und selbst dies mag noch stark unterschätzt sein. Die ideale Methode für die Zusammenstellung von *Birds to watch* bestünde darin, Arbeitsgruppen professioneller Ornithologen in die Welt hinauszuschicken, um jede Art zu zählen und zu überwachen – ein ähnliches Großprojekt, wie es Robert May für die Erforschung eines tropischen Waldgebiets vorgeschlagen hat. Doch mit den gegenwärtigen Naturschutzbudgets wäre eine solche Suche unmöglich. Wiederum stellen wir auf Schritt und Tritt fest, daß für Forschungen im Bereich des Naturschutzes zu wenig Gelder zur Verfügung stehen. In der Praxis wird *Birds to watch* nach Berichten von Ornithologen zusammengestellt, die zufällig Grund zu der Annahme haben, eine bestimmte Art sei gefährdet. Ein solches System funktioniert wahrscheinlich in Europa und Nordamerika recht gut, wo es nach den Worten Diamonds «Millionen leidenschaftlicher und engagierter Vogelbeobachter gibt», und je seltener die Vögel werden, «desto sorgfältiger werden sie beobachtet». Doch die meisten Vogelarten leben – wie überhaupt die meisten Tiere und Pflanzen – in den Tropen, wo ortsansässige Ornithologen dünn gesät und die Vögel oft schwer zu beobachten sind.

Diamond hat sich auf die Beobachtung tropischer Vögel spezialisiert, und seine eigenen Untersuchungen «unterstreichen die Kluft zwischen ‹nachweislich ausgestorben› und ‹nicht erwiesenermaßen ausgestorben›». So ist im *Red Data Book* von den 164 heimischen Vogelarten der Salomoninseln im Südpazifik eine als seit 1600 nach Christus ausgestorben angegeben. Doch Diamond fuhr auf die Salomonen, sah sich dort und in der Literatur um, machte Umfragen und fand so heraus, daß es für zwölf der ursprünglich 164 Arten seit 1953 keine eindeutigen Belege mehr gibt, «obgleich einige dieser Arten zuvor als häufig beschrieben worden waren». Die meisten der verschwundenen Vogelarten lebten auf dem Boden und wurden anscheinend durch Hauskatzen ausgelöscht. Die Situation auf den Salomoninseln ist dennoch nicht ungewöhnlich schlecht, sondern für tropische Maßstäbe eher ein «gemäßigtes Beispiel». Viele andere Regionen beherbergen weitaus anfälligere Arten und weit mehr eingeführte Räuber.

Aus all diesen Gründen führt der ICBP jetzt sogenannte «Grüne Listen»: Diese katalogisieren nicht die gefährdetsten Arten, mit all den damit einhergehenden Verzögerungen und Ungewißheiten, sondern jene, deren Bestände zur Zeit gesichert erscheinen. Doch Diamond zufolge «ist es unwahrscheinlich, daß mehr als die Hälfte der heute auf der Erde lebenden Vogelarten dafür in Frage kommt».

Aber – wie ich schon in Kapitel 1 zu bedenken gab – die gegenwärtige Aussterbewelle begann nicht aus dem Nichts heraus. Sicherlich erkennen wir einen Anstieg durch die Intensivierung der Technik, das Wachstum der menschlichen Bevölkerung sowie durch deren zunehmende Mobilität und Ausbreitung. Jedoch deuten viele Anzeichen darauf hin, daß die Menschen ihre Mitgeschöpfe schon seit Zehntausenden von Jahren ausrotten.

Die Belege aus der weit zurückliegenden Vergangenheit stammen vor allem aus der Archäologie (von Menschen hinterlassene Gegenstände) und der Paläontologie (Fossilien oder Abdrücke) und sind nicht einfach zu bewerten. Erkennen wir, daß eine Tiergruppe der Vergangenheit plötzlich ausstarb, ist es meist schwierig, die Ursache zu ermitteln, ob die Tiere von Menschen getötet wurden, oder ob sie einfach aufgrund einer klimatischen Veränderung verschwanden. Doch, so Diamond, je mehr sich die Wissenschaftler mit den Belegen aus den vergangenen Jahrhunderten oder Jahrtausenden befassen, desto deutlicher wird es, daß viele Tiere – insbesondere große – ausgestorben sind und Menschen daran beteiligt waren.

Diese Hinweise sind größtenteils indirekt, doch fügt man sie alle zusammen, überzeugen sie. Speziell große Tiere starben zumeist nach der Ankunft des Menschen in Gebieten aus, in denen er zuvor noch nicht gelebt hatte und in denen die Tiere daher «unbefangen» waren. So verschwanden in Neuseeland zwölf oder 13 Moa-Arten in den 500 Jahren nach der Ankunft der Maori im Jahre 1000 nach Christus. Schuld daran könnte allerdings auch ein Klimawandel gewesen sein. Doch das wäre ein merkwürdiger Zufall. Abgesehen davon gibt es heute an alten Lagerplätzen der Maori zahlreiche Hinweise auf geschlachtete Moas: Bis heute hat man die Überreste von 100 000 verschiedenen Vögeln gefunden. Die Madagaskarstraße starben kurz nach Ankunft der ersten Menschen zur Zeit Jesu Christi auf Madagaskar aus. Mehr als die Hälfte der einheimischen Vögel Hawaiis – 50 Arten, darunter eine Anzahl flugunfähiger Gänse – verschwand bald nach der Ankunft der Polynesier. Ähnliche Vorgänge werden nun – da die Untersuchungen voranschreiten – für jede andere erforschte pazifische Insel bekannt, von Tonga bis Tahiti. Zählt man all diese Arten zusammen, ergibt sich wiederum, daß offenbar ein Fünftel aller Vogelarten der Erde in den vergangenen 1000 Jahren verschwand – fast immer durch Menschen verursacht.

Auch unter den Säugetieren gibt es sehr viele Beispiele. Auf Madagaskar besetzten Lemuren einst all jene ökologischen Nischen, die auf anderen tropischen Kontinenten niedere Affen und Menschenaffen einnehmen. Die wenigen noch übriggebliebenen Lemuren sind kleine baumbewohnende Arten, die niederen Affen ähneln. Doch einstmals gab es eine Art von der Größe und Lebensweise des Gorillas sowie weitere, deren Größen zwischen diesen Extremen lagen.

Das gleiche Drama finden wir zeitlich etwas weiter zurückliegend. Nachweislich erreichten die ersten Menschen Amerika von Asien her vor etwa 11000 Jahren und breiteten sich schließlich von Alaska bis nach Feuerland aus. Es scheint, als wäre ihnen eine Welle des Aussterbens gefolgt. In Nordamerika wurden 73 Prozent der Gattungen aller großen Säugetiere vernichtet*, in Südamerika 80 Prozent. Wiederum ist es nicht sicher, ob der Mensch dafür verantwortlich war. Während die Menschen zum ersten Mal Amerika durchquerten, veränderte sich das Klima. Die Welt erwachte damals aus der letzten Eiszeit. Auch in diesem Fall scheint das Zusammentreffen kein Zufall zu sein. Erneut gibt es direkte Hinweise darauf, daß Menschen am Aussterben beteiligt waren, darunter die Schädel geschlachteter Mammuts. Dieses Aussterben bezeichnete man auch als das «Massensterben des Pleistozän».

Dasselbe Muster finden wir auf Inseln im Mittelmeer. Auf wenigstens zehn Mittelmeerinseln gab es einst kleine Elefantenarten, von denen zumindest einige bis in jüngere Zeit überlebten und erst kurz nach Ankunft des Menschen verschwanden. Auch die australischen Ureinwohner scheinen alles andere als makellos. Die meisten Gattungen großer australischer Säugetiere – nahezu 90 Prozent – verschwanden, kurz nachdem die Aborigines vor etwa 4000 Jahren von Asien

---

* Eine Gattung (*Genus*, Plural *Genera*) ist eine Gruppe nahe verwandter Arten. Der erste Teil des wissenschaftichen Artnamens bezeichnet die Gattung: beispielsweise *Felis* oder *Canis*. Jeder Verlust einer Gattung könnte den Verlust einiger oder sogar vieler Arten bedeuten.

her den Kontinent erreichten. Darunter befand sich ein wahrlich riesiges Känguruh mit nur einer Zehe, ein Wombat von Nashorngröße und ein Säbelzahnbeutler. Wiederum ist es nicht sicher, daß die Menschen direkt am Aussterben beteiligt waren; denn die Säbelzahnbeutler verschwanden vor 18000 Jahren, zu einer Zeit großer Trockenheit. Jedoch summiert sich dieses Beispiel zu den anderen, so daß sich ein recht suggestives Bild ergibt.

Nur in Afrika und Eurasien haben große Säugetiere in beträchtlicher Vielfalt überlebt. Das waren die Kontinente, in denen sich die Menschen selbst entwickelten – sie traten zunächst in Afrika in Erscheinung und breiteten sich dann vor etwa zwei Millionen Jahren nach Eurasien aus. Auf diesen Kontinenten hatten die großen Tiere Zeit, sich anzupassen. Doch selbst in Europa haben wir solche eindrucksvollen Erscheinungen wie das Mammut und das Wollnashorn in den letzten paar tausend Jahren verloren. Alles in allem scheint es, so Diamond[11], daß der Mensch in den vergangenen Jahrtausenden für das Verschwinden der Hälfte aller großen Säugetierarten der Erde verantwortlich war. Sonst sollte es in Europa und Amerika zumindest noch Elefanten und in Europa noch Nashörner geben, die ja in Asien und Afrika bis heute existieren.

Man könnte denken, jene Einflüsse, die all die Aussterbefälle in der Vergangenheit herbeiführten, gebe es heute nicht mehr. Das wäre aber trügerisch. Diamond zufolge hatte das Aussterben vier Hauptursachen: die Bejagung, die Einführung neuer Arten in zuvor ungefährdete Ökosysteme, die Zerstörung des Lebensraumes und Sekundäreffekte. Alle vier gibt es auch weiterhin.

Die zerstörerischen Einflüsse

Der stärkste der vier apokalyptischen Einflüsse ist die Zerstörung von Lebensräumen. Wir könnten vielleicht annehmen, daß es dazu in der Vergangenheit nicht in großem Ausmaß kam; doch dann deuten wir die Geschichte und Vorgeschichte falsch. Das Schottische Hochland ist beispielsweise heute deswegen mit Heidekraut bedeckt, weil unsere neolithischen Vorfahren die Eichen- und Kiefernwälder rodeten, die es dort zuvor gab. Wie wir aus Fossilfunden wissen, vernichteten

die Aborigines bei ihrer ersten Ankunft die australische Großtier-
fauna; daneben müssen sie aber auch mit ihren regelmäßigen Feuern
die Landschaft verändert haben. (Nicht unbedingt zum Schlechten,
aber eine Veränderung ist eine Veränderung.) Die Osterinsel war
einst bewaldet. Die Bäume wurden von jenen Menschen gerodet,
welche die mysteriösen «Steinmenschen» hinterließen.

Was sich heutzutage gewandelt hat, ist die Geschwindigkeit der
Veränderungen und der Umfang ihrer Folgen. Kettensägen fällen
Bäume schneller als Steinäxte; Traktoren entwurzeln Baumstümpfe,
wo Feuer sie nur bis auf den Boden niederbrannte. Heute fallen wir
vor allem über die Tropenwälder her, die bis zu diesem Jahrhundert
noch weitgehend unberührt waren. Diese Wälder beherbergen die
Mehrheit der Arten; somit werden mit ihrer Zerstörung auch unweigerlich die meisten Arten vernichtet. Am schlimmsten ist jedoch, daß
tropische Spezies gewöhnlich viel stärker auf ein begrenztes Gebiet
beschränkt sind als Arten der gemäßigten Zone. So überlebte die
Wildkatze die Zerstörung der Wälder in Schottland, weil sie auch anderswo vorkam. Aber einen Lemur aus einem Stück Regenwald
in Madagaskar zu verlieren ist gleichbedeutend mit dem Verlust der
ganzen Art.

Mit dem Verlust von Lebensräumen geht ihre Zersplitterung ein-
her. Sie ist vielleicht nicht weniger schlimm. Beispielsweise gibt es
nach den jüngsten Schätzungen (die nicht besonders aktuell und bei
weitem nicht gründlich sind) in Asien noch zwischen 34 000 und 54 000
Elefanten. Doch während der Lebensraum und die Elefantenpopula-
tion selbst sich einst fast kontinuierlich von Südostasien bis in den
Mittleren Osten erstreckten, ist die für sie geeignete Umwelt nun in
zahlreiche kleine Flecken zergliedert. Nur eine oder zwei der verbliebenen Restpopulationen – in Indien – scheinen imstande zu sein,
getrennt zu überleben. Wenn die verbliebenen Tiere jeder isolierten
Population jedoch alt werden und dahinsiechen, könnte die Art
zugrunde gehen.

Die zweitbedeutendste Ursache für das Aussterben ist weltweit die
Einführung fremder Arten in neue Lebensräume. Dies geschah in
gewissem Ausmaß auch schon in früherer Zeit. So brachten die Aborigines wohl vor etwa 8000 Jahren den Dingo aus Asien auf den
australischen Kontinent. Dieser merzte dort den hundeähnlichen
Beutelwolf aus. Die Römer verbreiteten das Kaninchen und den

Damhirsch. Doch erst ab dem 17. Jahrhundert begann die Ein- und Ausfuhr von Tieren und Pflanzen in großem Umfang. So wurde von Kalifornien bis Neuseeland die heimische Flora großenteils durch Ackerunkräuter ersetzt, die man unbeabsichtigt aus Europa mitbrachte, oder durch europäische Pflanzen, die man zur Kultivierung einführte und die dann «verwilderten». Die Hauskatze gelangte wahrscheinlich im 17. Jahrhundert mit Schiffen nach Australien, lange vor der Ankunft von Captain Cook. Sie richtet immer noch großen Schaden unter den kleinen Beuteltieren an. In weiten Teilen Australiens rotteten Katze und Fuchs, den man im 19. Jahrhundert für den «Jagdsport» einführte, 90 Prozent der kleinen Beuteltiere aus. Die Agakröte brachte man von Hawaii nach Australien, um die Ratten in den Zuckerrohrpflanzungen zu dezimieren; jetzt verdrängt sie viele einheimische Amphibien und kleine Reptilien. Im Wasser – in Flüssen und Seen – mögen die Auswirkungen fremder Arten sogar noch katastrophaler sein, obgleich das gewöhnlich nur die Spezialisten bemerken. Die größte ökologische Katastrophe dieses Jahrhunderts ereignete sich im Victoriasee. Hier wurden in den vergangenen 30 Jahren 200 von 300 heimischen Buntbarscharten (der Gattung *Haplochromis* und deren Verwandte) durch Nilbarsche ausgerottet, die man als Speisefische eingesetzt hatte.

Auf Inseln richteten eingeführte Räuber besonders großen Schaden an, denn inselbewohnende Tiere sind zumeist recht arglos, haben kleine Populationen und können nicht fliehen. Hauskatzen und -hunde haben weltweit für Verheerungen gesorgt. Die Mungos, die man zur Bekämpfung von Ratten in die Karibik einführte, haben darüber hinaus noch viele andere Tiere getötet. Die Ratten selbst, die überall dorthin gelangen, wo Schiffe anlegen, fressen die Eier von Brutvögeln. Jared Diamond zufolge gibt es immer noch einige tropische Inseln, die auf wundersame Weise rattenfrei geblieben sind. Aber früher oder später müssen die Ratten auch hier auftauchen, und dann werden sie auf diesen Inseln ebenfalls Tiere ausrotten.[12]

Wie wir bereits gesehen haben, starben in der Vergangenheit viele große Säugetiere und Vögel wahrscheinlich deshalb aus, weil sie gejagt wurden. Doch die Jagd geht weiter, legal und illegal. Dadurch ist zwar nur eine kleine Zahl von Arten direkt gefährdet, doch die Liste ist dennoch beeindruckend. Zumindest einige der großen Wale, insbesondere der Blauwal, haben möglicherweise bereits so hohe Verluste erlitten, daß sie wohl unvermeidlich aussterben werden. Vermutlich sind heute mindestens 70 der etwa 320 Papageienarten der Welt gefährdet. Vielfach ist der Handel mit Papageien, die man als Haustiere verkauft, oder der Export ihrer Federn die Ursache. Die Arabische Oryx wurde durch Bejagung in der Natur ausgelöscht, die letzte fiel 1972. Die Wilderei bedroht mehr als alles andere die zukünftige Existenz der afrikanischen Spitzmaulnashörner. Sie zählt – vor allem neben der Zerstörung des Lebensraumes – auch zu den Problemen, von denen die vier anderen Nashornarten Afrikas und Asiens betroffen sind. Der Bestand des Afrikanischen Elefanten wurde durch Wilderei von einigen Millionen 1980 auf heute 650000 reduziert. Bei geringer Populationsgröße kann auch Wilderei in kleinem Maßstab einer Art den Gnadenstoß versetzen. Es gibt auf der Welt nur noch etwa 50 Javanashörner, und nach Berechnungen von Dr. Ulie Seal, dem Leiter der Captive Breeding Specialist Group der IUCN, würde es ausreichen, wenn nur drei Tiere pro Jahr gewildert würden, um die Art auszulöschen. Soll sie überhaupt in ihrem Ursprungsland eine Chance haben, dann muß die Wilderei vollkommen eingedämmt werden. Doch wo in der Welt gibt es eine absolute Sicherheit?

Schließlich folgen der Ausbreitung des Menschen mit seinen Technologien und den damit einhergehenden Tieren und Pflanzen verschiedene Sekundäreffekte. Der auffälligste ist die Umweltverschmutzung. Zwar beherrschen Katastrophen die Schlagzeilen, zum Beispiel Tankerunglücke und Tschernobyl. Doch sind auf lange Sicht die kleineren Einflüsse viel schädigender, die sich über Jahrzehnte hinweg akkumulieren. Der zu erwartende Treibhauseffekt resultiert aus der Verschmutzung der Atmosphäre durch übermäßige Abgabe von Kohlendioxid und Methangas. Die Auswirkungen einer weltweiten Erwärmung könnten ebenso schwerwiegend sein wie die Abkühlung der letzten Eiszeit. Die Verseuchung mit Stickstoff wird gewöhnlich im Zusammenhang mit dem Abfluß ins Grundwasser erwähnt sowie im Hinblick auf die Stickoxide aus Autoabgasen, die zum Entstehen des sauren Regens beitragen. Doch Stickoxide könnten noch mehr Schaden anrichten. Wie Forschungen an der Rothamsted Experimental Station in England ergaben, gelangen in industrialisierten und intensiv bewirtschafteten Regionen Stickoxide aus Autoabgasen und Ammoniak von den Feldern in die Atmosphäre. Davon setzen sich jährlich 40 Kilogramm Stickstoff pro Hektar wieder auf dem Land ab. Zwar mag ein Landwirt pro Jahr vielleicht dreimal soviel oder noch mehr einsetzen. Doch für einen Förster oder Gärtner bedeuten 40 Kilogramm pro Hektar eine beträchtliche Zufuhr. Außerdem sind natürliche Flächen im allgemeinen unfruchtbar. Die meisten Wildpflanzen haben sich diesem geringen Nährstoffgehalt angepaßt und werden, wenn der Nährstoffgehalt zunimmt, durch Unkräuter verdrängt, die sehr fruchtbaren Boden lieben. Die Auswirkungen dieser ungewohnten Nährstoffzufuhr «von oben» müssen noch festgestellt werden. Wie wir wissen, bedeuten in Westaustralien Düngemittel aus den umliegenden Feldern eine der stärksten Bedrohungen der verbliebenen Flecken von Buschland (das mit seinen 9000 Arten heimischer Blütenpflanzen etwa sechsmal so viele wie Großbritannien aufweist).

Schließlich kann das Verschwinden jeder Art leicht eine ganze Kettenreaktion auslösen: Weitere Arten verschwinden, die von der ausgestorbenen abhängig waren. Die Kette der Ereignisse erfährt manchmal ganz unerwartete Wendungen. Als man Jaguare, Pumas und Harpyien von der Insel Barro Colorado beseitigt hatte, begannen die bodenbrütenden Vogelarten auszusterben; denn diese drei Endkonsumenten lebten von kleineren Räubern wie Affen und Nasenbären, die wiederum den Vögeln nachstellten. Ähnlich glaubt Michael Soulé, daß das Verschwinden der Kojoten aus den Tälern um San Diego den Rückgang dort heimischer Vogelarten zur Folge hatte, weil die Kojoten dazu beitrugen, Füchse und Katzen in Schach zu halten. Zu solchen verwickelten Ketten des Untergangs muß es vor allem in den tropischen Wäldern kommen, wo eine enorme Zahl von Arten sich in enger und untereinander verflochtener Gemeinschaft entwickelt hat.

Trotz alledem, so Diamond, sehen einige die gegenwärtige Aussterbewelle nur als «natürlich» an. Schließlich, so lautet ihr Argument, sterben alle Arten früher oder später aus. Ich habe von kompetenten Zoologen gehört, daß Spitzmaulnashörner «nicht mehr in die Zeit passen». Dieselbe Feststellung las man kürzlich in einer britischen Zeitung über den Blauwal. Doch solche Behauptungen sind absurd (und zugleich furchtbar). Keine dieser beiden Arten wäre in irgendwelchen Schwierigkeiten, wäre sie nicht ausdauernd bejagt worden. Selbst schlechte Journalisten wären selten, hätte es vereinigte Bemühungen gegeben, sie zu beseitigen. Darüber hinaus sterben heute, laut Diamond, Tiere tausendmal schneller aus als je zuvor, sogar viele Male rascher als in Zeiten des «Massenaussterbens», wie am Ende der Kreidezeit, als die Dinosaurier verschwanden. Andrew Dobson von der Universität London berechnete, daß die gegenwärtige Aussterberate eine Million Mal höher ist als die Artbildungsrate. Diamond zufolge sollten wir auch beachten, daß Arten in der Vergangenheit nicht unbedingt verschwanden, weil sie ausstarben. Viele entwickelten sich einfach zu neuen Spezies. Den *Homo erectus* gibt es nicht mehr. Doch er ging nicht zugrunde, sondern entwickelte sich zum heutigen Menschen. Grundsätzlich meint Diamond: «Tun wir die gegenwärtige Aussterbewelle mit dem Standpunkt ab, das Verschwinden von Arten sei ein normales Ereignis, ist das, als gingen wir über einen Völkermord hinweg, weil jeder Mensch sowieso irgendwann sterben muß.»

Was von alledem spricht aber für die Existenz von Zoos?

Gibt es triftige Gründe für die Existenz von Zoos?

Nichts in dieser Aufzählung von Katastrophen deutet unmittelbar darauf hin, die Zucht in Zoologischen Gärten könnte bei der Rettung bedrohter Tierarten eine ernsthafte Rolle spielen. Schließlich haben wir doch die Zerstörung der Lebensräume als die Hauptursache des weltweiten Untergangs ausgemacht. Demzufolge scheint der Schutz der Lebensräume das richtige Mittel zu sein, oder etwa nicht?

Die Arithmetik der Angelegenheit scheint dieses Argument zu unterstützen. Wie ich später in diesem Kapitel ausführen werde, ließen sich durch Zucht in Zoologischen Gärten wahrscheinlich nicht mehr als einige tausend Arten retten. Ich äußerte jedoch die Vermutung, daß Millionen gefährdet seien. Zoos können also bestenfalls nur einen geringen Bruchteil mit ihren Zuchtbemühungen erhalten. Außerdem ist das Land, auf dem Wildtiere leben, immer noch relativ preisgünstig. Für eine Million Dollar kann man eine große Fläche brasilianischen Regenwaldes erwerben. Zoos hingegen sind in der Regel kostenintensiv, und speziell die Zuchtprogramme laufen oft sehr ins Geld. Aber Geld, das für Zoos ausgegeben wird, kommt nicht den Lebensräumen zugute. Daher ist die Zucht in Menschenobhut nicht nur Geldverschwendung. Sie lenkt auch von ernsthafteren Problemen ab.

Oft hat man auch behauptet, die Bemühungen der Zoos wären selbst dann noch nutzlos, wenn sie es schafften, einige Arten in Gehegen dahinvegetierend zu erhalten. In Zoos geborene und aufgezogene Tiere seien nur für Zoos geeignet (so die Behauptung); und wenn sie niemals in die Natur zurückkehren können, dann sollte man sie lieber aussterben lassen. Somit sei die «Erhaltung» im Zoo und insbesondere die Zucht offensichtlich nur Kosmetik, bestenfalls etwas Werbung. Großartige Begriffe wie «Erhaltungszucht» wären in Wirklichkeit wertlos.

Diese Argumente findet man in dem Buch *Beyond the Bars* (Hinter den Gittern), der besten aktuellen Zusammenstellung von Meinungen der Anti-Zoo-Lobby mit Namen *Zoo Check*, herausgegeben von Virginia McKenna, Will Travers und Jonathan Wray.[13] Die Punkte sind einfach, trügerisch und gelten weithin als zutreffend. Meines Erachtens sind sie aber sehr irreführend und – weil sie einem Unternehmen Unrecht tun, das unerläßlich geworden ist – äußerst verwerflich. Doch wie kann man derart offensichtliche Gründe mißbilligen?

Generell sprechen für die Zoos im allgemeinen und für die Zucht in Menschenobhut im besonderen folgende Gründe. Zunächst einmal zweifelt niemand, aber auch gar niemand daran, daß der Schutz von Lebensräumen die beste Methode zur Rettung von Tieren ist, wo immer und wann immer sie sich realisieren läßt. Diejenigen jedoch, die uns davon überzeugen wollen, dies sei die einzig lohnenswerte Strategie, übersehen einige wichtige Sachverhalte.

Leider ist zum ersten der gesamte Artenschutz ständig in Geldnöten. Am sichersten läßt sich ein Lebensraum schützen, wenn man ihn kauft (oder ihn zum Nationalpark erklärt, was im Endeffekt dasselbe ist, nur eben mit öffentlichen Geldern). Doch Naturschützer können es sich nicht leisten, all das zu kaufen, was sie gerne kaufen würden. Aber Geld ist nicht das einzige Problem. Naturschützer konkurrieren mit Hunderten anderen Interessengruppen. In wohlhabenden Ländern ziehen Naturschützer im allgemeinen gegenüber Landwirten den kürzeren. In armen Ländern unterliegen sie auf vielfältige Weise. In der Regel meinen die Regierungen von Ländern der Dritten Welt

(auch heute noch), sie müßten sich mit zu vielen anderen Dingen beschäftigen,so daß sie nicht auch noch Zeit für den Naturschutz vergeuden könnten. Im Land verschwinden die unberührten Wildnisgebiete
rasch. Was übrig bleibt, ist großenteils für irgendwelche menschlichen
Zwecke vorgesehen. Die beste Lösung ist heutzutage im allgemeinen
ein Nationalpark. Doch Nationalparks werden von Regierungen geschaffen, und Regierungen werden gestürzt. Auch in Nationalparks
melden die Menschen weiterhin nachdrücklich ihre Ansprüche an. In
jedem indischen Nationalpark und in vielen afrikanischen lassen Bauern ihr Vieh weiden (wohin sollten sie es sonst treiben?). Die Ureinwohner im Kakadu-Nationalpark im australischen Northern Terri-
tory würden gerne mit dem Bergbau beginnen. Die Nationalparks
Großbritanniens liegen zum großen Teil im Hochland (die meisten
Tieflandregionen werden schon seit langer Zeit landwirtschaftlich genutzt), und auch sie werden bewirtschaftet, aufgeforstet und für Birk-
hühner eingerichtet. Selbst mit den größtmöglichen Anstrengungen
wäre es nicht durchführbar, mehr als nur einen Bruchteil des Schüt-
zenswerten tatsächlich zu schützen, oder auch nur die am besten be-
hüteten Gebiete uneingeschränkt den Wildtieren zu überlassen.

Zum zweiten ist die Lage natürlicher Lebensräume unsicherer, als
man es sich im allgemeinen vorstellt. Schon die Auswirkungen der
Umweltverschmutzung werden nicht richtig eingeschätzt; Wildpflanzen (und die Tiere, die sich von ihnen ernähren) leiden beispielsweise
zumindest ebenso unter Überdüngung wie unter der Freisetzung von
Giften (die wahrscheinlich viel seltener ist).

Krieg tauchte nicht auf meiner Liste der hauptsächlichen Ursachen
für das Aussterben auf, weil er kein Hauptgrund ist. Doch wie wir
wissen, wurde der Bestand der Arabischen Oryx stark dezimiert, als
die Türken im Ersten Weltkrieg ihren Lebensraum besetzten. Gewiß:
Soldaten sind hungrig, und wenn sie sich langweilen, schießen sie
wahllos herum. Bekanntermaßen wurde die Säbelantilope in ihrer
letzten Bastion in der Sahelzone während des Krieges im Tschad
ausgelöscht. Der letzte Davidshirsch in China wurde während des
Boxeraufstandes verspeist. Die Arabische Oryx und der Davidshirsch
wären heute mit Sicherheit und die Säbelantilope mit großer Wahrscheinlichkeit ausgestorben, hätte man sie nicht in Zoos und Wild-
parks weit von der Front entfernt gezüchtet. Die Tierwelt Ugandas litt
im großen und ganzen (ich kenne keine offizielle Untersuchung)

enorm unter dem Bürgerkrieg. Die gesamten Auswirkungen des Vietnamkrieges auf die Tierwelt lassen sich nicht einschätzen – doch wie man weiß, wurden die Elefanten vorsätzlich abgeschossen, um den Vietkong ihre Transportmittel zu entziehen. Zwar kümmert es uns oft schon wenig, wenn Menschen getötet werden, doch es wäre besser, wenn auch die Tiere nicht sterben müßten. Es obliegt jenen, nach deren Meinung der Schutz von Lebensräumen die einzig lohnende Strategie ist, uns mitzuteilen, was sie gegen die Ausrottung durch Kriege zu tun gedenken. Erst wenn sie für dieses Problem eine Lösung haben, können wir unsere Hoffnung ausschließlich auf Nationalparks setzen.

In dieser chaotischen Welt gilt jedoch nichts uneingeschränkt. Wir könnten einen Nationalpark schaffen und ihn mit einem Dutzend Maßnahmen schützen. Wir könnten die Umweltgifte kontrollieren und sie so gut es geht fernhalten; wir könnten fehlende Bäume pflanzen; und doch würden wir aus verschiedenen biologischen Gründen (sie betreffen die Region, die Populationen oder die Genetik) feststellen müssen, daß die Arten weiterhin aussterben. Zumindest ist das auf Kontinenten gewöhnlich der Fall.

Gewiß, wenn wir eine ganze Insel in einen Nationalpark umwandelten, könnte sie mit etwas Glück in ihrem ursprünglichen Zustand fortbestehen. Vielleicht wäre das umliegende Meer nicht mehr so fischreich wie einst. Wale und Meeresschildkröten würden nicht mehr so oft und nicht so zahlreich wie zuvor vorbeikommen. Auch eine Ölverschmutzung wäre möglich. Aber *könnten* wir einer Insel vollkommenen Schutz gewähren, sollte sie auch weiterhin gedeihen.

Richten wir jedoch auf einem Kontinent einen Nationalpark ein, schaffen wir im Endeffekt eine neue Insel, zwar von Städten und Landwirtschaftsbetrieben statt von Wasser umgeben, aber dennoch eine Insel. Inseln sind kleine Stätten der Zuflucht in einem feindseligen Gebiet, und als solche gewähren sie ihren Bewohnern gewisse Vorteile, bringen jedoch auch besondere Schwierigkeiten mit sich. Diejenigen Tiere, die gewöhnlich auf Inseln leben, haben sich den dortigen Umständen gemäß entwickelt und derartige Probleme gelöst. Tieren auf dem Festland, die sich unvermittelt in inselartigen Schutzgebieten wiederfinden, fehlt eine solche Anpassung.

Drei verschiedene Probleme treten auf. Erstens: Betrachtet man den Lebensraum irgendeines Tieres aus dessen Sicht, stellt man fest, daß er nicht – wie es vielleicht scheint – völlig gleichförmig ist. Vielmehr ist er mosaikartig aufgebaut und aus einer Reihe bestimmter und unerläßlicher Fixpunkte zusammengesetzt: einem Ort der Nahrungsaufnahme, einem Schlafplatz und einer Stelle, wo sich Geschlechtspartner treffen. Die einzelnen Bestandteile sind für den Beobachter nicht immer offensichtlich. Lebt ein Tier von Natur aus auf einer Insel und verläßt diese nie, können wir einigermaßen sicher sein, daß auf der Insel alle erforderlichen Fixpunkte vorhanden sind.

Greifen wir jedoch ein Stück Festland heraus und erklären es zum Nationalpark, dann haben wir keine derartige Gewißheit. Was geschieht mit den Tieren, die normalerweise zu fernen Weidegründen abwandern? Dieses Problem wird bisweilen sehr deutlich, beispielsweise bei den Antilopen und Zebras, die in der Regel frische Weidegründe außerhalb der afrikanischen Nationalparks aufsuchen. Von den Kleinvögeln und den Abertausenden Wirbellosen wissen wir einfach nicht, was sie ehemals außerhalb ihres Hauptareals suchten. Wir können nur beobachten, wie sie trotz unserer Anstrengungen verschwinden.

Ungeachtet aller Bemühungen läßt sich die Entartung dieser «Inseln» auf dem Festland nicht wirklich verhindern. Wir können Übergriffe aus der Umgebung nicht unterbinden. Düngemittel und die damit einhergehenden Unkräuter gehören zu den offensichtlichsten «Einwanderern». Natürlich lassen sich Schritte unternehmen, um Fehlendes zu ersetzen. Beispielsweise hat man im Krüger-Nationalpark in Südafrika eine Wasserversorgung installiert. Dies ist (zusammen mit Elektrizität und so weiter) in den Parks heutzutage üblich. Oft wissen wir jedoch nicht, was fehlt – bis es zu spät oder zumindest bis das Verhängnis schon sehr weit vorangeschritten ist. So wachsen beispielsweise in Westaustralien noch unzählige Bäume. Da Kakadus auf Bäumen nisten, scheint demnach alles in Ordnung zu sein. Sie nisten jedoch in hohlen Bäumen, und diese werden von den Forstleuten beseitigt, um einen «gesunden» Wald zu schaffen. Zwar leben hier immer noch viele Kakadus, aber nur, weil sie sehr alt werden. Viele der verbliebenen Vögel haben seit Jahren nicht mehr gebrütet. Wenn man ihnen nicht sehr bald Nistkästen baut, werden sie dahinschwinden. Die Pandas in China leiden ebenfalls an einem Mangel an hohlen Bäumen zur Aufzucht ihrer Jungen. Bis die heutige Baumgeneration vermodern kann (vorausgesetzt, man läßt dies zu), werden die Tiere ausgestorben sein. Stellte man ihnen Aufzucht-kisten (und Wasser) zur Verfügung, könnten wir mit Recht fragen (wie ich es auch in Kapitel 8 wieder tun werde): Wo hört eigentlich der Schutz des Lebensraumes auf, und wo beginnt die Zucht in Men-schenobhut?

Die Populationen sind vielleicht sogar ein noch größeres Problem. Wie wir in Kapitel 4 nochmals diskutieren werden, müssen Populatio-nen wenigstens einige hundert Individuen umfassen, sollen sie auf lange Sicht überlebensfähig sein. Sind es weniger, werden sie durch Zufall oder Inzucht aussterben. Doch eine umfangreiche Population großer Säugetiere hat einen enormen Platzbedarf; denn jedes Indivi-duum braucht eine Menge Nahrung. Auf Inseln – echten Inseln – fin-det man gewöhnlich keine großen Säugetiere, mit Ausnahme von Robben, die sich aus dem Meer ernähren. Die einstigen Elefanten auf den Mittelmeerinseln waren winzig, nicht größer als ein Schaf; außer-dem sind die Inseln, auf denen sie lebten, wie Malta und Zypern, nicht gerade klein. Fast alle heute noch auf Inseln lebenden großen Tiere sind Reptilien: Riesenschildkröten, Landleguane auf Galápagos oder Komodowarane. Reptilien nehmen im Verhältnis zu ihrem Körper-gewicht nur ein Zehntel soviel Nahrung zu sich wie Säugetiere.

Heute erwarten wir aber, daß sich Tiere wie Elefanten in National-parks oder sogar in noch kleineren Schutzgebieten drängen. Insbe-sondere Elefanten brauchen nicht nur viel Nahrung, sondern sind obendrein zerstörerisch. Sie sind Feinschmecker, die einen Baum we-gen einer frischen Knospe entwurzeln. Hätten sie Afrika und das ge-samte Südostasien für sich, gäbe es keine Probleme. Vielleicht nahm ihre Zahl während der Jahrhunderte immer wieder zu und ab, wie es bei Lemmingen innerhalb weniger Jahre der Fall ist. Möglicherweise verwüsteten sie ein Gebiet und zogen dann wie Brandrodungsbauern weiter. Unter Biologen herrschen darüber verschiedene Meinungen. Eines ist jedoch klar: Parks, die kleiner als Kontinente sind, können gewaltige Populationsschwankungen oder Brandrodung nicht ertra-gen. In Parks lebende Elefanten erfordern ein striktes Management.

Wie viele große Tiere pflanzen sich auch Elefanten nur sehr lang-sam fort. Ihre Populationen nehmen zwar allmählich zu, aber erst nach Jahrzehnten oder Jahrhunderten. Dezimiert man ihren Bestand, kann es Jahre dauern, bis er wieder ein «gesichertes» Niveau erreicht. Mit jedem Monat steigt die Gefahr der gänzlichen Vernichtung.

Natürlich pflanzen sich die besonders großen Elefanten ungewöhnlich langsam fort. Andere Tiere verursachen vermutlich weit geringere Probleme. Aber Elefanten haben einen Vorteil: Sie sind Pflanzenfresser. Große Fleischfresser brauchen nämlich noch mehr Platz; denn sie leben von ganzen Herden mächtiger Pflanzenfresser. Wieviel Dschungel erfordet es, um eine lebensfähige Population von – mehreren hundert – Tigern zu erhalten? Ganz sicher mehr als in Sumatra zur Verfügung steht. Möglicherweise ist in den indischen Schutzgebieten des *Project Tiger* von Indira Gandhi genügend Platz vorhanden. Das bleibt abzuwarten. Sollte es jedoch so sein, dann ist Indien das einzige Land mit lebensfähigen Populationen wildlebender Tiger. Der Javatiger starb in den siebziger Jahren aus. Der Balitiger ist verschwunden, Kaspitiger und Chinesischer Tiger wahrscheinlich auch. Wildhunde brauchen ebenfalls riesige Gebiete. Wie einige Biologen annehmen, ist die einzige noch verbliebene lebensfähige Population Afrikas diejenige in Botswana. Der Yellowstone-Park, das Juwel unter den herrlichen nordamerikanischen Nationalparks, erweist sich künftig vielleicht noch als zu klein für den Grizzlybären.

Ein drittes Problem, eine Variation des Themas Population, werde ich in Kapitel 4 noch ausführlicher darlegen. Im wesentlichen geht es darum, daß viele natürliche Populationen in kleinere Teilpopulationen aufgespalten sind, die nicht viel miteinander zu tun haben. Bevor darüber keine detaillierten Untersuchungen vorliegen, und solange Naturschützer nicht genau jenes Stück Land kaufen können, das sie wollen, ist es recht wahrscheinlich, daß Schutzgebiete über die Grenzen verschiedener Teilpopulationen hinweg eingerichtet werden, anstatt in Gebieten jeweils einer Teilpopulation. In solchen Fällen könnten die verschiedenen Teilpopulationen zu klein sein, um zu überleben, und alle aussterben. Feldbiologen sind dünn gesät. Daher untersuchen sie in der Regel nicht genau, warum auch solche Tiere permanent aussterben, die anscheinend ungefährdet in Reservaten leben. Sicher ist nur, daß das Aussterben weitergeht, vielleicht noch für einige Jahrzehnte. Diese Aussterbephase bezeichnet man manchmal etwas eigenartig als «Artenrückgang».

Mit all diesen Problemen im Hinterkopf erörtern Ökologen heute die Idealform eines Wildtierschutzgebiets. Umfaßt ein Nationalpark eine große Fläche, reduziert dies zwar den Randeffekt; dennoch können notwendige Bestandteile des Lebensraumes ausgegliedert und viel zuwenig geeignetes Land einbezogen sein. Ist der Nationalpark in kleine Gebiete unterteilt, von denen sich jedes für Wildtiere eignet, dann könnten die Populationen jedes Teilgebiets zu klein sein, um zu überleben. Das Ideal wäre vielleicht ein Netzwerk durch «Korridore» verbundener kleinerer Gebiete, so daß die Tiere von einem zum anderen überwechseln könnten. Man weiß jedoch nicht, ob sie von solchen Korridoren Gebrauch machen würden. Es gibt keine Grundregeln, nach denen man dies vorhersagen könnte. Manche Vögel fliegen gerne über offenes Gelände und brauchen keine Korridore, andere tun das jedoch nicht. Darüber hinaus behaupten einige Biologen, wie Dr. Dan Simberloff von der Universtity of Florida, solche Korridore könnten gefährlich sein. Ihm zufolge sind nicht alle Inseln (vergleichbar mit kleinen Gebieten) schlecht. Die Tiere sind auf ihnen vor fremden Raubtieren und Krankheiten sicher. Dagegen könnten Korridore die Tiere Gefahren ausliefern, denen sie ansonsten nicht ausgesetzt wären. Derartige Erwägungen sind sehr wichtig, denn Naturschützer können es sich nur leisten, eine begrenzte Menge Land zu kaufen; und sie müssen sichergehen, ihre begrenzten Finanzmittel auf die bestmögliche Weise anzulegen.

Bestimmt verleiht der zu erwartende Treibhauseffekt der Diskussion neuen Antrieb. Wir können noch nicht sagen, wie er sich genau auswirken wird und wie stark. Doch sollten sich die Dinge gemäß den Vermutungen einiger Wissenschaftler entwickeln (kommt es nicht dazu, dann stimmt etwas mit den physikalischen Grundsätzen nicht), können wir recht sicher sein, daß sich das Klima überall auf der Erde bald ändert. An den meisten Orten wird es wärmer werden – obgleich es sich an manchen auch abkühlen könnte, falls nämlich Meeresströmungen ihre Richtung änderten. An einigen Orten wird es sicher trockener werden, an anderen feuchter. Was würde passieren, verlöre ein Nationalpark, der jetzt in einem Feuchtgebiet liegt, seine Wasserversorgung, oder geriete ein Wald der gemäßigten Zone unter subtropische Einflüsse, und was geschähe dann mit den Tieren, die an spezialisierte Bäume angepaßt sind?

Gewiß gab es auch in der Vergangenheit dramatische Veränderungen, beispielsweise während der Eiszeiten oder auch während viel längerer Phasen, wenn kontinentale Landmassen über mehrere Breitengrade hinwegdrifteten. Erfahrungsgemäß starben zu diesen Zeiten viele Tiere aus. Bekanntlich waren die Tiere der Vergangenheit durch drei Faktoren begünstigt, die in den heutigen Schutzgebieten fehlen. Erstens waren ihre Populationen in der Regel viel größer als gegenwärtig. Manchmal umfaßten sie Abermillionen Individuen im Vergleich zu nur wenigen hundert oder tausend heute. Zweitens traten die großen Veränderungen relativ langsam ein: gewöhnlich über Jahrhunderte oder sogar Jahrtausende hinweg. Drittens zogen die Tiere (und Abstammungslinien) weiter, wenn sich die Bedingungen änderten. Viele entgingen damals dem Aussterben alleine dadurch, daß sie sich in Bewegung setzten. Vor etwa 18 000 Jahren gab es Rentiere in Südfrankreich, heute haben sie sich wieder nach Norden zurückgezogen.

Durch den Treibhauseffekt hervorgerufene Veränderungen könnten theoretisch genauso dramatisch sein (wenn auch in umgekehrter Weise) wie diejenigen der Eiszeiten. Aber sie werden zu rasch eintreten, viel zu schnell, als daß die Tiere sich genetisch anpassen könnten. Und sind die Tiere in Schutzgebieten gefangen, wohin sollen sie dann ziehen?

Aus dieser ganzen Diskussion ergeben sich vier Punkte. Erstens: Der Schutz von Lebensräumen ist zwar schwierig – viel schwieriger und heikler, als es sich die meisten vorstellen –, aber dennoch können wir ihn nicht aufgeben. Er muß unser erstes Ziel bleiben. Wir müssen jede Gelegenheit ergreifen, ursprüngliche Naturgebiete zu erhalten. Zweitens: Selbst mit dem allerbesten Willen können wir nicht sämtliche Tierarten der Erde durch den Schutz von Lebensräumen retten. Einige Lebensräume lassen sich überhaupt nicht schützen; und diejenigen, die wir schützen können, sind Gefährdungen ausgesetzt, gegen die sich praktisch nichts unternehmen läßt. Wir können nichts gegen die Kriege anderer Völker oder die Fakten der Populationsdynamik tun. Durch Zucht in der Obhut des Menschen lassen sich aber einige jener Tierarten retten, die man in der Natur nicht erhalten kann.

Drittens werden immer mehr natürliche Populationen, die sich scheinbar in Schutzgebieten erholen, «auf der Kippe stehen». Ihr Bestand liegt gerade oberhalb der lebensfähigen Minimalgröße, wird jedoch durch Waldbrände, Seuchen oder (wie bei der letzten noch verbliebenen Population der Puerto-Rico-Amazone) Hurrikans stark gefährdet. Populationen in Menschenobhut können Tiere in Reserve halten, um natürliche Populationen wieder zu stärken, falls diese zurückgehen, und ihnen über kritische Situationen hinweghelfen.

Schließlich bleibt folgendes zu beachten. Millionen von Käfern des Amazonasgebiets sterben aus, weil ihr Lebensraum zerstört wird. Die meisten davon ließen sich retten, sofern man ihren Lebensraum entsprechend schützte. Für eine zunehmende Zahl großer Tiere, wie den Sumatratiger und möglicherweise das Sumatranashorn, gilt dies jedoch nicht. Sicher: Wenn wir die Bevölkerung Sumatras verbannten oder zumindest das Bevölkerungswachstum im Zaum hielten und gefällte Bäume eiligst wieder neu pflanzten, ließen sie sich an Ort und Stelle erhalten. Aber dazu wird es nicht kommen. Derzeit werden Menschen *nach* Sumatra gebracht. Mit anderen Worten: Für immer mehr große Tiere reicht der Schutz des Lebensraumes nicht aus, führte man ihn auch auf bestmögliche Weise durch. Für den Sumatratiger kann er allein keinen Erfolg bringen; die Sumatranashörner scheinen zwar sicherer, doch auch für sie könnte eine Zucht in Menschenobhut nötig werden.

Wie steht es mit dem rein rechnerischen Einwand, durch Zucht in Menschenobhut ließen sich nur wenige hundert oder tausend Arten retten, wohingegen Millionen gefährdet seien? Ich werde später in diesem Kapitel erörtern, wie viele Arten man genau erhalten könnte. Einige einführende Bemerkungen sind jedoch angebracht. Zunächst einmal sind die Berechnungen natürlich korrekt. Millionen Arten sind in Gefahr. Durch Zucht in Menschenobhut lassen sich aber nur wenige hundert, bestenfalls wenige tausend erhalten. Doch bedeutet dies tatsächlich, daß es sich nicht lohnt? Nur einige wichtige Gesichtspunkte seien genannt. Als erstes stellen wir fest: Im allgemeinen werden es die großen Landwirbeltiere sein, für die auch der bestmögliche Lebensraumschutz vielleicht nicht ausreicht. Daher ist deren Zucht am ehesten gerechtfertigt. Sie betrifft also Nashörner, Tiger, Leoparden, Primaten, Papageien, wahrscheinlich die Asiatischen Elefanten, manche Antilopenarten, einige Greifvögel, verschiedene Kraniche und so weiter; eben all jene Geschöpfe unserer Kindheit, die gewöhnlich «die Tierwelt» repräsentieren. Für ihre Rettung ist die Zucht in Menschenobhut eingerichtet. Meinen die Kritiker wirklich, man sollte sie aufgeben?

Das Wesentliche ist zwar gesagt, doch wir können es nun noch weiter ausführen, und sei es nur rein logisch. Die Kritiker geben (ob es ihnen letztlich bewußt ist oder nicht) zu verstehen, wir sollten nicht versuchen, das Sumatranashorn durch Zucht in Menschenobhut zu erhalten, weil wir auf diese Weise nicht jeden Käfer des Amazonasgebiets retten können. Ist dies ein vernünftiges Argument? Wie sehr es ihm an Logik mangelt, wird deutlich, formuliert man es andersherum. So könnten wir auch sagen: «Mit dem besten Willen der Welt läßt sich das Sumatranashorn nicht nur durch den Schutz des Lebensraumes retten. Also sollten wir auch nicht die Käfer des Amazonasgebiets durch den Schutz ihres Lebensraumes erhalten.» Gewiß (man weiß nie, wann man in diesem Geschäft falsch zitiert wird) würde *niemand* das sagen.

Warum aber überhaupt beides gegeneinander ausspielen? Natürlich ist der Schutz von Lebensräumen unbedingt notwendig. Er ist in der Tat die wichtigste Naturschutzmaßnahme. Das leugnet niemand. Der Zucht in Menschenobhut kommt weniger, aber dennoch wesentliche Bedeutung zu. Sie ist keine Alternative zum Schutz von Lebensräumen, aber immer mehr eine ergänzende Maßnahme. Zwar erfordert die Erhaltung mancher Arten nur den Schutz ihrer Umwelt. Doch das genügt (bei der gegenwärtigen Lage der Dinge in der Welt) eben nicht für alle. Durch Zucht in der Obhut des Menschen lassen sich viele jener Arten erhalten, die man nicht allein durch den Schutz ihres Lebensraumes retten kann. Also – jeweils das Richtige tun!

Und doch fragen die Kritiker: Warum Zoos? Warum Tiere aus Afrika oder Asien in Europa und Nordamerika halten? Schließlich gibt es (wie Virginia McKenna betont[14]) in Afrika Reservate, die sich auf die Aufzucht und den Schutz von Spitzmaulnashörnern spezialisiert haben. Ich habe gute Erinnerungen an das Reservat De Wildt nahe Pretoria, das auf Geparden spezialisiert ist. Wollen wir mit der Zucht in Menschenobhut fortfahren, ist es doch sicherlich am besten, die Tiere in ihrem Ursprungsland in quasi-natürlicher Umgebung zu halten?

Wiederum ist es nicht nötig, beides einander entgegenzusetzen. Reservate, die man im Herkunftsland der gefährdeten Tiere speziell für sie eingerichtet hat, haben viele offensichtliche Reize. Andererseits kann es sich auch auszahlen, mehrere Arten zusammenzuhalten, nicht nur aus wirtschaftlichen Gründen. Auf diese Weise nutzt man den vorhandenen Platz am besten, und die Verantwortlichen, Tierpfleger, Tierärzte, Wissenschaftler und Verwaltungsexperten, sind am besten ausgelastet. Natürlich bringt es Vorteile, die Tiere in ihrem Ursprungsland zu halten; so scheint es beispielsweise kaum

Gründe dafür zu geben, Tiere wie den Koala von Australien anders-
wohin zu bringen. Doch manchmal belastet dieselbe Bedrohung, die
zum Verschwinden in der Natur führte, die Tiere auch weiterhin in
der Obhut des Menschen. Die Sicherheit vor Wilderern bleibt auch in
den Nashornreservaten Afrikas ein Problem. In Europa und Nordamerika ist es keines. Durch ein Reservat im Tschad hätte man die
Säbelantilope nicht retten können. Wirbelstürme sind für die Karibi-
schen Inseln charakteristisch; der Hurrikan Hugo im Jahre 1989 hätte
nicht die Hälfte der verbliebenen Population der Puerto-Rico-Amazone ausgelöscht, hätte sie woanders gelebt. Ein ganz allgemeiner
Einwand könnte jedoch lauten, man sollte tropische Tiere auch in den
Tropen halten. Aber will man Afrika noch mit den asiatischen Nashörnern behelligen, wo es doch Probleme mit dem Schutz seiner eigenen hat? Wäre Afrika wohlhabend und gegenwärtig nicht mit eigenen
Problemen ausgelastet und Europa arm und Kriegsschauplatz, dann
wäre es gut, wenn in Afrika einige Europäische Wildkatzen und
Zauneidechsen gehalten würden, um diese über die Runden zu bringen. Aber die Welt sieht zur Zeit nicht so aus. (Das Beispiel Jugo-
slawien zeigt, wie schnell sich so etwas ändern kann.) Im Augenblick
ist es sinnvoll, in Europa und Nordamerika einige afrikanische Tiere
zu halten, während das umgekehrte Vorgehen nur wenig Sinn hätte.
So sieht es eben aus. Nimmt man nun aber einige Arten zusammen,
schränkt sie in ihrer «Freiheit» ein und bringt sie vielleicht in ein anderes Land, was hat man dann anderes als einen Zoo?

Wie steht es aber mit dem Argument, in Menschenobhut gezüchtete Tiere könnten auch nur dort überleben? Das trifft ganz einfach
nicht zu. Ganz allgemein ausgedrückt, ist diese Behauptung erwiese-
ner Unsinn; denn schließlich ist jede Art, die der Mensch irgendwann
als Haustier gehalten hat, verschiedentlich erfolgreich in die Natur
zurückgekehrt. Dazu zählen Katzen, Hunde, Ziegen, Schafe, Rinder,
Pferde, Nerze, Wellensittiche, Strauße und so weiter und so fort.
Haustiere werden nicht zum Leben in der Natur gezüchtet und darauf
vorbereitet. Hingegen achtet man heutzutage bei Wildtieren in
Menschenobhut darauf, daß sie nicht zu Haustieren werden. Zwar
stimmt es, daß es für einige Wildtierarten schwieriger ist, in die Natur
zurückzukehren als für andere. Doch das verwundert kaum; denn
manche sind intelligenter und anpassungsfähiger, und manche leben
in komplexeren Lebensräumen als andere. Im allgemeinen gibt es

keinen Grund für die Annahme, irgendein in Menschenobhut gezüchtetes Tier würde sich nicht nach entsprechender Vorbereitung erfolgreich in die Natur zurückbringen lassen. Derzeit sind weltweit etwa 100 Projekte zur Wiedereinbürgerung von in Menschenobhut gezüchteten Tieren im Gange. Ich werde dies noch ausführlicher in den Kapiteln 5, 7 und 8 erläutern. Jeder Artenschützer in einem Zoologischen Garten sieht die Wiedereinbürgerung in der Regel als das selbstverständliche und eigentliche Endziel seiner Bemühungen an.

Schließlich hat man, lange bevor man die Notwendigkeit für die Zucht in Menschenobhut erkannte, als Gründe für die Existenz von Zoos angeführt, sie dienten als Quelle für Wissen. Ein solches Argument rechtfertigt selbstverständlich nicht die Existenz von Zoos, sofern man das Wissen nicht für den Artenschutz einsetzt, statt für die Landwirtschaft oder Medizin. Aber das Wissen kann sicherlich zur Erhaltung von Arten beitragen. Vielleicht wird es in der Praxis nie möglich sein, Asiatische Elefanten in Europa und Amerika in ausreichender Zahl zu halten, um die Art zu retten. Doch soll der Asiatische Elefant überhaupt gerettet werden, muß man ihn zumindest in Asien in Menschenobhut halten – denn ein zunehmender Anteil der Elefanten Asiens lebt dort als Arbeitstiere. Doch sie pflanzen sich in Asien in Menschenobhut auch nicht besser fort als in den westlichen Ländern. Somit ist es eine grundsätzliche Aufgabe für Zoos, herauszufinden, warum sie so unregelmäßig züchten, und dieses Problem zu überwinden. Es läßt sich nur schwer vorstellen, wie man die notwendige Forschungsarbeit in einem Holzfällerlager durchführen sollte.

Das sind also die generellen Gründe für die Existenz von Zoos. Niemand behauptet, die Zucht in Menschenobhut sei ein Ersatz für den Schutz von Lebensräumen. Für viele Arten ist sie jedoch zumindest eine notwendige Ergänzung und für manche vielleicht die einzige direkte Lösung. Zoos sind nicht die einzigen Orte, an denen man Tiere in Menschenobhut züchten kann, und sie haben sowohl Vor- als Nachteile. Wildtiere werden in Zoos nicht unweigerlich zu Haustieren. Zoos können sie – was zunehmend geschieht – auf ihr neues Leben in der Natur vorbereiten, sofern man die Wildnisgebiete wieder für sie bewohnbar gemacht hat. Sie können nicht jede gefährdete Art retten, doch jede Art, die sie retten können, ist der Mühe wert.

Was die Zahlen angeht, haben wir uns noch nicht genau festgelegt. Wie viele gefährdete Arten lassen sich durch Zucht in Menschenobhut erhalten? Oder – um es anders auszudrücken: Wie hoch ist der Anteil jener Arten, für die die Zucht in Menschenobhut eine notwendige Maßnahme ist und die man wirklich auch auf diese Weise retten kann?

Was läßt sich durch Zucht in Menschenobhut erreichen?

Wie bereits erwähnt, lassen sich am ehesten Landwirbeltiere durch Zucht in Menschenobhut erhalten: Säugetiere, Vögel, Reptilien und Amphibien. Bei den ans Wasser gebundenen Säugetieren gelingt die Zucht im Zoo bei einigen Seekühen (Dugongs und Manatis) immer besser, nicht jedoch bei Walen (darunter die Delphine). Man kann sich kaum vorstellen, daß sie viel zu deren Zukunft beitragen könnte. Sicher spricht vieles dafür, daß sich manche Fische *ad hoc* in Menschenobhut erhalten lassen und ebenso bestimmte Wirbellose. Ich werde dies im folgenden und in Kapitel 5 diskutieren. Insgesamt ist die Liste der gefährdeten Fisch- und Wirbellosenarten aber so lang, daß sich durch Zucht in Menschenobhut wohl nur ein geringer Teil retten läßt. Aber ein kleiner Teil ist weitaus besser als gar nichts. Landwirbeltiere sind jedoch die Hauptzielgruppe.

Einer der häufigsten theoretischen Einwände gegenüber der Zucht in Menschenobhut – auf diese Weise ließe sich nur ein verschwindend geringer Anteil der gefährdeten Arten erhalten – fällt weg, konzentrieren wir uns erst einmal auf die Landwirbeltiere. Denn die Wirbeltiere sind als Gruppe bei weitem nicht so mannigfaltig wie die Wirbellosen. Nach übereinstimmender Meinung der Biologen gibt es heute ungefähr 4000 Säugetierarten, 9000 Vogelarten, 5000 Reptilienarten, 2000 Amphibienarten und zwischen 25000 und 40000 Arten verschiedener Zugehörigkeit, die man alle als «Fische» bezeichnet (Haie, Rochen, Lungenfische, Knochenfische).

Auf dem in Virginia 1984 abgehaltenen *Workshop on Genetic Management of Captive Populations* (Arbeitskreis über genetisches Management von Populationen in Menschenobhut) meinten Michael Soulé und seine Kollegen, die Gesamtzahl der Säugetiere, die in den kommenden 200 Jahren einer Erhaltung in Menschenobhut bedürfen, liege etwas über 800. Dazu zählen etwa 100 der 900 Fledermausarten, alle 160 rezenten Primatenarten (die Menschenaffen, Niederen Affen sowie Lemuren und ihre Verwandten), alle 35 rezenten Spezies von Hundeartigen (darunter Wölfe und Füchse), 60 der 72 Spezies von Katzenartigen, etwa 100 der 172 Paarhuferarten (wozu Rinder, Antilopen, Hirsche und Giraffen zählen), alle 15 Unpaarhuferarten (Nashörner, Pferde und Tapire), die beiden rezenten Elefantenarten sowie alle vier Seekuharten (Manatis und Dugongs).[15] Die Zahl von 800 wird sehr viel größer, wenn wir die Arten in Unterarten (Subspezies) gliedern. So gibt es zum Beispiel acht anerkannte Unterarten des Tigers (eine davon ist der Sibirische Tiger), und dennoch erscheint er in der vorangegangenen Auflistung nur als eine Art. Natürlich sind dann eindeutige Entscheidungen zu fällen, welche Unterarten man retten, oder ob man verschiedene Unterarten derselben Spezies vermischen sollte – ein Thema, auf das ich noch zurückkommen werde. Dennoch scheinen 800 Arten eine Zahl zu sein, deren Management den etwa 1000 Zoos der Welt gemeinsam möglich sein müßte.

Dieselben Überlegungen gelten auch für Vögel. Jared Diamond zufolge[16] ist wahrscheinlich die Hälfte der Vogelarten in Gefahr. Für viele von ihnen sollte der Schutz des Lebensraumes auf jeden Fall genügen, sofern man ihn mit Nachdruck anstrebt. Wahrscheinlich ist er überhaupt die beste Lösung. Demnach blieben immer noch einige hundert Arten übrig, für deren Erhaltung eine Zucht in Menschenobhut erforderlich wäre. Dasselbe gilt auch für die anderen Landwirbeltiere, die Reptilien und Amphibien. Alles in allem kamen Soulé und seine Kollegen zu der Übereinkunft, daß – als grobe Ausgangsbasis – für etwa 2000 Landwirbeltierarten in den kommenden 200 Jahren eine Zucht in Menschenobhut notwendig wird. (Die Bedeutung dieser 200 Jahre wird später noch deutlich werden.)

Damit Zoopopulationen wirklich zur Arterhaltung beitragen können, müssen sie «lebensfähig» sein. Das bedeutet letztlich (auf die Populationen bezogen), daß sie ihre Zahl erhalten. Im Idealfall sollten sie natürlich einen Überschuß produzieren, den man in die Natur zurückbringen kann. Dazu muß jede Population, wie bereits angedeutet, einige hundert Individuen umfassen; nicht alle an einem Ort, aber verteilt auf verschiedene Zoos. Wenn alle Zoos der Welt die Hälfte ihrer gegenwärtigen Fläche für die Zucht gefährdeter Wirbeltiere zur Verfügung stellten, könnten sie nach Berechnungen von Dr. William Conway, Direktor des Bronx Zoo in New York, zusammen etwa 800 lebensfähige Populationen halten.

800 sind keine 2000. Aber es liegt in der richtigen Größenordnung – nicht unsinnig weit unter dem theoretisch Erforderlichen. Wenn alle Zoos der Welt ihr Schwergewicht wirklich auf die Zucht bedrohter Arten legten und die Öffentlichkeit sich hinter die Zoos stellte, dann könnten sie laut Dr. Michael Brambell, Direktor des Zoos von Chester in England, gemeinsam alle Wirbeltierarten erhalten, für die wohl in absehbarer Zukunft eine Zucht in Menschenobhut nötig wird. Damit hätte man schon sehr Bedeutendes erreicht.

Einige Wirbeltiere verbleiben, die sich auf diesem Wege nicht angemessen erhalten lassen. Die Walartigen – Wale und Tümmler – pflanzen sich in den Delphinarien gewiß nicht gut fort. Jedes für sie ausersehene Reservat müßte eine solche Ausdehnung haben, daß sie kaum je in Menschenobhut wären. Doch die Bedenken wegen des Schicksals vieler Landwirbeltiere in Menschenobhut scheinen immer weniger begründet. Wie wir noch in späteren Kapiteln sehen werden, lassen sich selbst Elefanten und Eisbären, die bevorzugten Ziele der Zoogegner, artgerecht halten und gut züchten, sofern genügend Geld und Geschick vorhanden sind.

Für Fische und Wirbellose müssen die Züchter einfach nur das Bestmögliche tun. Insbesondere sind viele Süßwasserfische gefährdet. Vergleichbar den Käfern im Regenwald, leben viele Arten zumeist nur an bestimmten Stellen, in isolierten Seen oder Flüssen. Die Bedrohungen sind erschreckend: Trockenlegung, der Bau von Staudämmen und Wasserverschmutzung (denn Seen sind Aufnahmebecken für Umweltgifte des gesamten Einzugsgebiets). Hinzu kommt ausgesprochene Sorglosigkeit, denn Angler und Fischzüchter neigen ebenso wie Regierungen dazu, exotische Arten einzusetzen, ohne an die heimischen Bewohner zu denken. Ich habe bereits die vielen Dutzend Buntbarscharten erwähnt, die durch eingeführte Nilbarsche im Victoriasee vernichtet wurden, und werde später noch die Versuche erörtern, sie in Menschenobhut zu züchten. Einen praktischen Vorteil haben die Züchter von Fischen und Wirbellosen gegenüber denjenigen von Bären und Antilopen. Sie dürfen zwar gewiß nicht hoffen, in die gesamte gefährdete Fauna zahlenmäßig bedeutend einzugreifen; doch sie können leichter große und lebensfähige Populationen jeder Art erhalten. Mit kleinen Aquarien und Vivarien lassen sich theoretisch ganze Arten retten.

Es bleibt jedoch noch ein letzter Einwand gegen die Arterhaltung durch Zucht in Menschenobhut. Angenommen wir schaffen es, irgendeine Affen- oder Papageienart in Menschenobhut zu erhalten, deren Lebensraum zerstört ist. Welchen Sinn hat dies? Ein Tier ohne Heimat, in die es zurückkehren kann, ist in der Tat ein bedauernswertes Geschöpf. Dieses Argument enthält zwei Behauptungen: Erstens, daß in Menschenobhut gezüchtete Tiere einfach nicht imstande sind, in die Natur zurückzukehren; und zweitens, daß es – selbst wenn sie es könnten – keinen Platz zur Rückkehr mehr gibt. Gäbe es ihn (so das Argument), dann wären sie nicht in der Natur ausgestorben. Wie wir später noch im einzelnen erörtern werden, trifft die erste dieser Behauptungen einfach nicht zu. Manche in Menschenobhut gezüchteten Tiere kehren aber leichter in die Natur zurück als andere. Für einige ist die Umstellung geradezu lächerlich einfach (darunter Hauskatzen und -hunde, die viele Male erfolgreich verwildert sind); aber es gibt keinerlei Gründe, solche Tiere wie den Orang-Utan aufzugeben, für die eine Rückkehr deutlich schwieriger ist.

Wir sollten aber den zweiten Punkt besprechen – daß es für in Menschenobhut gezüchtete Tiere keinen Platz zur Rückkehr mehr gibt. Die Antwort auf diese Behauptung ist ein entscheidender Bestandteil moderner Naturschutzphilosophie.

Die abschließende Rückkehr

Tiere werden durch verschiedene Ursachen ausgerottet, doch eine Tatsache liegt allen zugrunde: Die Zahl der Menschen nimmt zu. Es ist aber nicht nur eine Frage der Zahl. Der Verbrauch ist ebenfalls von Bedeutung. Wie Dr. Paul Ehrlich von der Stanford University gerne sagt: «Normale Familien aus zwei Erwachsenen und zwei Kindern in Los Angeles oder Berlin mögen glauben, daß sie die Umwelt nicht belasten; aber sie verbrauchen als Familie mehr als ein gesamtes Dorf in Bangladesch.» Auch die Mobilität ist wesentlich. Die stark bedrohten Kreaturen des Mittelmeeres (darunter die kleine, scheue Mönchsrobbe) wären nicht so sehr gefährdet, gäbe es nicht die Touristen.

Doch die Anzahl der Menschen ist immer noch die dramatischste Bedrohung.

Der zahlenmäßige Anstieg oder zumindest die Geschwindigkeit des Anstiegs muß alsbald zurückgehen. Gegenwärtig verdoppelt sich die Weltbevölkerung etwa alle 30 Jahre. Im Jahre 2000 wird sie höchstwahrscheinlich sechs Milliarden erreichen. Bei gleichbleibender Geschwindigkeit wären es zwölf Milliarden im Jahre 2030, 24 Milliarden 2060 und 50 Milliarden Ende des kommenden Jahrhunderts. Nur Optimisten können denken je mehr, desto schöner, und daß die Technologie einen Ausweg finden wird. Doch weite Teile der Welt, darunter die fruchtbarsten Gegenden, sind bereits übervölkert. Ich habe in den vergangenen 20 Jahren viel Zeit damit verbracht, mich mit Landwirten zu unterhalten, und habe nie einen mit der Überzeugung getroffen, 50 oder selbst 20 Milliarden seien länger als einige wenige Jahre tragbar. Irgend etwas muß dem Druck nachgeben.

Wir können die Möglichkeit eines fürchterlichen Zusammenbruches nicht zurückweisen. Es gibt jedoch ein optimistisches demographisches Szenarium. Laut Michael Soulé ist es im Naturschutz *unumgänglich*, optimistisch zu sein. Hoffnungslosigkeit ist die einzige Alternative, und das würde das Ende jedes Handelns bedeuten. Hoffnung ist, Paulus zufolge, eine der drei unerläßlichen christlichen Tugenden. Diese Äußerung verrät außerordentliches Gespür. Das optimistische Szenarium besagt, daß die Menschen ihr eigenes Bevölkerungswachstum freiwillig und auf annehmbarer Basis einschränken werden. Wenn die Menschen wohlhabender werden und in den Gesellschaften mehr Gleichheit herrscht (so daß die Menschen nicht glauben, sie müßten Kinder haben, nur um einen gewissen Status zu erreichen), entscheiden sie sich bisweilen (wenn auch nicht immer!) dazu, weniger Kinder zu haben. Bringen sie pro Familie nur zwei Kinder zur Welt, muß sich die Bevölkerung letztendlich stabilisieren und sogar abnehmen, denn einige der Nachkommen werden unfruchtbar sein, andere sich dafür entscheiden, keine eigenen Kinder zu haben, und manche werden sterben, bevor sich die Gelegenheit ergibt, sich fortzupflanzen.

Demnach könnte sich die menschliche Bevölkerung auf freiwilliger und annehmbarer Basis in der Mitte des kommenden Jahrhunderts bei acht bis zwölf Milliarden stabilisieren. Sollte das eintreten, würde die Spezies Mensch vielleicht um einen Zusammenbruch herumkommen (oder zumindest um Verluste in Milliardenhöhe). Wenn die Menschheit insgesamt letztendlich erkennt, daß wir uns nicht uneingeschränkt vermehren können, und wirklich alle Menschen einsehen, daß es sich mit etwas Bewegungsfreiheit besser und sicherer leben läßt, wird unter Beibehaltung der Zwei-Kinder-Familie die Bevölkerung schließlich langsam abnehmen. Sollte das nicht eintreten, wird die Menschheit in große Gefahr geraten, denn es bestehen begründete Zweifel, ob acht bis zwölf Milliarden auf die Dauer tragbar sind.

Sollte die Zahl jedoch langsam zurückgehen, könnten sich die Menschen fragen, welche Zahl ideal wäre. An welchem Punkt sollten wir den Rückgang aufhalten? Nach Meinung von Michael Soulé wären etwa 100 Millionen optimal – entsprechend der Weltbevölkerung zu Zeiten Jesu Christi, von der er sagt: «Eine Zeit überragender Genies.» Paul Ehrlich glaubt, eine bis zwei Milliarden wären eine geeignete Zahl. Man beachte, daß beide Menschenfreunde sind. Sie sagen nicht, sie hätten gerne weniger Menschen, weil sie Menschen nicht mögen. Sie haben genau das Gegenteil im Sinn: Weniger Menschen könnten ein erfüllteres Leben mit mehr Möglichkeiten führen; denn für riesige Populationen scheint ein Zusammenbruch vorherbestimmt. Sollten letztendlich irgendwann einmal weniger Menschen gleichzeitig leben, werden künftig dennoch insgesamt mehr Menschen die Erde bewohnen, als wenn die Menschheit zu einer gewaltigen Populationsstärke anwüchse; denn in letzterem Fall könnte die gesamte Spezies zu einem unvermittelten Ende gelangen.

Zukünftige Generationen können jedoch für sich selbst entscheiden, wie hoch ihre endgültige Zahl sein soll. Sicher ist nur, sie muß zurückgehen; und nach optimistischen Vorstellungen wird sie das auch tun, und zwar weil die Menschen sich dazu entscheiden und nicht, weil sie von einer Katastrophe heimgesucht werden. Doch selbst nach dem optimistischsten Szenarium wird es einige Jahrhunderte dauern, bis es soweit ist. Denn die Geburtenrate bestimmt nicht allein das Bevölkerungswachstum. Auch die Sterberate ist wichtig; und die nimmt derzeit ab, weil die Menschen zunehmend länger leben. Wegen dieser «Gegenkraft» würde es 500, vermutlich sogar eher 1000 Jahre dauern, bis die Weltbevölkerung wieder auf dem gegenwärtigen Stand ist.

Was bedeutet dies alles für den Artenschutz? Zur Zeit machen wir den Wildtieren – insbesondere den großen – das Leben unerträglich.

Dieser Zustand wird wohl wenigstens 500 bis 1000 Jahre andauern – ein Zeitraum, den Soulé als «demographischen Winter» bezeichnet hat. Danach könnte das Leben theoretisch zunehmend einfacher werden, weil sich die Zahl der Menschen stetig verringern wird.

Doch selbst jetzt wird es (wie ich später noch ausführen werde) immer mehr möglich, zumindest einige Tiere in die Natur zurückzubringen, da isolierte Wildnisgebiete (oder besser überwachte Schutzgebiete) verfügbar werden. Wenn alles gut geht, könnten in 500 bis 1000 Jahren alle Spezies zurückkehren. Die Gesamtzielsetzung für die Zucht in Menschenobhut ist demnach, so viele Arten wie es geht für die nächsten 500 bis 1000 Jahre zu erhalten. Das ist ein langer Zeitraum, aber im Vergleich mit der gesamten Lebensspanne der meisten Arten unter natürlichen Bedingungen ist es nur ein Augenblick, und weniger als das im Vergleich zu der noch verbleibenden Lebensdauer unseres Planeten. Zu den Arten, die man theoretisch durch Zucht in der Obhut des Menschen durch den demographischen Winter bringen könnte, gehören alle Landwirbeltiere.

Wie wir im nächsten Kapitel sehen werden, sind die meisten Pläne zur Zucht in Menschenobhut aus technischen Gründen für die Dauer von 200 Jahren ausgelegt statt auf 500 oder 1000 Jahre. Der übliche springende Punkt ist jedoch, daß die Kritiker der Zucht in Menschenobhut falsch informiert sind. Das Leben im Zoo bedeutet nicht das endgültige Ende. Es ist ein Übergangsstadium: zwar ein länger andauerndes, aber dennoch vorübergehendes.

Man mag die Kette der Folgerungen auch in diesem Kapitel wieder als zu lang empfinden, die großartigen demographischen Entwürfe als zu weitreichend und 500 bis 1000 Jahre als einen zu langen Zeitraum, um sich darüber sinnvolle Gedanken zu machen. Wenn wir jedoch wollen, daß Arterhaltung mehr als nur ein Zeitvertreib für Unterbeschäftigte ist, bedarf sie der Planung. Wir müssen uns daran gewöhnen, in langen Zeiträumen zu denken und über lange Ketten von Folgerungen zu spekulieren. Die Alternative ist, die Daumen zu drücken und das Beste zu hoffen. Das ist sicherlich die Einstellung der meisten Regierungen und Politiker, aber nicht das Beste, was wir tun können.

Vielleicht ist es tatsächlich noch nicht einmal möglich, mehr als nur einen geringen Anteil der derzeit gefährdeten Wirbeltiere zu erhalten. Doch selbst wenn wir nur eines retten – das Javanashorn, den Persischen Leoparden oder die Puerto-Rico-Amazone –, ist das immer noch besser, als überhaupt keines zu erhalten. Würde der Louvre brennen, sollten wir versuchen, wenigstens einige Leonardos den Flammen zu entreißen, statt sie alle verbrennen zu lassen. Wenn wir nichts unternehmen oder unsere Maßnahmen nicht entsprechend planen, können wir sicher sein, daß die meisten oder alle gefährdeten Arten verschwinden werden.

Die Behauptung, die Zucht in Menschenobhut würde anderen Naturschutzmaßnahmen finanziellen Abbruch tun, ist ganz einfach unbegründet. Im allgemeinen gibt die Öffentlichkeit lächerlich wenig für Naturschutz aus. Die Aufgabe lautet daher nicht, die Zucht in Menschenobhut einzuschränken, um den Schutz der Lebensräume zu verbessern, sondern zu versuchen, die Ausgaben für alle sinnvollen Naturschutzmaßnahmen um das Zehn- oder Hundertfache zu erhöhen. Die Zentren der Zucht in Menschenobhut – die Zoos – können dazu auch beitragen, indem sie die Aufmerksamkeit auf diese Probleme lenken.

Dies sind also die Gründe für die Zucht in Menschenobhut. Das Wichtigste ist, zu gewährleisten, daß die Tiere unter unserem Schutz zufrieden und gesund sind und sich gut vermehren. Das ist das Thema des folgenden Kapitels.

Gepardin mit Jungtier, Zoo Neuwied.

Um sich selbst erhaltende Populationen gefährdeter Arten in Zoos aufzubauen, müssen diese regelmäßig züchten. Geparden zählen in den Zoologischen Gärten nach wie vor zu jenen Arten, die sich noch nicht zufriedenstellend vermehren. Der Zoo Neuwied konnte jedoch – zum Teil in Zuchtgemeinschaft mit dem Kölner Zoo – schon bemerkenswerte Erfolge bei der Gepardenzucht verzeichnen. (Photo A. Held.)

3.
Erst einmal muß die
Zucht gelingen

Vor hundert – in vielen Fällen sogar noch vor zehn – Jahren ließ sich das Leben der Zootiere am besten mit Thomas Hobbes' Worten beschreiben: «einsam, erbärmlich, unangenehm, grausam und kurz». Heute können die Verantwortlichen in den guten Zoos wirklich garantieren – abgesehen von Wirbelstürmen und anderen Formen höherer Gewalt –, ihre Tiere gewöhnlich weitaus länger am Leben zu halten (unter Umständen um das Mehrfache), als es ihrer Lebenserwartung in der Natur entspricht.

Die Ernährung und Fütterung vieler Tiere hat man verbessert (obgleich die entsprechenden Erkenntnisse noch nicht allgemein befolgt werden). Im großen und ganzen kennen die Verantwortlichen jetzt beispielsweise den Unterschied zwischen Wiederkäuern, die wie Rinder anspruchslose Grasfresser sind und selbst bei einer Ernährung mit Stroh gut gedeihen, und anspruchsvollen Blattfressern wie Giraffen, die sich in der Natur von den zartesten, proteinreichen Blättern der Baumwipfel ernähren und deren Mägen durch gröbere Kost Schaden erleiden.[1] Sie verstehen auch charakteristische Einzelheiten. Zum Beispiel brauchen Tiere wie Grevyzebras und Spitzmaulnashörner viel Vitamin E, eine Verbindung, die Gewebe gegen überschüssigen Sauerstoff schützt. Es ist lebenswichtig für Tiere, die in Auseinandersetzungen zu Kampf oder Flucht neigen, die bei kurzzeitiger Anstrengung viel Sauerstoff verbrauchen und deren natürliche Nahrung daher reich an Vitamin E ist. Man kennt heute den Bedarf aller Tiere an Vitamin D, das zahlreiche Landtiere synthetisieren, wenn sie der Sonne ausgesetzt sind. Daher erhalten viele Tiere – von Affen bis hin zu Schildkröten – ihre tägliche Dosis «Sonnenstrahlen» durch eine Lampe. Des weiteren wurde erkannt, daß Katzen Muskelfleisch zu sich nehmen müssen, weil sie einen besonderen Bedarf an speziellen ungesättigten Fettsäuren haben, die nur in Muskeln enthalten sind; obgleich Fleischfresser aller Arten (Katzen, Geier oder was auch immer) darunter leiden, wenn sie nur Rindfleisch bekommen; denn sie brauchen auch Innereien wegen der Vitamine und Knochenstücke wegen des Kalziums.[2] Die Ernährung exotischer Tiere wird weiterhin erforscht, doch die meisten damit verbundenen Probleme scheinen schon heute lösbar.

Infektionen bedeuten eine ständige Bedrohung. Die romantische Vorstellung, Wildtiere seien von Natur aus gesund, trifft einfach nicht zu. Infektionen – von der Seehundstaupe bei Robben bis hin zur Tollwut bei allen warmblütigen Arten, von der Vogeltuberkulose bis zu den allgegenwärtigen Spulwürmern, dazu eine Unzahl von Ektoparasiten und Vergiftungen (zum Beispiel durch Botulismus) – spielen im Leben und bei der Bestandsregulation von Wildtieren eine beträchtliche Rolle. In Zoos ist das Infektionsrisiko oft geringer, weil manche Tiere hier den Überträgern von Krankheiten aus dem Weg gehen, die nur in ihren Herkunftsländern leben. So erspart man Affen in Europa vielleicht die durch Stechmücken übertragene Malaria. Andere Gefahren sind im Zoo jedoch größer, denn die Tiere leben hier oft in einer höheren Dichte als in der Natur und sind in der Regel mehr von Krankheiten anderer Arten oder des Menschen bedroht. Zum Beispiel kann sich das gefährliche Katarrhalfieber von Schafen auf Hirsche ausbreiten (bei denen es häufig zum Tode führt). Menschenaffen bekommen im Zoo menschliche Krankheiten, von Erkältungen bis hin zu Masern. Dennoch sind die Tiere in den besten Zoos heute gesünder und weniger von Parasiten geplagt, als es jegliche Wildtiere jemals waren, denn sie genießen eine hervorragende tiermedizinische Versorgung.

Weil die Tierärzte heute Krankheiten so sicher behandeln, können die Verantwortlichen beruhigter sein, und die Architekten haben größere Freiheiten bei ihren Planungen. Noch bis vor wenigen Jahrzehnten fühlten sich die Zoos gezwungen, Tierbehausungen mit glatten Böden und gefliesten Wänden zu versehen, die man schrubben und mit Desinfektionsmitteln abwaschen konnte. In manchen Bereichen der Tierhaltung geht man immer noch nach dieser Methode von Joseph Lister vor. Doch die meisten Tiergärtner sind heute froh darüber, ihren Schützlingen Erde, Bäume und Holzspäne bieten zu können. Das alles ist zwar nicht steril, für die Tiere aber weitaus freundlicher. Die einzige moderne Tendenz, die mir persönlich nicht gefällt, ist die Haltung von Tieren in künstlerisch gestalteten Behausungen mit Kunststoffbäumen und gemaltem Hintergrund. Dies *erscheint* dem Besucher zwar sehr attraktiv, ist aber aus der Sicht des Tieres uninteressant. Ein gemalter Hintergrund ist wahrscheinlich besser als eine kahle Wand und ein Kunststoffbaum besser als ein blanker Boden. Ein ohnehin schlafendes Tier kann natürlich ebensogut vor einem gemalten Himmel ruhen. Es sollte nur die Gelegenheit haben, zu anderen Zeiten interessantere Dinge zu tun. Aber echte Pflanzen halten selten lange, sind sie der konzentrierten Aufmerksamkeit von Tieren ausgesetzt. Kunststoff und Hintergrund sind zwar wichtig, aber kein Ersatz für natürliche Gegenstände. Ihnen fehlt der Geruch, die Beschaffenheit, die Vielfalt und Unberechenbarkeit der Natur. Im Londoner Zoo hat man zum Beispiel bei verschiedenen kleinen Affen vor einiger Zeit Rasensprenger angebracht, um die von ihnen geschätzten Regenschauer zu simulieren. Nach dem Regen lecken die Affen das Wasser zwar von den echten Blättern, nicht aber von den künstlichen der Plastikpflanzen, die man einbrachte, um das Laubwerk dichter zu machen. Die Affen erkennen den Unterschied.

Im allgemeinen versuchen die Verantwortlichen heute, im Zoo natürliche Bedingungen mehr und mehr nachzuahmen. Dies ist gut für das Wohlbefinden der Tiere – denn das wird durch nichts besser garantiert als durch die Freiheit, ein natürliches Leben zu leben. Natürliche Bedingungen haben noch eine weitere Bedeutung: Tiere in der Obhut des Menschen sollen die Fähigkeit behalten, in die Natur zurückzukehren. Wie in Kapitel 5 noch ausgeführt wird, ist die Wiedereinbürgerung zu einem wesentlichen Bestandteil der Arterhaltung geworden. In Kapitel 7 wird noch dargelegt werden, welche Methoden man heute speziell dazu anwendet, das natürliche Verhalten von Tieren in Menschenobhut zu bewahren.

Bei guter Ernährung, einem guten Gesundheitszustand und angenehmer Unterbringung wird es wohl nicht viel geben, was die Tiere von der Fortpflanzung abhält. Das ist es ja, was wir vom Standpunkt der Arterhaltung aus erreichen wollen. Allerdings bleiben dennoch zwei Probleme. Erstens: Es gibt keine einfache Beziehung zwischen Fortpflanzung und Wohlbefinden. Wir können es nicht als selbstverständlich voraussetzen, daß ein Tier glücklich ist, wenn es sich gut vermehrt. Menschen vermehren sich unter den entsetzlichsten Umständen. Haustiere züchten wie kein anderes Tier je zuvor, obgleich viele von ihnen unter Bedingungen leben, die das Verhalten stark verarmen lassen. Pferdeantilopen haben sich bis heute nicht besonders gut in Zoos gehalten. Ihre Sterblichkeit ist hoch (der Zoo von Whipsnade in der Nähe von London scheint allerdings eine Lösung für das Problem zu haben, indem er den Tieren viele Gelegenheiten bietet, sich den Blicken des Publikums zu entziehen), doch Pferdeantilopen züchten recht gut in Zoos.

Das zweite Problem ist, daß manche Tiere nicht leicht zur Fortpflanzung schreiten, weil es für sie von Natur aus riskant ist. Sowohl Männchen als auch Weibchen setzen ihr Leben aufs Spiel (und verlieren es bisweilen!), wenn sie den erforderlichen engen Kontakt zueinander riskieren. Bei der Suche nach Geschlechtspartnern gehen sie ebenfalls große Risiken ein, denn dieser Vorgang benötigt zumindest Zeit (und diese mit der Partnersuche verbrachte Zeit fehlt für die Nahrungssuche). Manche Tiere müssen auch um ihre Geschlechtspartner kämpfen (was äußerst riskant ist), während andere sich zur Schau stellen, um einen Partner anzulocken, und auf diese Weise auch Feinde anziehen. Tiere *in flagranti* sind ebenfalls besonders verwundbar.

Aus all den genannten Gründen haben sämtliche Tierarten vielfältige Schlüsselreize und Rituale entwickelt, um abzusichern, daß a) ihr vorgesehener Geschlechtspartner tatsächlich der eigenen Art angehört (und vermutlich auch, daß er die geeignete genetische Ausstattung innerhalb der Art aufweist), daß b) der beabsichtigte Partner das richtige Geschlecht hat (was beispielsweise im Falle einiger Pinguinarten nicht mal für die Pinguine selbst immer offensichtlich ist), und daß c) dieser Partner paarungsbereit ist. Ist er das nicht, wird die sexuelle Annäherung als gewöhnlicher Angriff aufgefaßt, und der Preis dafür kann der Tod sein. Fehlen diese Voraussetzungen, kommt es nicht zur Paarung. Treffen die falschen Partner aufeinander, gibt es oft einen ernsthaften Kampf.

Tiergärtner, die Tiere züchten möchten, müssen ihnen also neben gut ausgestatteten Quartieren noch Bedingungen schaffen, die das Aussenden der Schlüsselreize und den Ablauf der entsprechenden Rituale erlauben, und das sind ebensosehr soziale wie körperliche Voraussetzungen. Beispielsweise gehören Goldgelbe Löwenäffchen und Weißbüscheläffchen (im Gegensatz zu Wölfen und Nacktmullen) zu den in Gruppen lebenden Tierarten, bei denen sich immer nur dominante Männchen und Weibchen fortpflanzen. Die untergeordneten erwachsenen Tiere und die Halbwüchsigen sind «sexuell untätig».

Demnach vermehren sie sich recht langsam, sofern man die Paare nicht getrennt hält. Bei den Wollaffen treiben hingegen die dominanten Männchen die Weibchen erbarmungslos, bis sie einen ganzen Trupp aus mehreren Weibchen und Jungtieren zusammenhaben, den sie überwachen. Hier ist also das Gruppenleben der Schlüssel zum Erfolg.

Viele Tiere werden nicht nachzüchten, wenn sie mit ihrem vorgesehenen Geschlechtspartner zu vertraut sind – wenn sie also Grund zu der «Annahme» haben, der Partner sei ein Geschwistertier. Geparden pflanzten sich nicht in Menschenobhut fort, bis man (unter anderem) herausfand, daß man Männchen und Weibchen nicht in Kontakt bringen sollte, bevor das Weibchen in Hitze ist.

Die Männchen vieler Arten brauchen leichte Rivalitäten untereinander, damit sie in Paarungsbereitschaft kommen, und manchmal auch, um die Weibchen anzuregen. Ein Grund für die vielen Enttäuschungen bei der Zucht von Elefanten in Menschenobhut besteht nach Ansicht vieler darin, daß es sich nur wenige Zoos leisten können, mehr als einen Bullen zu halten. Die Bullen paaren sich vielleicht nicht mit den Kühen, bevor sie nicht mit ein paar anderen Männchen kleine Auseinandersetzungen ausfechten können, noch finden die Kühe sie interessant, solange für sie keine Auswahl besteht. Die Zucht der Breitmaulnashörner mißglückte in der Vergangenheit vielleicht deswegen so oft, weil die Tiere zwar in Herden leben, in denen Weibchen und Männchen ständig zusammen sind, die Weibchen sich aber zweifellos bevorzugt mit neuen Männchen verpaaren, denen sie nicht täglich begegnen. Sie reagieren sehr stark auf den Geruch anderer Nashörner, insbesondere auf den von Urin und Kot. Gegenwärtig laufen Versuche (in Zusammenarbeit des Institute of Zoology in London und des Zoos von Dvur Kralove in der Tschechoslowakei), um herauszufinden, ob sich weibliche Breitmaulnashörner dadurch paarungsbereit machen lassen, daß man einfach die Exkremente eines neuen Männchens in ihr Gehege bringt. Auch Große Pandas brauchen leichte Rivalitäten unter Männchen, um in Bereitschaft zu kommen. Gewiß war ihre Zucht in Menschenobhut bisher nicht einfach, doch in der Natur ziehen die Weibchen eine ganze Schar von Verehrern an, die untereinander ausfechten, wer sich von ihnen mit dem Weibchen verpaart. Intelligente Tiere können auch auf individueller Ebene sehr wählerisch sein. Wenn zwei Tiere, die zur Paarung zusammengebracht wurden, sich einfach nicht mögen – dann hat man einfach Pech gehabt! Werden Tiere aus praktischen Gründen nur in geringer Zahl gehalten (wie Elefanten), kann ein derart wählerisches Verhalten das gesamte Zuchtprogramm scheitern lassen.

Die Individuen mancher Vogelart brüten alle gemeinsam zum gleichen Zeitpunkt. Man hält das gewöhnlich für eine Überlebensstrategie. Schlüpfen Tausende gleichzeitig, fällt nur ein kleinerer Anteil der Jungen Feinden zum Opfer, als wenn sich die Brut über den ganzen Sommer verteilte. Das setzt jedoch voraus, daß diese geselligen Vögel sich alle zur selben Zeit verpaaren; einige werden dies jedoch nicht tun, bevor sie nicht von einer Vielzahl von Artgenossen umgeben sind. Es ist aber schwierig für Zoos, Tiere in großen Schwärmen (oder Herden) zu halten. Deshalb versah der Wildfowl and Wetlands Trust in Slimbridge im englischen Gloucestershire sein Flamingogehege mit Spiegeln, um den Tieren den Glauben zu schenken, sie seien in großer Gesellschaft.

Es gibt immer noch ungelöste Zuchtprobleme. Elefanten pflanzen sich in Zoos auch heute noch nicht verläßlich fort, ebensowenig Nashörner, obgleich alle geschlechtsreifen Spitzmaulnashörner in Großbritannien zu jener Zeit, als ich dieses Buch schrieb, gerade trächtig waren oder höchstens ein Jahr zuvor Nachwuchs hatten. Auch Große Pandas stellen immer noch eine beträchtliche Herausforderung dar. Nebelparder sind ein Alptraum. Sie haben riesige Eckzähne – im Vergleich zur Körpergröße bei weitem die größten der heutigen Katzen –, und die Männchen sind viel größer als die Weibchen. Läßt man sie zur Paarung zusammen, greifen die Männchen zumeist einfach nur an. Was in der Natur geschieht, weiß niemand; aber manch weiblicher Nebelparder wurde während eines Paarungsversuchs getötet. Ein Zoo hält meines Wissens hinter den Kulissen ein dreibeiniges Nebelparderweibchen, das sein Bein bei einem derartigen Unfall verlor. Nach Meinung einiger Tiergärtner ist die künstliche Besamung der einzig vernünftige weiterführende Weg. Andere meinen jedoch, die Haltung sollte entsprechend gut sein, um die Verhaltensprobleme zu überwinden. Wie auch immer die Lösung aussehen mag, Tatsache ist, daß die Nebelparder von einer Zucht in Menschenobhut profitieren könnten.

Die «reine» Vermehrung der Tiere bildet jedoch nur den Anfang. Tiere in kleinen Populationen – und Zoopopulationen sind zwangsläufig kleiner als ursprüngliche Ausgangspopulationen – neigen zu genetischen Problemen und infolgedessen zu herabgesetzter Fitneß der Individuen. Dies bezeichnet man summarisch als «Inzucht». Darüber hinaus ist das Entscheidende an der Zucht in Menschenobhut, Populationen zu erhalten, die der ursprünglichen Wildpopulation so genau wie möglich entsprechen. Nur dann kann man die Zucht mit Recht als «Erhaltungszucht» bezeichnen. Ziel ist natürlich das Bewahren von Tieren, die man in die Natur zurückführen kann, wenn es nötig ist und sich die Gelegenheit dazu ergibt. Wir hoffen ja, daß es in wenigen Jahrhunderten möglich werden könnte, sie in großer Zahl wiedereinzubürgern. Damit sich ein solches Ziel verwirklichen läßt, müssen die Erhaltungszüchter versuchen, eine so große genetische Vielfalt wie möglich – das genetische Potential der ursprünglichen Ausgangspopulation – zu erhalten.

Kurzum: In Menschenobhut gezüchtete Populationen erfordern *genetisches Management*. Wie sich dies erreichen läßt und wie die theoretischen Grundlagen dazu aussehen, ist Thema des folgenden Kapitels.

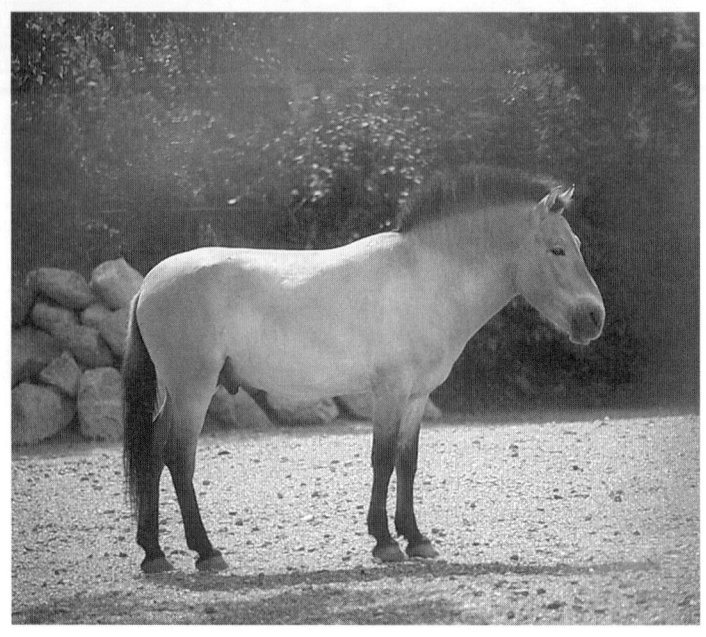

Przewalskipferd, Zoologischer Garten Berlin.

Das Przewalskipferd zählt zu jenen Zoobewohnern, bei denen sich Anzeichen von Inzucht bemerkbar machen. Eine erfolgversprechende Erhaltungszucht erfordert die Erstellung eines sorgfältigen Zuchtplanes, um durch gezielte Paarungen nicht-verwandter Individuen Probleme wie Inzucht oder genetische Drift möglichst gering zu halten. (Photo A. Held.)

4.
Die theoretischen Grundlagen der Erhaltungszucht

Unsere Aufgabe ist es also, möglichst viele Arten so lange wie erforderlich (das könnten durchaus einige Jahrhunderte sein) in Menschenobhut zu bewahren, und zwar in einer Verfassung, daß sie einmal wieder in die Natur zurückkehren können. Die meisten Tiere lassen sich am Leben erhalten und auch dazu bringen, sich fortzupflanzen – zumindest von Zeit zu Zeit. Mit den bisherigen Ausführungen haben wir jedoch nur den Rahmen abgesteckt. Was wir erfuhren ist – wie es Winston Churchill in einem etwas anderen Zusammenhang sagte – «das Ende vom Anfang». Die verbleibenden Probleme sind biologischer, insbesondere genetischer, und logistischer Art. Sie sind Gegenstand dieses Kapitels. Das erste dieser Probleme – eines, das alle weiteren Überlegungen beeinflußt – ist das der Anzahl.

Die Frage der Anzahl

Der Schöpfungsgeschichte zufolge rettete Noah alle zu seiner Zeit lebenden Kreaturen, indem er einfach ein Paar von jeder Art in seine Arche aufnahm. Auf den ersten Blick scheint dies eine vernünftige Strategie. Ein gesundes junges Männchen und ein gesundes junges Weibchen reichen aus, um eine Familie zu gründen; und wenn das gelingt, kann man auch (so scheint es) eine ganze Abstammungslinie starten, in der Generation auf Generation folgt und so weiter *ad infinitum*. Einige gut belegte Fälle neuzeitlicher Abstammungslinien begannen auch genau auf diese Weise. Das berühmteste Beispiel: Alle Goldhamster der Welt sind Abkömmlinge eines einzigen trächtigen Weibchens, das man in den dreißiger Jahren entdeckte. Die wilden Vorfahren hat man nie ausfindig gemacht und auch nicht das Männchen, das den Nachwuchs zeugte. Warum gibt es dann aber Probleme mit der Erhaltungszucht? Es scheint doch nicht so schwierig, selbst

101

von Tierarten, die auf nur wenige Exemplare reduziert sind, ein fruchtbares Männchen und ein gesundes Weibchen zu finden.

Aber Noah war mit dem Eingreifen Gottes gesegnet. In der Praxis, ohne Gottes Hilfe, sorgen drei verschiedene Faktoren dafür, daß man sehr viel mehr als zwei Tiere braucht, möchte man eine Abstammungslinie gründen, die eine ernsthafte Überlebenschance für mehr als nur ein paar Generationen hat. Für manche Arten gibt es zusätzlich zu den drei grundlegenden Faktoren noch weitere, die große Populationen erforderlich machen.

Der erste Faktor sind unvorhergesehene Ereignisse. Hierzu gehören Krankheiten und mögliche Unfruchtbarkeit. Alle Tiere Noahs blieben auf wunderbare Weise gesund. Keines brach die Beine, keines wurde von einem anderen gefressen oder fiel Infektionen zum Opfer. Fallen Schlüsselindividuen aus (beginnt man nur mit zweien, sind beide Schlüsselindividuen), steht die Zukunft der ganzen Abstammungslinie auf dem Spiel. Im wirklichen Leben, selbst in geschützter Umgebung, sind solche Ereignisse alltäglich. Bei manchen Arten (beispielsweise den Geparden) ist Unfruchtbarkeit häufig. Bis die Fortpflanzungstechniken vervollkommnet sind, wirkt sich Unfruchtbarkeit ebenso einschneidend aus wie der Tod. In der Tat: Simuliert man mit Hilfe eines Computermodells eine Tierpopulation, wobei unvorhergesehene Ereignisse genauso häufig auftreten wie im wirklichen Leben, läßt sich zeigen, daß Populationen mit größter Wahrscheinlichkeit innerhalb von etwa einem Dutzend Generationen aussterben, sofern sie nicht stets 50 oder mehr Individuen umfassen.

Dann ist da noch die Sache mit dem *demographischen Zufall*. Demographisch bedeutet «die Bevölkerung betreffend»; und der Zufall bezieht sich auf «Dinge, die mit den Besonderheiten der Statistik zu tun haben». Der wichtigste dieser demographischen Zufälle betrifft das Geschlechterverhältnis. In der Regel bringen die meisten Tierarten gleich viele männliche und weibliche Nachkommen hervor. Genauso wird man, wirft man eine Münze eine Million Mal, annähernd eine halbe Million Mal Kopf und eine halbe Million Mal Zahl erhalten. Wirft man eine Münze jedoch nur ein halbes dutzendmal, kann gelegentlich fünfmal Kopf und einmal Zahl oder sogar sechsmal Kopf beziehungsweise sechsmal Zahl herauskommen. Das passiert nicht sehr häufig, hin und wieder aber doch. Auf ähnliche Weise bringen kleine Tierpopulationen manchmal eine ganze Generation von Nachkommen eines Geschlechts hervor. Aus etwas anderen demographischen Gründen (darunter selektiver Sterblichkeit) ging eine Unterart der Strandammer (*Ammospiza maritima nigresas*), der *dusky seaside sparrow*, in Florida einst bis auf sechs Individuen zurück, die alle männlich waren. In den ersten sieben Jahren der «Operation Oryx» – dem Projekt zur Rettung der Arabischen Oryx, das ich in Kapitel 5 erläutern werde – waren alle in der sogenannten «Weltherde» geborenen Kälber männlich. Selbst mit dieser nur begrenzten Erfahrung können wir also bereits erkennen: Statistische Vorhersagen treten auch *tatsächlich* ein. Dennoch wissen wir nicht genau, wie viele Individuen man braucht, um die Probleme des demographischen Zufalls zu vermeiden. Das hängt nämlich von sehr vielen Faktoren ab, wie der Dauer der Fortpflanzungsfähigkeit (können die Eltern sich ein weiteres Mal fortpflanzen?) und der Fruchtbarkeit (der Anzahl der Nachkommen). Aber erneut erkennen wir, daß wir mit Dutzenden oder mehr Individuen weitaus sicherer gehen würden als mit Noahs Tierpaaren, von denen zumindest einige ganz sicher ein baldiges Ende nehmen müßten.

Wie gesagt, züchten einige Arten einfach nicht gut, sind sie nicht in großer Zahl beisammen. Flamingos brüten nur in Gesellschaft. Pandas – und vielleicht auch Pottwale – gehören zu jenen Tieren, die vermutlich von Konkurrenz unter den Männchen profitieren. In sehr kleinen Populationen mag der Anreiz zur Fortpflanzung einfach zu schwach sein. Die wichtigsten Gründe jedoch, warum Populationen groß sein müssen, um zu überleben, sind genetischer Natur. Hiervon sind zwei besonders schwerwiegend. Erstens ist es – auf der Ebene des Individuums – wichtig, *Inzucht* zu vermeiden, zu der es kommt, wenn sich zwei nah verwandte Tiere paaren. Zweitens ist – auf Populationsebene – langfristiger Erfolg nur möglich, wenn wir die genetische *Vielfalt* bewahren.

Wie wir noch sehen werden, unterscheidet sich die Zahl von Individuen in einer Zuchtpopulation, die zur Vermeidung von Inzucht erforderlich ist, von Art zu Art beträchtlich. Ein grober Richtwert, mit dem die meisten Eventualitäten abgedeckt sind und der manchmal als «magische Zahl» bezeichnet wird, ist jedoch 500. Für die Haltung in Menschenobhut sind 500 Tiere eine ansehnliche Zahl. Selbst natürliche Populationen sind oft schon kleiner. Man beachte auch, daß hierzu nicht die Gesamtzahl aller an einem bestimmten Zeitpunkt lebenden Individuen gehört. Denn einige davon könnten unfruchtbar oder altersschwach sein; oder es könnte nur ein fruchtbares Weibchen auf 100 Männchen kommen – von denen die Mehrzahl natürlich keine Chance hätte, sich fortzupflanzen. Die Hälfte der Tiere könnten auch eineiige Zwillinge der anderen Hälfte sein, so daß Paarungen zwischen ihnen die Inzucht steigern würden. Wirklich von Bedeutung ist nur die Zahl der fortpflanzungsfähigen Tiere – um ganz exakt zu sein: die Zahl der fortpflanzungsfähigen Tiere, die nicht miteinander verwandt sind. Diese Zahl nennt man die *effektive Population*. Diese ist zumeist kleiner als die wahrgenommene Population (weil gewöhnlich einige Individuen in einer Population unfruchtbar oder altersschwach sind, viele nah verwandt sein werden und das Geschlechterverhältnis oft vom idealen abweicht). Schätzungen zufolge gibt es in Asien noch zwischen 34000 und 54000 Elefanten. Das scheint eine beträchtliche Anzahl. Aber nur wenige pflanzen sich fort oder sind dazu in der Lage. Die effektive Population ist daher sehr viel kleiner.

Selbst 500 Individuen reichen jedoch auf Dauer nicht zur Erhaltung einer ausreichenden genetischen Vielfalt, um einer Abstammungslinie weitere Evolution zu ermöglichen. 500 Individuen irgendeiner Art zu erhalten darf daher nur als vorübergehende Maßnahme angesehen werden. Diese Kernpopulation muß sich wieder vermehren, soll die betreffende Linie eine Zukunft haben.

Wir eilen uns jedoch selbst voraus. Inzucht (oder fehlende Inzucht) und genetische Vielfalt sind nicht dasselbe Phänomen, obgleich es einen Zusammenhang gibt. Wir sollten beide getrennt diskutieren. Zunächst wollen wir jedoch den grundlegendsten aller diesbezüglichen Begriffe etablieren: den Begriff Gen.

Der Genbegriff

Mitte des 19. Jahrhunderts löste Charles Darwin das größte Geheimnis des Lebens, oder zumindest umriß er die Lösung. Nach seiner Ansicht (die vor ihm auch schon andere geäußert hatten) wurden die heutigen Lebewesen nicht in ihrer gegenwärtigen Form erschaffen, sondern entwickelten sich allmählich aus Vorläufern, die sich von ihren heutigen Nachfahren unterschieden – durch eine «Abstammung mit Modifikation». Er schlug auch einen plausiblen Mechanismus für diese Entwicklung vor: Evolution durch natürliche Selektion. Hiernach sind in jeder Generation einige Individuen einer bestimmten Abstammungslinie besser an die herrschenden Bedingungen angepaßt als andere. Vor allem diese begünstigten Individuen (mit der größten «Fitneß», also die «Tauglichsten») sollen überleben. Wie Darwin weiterhin annahm, verändert sich dadurch die Abstammungslinie von Generation zu Generation, so daß sich die betreffende *Art* allmählich in eine neue umwandelt. Außerdem kann sich laut Darwin jegliche Ausgangsart aufspalten, um viele verschiedene neue Arten hervorzubringen. Daß es von Generation zu Generation Veränderungen geben könnte, wurde Mitte des 19. Jahrhunderts nicht angezweifelt; schließlich hatten Pflanzen- und Viehzüchter Erscheinungsbild und Verhalten von Rindern, Schafen, Pferden, Hunden, Hühnern, Tauben und vielerlei Pflanzenarten bereits beträchtlich verändert. Doch daß *Arten* sich in andere verwandeln und in mehrere aufspalten können – mit anderen Worten, daß die «Abstammung mit Modifikation» zu radikalen Veränderungen und zur Verzweigung von Abstammungslinien führt –, war in der Tat eine sensationelle Erkenntnis. Viele von Darwins Kollegen hatten mit diesen Ideen ebensolche Probleme wie mancher Theologe. Die Kirche nahm Darwin sogar in Schutz (denn es gibt keinen Grund, warum der Schöpfer nicht etwas durch Evolution erschaffen sollte, wenn er es will), wohingegen viele zeitgenössische Biologen seine Theorien ihr Leben lang bekämpften.

Doch Darwin gelang es nicht – was in der Retrospektive vielleicht eigenartig erscheinen mag –, ein für das Verständnis der Evolution entscheidendes Problem zu lösen. Obwohl er sich sein ganzes Leben mit der Frage der Vererbung herumquälte, kam er doch nie damit zurecht. Zwar zeigte er ganz allgemein, wie die Nachfahren der frühen Menschenaffen sich zu uns heutigen Menschen entwickelt haben könnten. Doch beklagte er in seinem bahnbrechenden Buch *Die Entstehung der Arten*:

«...niemand weiß, warum dieselbe Eigentümlichkeit bei verschiedenen Individuen...zuweilen erblich ist und zuweilen nicht; warum ein Kind oft diese und jene Merkmale des Großvaters oder der Großmutter oder noch früherer Ahnen aufweist; warum eine Eigenschaft sich oft von einem Geschlecht auf beide vererbt oder nur auf ein Geschlecht, und zwar gewöhnlich, wenn auch nicht immer, auf dasselbe.»[1]

Kurioserweise wurde die Lösung für Darwins ewiges Problem tatsächlich noch zu seinen Lebzeiten gefunden – nur wenige Jahre nachdem 1859 sein Buch *Die Entstehung der Arten* erschienen war, und zwar durch den in Brünn (dem heutigen Brno) lebenden Mönch Gregor Mendel. Mendel zeigte in Züchtungsexperimenten, wie bestimmte «Merkmale» oder Eigentümlichkeiten bestimmter Erbsenrassen, zum Beispiel die Oberflächenstruktur der Samen oder die Blütenfarbe, von Generation zu Generation nach ganz bestimmten Regeln vererbt werden. Diesen zufolge mußte die Ausprägung jedes Merkmals durch das Vorhandensein oder Nichtvorhandensein eines bestimmten «Erbfaktors» festgelegt sein, den die spezielle Pflanze von dem einen oder dem anderen Elter geerbt hatte oder nicht. Die Vorstellung, jedes Merkmal werde durch einen solchen «Erbfaktor» bestimmt, unterschied sich grundlegend von Darwins Auffassung – die er mit vielen seiner Zeitgenossen teilte –, daß die Vererbung von Merkmalen von Generation zu Generation dem Mischen von Tinte ähnele.

Oft wurde behauptet, die Biologie wäre schon 50 Jahre weiter, hätte Darwin von Mendels Arbeiten gewußt. Er wußte aber nichts davon – so die gängige Meinung –, weil Mendel seine zukunftsträchtigen Ergebnisse über die Erbsen in einer unbekannten tschechischen Zeitschrift veröffentlichte. Mendels Abtei in Brünn war aber keineswegs unbekannt. Viele wußten von ihren hervorragenden Forschungen auf dem Gebiet der Pflanzenzucht. Darwin war äußerst belesen, und andere machten ihn eifrig auf wichtige Veröffentlichungen aufmerksam. Es ist zumindest möglich, um nicht zu sagen wahrscheinlich, daß er von Mendels Arbeiten wußte. Doch weder er noch irgendeiner von Mendels engsten Mitarbeitern (darunter äußerst kompetente Biologen) noch, wie es scheint, Mendel selbst erkannten, daß der Mechanismus der Vererbung, wie er für *einige* Merkmale *einiger* Erbsenarten gilt, fast *alle* Merkmale aller Lebewesen – Tiere, Pflanzen, Pilze und viele Bakterien – weitergibt. Mendel wußte, bevor er seine Versuche begann, daß er keine einfachen Vererbungsmuster finden würde, beobachtete er andere Merkmale in anderen

Pflanzen oder sogar Erbsen. Er wählte für seine Forschungen eben-diese bestimmten Merkmale dieser bestimmten Erbsenrassen aus, weil er aus seinen früheren Beobachtungen wußte, daß sie *einem* einfachen Muster folgten und daß seine Zählungen lehrreiche Ergebnisse hierüber liefern würden. Viele andere Merkmale, bei Erbsen und anderen Lebewesen, schienen in der Tat von Generation zu Generation so vererbt zu werden, wie sich zwei Tinten zufällig vermischen. Es gab wirklich absolut keinen Grund zu der Annahme – vielmehr gab es eine Menge Gründe, es nicht anzunehmen –, daß die Mechanismen der Vererbung für alle Merkmale bei allen Lebewesen *dieselben* waren. Vielleicht hätte man sie *ad hoc* erforschen müssen: Merkmal für Merkmal, Art für Art.

Aus derartigen Gründen, und nicht in erster Linie, weil Mendel ein «einfacher Mönch» oder sein Arbeitsplatz «unbekannt» war, gerieten seine Forschungen über die Vererbung schon bald nach der Veröffentlichung im Jahre 1860 tatsächlich in Vergessenheit. Mendel selbst begann sich zunehmend um Angelegenheiten der Abtei zu kümmern statt um Pflanzenzucht. Seine Experimente wurden erst wieder ausfindig gemacht, als im frühen 20. Jahrhundert drei unabhängig voneinander arbeitende europäische Biologen zu den gleichen Ergebnissen wie Mendel gelangten. Ein weiterer, der Engländer William Bateson, prägte den treffenden Ausdruck «Gen» anstelle von Mendels etwas nichtssagendem «Faktor», um damit eine Erbeinheit zu bezeichnen. Die gesamte genetische Ausstattung eines jeden Individuums nennt man heute *Genom*.

Als die Bedeutung der Arbeiten Mendels erst einmal erkannt war, wurden auch jene Rätsel gelöst, die seinen Forschungen ein Ende gesetzt hatten und die Darwin weiterhin verwirrten. Wie Mendel erkannte, kann jedes Gen (um den modernen Ausdruck zu gebrauchen) in mehr als einer Form existieren (diese verschiedenen Zustände heißen heute *Allele*). Er bemerkte auch, daß jedes Lebewesen jedes seiner Gene in doppelter Ausführung besitzt: ein Exemplar von einem Elter, das zweite vom anderen. Doch jeder Elternteil gibt nur ein Gen jedes Paares an einen bestimmten Nachkommen weiter. Jeder Nachkomme könnte dieselbe Form (dasselbe Allel) jedes beliebigen Gens von jedem seiner beiden Eltern erhalten. In diesem Falle sagt man (in der modernen Ausdrucksweise), er sei für dieses Gen (oder das Merkmal, das durch dieses Gen ausgebildet wird) *homozygot* (reinerbig).

Er könnte aber auch verschiedene Allele jedes beliebigen Gens von jedem seiner Eltern bekommen; dann wäre der Nachkomme *heterozygot* (mischerbig) für dieses Gen.

Im einzelnen fand Mendel folgendes heraus: Kreuzte er reinerbige, glattsamige Erbsen mit reinerbigen, runzligen, hatten alle Nachkommen glatte Samen. Hiermit gab er sich aber nicht zufrieden. Mit bemerkenswertem Scharfsinn argumentierte er wie folgt: Jeder Nachkomme mußte ein Allel (wiederum in der modernen Ausdrucksweise) für glatte Samen von einem Elter geerbt haben und eines für runzlige Samen von dem anderen. Das Allel für glatte Samen ist, wie er sagte, *dominant* (das Allel für runzlige Samen *rezessiv*). Deshalb haben alle Nachkommen glatte Samen.

In der Sprache der modernen Genetik sind die glattsamigen Nachkommen heterozygot für das spezielle Gen für die Struktur der Samenoberfläche. Werden heterozygote Organismen Eltern, geben sie jedes der beiden Allele mit gleicher Wahrscheinlichkeit weiter. Daher erben, kreuzt man zwei Erbsenpflanzen, die heterozygot für runzlige oder glatte Samen sind, einige ihrer Nachkommen ein Allel für glatte Samen von jedem Elter und sind somit homozygote, reinerbige Pflanzen mit glatten Samen. Andere erben ein Allel für runzlige Samen von jedem Elter und werden zu homozygoten, reinerbigen Pflanzen mit runzligen Samen. Weitere erben von einem Elternteil ein Allel für glatte Samen und vom anderen eines für runzlige. Sie wachsen zu heterozygoten, glattsamigen Pflanzen heran, die nicht «rein züchten» (weil sie wiederum entweder ein Allel für runzlige oder ein Allel für glatte Samen an ihre Nachkommen weitergeben).

Mendel konnte dies alles nur erkennen, weil er viele Erbsen kreuzte. Erst an zahlreichen Nachkommen zeigen sich einfache Muster der Vererbung. Kreuzt man heterozygote Erbsen miteinander, dann erbt ein Viertel der Nachkommen von beiden Eltern Allele für runde Samen, die Hälfte erbt von einem Elter ein Allel für glatte Samen und vom anderen ein Allel für runzlige, und ein weiteres Viertel erbt von beiden Eltern Allele für runzlige Samen. Jenes Viertel, das die beiden Allele für glatte Samen erbt, produziert natürlich nur glatte Samen. Die Hälfte mit dem einen Allel für glatte und dem einen für runzlige Samen bringt ebenfalls glatte Samen hervor, weil das Allel für glatte Samen dominant ist. Schließlich wird das Viertel mit zwei Allelen für runzlige Samen auch nur runzlige Samen haben. Somit ist das Verhältnis zwischen glatten und runzligen Samen drei zu eins. Ist man jetzt Gregor Mendel und führt weitere Kreuzungsexperimente mit anderen Merkmalskombinationen durch, kann man daraus die Begriffe – in moderner Terminologie – Gene, Allele, Mischerbigkeit (Heterozygotie) und Reinerbigkeit (Homozygotie) sowie Dominanz und Rezessivität ableiten.

Man beachte drei Punkte an diesem elementaren Beispiel. Erstens: Das äußerliche Erscheinungsbild einer Pflanze oder eines Tieres – sein Phänotyp – vermittelt uns nicht unbedingt eine exakte Vorstellung von seinen Genen – seinem Genotyp. Die glattsamigen Pflanzen könnten entweder homozygot oder heterozygot sein. Was tatsächlich zutrifft, erkennen wir nicht durch Betrachtung, sondern durch das Experiment. Kreuzt man glattsamige Pflanzen untereinander, dann sieht man an ihren Nachkommen, ob es sich um heterozygote oder homozygote Pflanzen gehandelt hat. Sind alle Nachkommen glattsamig, dann müssen die Eltern homozygot für das Allel für glatte Samen gewesen sein. Haben einige jedoch runzlige Samen, dann waren beide Eltern heterozygot für dieses Gen, denn nur so konnten einige Nachkommen zwei Allele für runzlige Samen geerbt haben; und das muß ja bei runzligen Samen der Fall sein. Besäßen sie nämlich ein Allel für glatte Samen, dann wären ihre Samen wegen der Dominanz dieses Allels glatt.

Der zweite Punkt ist, daß es sich um ein wirklich einfaches Beispiel handelt. Mendel wählte für seine Forschungen Merkmale aus, von denen er wußte (weil er nicht nur Wissenschaftler, sondern auch ein äußerst kundiger Pflanzenzüchter war), daß sie unkomplizierte Vererbungsmuster liefern würden. Dennoch zeigen die wichtigen Phänomene von Dominanz und Rezessivität, wie kompliziert manche einfach erscheinenden Vorgänge tatsächlich sind. Glattsamige Erbsen können Nachkommen mit runzligen Samen erzeugen – sofern sie selbst heterozygot sind. Erbsen mit runzligen Samen hingegen können keine glattsamigen Nachkommen hervorbringen, denn wenn sie heterozygot wären, hätten sie keine runzligen Samen.

Letztendlich sei folgendes hervorgehoben: Die einfachen Vererbungsmuster, aus denen Mendel so viel erschloß, treten nicht zutage, wenn man nur wenige Nachkommen weniger Eltern betrachtet. Damit sind wir wieder beim Zufall. Bei einer großen Stichprobe wird in der Tat folgendes herauskommen. Die homozygoten und heterozygoten glattsamigen Pflanzen übertreffen die homozygoten mit runzligen Samen in einem Verhältnis von drei zu eins. Doch der Zufall bestimmt, ob irgendeine Pflanze von einem heterozygoten Elternteil ein Allel für glatte oder eines für runzlige Samen erbt. Zufällig könnten die ersten sechs Nachkommen oder sogar die ersten hundert alle nur Gene für runzlige Samen erben. Dann hätten alle Nachkommen runzlige Samen. Bei langsam züchtenden Tieren, wie den Menschen, gibt es in einer Familie nie genügend Nachkommen, um die Muster zu erkennen. Das menschliche Allel für braune Augen ist dominant über dasjenige für blaue Augen. Doch wie wir alle wissen, haben manchmal alle Kinder braunäugiger Eltern blaue Augen. Kein Wunder also, daß Darwin die Grundlagen der Vererbung nicht herausfinden konnte. Er dachte sehr umfassend; seine Stärke lag in der Betrachtung aller Merkmale aller Lebewesen, denen er begegnete. Wenn man das tut, kann man aber die eben besprochenen Muster nicht erkennen. Nur durch exakte Beobachtung bestimmter Merkmale von bestimmten Pflanzen oder Tieren finden wir derartige Prinzipien. Mendels besondere Fähigkeit lag in seiner Genauigkeit.

Doch die Natur hält noch viel mehr Komplikationen bereit. Erstens werden die meisten sichtbaren Merkmale nicht nur durch ein Gen determiniert. Fast alle sind polygenisch. Das heißt, sie werden von mehreren Genen gemeinsam festgelegt. Hat man erst einmal begonnen, Beispiele für die Vererbung solcher Merkmale zu erforschen, kommt man bald zu verwirrenden Ergebnissen. Außerdem sind viele solcher Gene, die in domestizierten Tieren und Pflanzen nur in einem oder wenigen Allelen vorkommen (so wie die Gene von Mendels Kulturerbsen), in Wildpopulationen hoch *polymorph*, das heißt, in vielen verschiedenen Allelen vorhanden. Vielleicht möchte man die Vererbungsmuster erforschen, wie man sie für ein hypothetisches Merkmal einer hypothetischen Population erhält, das durch drei Gene festgelegt wird, von denen jedes in drei Allelen vorliegt. Aber das sollte man vielleicht gar nicht erst versuchen.

Eine weitere Komplikation ergibt sich durch die partielle oder unvollständige Dominanz. Das Allel für glatte Samen ist sicherlich ganz und gar dominant über das für runzlige Samen. Aber entsprechendes ist nicht immer der Fall. Manche Pflanzen tragen beispielsweise Allele, die zu roten Blüten, und solche, die zu weißen Blüten führen. Werden die beiden gekreuzt, haben die Nachkommen rosafarbene

Blüten. Derartige Beispiele erwecken den (falschen) Eindruck, Vererbung sei wie das Mischen von Tinte. Darüber hinaus sind die meisten Gene *pleiotrop*. Das heißt, sie beeinflussen mehr als ein Merkmal. Oft stehen die betroffenen Merkmale überhaupt nicht miteinander in Zusammenhang. Ein Gen, das die Lungenfunktion beeinflußt, könnte sich zum Beispiel auch auf Fellfarbe und Schwanzlänge auswirken.

Der letzte bedeutende Faktor, der die Vererbungsmuster kompliziert, ist die *Koppelung*. Eines von Mendels zukunftsträchtigen Ergebnissen war, daß verschiedene Merkmale derselben Pflanze in der Regel vollkommen unabhängig voneinander vererbt werden. So betrachtete er neben der Vererbung der Form auch die Vererbung der Samenfarbe von Erbsen, ob sie gelb oder grün waren. Er fand heraus, daß die Samen runzlig und gelb oder runzlig und grün oder glatt und gelb beziehungsweise glatt und grün sein konnten. Form und Farbe hatten nichts miteinander zu tun.

Doch das ist nicht immer so. Einige bestimmte Merkmale werden fast stets gemeinsam mit anderen bestimmten Merkmalen vererbt. Manchmal ist Pleiotropie die Ursache: Dasselbe Gen verursacht zwei ganz unterschiedliche Effekte. Doch oft beruht das auch darauf, daß zwei verschiedene Gene gekoppelt sind, also gemeinsam weitergegeben werden.

Das Entscheidende hierbei ist, daß Gene in *Chromosomen* gebündelt sind. Jedes Chromosom entspricht einem Strang von Genen, die (zumindest während der Zellteilung) von Proteinen zusammengehalten werden. Jedes Gen nimmt einen bestimmten Platz auf seinem bestimmten Chromosom ein, den man als seinen *Locus* (Genort) bezeichnet. In der Regel hat jede Tierart eine charakteristische Zahl von Chromosomen: Menschen haben 46, Pferde 64 und so weiter. Die Anzahl scheint rein zufällig zu sein, wie es eben die Evolution hervorgebracht hat. Im allgemeinen (die Ausnahmen brauchen uns nicht zu stören) haben Tiere eine gerade Zahl von Chromosomen. Sie tragen zwei Chromosomensätze, einen von der Mutter und einen vom Vater geerbten. Diese beiden Chromosomensätze enthalten zusammen das gesamte Genom (auch hier gibt es wieder Ausnahmen, die uns nicht zu interessieren brauchen).

Jede Zelle eines jeden Tieres trägt in der Regel einen kompletten doppelten Chromosomensatz. Während der Zellteilung teilt sich jedes Chromosom der Länge nach, und anschließend ergänzt sich jede Hälfte wieder, was vier Sätze ergibt – ein Vorgang, den man *Mitose* nennt. Daraufhin wandern zwei Sätze in jede Tochterzelle und erzeugen zwei Duplikate der Ausgangszelle. Dies läßt sich unter dem Lichtmikroskop beobachten.

Bei der Bildung der Keimzellen oder *Gameten* (Eizellen beziehungsweise Spermien) findet eine andere Form der Chromosomenverteilung statt, die man *Meiose* nennt. Nach der anfänglichen Teilung, bei der vier Chromosomensätze entstehen, wandert nur jeweils ein Satz in jede von vier Keimzellen. Somit enthält jede Keimzelle die Hälfte des elterlichen Genoms. Durch das Verschmelzen zweier Gameten entsteht ein völlig neues, gemischtes Genom. Die naturwissenschaftlichen Tatsachen, wie man sie im Mikroskop beobachtet, stützen exakt (man ist fast versucht zu sagen: auf wunderbare Weise) Mendels Interpretationen. Doch das Verhalten der Chromosomen wurde erst Ende des 19. Jahrhunderts entdeckt. Mendel arbeitete also ohne dieses Hintergrundwissen.

Dieser Beschreibung zufolge mag es scheinen, daß die Keimzellen eine recht grobe Mischung von Genen enthalten. Man könnte annehmen, ein Gamet enthielte letztendlich einige komplette Chromosomen, die ursprünglich von der Mutter seiner Eltern (also der «Großmutter» der Keimzelle), und einige, die vom Vater seiner Eltern stammen (dem «Großvater» der Keimzelle). Doch während der Meiose kommt noch ein weiterer Vorgang hinzu. Jedes mütterliche Chromosom legt sich zunächst mit dem entsprechenden väterlichen Chromosom aneinander. Dann teilt sich jedes wie in der Mitose der Länge nach, so daß schließlich vier geteilte Chromosomen nebeneinander liegen. Danach vermischen sich diese in einem Prozeß, den man *Crossing over* nennt, und erzeugen so völlig neue Chromosomen; jedes davon enthält einige Gene des mütterlichen Chromosoms und einige des väterlichen. Aufgrund des Crossing over können Gene unabhängig voneinander vererbt werden, selbst wenn sie auf demselben Chromosom liegen. Wenn jedoch zwei Gene Loci einnehmen, die nahe beieinander auf demselben Chromosom liegen, ist es unwahrscheinlich, daß sie sich beim Vermischungsprozeß des Crossing over trennen. Somit werden sie gemeinsam weitergegeben; daher der Ausdruck «gekoppelte» Vererbung. Trennen sich zwei Merkmale nie, dann könnten wir Pleiotropie vermuten. Wenn sie jedoch gelegentlich unabhängig voneinander vererbt werden (weil sie manchmal durch Crossing over getrennt werden), ist Koppelung wahrscheinlicher.

Eine letzte Bemerkung noch, bevor wir fortfahren. Damit die Meiose erfolgreich ablaufen kann, und damit Keimzellen entstehen, die eine charakteristische Auswahl der großmütterlichen und großväterlichen Gene enthalten, ist es erforderlich, daß jedes von der mütterlichen Seite stammende Chromosom sich mit dem entsprechenden der väterlichen Seite aneinanderlegen kann. Ansonsten käme es nicht zum Crossing over, und der gesamte Vorgang der Meiose schlüge fehl. Aus diesem Grund können Tiere zweier verschiedener Arten in der Regel keine fruchtbaren Nachkommen hervorbringen, sofern sie nicht dieselbe Anzahl von Chromosomen gleicher Struktur aufweisen; denn die Nachkommen (vorausgesetzt, es gelingt überhaupt, welche hervorzubringen) werden nicht die notwendigen passenden Chromosomenpaare haben. Doch unterschiedliche Anzahl und Struktur der Chromosomen sind nicht die einzigen Faktoren, die Tiere zweier verschiedener Arten trennen. Aber diese beiden können – wie wir noch sehen werden – im Zusammenhang mit der Erhaltungszucht von Bedeutung sein.

Die Vererbung birgt noch weitere Komplikationen, die aber im Augenblick für uns nicht besonders wichtig sind. Es ist jedoch klar, daß selbst wenige, prinzipiell einfache Komplikationen außerordentlich komplexe, wirklich verwirrende Endresultate hervorbringen können. Daß Mendels frühe Ergebnisse zurückgewiesen wurden ist ganz und gar nicht überraschend. Es geschah nicht einfach aus Gedankenlosigkeit. Seine einfachen Zahlenverhältnisse bei den Erbsen schienen wirklich nicht viel über die rätselhaften Vererbungsmuster im allgemeinen auszusagen. Die Biologen, die später ihre Bedeutung erkannten, zeigten bemerkenswerte Einsicht.

Wir werden auf den Zusammenhang zwischen der Mendelschen Genetik und Darwins Evolutionstheorien noch einmal zurückkommen. Zunächst jedoch sollten wir das erste der genetischen Schlüsselprobleme diskutieren, welches das Schicksal von Tieren stark beeinflussen kann: die Inzucht.

Inzucht

Jedes Gen einer Population kann in mehr als einer Version vorliegen, wobei man jede Form als Allel bezeichnet. Gene wirken, indem sie festlegen, welche Proteine erzeugt werden. Proteine sind äußerst aktive Moleküle: Sie bauen einen Großteil des Körpers auf (darunter die kontraktilen Teile der Muskeln und den überwiegenden Anteil der Zellmembranen) *und* agieren als Enzyme. Das sind die Katalysatoren, welche die Mehrzahl der Zellfunktionen regeln. Einige Proteine fungieren auch als Hormone. Die von Genen erzeugten Unterschiede in den Proteinen beeinflussen somit in hohem Maße die Struktur und Funktion des gesamten Körpers und bestimmen daher, welche *Art* von Organismus aus einer befruchteten Eizelle entsteht.

Viele Gene sind sicher funktionslos und das ganze Leben lang «ausgeschaltet». Andere funktionieren nur für kurze Zeit und sind davor und danach untätig, darunter beispielsweise solche Gene, die sich nur im Fetus auswirken. Alle Körperzellen jedes Organismus haben die gleiche genetische Ausstattung. Dennoch können sie sich in Form und Funktion erheblich voneinander unterscheiden – weil in verschiedenartigen Zellen unterschiedliche Genkonstellationen wirken. So funktionieren beispielsweise in Leberzellen viele Gene, die in Muskelzellen ausgeschaltet sind, und umgekehrt. Manche Gene «arbeiten» in allen Zellen des Organismus ein Leben lang.

Gene spielen eine ganz entscheidende Rolle im Leben jedes Organismus. Daher ist es oft – allerdings nicht immer – von Bedeutung, welche Version – welches Allel – eines Gens er von seinen Eltern erbte. Andererseits ist es beispielsweise nicht besonders wichtig, ob ein Europäer ein Allel für braune oder eines für blaue Augen erbt – wenngleich kleine Farbveränderungen in äußerlichen Merkmalen den Erfolg eines Lebewesens, das zur Partnerfindung oder Feindvermeidung auf sichtbare Eigenschaften baut, stark beeinflussen können. Bei Menschen (wie auch den meisten Tieren und Pflanzen) beeinflussen viele Allele Größe und Körperbau. Lebt ein Mensch in einem extremen Klima ohne modernen Komfort, sind Gene, welche sich auf die Statur auswirken, von Bedeutung. Für Eskimos ist es besser, klein und untersetzt zu sein, während Sudanesen überschüssige Wärme leichter abgeben, wenn sie groß und schlank sind. In Europa ist das nicht weiter wichtig. Bei Männern gilt Größe in der Regel als

Vorteil, doch auch viele kleine Männer (wie Napoleon) sind erfolgreich. Die Allele, welche die Struktur des Hämoglobins (des roten Farbstoffes, der den Sauerstoff im Blut transportiert) beeinflussen, haben keinen sichtbaren Effekt (sofern man das Blut nicht unter dem Mikroskop betrachtet). Dennoch können sie beträchtlich schaden. Viele von ihnen verursachen unterschiedliche Formen erblicher Anämien – die Sichelzellenanämie Afrikas sowie verschiedene Thalassämien des Mittelmeerraumes und Südostasiens.

Gene sind nicht völlig beständig. Von Zeit zu Zeit verändern sie sich – sie mutieren. Es ist aber ausgesprochen unwahrscheinlich, daß die gleichen Mutationen bei allen Individuen einer Population zur selben Zeit auftreten. Aus diesem Grund enthalten die Individuen einer bestimmten Population zu einer bestimmten Zeit oft mehrere oder gar viele Versionen (Allele) eines bestimmten Gens.

Indem sie gänzlich neue Gene mit neuen Wirkungen hervorbringen, produzieren Mutationen das Rohmaterial evolutionärer Veränderungen. Gäbe es keine Mutationen, hätten wir noch dieselben Gene wie unsere bakteriellen Vorfahren, die vor zwei Milliarden Jahren lebten – mit anderen Worten: Wir *wären noch* Bakterien. Mutationen erfolgen zufällig. Funktionsfähige Organismen, ob Bakterien oder Menschen, sind empfindlich und ihre Teile und Funktionen gut aufeinander abgestimmt. Daher wird jegliche Mutation mit gleicher Wahrscheinlichkeit zu einer Verbesserung führen wie ein planloser Schlag auf ein Fernsehgerät. Gewiß, die meisten Mutationen haben vermutlich keine Auswirkung, da sie in der Regel nur geringfügig sind. Sie verändern einen unwichtigen Teil eines Proteins in unbedeutender Weise. Andere wirken sich hingegen ausgesprochen nachteilig aus. Ihre unglücklichen «Erben» sterben alsbald, so daß die nachteiligen Allele nicht weitervererbt werden. Einige Mutationen – eine sehr kleine Minderheit – steigern tatsächlich die Fitneß, wenn zur gegebenen Zeit weitere Veränderungen stattgefunden haben. Diese werden dann durch die natürliche Selektion begünstigt und tragen so zum evolutionären Wandel bei.

Die Sache hat jedoch noch einen kleinen Haken – herbeigeführt durch die von Mendel erkannten Phänomene der Dominanz und Rezessivität. Erbt ein Lebewesen ein nachteiliges Allel von nur einem Elternteil, und ist es rezessiv, dann werden seine Effekte verdeckt; das Individuum wird nicht unter nachteiligen Auswirkungen leiden, weiterleben und das nachteilige Allel der nächsten Generation übergeben. Den heterozygoten Eigentümer des rezessiven nachteiligen Gens bezeichnet man als *Träger*. Dominante nachteilige Allele werden zumeist durch die natürliche Selektion eliminiert; denn jedes Lebewesen mit einem solchen Allel ist deutlich benachteiligt. Rezessive nachteilige Allele halten sich länger in der Population, weil ihre Auswirkungen bei heterozygoten Trägern nicht zutage treten. Wir können es auch anders ausdrücken: Natürliche Selektion begünstigt Rezessivität nachteiliger Allele.

Wie wir jedoch gesehen haben, prägen sich rezessive Allele immer dann aus, wenn sie von beiden Eltern übertragen wurden. Paaren sich zwei heterozygote Träger eines nachteiligen Allels, wird (im Durchschnitt) ein Viertel der Nachkommen von beiden Eltern je ein normales Allel erben. Diese Nachkommen – und ihre Abkömmlinge – sind völlig frei von dem nachteiligen Gen. Die Hälfte der Nachkommen wird von einem Elternteil ein normales und vom anderen ein nachteiliges Allel erhalten und deshalb Träger sein, das heißt, selbst nicht benachteiligt, aber imstande, das nachteilige Gen weiterzuvererben. Das letzte Viertel wird von beiden Eltern das nachteilige Gen erben und von den ungünstigen Auswirkungen betroffen sein.

Mehrere Punkte sind beachtenswert. Zunächst ist klar, daß es viel mehr Träger als homozygot Betroffene gibt. So ist zum Beispiel schätzungsweise einer von 20 Nordeuropäern – ein außerodentlich hoher Anteil! – Träger des Allels, das Cystische Fibrose hervorruft, wird es in zweifacher Ausführung vererbt. Hiervon hat jeder eine Chance von eins zu 20, einen anderen Träger zu heiraten, und somit stehen die Chancen, daß zwei für dieses Allel Heterozygote heiraten, bei eins zu 400. Statistisch wird eines von vier Kindern einer solchen Ehe die Krankheit haben. Somit würde erwartungsgemäß eines von 1600 Kindern in Nordeuropa mit Cystischer Fibrose geboren. Und genau das ist der Fall. Wenn nur einer von 50 Menschen ein bestimmtes nachteiliges Gen trägt (was immer noch häufig genug erscheint), würde die dadurch verursachte Krankheit einmal bei nur 10 000 Kindern auftreten und so weiter.

Man beachte, daß nachteilige Gene nicht leicht eliminiert werden. Anhänger der Eugenik (die versuchen, die genetische Ausstattung der menschlichen Spezies zu «verbessern») schlugen bisweilen vor, man sollte jenen Unglücklichen, die von Erbkrankheiten betroffen sind, nicht mit modernen medizinischen Methoden helfen, ein normales Leben zu führen, weil man damit dazu beiträgt, daß sie ihre nachteiligen Gene weitergeben. In der Praxis ist die Hilfe für die Betroffenen kaum von Bedeutung. Von Cystischer Fibrose betroffene Menschen pflanzen sich wahrscheinlich ohnehin nicht fort, weil es zur Zeit keine «Heilung» gibt. Könnten sie sich fortpflanzen, dann würden sie es wahrscheinlich von sich aus nicht tun. Täten sie es aber dennoch, fiele ihr Beitrag von eins zu 1600 zur Gesamthäufigkeit des Gens kaum ins Gewicht. Um das Gen für Cystische Fibrose zu eliminieren, müßten die Eugeniker die Bevölkerung Nordeuropas genauestens untersuchen und dann einen von 20 Menschen sterilisieren. Cystische Fibrose ist nur eine von mehr als 3000 Krankheiten des Menschen, von denen man weiß, daß sie durch einzelne Gene übertragen werden. Hochgerechnet hat das zur Folge, daß jeder Mensch im Durchschnitt Träger von sechs rezessiven stark nachteiligen Allelen ist, die bei einem Zusammentreffen mit einem gleichen Gen zu einer offen zutage tretenden Krankheit führen würden. Um die Menschheit von ihren potentiell letalen Allelen zu befreien, müßten die Anhänger der Eugenik jeden von uns auslesen, am besten gleich sechsmal – einschließlich ihrer selbst.

Weiterhin müssen wir beachten, daß offen zutage tretende Krankheiten wie Cystische Fibrose nur Extrembeispiele sind. In einer Welt der Konkurrenz sind auch Allele mit weniger offensichtlich ungünstigen Auswirkungen nachteilig. Wie wir heute wissen, haben die meisten Krankheiten, unter denen die Menschheit leidet – von Erkrankungen der Herzkranzgefäße bis hin zu Infektionen –, eine gewisse genetische Grundlage. Viele dieser eher verdeckt nachteiligen Gene drücken sich erst dann aus, wenn ihr Träger das fortpflanzungsfähige Alter erreicht hat (Erkrankungen der Herzkranzgefäße betreffen vor allem Menschen mittleren und hohen Alters). Sie sind somit noch schwieriger auszuschalten. Zeigten sich die Effekte solcher Gene jedoch schon früh im Leben, und gäbe es nicht die Leistungen der modernen Medizin, dann wären ihre Träger benachteiligt. Prinzipiell können wir uns Nachteile jeglichen Ausmaßes vorstellen. Koalas verfügen beispielsweise über Enzyme in ihrer Leber, mit deren Hilfe sie die ansonsten todbringenden Eukalyptusblätter, von denen sie sich ernähren, entgiften. Ein Koala mit einem Enzym, das weniger entgiftend wirkt als normal, wäre benachteiligt und würde in einer von Konkurrenz geprägten Umwelt sicher verhältnismäßig wenig Nachkommen hinterlassen.

Doch was hat all dies mit Inzucht zu tun? Wir wollen wiederum Cystische Fibrose als Beispiel nehmen. Ein Träger hat eine Chance von 20 zu eins, einen anderen Träger zu heiraten, wenn er (oder sie) nach dem Zufallsprinzip einen Zugehörigen der nordeuropäischen Bevölkerung ehelicht. Angenommen jedoch, ein Träger entscheidet sich, seine Schwester zu heiraten. Selbst wenn er eine gesunde Schwester auswählt (was am wahrscheinlichsten ist), stehen die Chancen noch drei zu zwei, daß sie ebenfalls Träger ist. Ist sie das nicht (eine Wahrscheinlichkeit von eins zu drei), dann werden zwar alle Nachkommen gesund, aber die Hälfte wird Merkmalsträger sein. Wenn sie ein Träger ist (eine Wahrscheinlichkeit von zwei zu drei), wird ein Viertel der Nachkommen gesund, die Hälfte Merkmalsträger sein und ein Viertel wird die Krankheit haben.

In den meisten Gesellschaften werden Geschwisterehen mit Mißfallen betrachtet und sind daher selten. Doch in anderen oder Teilbereichen von Gesellschaften werden Ehen zwischen nahen Verwandten sogar aufgezwungen (weil die Bevölkerung in einer isolierten Siedlung lebt) oder gefördert (beispielsweise in aristokratischen Kreisen, die nicht möchten, daß ihre Linien mit dem «Blut» der Allgemeinbevölkerung verdorben werden). In solchen Gesellschaften können Störungen, die auf einzelnen Genen beruhen, ausgesprochen häufig sein. Bluterkrankheit, Schizophrenie und Porphyrie zählen zu den eindeutig erblichen Krankheiten, woran bekanntermaßen verschiedene europäische Königshäuser litten.

Wie bereits erwähnt, gibt es unendlich viele Abstufungen nachteiliger Auswirkungen. Offen zutage tretende Krankheiten sind nur das Extrem. Bei Tieren ist Unfruchtbarkeit eine häufige Folge übermäßiger Inzucht. Wie ich später noch ausführen werde, ist es heute möglich, die Struktur von Genen direkt zu betrachten, und somit festzustellen, ob und in welchem Ausmaß ein Individuum homozygot, also ingezüchtet ist. Derartige Untersuchungen ergaben, daß insbesondere Geparden außerordentlich homozygot sind. Alle Geparden Afrikas gleichen sich genetisch in hohem Maße. Das läßt sich folgendermaßen erklären (wir wissen nicht, ob die Erklärung stimmt, aber es ist die einzig sinnvolle): Irgendwann in der Vergangenheit muß die Population der Geparden nur sehr klein gewesen sein, so daß alle heutigen Individuen Abkömmlinge nur weniger Tiere sind. Mit anderen Worten, die Geparden passierten in der Vergangenheit einen genetischen Flaschenhals (so der Fachausdruck). Letztlich sind also alle heutigen Geparden relativ stark von Inzucht betroffen, selbst wenn sie in der Natur leben und sich nach dem Zufallsprinzip verpaaren. Besonders männliche Geparden sind bemerkenswert oft unfruchtbar – eine Tatsache, die Zuchtprogramme in Menschenobhut außerordentlich kompliziert. Wäre mangelnde Fruchtbarkeit mit fehlender Paarungsbereitschaft oder speziellen persönlichen Eigenschaften korreliert, dann wäre das wahrscheinlich weniger schwerwiegend. Bei einigen Arten (beispielsweise den Gorillas) ist es jedoch schon häufig passiert, daß das dominante und sich am häufigsten paarende Männchen steril war. Derartige Probleme fordern unser züchterisches Geschick heraus.

Man mag natürlich einwenden: Gewiß, Geparden sind ingezüchtet, aber sie existieren. Alle Goldhamster der Welt sind Nachkommen des einzigen je gefundenen Weibchens. Hausrinder und Haushunde mögen in hohem Maße ingezüchtet sein – überdies absichtlich, um sie einheitlich zu halten; und Labormäuse sind sogar *extrem* ingezüchtet. Dazu zwei Bemerkungen. Erstens stellt sich trotz der gerade vorgebrachten Einwände bei näherer Betrachtung heraus, daß die meisten von Inzucht betroffenen Tiere tatsächlich weniger ingezüchtet sind, als es zunächst scheint. Selbst über viele Generationen eifrig ingezüchtete Labormäuse haben sich hinsichtlich der Einzelheiten ihrer biochemischen Eigenarten als unerfreulich variabel erwiesen. Das trächtige Goldhamsterweibchen, von dem die spätere Linie ausging, war selbst in hohem Maße heterozygot – belegt durch die Tatsache, daß seine Nachkommen in der Tat recht stark variieren.

Zweitens – und noch wichtiger: Die existierenden ingezüchteten Linien sind die Begünstigten. Schließlich ist es zumindest theoretisch möglich, daß ein Tier überhaupt keine signifikant nachteiligen Allele besitzt. Wie erwähnt sind Menschen im Durchschnitt Träger von sechs stark nachteiligen Genen. Statistisch gesehen muß es auch einige ohne solche Allele geben. Würde man diese Individuen auswählen und verpaaren, könnten sie voraussichtlich Dynastien hervorbringen, die zwar in hohem Maße ingezüchtet, aber gesund wären. Bekanntlich kommen auf jeden erfolgreichen Stamm von

Labormäusen Hunderte von Fehlschlägen: Linien, die sich ein paar Generationen lang vermehren und dann aufgrund von Unfruchtbarkeit oder offen zutage tretenden Krankheiten erlöschen. Die Geschichte der Landwirtschaft zeigt, wie oft man genötigt war, die Tierbestände durch Einkreuzen nicht verwandter Stämme, die vielleicht sogar aus dem Ausland geholt wurden, neu zu beleben. Niemand wäre überrascht gewesen, wenn die Goldhamster nach ein paar Generationen ausgestorben wären. Die wildlebenden Geparden haben ihren genetischen Flaschenhals augenscheinlich überlebt. Wir wissen nicht, wie viele andere Geschöpfe es nicht schafften, derartige Engpässe zu durchqueren.

Inzucht muß also vermieden werden. In der Tat sprechen Genetiker gewöhnlich von *Inzuchtdepression* und bezeichnen damit den allgemeinen Mangel an Fitneß, der sich aus der Inzucht ergibt. Dazu zählt alles von einem leichten Verlust an Konkurrenzfähigkeit bis hin zu offen zutage tretenden Krankheiten. Kennen Genetiker die Abstammung jedes Tieres einer Zuchtpopulation und wissen sie, wer wen gezeugt oder geboren hat, können sie den Grad an Inzucht feststellen, der in dieser Population aufgetreten sein muß, und dies mit einem genauen mathematischen Maß, den *Inzuchtkoeffizienten,* ausdrücken. Ein Inzuchtkoeffizient von Null entspricht keiner Inzucht, ein Inzuchtkoeffizient von 1,0 hingegen bedeutet vollständige Homozygotie. Natürlich lautet die allgemeine Zielsetzung, den Inzuchtkoeffizienten so niedrig wie möglich zu halten; und da er sich in Zahlen ausdrücken läßt, kann man auch die Zuchtstrategien genauestens ausarbeiten, die ihn niedrig halten.

Wenn sich im Gegensatz dazu zwei solche Tiere desselben allgemeinen Typus verpaaren, die extrem heterozygote Nachkommen hervorbringen, sind diese manchmal besonders vital. Darwin bemerkte dies und sprach vom «Luxurieren der Bastarde» (*hybrid vigour*, Heterosiseffekt). Ich betone jedoch das «manchmal»; denn die Nachkommen genetisch unterschiedlicher Typen sind nicht immer besonders begünstigt (Hybridisierung kann zweifellos auch übertrieben werden), obgleich sie natürlich von der Heterozygotie profitieren. Derartige Bastarde sind auch nicht immer so vital, wie sie scheinen. Maultiere oder Maulesel zum Beispiel, Mischlinge von Pferd und Esel, sind insofern äußerst «vital», als sie eine erstaunliche Ausdauer haben und mit dürftiger Ernährung zurechtkommen. Doch sie sind auch unfruchtbar, was natürlich bedeutet, daß sie die ihnen eigene, besondere Form der Vitalität nicht vererben können.

Das Herabsetzen der Inzucht auf ein Minimum (und die Verringerung des Inzuchtkoeffizienten) ist jedoch nur ein Teil dessen, was erforderlich ist. Der andere Teil besteht darin, die genetische Vielfalt innerhalb jeder Population maximal zu steigern.

Genetische Vielfalt

Was bedeutet zunächst einmal «genetische Vielfalt»? Letztendlich ist das ein ungewöhnlicher Begriff. Wir sprechen von der genetischen Vielfalt innerhalb einer Zuchtpopulation. Doch Tiere derselben Zuchtpopulation sind alle gleich, und gleiche Tiere haben dieselben Gene. Oder etwa nicht? In Wirklichkeit natürlich nicht. Tiere derselben Zuchtpopulation haben aber dieselbe Chromosomenzahl und -ausstattung. (Tatsächlich haben bei Säugetieren, Vögeln und vielen anderen Tiergruppen die Weibchen eine vom Männchen verschiedene Chromosomenausstattung. Aber die Unterschiede sind stets gleich, so daß die Verallgemeinerung, gleiche Tiere haben dieselben Chromosomen, genügt.) In der Praxis weist auch jedes Chromosom eines jeden Individuums dieselbe Anzahl von Genorten auf wie jedes entsprechende Chromosom aller anderen Individuen.

Aber jedes Gen eines jeden Genortes kann es in einer oder mehreren Versionen – Allelen – geben. Somit werden zwei Individuen derselben, sich geschlechtlich fortpflanzenden Zuchtpopulation zwar dieselbe Anzahl und Anordnung von Genorten aufweisen (abgesehen von den geschlechtsspezifischen Abweichungen); doch, sofern sie nicht eineiige Zwillinge sind, werden sie mit unterschiedlichen Allelen ausgestattet sein. Sicherlich liegen in jeder Population einige Gene nur in einer Form (in einem Allel) vor. Solche Allele bezeichnet man als *fixiert*. Andere Gene jedoch – besonders jene, die an der Resistenz gegen Krankheiten beteiligt sind – können in verschiedensten Formen existieren. Derartige Allele bezeichnet man als hochgradig *polymorph*. Die Gesamtheit der Allele innerhalb einer Zuchtpopulation nennt man *Genpool*. Mit «genetischer Vielfalt» beschreibt man das Ausmaß an Variabilität innerhalb des Genpools.

Nun erkennen wir den wirklichen Zusammenhang zwischen den Ideen Mendels und Darwins. Als man Mendels Ideen anfangs des 20. Jahrhunderts wiederentdeckte, dachte man, sie seien mit jenen Darwins nicht vereinbar. Schließlich schien Darwins Theorie von der Evolution durch natürliche Auslese allmählichen Wandel zu erfordern. Mendels Gene riefen jedoch scheinbar plötzliche Veränderungen nach dem Alles-oder-nichts-Prinzip hervor. Eine Zeitlang lag sich die zunehmende Schar der Genetiker mit den Anhängern Darwins in den Haaren. Daß die beiden Ansichten dennoch miteinander vereinbar sind, wurde offenbar, als sich die wirkliche Komplexität der Genetik enthüllte. Wenn ein Merkmal polygenisch ist (was gewöhnlich zutrifft), und wenn sich die meisten Mutationen kaum auswirken (was ebenfalls zutrifft), sind allmähliche Veränderungen sicherlich möglich.

Doch die endgültige Verschmelzung der beiden Ansichten – die Julian Huxley «die moderne Synthese» nannte – erfolgte erst in den vierziger Jahren.[2] Von da an pflegten die Biologen natürliche Selektion als Abweichung in der Zusammensetzung des Genpools zu betrachten. Wenn also irgendein Individuum in einer Population ein Allel besitzt, das ihm einen Vorteil verschafft, wird es wahrscheinlich mehr Nachkommen hinterlassen als eines ohne dieses Allel. Diese Nachkommen selbst können wieder das vorteilhafte Allel tragen. Tierpopulationen wachsen jedoch nicht unendlich; und wenn die Population stabil bleibt, werden die Individuen mit diesem Allel sich auf Kosten derer ausbreiten, die es nicht besitzen. Dadurch wird das vorteilhafte Allel häufiger, während weniger vorteilhafte Allele des betreffenden Gens seltener werden. So verändert die natürliche Auslese die Zusammensetzung des Genpools. Diese Sichtweise evolutionärer Veränderungen, eine Kombination von Mendels Vorstellungen mit denen Darwins, nennt man Neodarwinismus. Er ist die dominierende Form modernen evolutionären Denkens.

Dies ist jedoch noch nicht alles, was wir vom Neodarwinismus wissen müssen; denn die natürliche Selektion ist (wie Darwin selbst erkannte) nicht die einzige Ursache stammesgeschichtlicher Veränderungen. Zeit und Zufall spielen ebenfalls eine große Rolle. Beispielsweise kommen in einem Genpool mit der Zeit neue Allele hinzu – die Vielfalt wächst, weil neue Mutationen auftreten. Wie wir bereits erörtert haben, kann die natürliche Selektion fraglos bewirken, daß die

Häufigkeit einer Neumutation zunimmt. Sie kann sie aber auch verringern. Die Mutation könnte sich auch nur schwach auswirken (zunächst!), und das neue Allel könnte rezessiv sein; in diesem Fall wäre die neue Mutante bedeutungslos. Sie würde zwar zur Vielfalt beitragen, aber das Leben der Tiere nicht signifikant beeinflussen. In der Zukunft könnte sich eine solche Mutante jedoch irgendwann als vorteilhaft (oder nachteilig) herausstellen und zum Ziel natürlicher Auslese werden. Doch die anfängliche Veränderung, auf welche dann die natürliche Selektion einwirkt und die sie unbedingt braucht, um etwas hervorzubringen, tritt zufällig auf.

Des weiteren verlieren Genpools Allele durch die *Gendrift*. Dies geschieht hauptsächlich auf zwei Wegen. Erstens wird jedes seltene Allel nur von wenigen Individuen getragen – oder sogar letztendlich nur von einem. Stirbt ein solches Individuum, bevor es sich fortpflanzt, dann geht mit ihm auch das seltene Allel verloren. Es gibt aber noch eine häufigere Form des genetischen Verlusts. Wie wir gesehen haben, vererbt jedes Tier nur die Hälfte seines Genoms an jedes seiner Nachkommen. Sofern ein Tier nicht eine große Zahl von Nachkommen hat, wie beispielsweise eine Fliege, wird es wahrscheinlich zumindest einige seiner Allele nicht an seine Nachkommen weitergeben. Somit tritt in jeder Generation ein Verlust an Allelen auf, außer wenn die Population extrem groß ist oder keine seltenen Allele besitzt. Nur in solchen Populationen besteht eine echte Chance, daß jedes Allel weitergegeben wird. Und nur sie kann man daher als wirklich «lebensfähig» betrachten. Jene, die weiterhin durch Gendrift Allele verlieren, werden vielleicht bald selbst verloren sein.

In einer typischen Wildpopulation kommt es also nach Ansicht der Neodarwinisten zu einer ständigen Erweiterung des Genpools aufgrund von Mutationen und zu einer stetigen Verringerung aufgrund der beiden Hauptformen der Gendrift. (Man beachte, daß wir hier von einer Erweiterung oder Verringerung des Genpools, nicht unbedingt der Population selbst, sprechen. Der Genpool kann sich ohne Zunahme der Individuenzahl erweitern, wenn sich der Anteil heterozygoter Individuen erhöht und umgekehrt.) Doch über diesem Auf und Ab der Allele innerhalb des Genpools steht die natürliche Selektion. Sie beseitigt die weniger vorteilhaften Gene und schafft so Platz für die Entfaltung der vorteilhafteren. Alles in allem scheint diese allgemeine Vorstellung die Vorgänge in der Natur recht gut zu erklä-

ren und uns eine gute theoretische Ausgangsbasis zu schaffen, auf der
wir Zuchtstrategien aufbauen können.

Warum aber ist genetische Vielfalt wünschenswert? Was macht es,
wenn alle Tiere einheitlich sind? Die Antworten sind naheliegend, es
lohnt sich jedoch, sie durchzusprechen. Erstens: Wenn alle Individuen genetisch identisch sind, werden sie auch in ihren Fähigkeiten
und Anpassungen identisch (oder äußerst ähnlich) sein. Ist ein Individuum besonders empfindlich gegen Trockenheit, dann werden alle
anfällig gegen Trockenheit sein, und beim Ausbleiben von Nieder-
schlägen werden alle sterben. Noch wichtiger ist, daß ein Stamm von
Krankheitserregern, durch den irgendein Individuum umkommt,
allen Individuen den Tod bringen kann. Die ausgesprochen einheit-
lichen Geparden sind auch besonders anfällig gegenüber Seuchen.

Zum zweiten haben wir gesehen, daß natürliche Selektion im großen und ganzen eine zerstörerische Kraft ist. Sie schafft keine nütz-
lichen Veränderungen; sie trifft nur eine Auslese unter den vorhandenen Varianten und beseitigt jene, die am wenigsten Vorteile bringen.
Die natürliche Selektion kann selbstverständlich nicht in Kraft treten,
solange es keine Varianten gibt, auf die sie einwirken könnte – und in
der Regel gilt: je größer die Auswahl, desto besser. Die natürliche
Auslese ist zwar nicht die einzige evolutionäre Kraft – Zeit und Zufall
spielen ebenfalls eine große Rolle –, doch sie ist die einzige bekannte
Kraft, die zu *adaptiven* Veränderungen führt. Ohne anfängliche Variabilität können sich also Abstammungslinien nicht immer wieder an
ihre sich ständig verändernde Umwelt anpassen, wie sie es all die Millionen Jahre in der Vergangenheit getan haben. Schreitet die Gendrift
rasch voran, können sie das nicht. Denn solche Populationen verlieren wertvolle Anpassungen, was ihr Aussterben beschleunigt.

Schließlich besteht in Tierpopulationen ein enger Zusammenhang
zwischen der Variabilität innerhalb des gesamten Genpools und dem
Ausmaß der Homozygotie bei jedem Individuum. Ein unverhältnismäßig hoher Anteil homozygoter Allele ist, wie wir gesehen haben,
die Ursache von Inzuchtdepression. Gefühlsmäßig betrachtet sind die
Gründe offensichtlich. Besitzen alle Tiere der Population dieselben
Allele, muß jeder Nachkomme von seinem Vater und seiner Mutter
dieselben Allele erhalten. Ein variantenreicher Genpool ist somit gewöhnlich eines der besten Gegenmittel gegen Homozygotie der Individuen.

Um ganz genau zu sein: Es kommt vor, daß das Ausmaß der Homo-zygotie unter den Individuen nicht unbedingt mit dem Umfang der genetischen Vielfalt in der Gesamtpopulation zusammenhängt. Bei-spielsweise ist Weizen von Natur aus ingezüchtet: Die Pollenkörner befruchten im allgemeinen die Eizellen derselben Pflanze. Daher sind einzelne Weizenpflanzen, sogar in der Natur, extrem homozygot. Man findet also in einer Weizenpopulation nichtverwandte Indivi-duen, die sich alle durch Inzucht fortpflanzen. Somit ist jedes Indivi-duum homozygot, aber die Population insgesamt kann vielfältig sein. Im Gegensatz dazu kreuzen Pflanzenzüchter oft hochgradig homozy-gote (und einheitliche) Linien solcher Pflanzen wie Mais mit stark ingezüchteten Linien einer nichtverwandten Rasse. Die einzelnen Nachkommen einer solchen Kreuzung sind alle stark heterozygot. Da sie jedoch alle Nachkommen ausgesprochen einheitlicher Eltern sind, bilden sie ebenfalls eine außerordentlich einheitliche Gruppe. Derar-tige Pflanzen sind die heute bei Gärtnern sehr beliebten sogenannten «F1-Hybride» (F1 bedeutet «erste Generation»).

Sogar bei Tieren finden wir hochgradig heterozygote Populationen, die einheitlich sind: Beispielsweise die Nachkommen von Holsteiner Kühen und Hereford-Bullen, wie man sie in Großbritannien in der Regel als Fleischlieferanten züchtet. In Wildpopulationen gibt es je-doch keine die Verpaarungen kontrollierenden Bauern, und Tiere pflanzen sich gewöhnlich nicht wie Weizen durch Inzucht fort. In Wildpopulationen, in denen Männchen und Weibchen (gewöhnlich) zu vermeiden suchen, sich mit nahen Verwandten zu verpaaren, sind demnach das Ausmaß der Heterozygotie unter den Individuen und der Umfang der Vielfalt im gesamten Genpool eng korreliert.

Nach all dem über genetische Vielfalt und Inzucht Gesagten wird unsere anfängliche Behauptung verständlich, große Zahlen erhöhten die Überlebenschancen erheblich. Beispielsweise kann jedes Tier nur zwei Allele jedes Gens tragen: eines auf dem mütterlichen Chromo-som und eines auf dem entsprechenden väterlichen. Zwei heterozy-gote, nicht miteinander verwandte Tiere könnten höchstens vier Al-lele desselben Gens aufweisen. Natürlich ist es aber sehr unwahr-scheinlich, daß zwei Individuen wirklich vier Allele von mehr als ein paar Genen besitzen. Soll eine Population wirklich mit einer ausrei-chenden Vielfalt von Allelen eines hohen Anteils ihrer Gene ausge-stattet sein, dann muß sie sehr viele Individuen umfassen.

Außerdem erkennen wir, daß sich die Probleme vervielfachen, wenn Populationen schrumpfen. Selbst solche, in denen scheinbar noch eine beträchtliche Anzahl von Individuen vorhanden ist, geraten manchmal schon ins Schlingern. Besitzen zum Beispiel drei Individuen ein bestimmtes seltenes Allel, und eines davon gibt dieses Allel nicht weiter – dann ist das zwar eine Abnahme, aber das seltene Allel bleibt dennoch erhalten und kann sich in den folgenden Generationen durchsetzen. Trägt jedoch nur ein Individuum dieses Allel und gibt es nicht weiter, verschwindet es für immer. Aus diesem Grund beeinflußt die Gendrift besonders kleine Populationen. Inselpopulationen, die unvermittelt vom Festland abgeschnitten werden, können sich in wenigen Jahren allein unter ihrem Einfluß auffallend verändern.

Da die Drift den Genpool verarmen läßt, werden die Tiere verständlicherweise immer einheitlicher. Die Homozygotie nimmt also zu. Zusätzlich ist es in kleinen Populationen wahrscheinlich, daß sich nur wenige Weibchen fortpflanzen. Somit sind sehr viele Tiere der nachfolgenden Generationen Geschwister, und die Homozygotie nimmt noch weiter zu.

Wird die Population ganz klein, könnte der demographische Zufall zu wirken beginnen. Plötzlich könnten wir Generationen antreffen, bei denen alle Tiere das gleiche Geschlecht haben. Oder wir finden nur ein oder zwei Weibchen, die sich fortpflanzen. Jetzt ergeben sich wirklich beträchtliche Inzuchtprobleme. Wenn die übriggebliebenen Tiere nicht bereits durch Zufälle ausgelöscht werden, schwinden sie infolge von Inzuchtdepression dahin, die sich als Unfruchtbarkeit ausdrückt. Es sei denn, sie hätten wirklich sehr viel Glück – wie der Gepard.

Die Platznot in den Zoos ist derart groß, daß wir nicht hoffen können, genügend Individuen jeder Art zu erhalten, um es der natürlichen Selektion zu ermöglichen, weiterhin wie in der Vergangenheit zu wirken. Das Beste, was wir erhoffen können, ist, daß Zoos nur vorübergehend als «Zwischenlager» dienen. Das unmittelbare Ziel ist die Erhaltung ausreichender Vielfalt, um Inzuchtdepression zu vermeiden. Die langfristige Zielsetzung lautet, so viel Variabilität zu erhalten, daß zumindest einige Individuen durchkommen, hat man die Tiere erst einmal in die Natur zurückgebracht. Ohne Frage ist dann die anfängliche Auslese der nicht gut angepaßten Individuen in der Natur eine Art natürlicher Selektion. Jedoch wird kurzfristig nicht genügend Vielfalt vorhanden sein, um nach der anfänglichen Auslese weitere Anpassungen zu ermöglichen. In der Natur wird zeitweilig nur das Vorhandene überleben. Steigen die Zahlen jedoch wieder auf Tausende und Zehntausende an, wird die natürliche Selektion tatsächlich wieder beginnen, die Abstammungslinie an die Erfordernisse der Umwelt anzugleichen.

Doch selbst ein «Zwischenlager» zu errichten ist nicht einfach. Zoos können nicht jede Art in großer Zahl halten, ganz gleich, wie sehr sie auch zusammenarbeiten. Die gegenwärtige Forderung lautet also, soviel genetische Vielfalt wie möglich in Populationen zu bewahren, die zweifellos kleiner sind, als es ideal wäre. Das ist ein Aspekt dessen, was man gemeinhin als Management kleiner Populationen bezeichnet. Die Erhaltung genetischer Vielfalt und das Vermeiden von Inzucht in kleinen Populationen erfordern gemeinsame Zuchtstrategien. Dies müssen wir nun erläutern.

Die Erhaltung der Vielfalt: das Ziel

Bisher haben wir sehr stark verallgemeinert. Zuchtpopulationen sollten «so groß wie möglich» sein. Generell sind 500 Individuen jeder Art ein guter Richtwert. Doch in Zoologischen Gärten ist Raum sehr gefragt. Züchten die Artenschützer in den Zoos von einer bestimmten Art mehr als dringend erforderlich, werden sie dafür zweifellos eine andere vernachlässigen. Doch wenn sie von einer Art zu wenige züchten, werden ihre Bemühungen umsonst sein, da Inzucht und Aussterben unausweichlich erscheinen. Daher ist es wichtig, die Zahlen einzuzäunen.

Selbstverständlich läßt sich auch ein gewisser Verlust an genetischer Vielfalt in jeder Generation nicht vermeiden, ganz einfach deshalb, weil jedes sich fortpflanzende Tier an jedes seiner Nachkommen nur die Hälfte seiner Gene weitergibt. Um diesen Verlust wirklich zu vermeiden, müssen Populationen weitaus größer sein, als es realistisch ist. Wiederum müssen die Züchter im Zoo auf Ideale verzichten und sich auf erreichbare Ziele einigen.

Da bei der Fortpflanzung Gene verlorengehen, nimmt der Gesamtanteil verschwundener Allele mit jeder Generation zu. Wie ich in

Kapitel 1 erwähnte, wäre es ideal, die Populationen für 500 bis 1000 Jahre in einem lebensfähigen Zustand unter unserer Obhut zu erhalten, denn erst dann wird (vielleicht) wieder entsprechender Lebensraum in der Natur zur Verfügung stehen. Es ist jedoch sehr viel schwieriger, die genetische Vielfalt für 500 Jahre zu bewahren – was für manche Tiere 500 Generationen bedeuten könnte, somit auch 500 Gelegenheiten, Gene zu verlieren – als für kürzere Zeit. Erneut scheint es ratsam, ein realistischeres Ziel zu finden. Daher haben Erhaltungszüchter wie Dr. Tom Foose, Artenschutzkoordinator der American Association of Zoological Parks and Aquaria, solche vereinbart und konnten davon ausgehend hochrechnen, wie viele Individuen jeder Tierart man halten muß, um diese Ziele zu erreichen.[3]

Zunächst zeigten sie mit Hilfe von genetischen Theorien und Computermodellen, daß es sehr viel einfacher ist, 90 Prozent der derzeitigen genetischen Vielfalt zu erhalten als 100 Prozent. 90 Prozent sind eine ganze Menge; sie sollten ausreichen, um lebensfähige Populationen zu erhalten. Zweitens haben Biologen erkannt, daß einige neue Technologien – das Einfrieren von Keimzellen und Embryonen und der Embryonentransfer – sich rasch entwickeln und daß diese – bei richtiger Anwendung – viele der Probleme lösen können, denn sie ermöglichen uns, Gene «auf Eis zu legen», ohne die ganzen und kostspieligen Tiere zu erhalten. In 200 Jahren, so denken die Wissenschaftler, sollten diese Techniken schon sehr weit fortgeschritten sein.

Diese beiden Überlegungen haben zur Festsetzung des Zieles geführt, dem heute die meisten Artenschützer in den Zoos zustimmen: 90 Prozent der gegenwärtigen genetischen Vielfalt für 200 Jahre zu erhalten. Wie aber läßt sich dieses Ziel erreichen?

Das Mittel zur Vielfalt: die Gründer

Zunächst können die Züchter nur jene Gene erhalten, zu denen sie Zugang haben, jene der *Gründer* ihrer Zoopopulation. Daraus folgt grundsätzlich, Populationen in Menschenobhut sollten von so vielen Gründern wie möglich ausgehen. Selbstverständlich sollte jeder dieser Gründer so heterozygot wie möglich und keiner mit dem anderen verwandt sein. Auf diese Weise wäre der Genpool so groß, wie es unter den jeweiligen Bedingungen nur möglich ist.

In der Praxis kann es vorkommen, daß zwei Individuen (Männchen und Weibchen), die aus verschiedenen Bereichen ihres natürlichen Verbreitungsgebiets stammen, so daß sie wahrscheinlich nicht miteinander verwandt sind, mehr als 75 Prozent des vollständigen, in der Gesamtpopulation vorkommenden Spektrums an Allelen aufweisen. Das ist mehr, als man vielleicht erwartet. Aber 75 Prozent erhält man nur mit einem idealen Paar, und sie bleiben immer noch hinter den gewünschten 90 Prozent zurück. Der Theorie zufolge benötigt man, um 90 Prozent der Vielfalt einer Population einzubeziehen, zumindest sechs nicht miteinander verwandte Individuen. Sechs mag als ermutigend niedrige Zahl erscheinen, doch gewöhnlich treten dennoch Schwierigkeiten auf. Am dringendsten erforderlich ist es, ein Zuchtprogramm in Menschenobhut zu starten, wenn Wildpopulationen bereits selten sind. Doch in einer solchen Situation ist es eine schwere Entscheidung, auch nur sechs Individuen aus der Natur zu entfernen – insbesondere sechs junge, gesunde Tiere aus verschiedenen Teilen des Verbreitungsgebiets. Das würde die Wildpopulation sicher noch weiter gefährden. Außerdem ist es bei vielen Tierarten nicht mehr möglich, freilebende Tiere legal einzufangen. Daher stützen sich Zuchtprogramme in Menschenobhut in der Regel auf Gründertiere, die bereits in Zoos leben. Ein Problem ist hierbei, daß man die Herkunft von Zootieren manchmal nicht kennt (weil einige Zoos in der Vergangenheit nur ungenügende Aufzeichnungen machten). Zweifellos sind jedoch viele Zootiere nahe miteinander verwandt – entweder, weil sie im selben Zoo von denselben Eltern geboren wurden, oder weil sie ursprünglich alle einem einzigen in Freiheit gezeugten Wurf entstammten.

Da die Zucht in Menschenobhut Fortschritte macht und Wildpopulationen zunehmend gefährdet sind, neigen die Artenschützer in den Zoologischen Gärten immer mehr dazu, Zuchtprogramme bereits dann zu starten, wenn die Bestände in der Natur noch nicht auf ein verhängnisvolles Niveau zurückgegangen sind. So gestaltet es sich einfacher, mit einer vernünftigen Zahl von Gründertieren zu beginnen. Bisweilen aber ist eine Wildpopulation so stark gefährdet und so selten, daß die einzig sinnvolle Entscheidung darin besteht, sie ganz und gar in Menschenobhut zu nehmen. Wie ich im nächsten Kapitel ausführen werde, hat man dies in Nordamerika mit dem Kalifornischen Kondor, dem Rotwolf und dem Schwarzfußiltis getan. Generell sind jedoch – und auch das werden wir im nächsten Kapitel sehen – verschiedene Zoopopulationen unterschiedlich stark gefährdet. Einige erreichen leicht das Ziel von sechs nicht miteinander verwandten Gründertieren, andere nicht.

Wie viele Gründer es aber auch geben mag, ihr Einfluß hält für viele Generationen an. Somit wird die Individuenzahl einer Population in der Obhut des Menschen letztlich vom verfügbaren Platz abhängen. Angenommen, die letzten Endes durch die kooperierenden Zoos erreichte Population beträgt 200 Tiere. Ging die Population von vier Gründertieren aus, werden die Gene dieser 200 Tiere nur von diesen vier Tieren stammen. Begann sie jedoch mit sechs, wird sie Gene von sechs Tieren umfassen – das sollte eine größere Zahl von Allelen bedeuten, sofern die ursprünglichen Gründer selbst nicht ingezüchtet waren. Im Laufe der Generationen werden einige Gene durch Gendrift verlorengehen, auch wenn die Individuenzahl bei 200 bleibt. Doch die Population mit den sechs Gründertieren sollte in jeder Generation eine größere genetische Vielfalt aufweisen als jene, die von vier Tieren ausging. Wäre die aus den vier Tieren hervorgegangene Population anfangs bis auf 500 Tiere angewachsen, so würde sie natürlich pro Generation eine kleinere Zahl von Allelen verlieren. Somit könnte eine aus vier Gründertieren hervorgegangene Population von 500 Tieren letztlich ebensoviel genetische Vielfalt aufweisen wie eine Population mit 200, die auf sechs Tiere zurückgeht. Wenn jedoch alle anderen Parameter gleich bleiben – gleich große Populationen nach gleich vielen Generationen –, wird die Population aus den sechs Gründertieren für sehr lange Zeit vielfältiger bleiben.

Rasche Vermehrung

Wie wir gesehen haben, ließ Noahs Vorgehen zur Erhaltung von Arten viel zu wünschen übrig. Aber Gott unterbreitete einen ausgezeichneten Rat. Als die Tiere die Arche verließen, bat er sie, «daß sie sich regen auf Erden und fruchtbar seien und sich mehren auf Erden» (1. Mose 8, 17). Gewiß! Beginnt man nur mit wenigen Gründern (wie es unvermeidlich erscheint), ist es wichtig, daß sich jeder kurzfristig sooft wie möglich fortpflanzt. Das ist bei weitem die beste Möglichkeit zu sichern, daß so viele Allele der Gründertiere wie möglich weitervererbt werden. Hierbei könnte die moderne Technik des Embryonentransfers besonders nützlich werden (siehe auch Kapitel 6). Bei einer seltenen Antilope ließe sich zum Beispiel durch Behandlung mit geeigneten Hormonen eine Superovulation auslösen, und die daraus resultierenden Embryonen (nach Befruchtung *in vitro*) könnte man in die Gebärmutter irgendeiner häufigeren, verwandten Art einpflanzen. Erst wenn reichlich Tiere der zweiten Generation vorhanden sind, darf der Erhaltungszüchter aufatmen.

Angleichung

Mit wie vielen Gründertieren man auch beginnt, sie sind völlig nutzlos, solange sie nicht züchten. Will man die größtmögliche Vielfalt in seiner Zuchtpopulation erhalten, sollte man versuchen zu gewährleisten, daß wirklich jedes der züchtenden Tiere die gleiche Zahl von Nachkommen hervorbringt. Das läßt sich eindeutig mathematisch nachweisen; aber auch vom Gefühl her ist es naheliegend.

Das ist jedoch leichter gesagt als getan. Manche Individuen sind von Natur aus fruchtbarer als andere. Einige lassen sich besser in Menschenobhut halten als ihre Artgenossen. Manche finden Gefallen an den Geschlechtspartnern, die man für sie ausgewählt hat, andere nicht. Aus diesen und einem Dutzend weiteren Gründen werden einige Gründertiere die anderen höchstwahrscheinlich in ihrem Fortpflanzungserfolg übertreffen; außerdem ist es immer möglich, daß sich der eine oder andere Gründer ganz einfach als unfruchtbar erweist. Wie wir in Kapitel 5 sehen werden, traf beides bei der Zucht der Arabischen Oryx zu. Eines der allerersten Gründertiere war unfruchtbar. Einige wenige der fruchtbaren Gründertiere übertrafen die übrigen in ihrem Fortpflanzungserfolg bei weitem. Und so weiter. Eines der Probleme lag darin, daß das Zuchtprogramm für die Arabische Oryx begann, bevor die modernen Theorien aufgestellt waren; Theorien, die deutlich zeigen, wie wichtig eine gleichmäßige Nachzucht der verschiedenen Individuen ist.

Die Angleichung der Nachkommenschaften muß man das gesamte Zuchtprogramm hindurch fortführen – nicht nur in der ersten Generation. Für die Praxis bedeutet dies, daß Familien in ihrer Größe angeglichen werden sollten. Hat beispielsweise ein Muttertier fünf

Junge und ein anderes zwei, dann sollte man mit beiden Jungtieren der zweiten Mutter, aber nur mit zweien der ersten Mutter weiterzüchten. Sind die Gründe erst einmal dargelegt, erscheint auch dies als naheliegender Kunstgriff. Tatsächlich läßt sich mathematisch nachweisen: Die Angleichung der Familiengröße ist die wichtigste aller Möglichkeiten zur Erhaltung der genetischen Vielfalt in einer begrenzten Population. In den frühen Tagen der Zoozucht war dies jedoch alles andere als selbstverständlich. Statt dessen schien es weitaus sinnvoller (und auch viel einfacher), hauptsächlich mit den Jungtieren der fruchtbareren Tiere weiterzuzüchten. Schließlich waren das die Linien, die in Menschenobhut «gut gediehen». Wie wir noch sehen werden, ging man so in den frühen Jahren bei den Przewalskipferden vor – eine der ersten Arten, die man speziell zur Arterhaltung in Menschenobhut züchtete. Die fruchtbarsten Hengste – die «erprobten Zuchttiere» – wurden besonders bevorzugt. Das schien zu jener Zeit sinnvoll.

Wenn manche Tiere zu fruchtbar sind und es entsprechende Technologien gibt, kann man ihnen Verhütungsmittel verabreichen. Entschließt sich ein Züchter, ein bestimmtes Tier wirklich überhaupt nicht zur Zucht zu verwenden – weil seine genetisch ähnlichen Geschwister bereits züchten –, dann steht er vor einigen schwierigen Entscheidungen. Hält er das überzählige Tier weiterhin, dann braucht er dazu Platz, den er für Individuen nutzen könnte, die mehr genetische Vielfalt einbringen würden (oder den er auch einer anderen Art zur Verfügung stellen könnte). In manchen Fällen besteht die Lösung darin, ein solches «überzähliges» Tier in die Natur zurückzubringen; obgleich Wiedereinbürgerungen ein hohes Maß an Organisation verlangen und man die Natur nicht als «Schuttabladeplatz» benutzen sollte. Eine andere Möglichkeit ist, das genetisch überzählige Tier einem anderen Zoo zu schenken, der die Art zu Lehrzwecken halten, sie aber nicht züchten möchte. Als letzte Lösung, die sich oft nicht vermeiden läßt, bleibt das Töten des überzähligen Tieres.

Diese letzte Lösung hat natürlich einen herben Beigeschmack und läßt sich nur durch die moralische Verallgemeinerung billigen, die ich in Kapitel 1 andeutete: daß wir nicht immer nur Gutes tun können, sondern uns oft für das kleinere Übel entscheiden müssen. In diesem Fall ist es besser, man versucht, die Art durch die Erhaltung einer lebensfähigen Population zu bewahren, als jedes einzelne Individuum am Leben zu lassen, das zufällig geboren wird. Schließlich ist eine Art keine zoologische Abstraktion. Sie ist eine Ansammlung von Individuen – womöglich einigen Millionen –, die sich vielleicht in den kommenden tausend Jahren weiterhin fruchtbar vermehrt, vorausgesetzt, wir bewahren sie während der nächsten Generationen vor dem Aussterben.

Einige der anderen Lösungen zur Einschränkung überzähliger Zuchten sind weniger furchtbar als vielmehr grotesk – zumindest auf den ersten Blick. Es scheint ungewöhnlich, ein Tier einer seltenen Art mit Kontrazeptiva zu behandeln, um es von der Fortpflanzung abzuhalten, oder es in einem Zoo zu halten, ohne es züchten zu wollen, und absolut widernatürlich, die Nachkommen einer seltenen Tierart im Namen des Artenschutzes zu töten. Wenn solche Vorhaben öffentliche Unterstützung erhalten sollen, muß man ihre Gründe ausführlich erklären.

Schließlich ist es noch erforderlich, den genetischen Beitrag von Männchen und Weibchen anzugleichen. Letzten Endes sind nämlich *alle* Tiere Quellen für Allele. Auch dies ist wieder leichter gesagt als getan. Weibchen wählen unter den Männchen aus, und manche Männchen sind sehr viel begehrter als andere. Viele Tiere, darunter zahlreiche Antilopen, sind von Natur aus polygyn. Ein einzelnes dominantes Männchen herrscht über viele Weibchen, während die anderen Männchen nur zuschauen. Um den weniger Gefragten eine Chance zur Fortpflanzung zu geben, muß man das dominante Männchen entfernen. Doch das dominante Männchen ist oft ein besonders tüchtiges Tier. Seine Absonderung führt zu sozialen Spannungen. In der Natur spielt das Leittier vielleicht eine Schlüsselrolle für das Überleben der Herde. Dies ist wichtig, denn die Fortpflanzung von unlängst in die Natur wiedereingebürgerten Tieren könnte sehr wohl zu erreichen sein. Hier erkennen wir noch einen weiteren möglichen Konflikt zwischen der Arterhaltung (basierend auf stichhaltigen genetischen Theorien) und dem Wohlergehen der Tiere.

Immer dasselbe

Wieder scheint es naheliegend – selbst vom Gefühl her –, daß sich die genetische Vielfalt erhöhen läßt, indem man fruchtbare Tiere vorübergehend in andere Herden bringt. Sicherlich gilt das für jede Herde in jedem Zoo. Generell ergibt sich die bestmögliche Vermischung (bei ansonsten gleichen Parametern), wenn sich jedes Männchen mit jedem Weibchen verpaart. Männchen sollten grundsätzlich mobiler sein als Weibchen, denn sie sind auch in der Natur zumeist mobiler. Sozialverbände werden meistens von Weibchen gefestigt, während Männchen ihnen nur vorübergehend angehören. Die künstliche Befruchtung wird es immer mehr ermöglichen, den Austausch von Tieren einzuschränken.

Manchmal jedoch ist der Austausch von Männchen schon allein deshalb erstrebenswert, weil bestimmte Paare einfach nicht züchten. Das war einer der Gründe dafür, daß das britische Zuchtprogramm für Balistare Ende der achtziger Jahre so kompliziert wurde, mit einem häufigen Hin und Her der Individuen. Dennoch ermöglichen manche Direktoren ihren Männchen aus «humanitären» Gründen keine Reisen. Manchmal möchten sie ihren eigenen Sozialverband nicht zerstören, ein anderes Mal sind sie mit dem Zoo nicht einverstanden, in den ihr Tier reisen soll, oder sie glauben ganz einfach, daß Tier würde zu sehr unter der Reise leiden. Solche Überlegungen muß man durchaus ernst nehmen.

«Blutauffrischung» aus der Natur

Wie die Theorie weiterhin zeigt, läßt sich die genetische Vielfalt einer Zuchtpopulation – ist diese erst einmal in der Obhut des Menschen erfolgreich etabliert – außerordentlich erhöhen, wenn man nur ein nichtverwandtes Tier aus der Natur einbringt. Natürlich sollte man Tiere gefährdeter Arten nicht ohne sorgfältige Überlegung der Natur entnehmen. Andererseits sind viele gerade deswegen gefährdet, weil die Natur für sie nicht mehr sicher ist. Manchmal muß man Individuen tatsächlich vor der Natur retten. Die gegenwärtigen Herden der Arabischen Oryx werden immer noch genetisch bereichert, doch nicht mit Tieren aus der Natur (denn die ursprüngliche Wildpopulation ist ausgestorben), sondern aus zuvor unbekannten Herden, die in privaten Haltungen im Mittleren Osten versteckt waren. Neue Technologien, über die ich in Kapitel 6 berichten werde, sind ebenfalls eine beträchtliche Hilfe. So kann man im Prinzip – und zunehmend auch in der Praxis – Wildtiere gefahrlos in der Natur narkotisieren und mit Hilfe der Elektroejakulation Spermien gewinnen. Diese können dann entweder frisch oder nachdem sie durch Einfrieren konserviert waren zum Besamen von Weibchen in Menschenobhut genutzt werden, ohne dem Männchen in der Natur Schaden zuzufügen. Demnächst sollte es möglich sein, die Eizellen der gesamten Eierstöcke von Weibchen zu entnehmen, die in der Natur – aus welchem Grund auch immer – getötet wurden.

Generationszeit

Zum Schluß noch die ausgefallenste aller Empfehlungen für die Zucht – doch eine, die ganz eindeutig aus der Theorie resultiert. Pflanzen sich Tiere fort, gehen Gene verloren. Dies geschieht in jeder Generation. Da es unser erklärtes Ziel ist, soviel genetische Vielfalt wie möglich für 200 Jahre zu erhalten, sollten wir die Zeit zwischen den Generationen maximal steigern. Das heißt, die Weibchen sollten bei der Fortpflanzung so alt wie möglich sein. Mit dieser Vorstellung im Hinterkopf und der bekannten Zielsetzung – 90 Prozent der genetischen Vielfalt für 200 Jahre zu bewahren – können wir den Richtwert von 500 präzisieren und genau ausarbeiten, wie viele Tiere wir theoretisch in der Zuchtpopulation brauchen. Die erforderlichen Berechnungen sind kompliziert. Sind sie aber erst einmal ausgeführt, dann sind die Ergebnisse höchst verblüffend.

Erforderliche Mindestzahl zur Erhaltung
der genetischen Vielfalt

Art	Generationszeit (in Jahren)	Effektive Population
Sibirischer Tiger	7	136
Panzernashorn	18	53
Nyala	8	115
Streifengrasmaus	0,75	1275
Bürstenrattenkänguruh	6	159
Mauritiustaube	10	95
Arabische Oryx	10	95
Afrikanische Speikobra	10	95
Ochsenfrosch	7	136
Weißnackenkranich	26	37
Roter Flamingo	26	37

(Aus: Conway, W. *The Practical Difficulties and Financial Implications of Endangered Species Breeding Programmes.* In: *International Zoo Yearbook* 24/25. Zoological Society of London. 1986.)

Beispielsweise kommt dabei heraus, daß man nur 37 Rote Flamingos brauchte, um 90 Prozent der ursprünglichen genetischen Vielfalt für 200 Jahre zu erhalten. Schließlich haben sie eine Generationszeit von 26 Jahren, also nur acht Generationen in zwei Jahrhunderten. Streifengrasmäuse pflanzen sich im Gegensatz dazu im Alter von neun Monaten fort. Um sie 200 Jahre zu erhalten, brauchten wir 270 Generationen, und die Erhaltung von 90 Prozent der Vielfalt über so viele Generationen hinweg erfordert zu jeder Zeit 1275 Individuen. Der Tabelle sind noch weitere Beispiele zu entnehmen. Daraus folgt übrigens (eine Tatsache, die Dr. William Conway, Direktor des Bronx-Zoos in New York, herausstellte), daß es dreimal so viel kosten würde, eine lebensfähige Kolonie von Streifengrasmäusen zu erhalten wie eine von Roten Flamingos. Damit ist auch dokumentiert, wie flexibel die Zahl sein kann. 500 Individuen sind viel zuwenig, wenn wir Streifengrasmäuse züchten, aber für die Zucht von Flamingos wirklich reichlich genug. (Wie mir jedoch scheint, hat fast jeder mir bekannte Zoo Rote Flamingos – die nicht gefährdet sind. Offenbar widmen sich

Zoos in der Praxis nicht so gewissenhaft der Erhaltungszucht, wie man hoffen möchte.) Man beachte jedoch, daß solche Zahlen wie 37 (oder selbst 1275!) keine unvorhergesehenen Einbußen und Rückschläge erlauben. Um sicherzugehen, braucht man sehr viel mehr.

Noch eine letzte Besonderheit ist erwähnenswert. Zoologische Gärten, die weniger gewissenhaft sind oder die moderne Zuchttheorie nicht beherrschen, scheinen – oder glauben vielleicht selbst – zur Erhaltung der Population beizutragen, nur weil ihre Gehege vor Jungtieren bersten. Jedoch sollte in einem etablierten Zuchtprogramm der Zeitraum zwischen den Würfen möglichst lang sein. Jene Tiere, die einfach im Wartezustand sind, dienen der Sache wohl am meisten. Allerdings sollten Zoos, welche die Zucht aus berechtigten genetischen Gründen absichtlich aufhalten, ganz besonders sorgfältig darauf achten, ihren Besuchern ihr Vorhaben zu erklären. In diesem Geschäft ist es sehr leicht, einen falschen Eindruck zu erwecken!

Dies ist also die grundlegende Strategie der Erhaltungszucht. Außerdem sollten wir noch folgendes beachten: Zwar mögen sich die Züchter bedrohter Arten in Zoos und die Züchter von Ausstellungspudeln und Holsteiner Kühen beide selbst «Züchter» nennen, doch gehen sie von Grund auf verschieden vor. Jene Zoos, die in der Vergangenheit den Unterschied nicht erkannten und ihre Tiere züchteten, *als würden* sie Ausstellungspudel züchten, taten den verschiedenen Arten wirklich keinen Gefallen. Diesen Punkt sollte ich noch weiter ausführen.

Die Philosophie der Erhaltungszucht

Züchter von Ausstellungspudeln oder Hausrindern haben ein Idealbild im Kopf. *Sie* entscheiden, wie das Tier aussehen soll, das sie züchten. Im Falle der Pudel ist dies – vollkommen willkürlich – durch eine Kommission von Preisrichtern festgelegt, die verfügen, ein Pudel *sollte* eine Stirnlocke von der und der Länge haben, oder seine Beine *sollten* in dem und dem Winkel stehen und so weiter. Viehzüchter pflegten einst nach ähnlichen Prinzipien zu arbeiten. Verschiedentlich wurde formell geschrieben, Schweine der Berkshire-Rasse müßten schwarz sein mit vier weißen Socken und Schweine der Rasse

Gloucester Old Spots nur zwei Flecken haben und nicht einen, sechs oder 24. In den vergangenen Jahrzehnten wurden die Viehzüchter jedoch zunehmend gewinnorientierter und definieren nun ihre Ideale hinsichtlich des Milchertrags, der Wachstumsrate, der Fruchtbarkeit oder was auch immer; die reine Ästhetik wurde über Bord geworfen.

Ob jedoch die Ästhetik oder die Produktivität den Ausschlag gibt, die Vorgehensweise bleibt dieselbe. Man betreibt künstliche Selektion. Grob gesagt eliminiert der Züchter jedes Individuum, das seinem Ideal nicht nahekommt. Der Effekt ist daher nicht die Erhaltung genetischer Vielfalt, sondern eine absichtliche Einengung der genetischen Basis. Die größte Gefahr geht dabei von der Inzucht aus. Manche Zuchtlinie brach in der Vergangenheit dadurch zusammen, obgleich man viele durch Kreuzung mit nichtverwandten Individuen rettete, bevor die Situation zu verhängnisvoll wurde. Im Idealfall versuchen Züchter jedoch – bewußt oder unbewußt –, Abstammungslinien auszulesen, die von nachteiligen Allelen befreit sind, so daß sie die Inzucht mehr oder weniger unbehelligt weiterführen können. Dabei waren aber keineswegs alle erfolgreich. In manchen Zuchtlinien manifestieren sich jetzt bestimmte genetische Störungen: «mopsköpfige» Kälber bei Dexter-Rindern und Hüftgelenksschäden bei vielen großen Hundezuchtlinien. In der Regel ist es jedoch das Ziel, nahezu homozygote Individuen zu erzeugen, die mehr oder weniger frei von nachteiligen Genen sind, aber alle mit einem Wunschbild übereinstimmen. In der Praxis kreuzt man schließlich die reinblütigen Tiere zu kommerziellen oder Nutzzwecken, beispielsweise Windhunde mit Collies (oder ähnlichen Rassen), um «Spürhunde» zu erzeugen, und Hereford-Rinder mit Holsteinern für kräftige Fleischrinder. Doch diese Mischlinge sind – obwohl als Einzeltiere heterozygot – allesamt einheitlich (wie der Mais der F1-Generation).

Wie bereits angedeutet, arbeiteten die Züchter in den Zoos in der einstigen Zeit der Ahnungslosigkeit auf dieselbe Art und Weise. Sie wollten Supergorillas und Supergiraffen, um Besucherströme anzuziehen, aber nicht nur deshalb. Schließlich schien eine größere Giraffe tatsächlich auch eine bessere Giraffe zu sein – ein Tier mit höherer «Fitneß» – als eine der üblichen Größe. Erst die etwas neueren Feldstudien zeigten, daß Tiere, die in der Natur gut gedeihen, uns Menschen nicht immer am tauglichsten scheinen: Ein Mensch kann wirklich nicht sagen, welches Tier in der Natur Erfolg haben wird. Die neuzeitlichen genetischen Theorien verdeutlichten statt dessen, daß Vielfalt die wirkliche Würze des Lebens ist.

Der Wunsch, so viele Allele wie möglich zu bewahren, wirft ebenfalls einige verzwickte Probleme auf. Zum Beispiel hatten Kurt Benirschke und seine Kollegen vom Zoo in San Diego einmal einen Vari mit einer Trichterbrust in ihrer Zuchtpopulation. Das war eine deutliche Mißbildung, verursacht, so schien es, durch ein einzelnes Gen. Eine Trichterbrust bei Lemuren ist nicht besonders schön. Man kann sich kaum vorstellen, wie sie zur Fitneß beitragen soll. Doch sie schien dieses Individuum nicht im geringsten zu benachteiligen. Man entschloß sich daher, die Zucht mit ihm fortzusetzen, was bedeutet, daß auch alle zukünftigen Generationen mit diesem Gen «belastet» sein werden.

Doch die Erhaltungszucht kann es sich nicht erlauben, zu tolerant zu sein. Einige der wenigen noch übriggebliebenen Goldgelben Löwenäffchen (sie gehören zu den Krallenaffen, einer Gruppe kleiner südamerikanischer Primaten) besitzen ein Gen, das Zwerchfellhernie hervorruft. Dieser Zustand kann die Tiere schwächen. Unser Ziel muß daher lauten, dieses Gen zu eliminieren und dabei so viele der übrigen Gene wie möglich zu erhalten. Die derzeitige Zoopopulation der Przewalskipferde – weltweit ungefähr 700 Tiere – trägt mehrere unerwünschte Gene. Eines davon verursacht eine Form der Ataxie (unkontrollierte Bewegungen). Das ist eindeutig eine die Fitneß herabsetzende «Störung». Daher sind die gegenwärtigen Zuchtpläne darauf ausgelegt, dieses Gen einzuschränken oder ganz zu eliminieren. Die derzeitige Herde in Menschenobhut ist außerdem mit Genen von Hauspferden «verseucht». Anfang dieses Jahrhunderts hat man tatsächlich eine Hauspferdstute in den Zuchtbestand eingekreuzt, um ihn zu vergrößern. Möglicherweise floß auch im ursprünglichen Wildbestand schon Hauspferdblut, denn die mongolischen Wildpferde schlossen sich bis zu einem gewissen Grad den Hauspferden der Mongolen an. Die Gene der Hauspferde manifestieren sich *unter anderem* in einer «fuchsroten» Fellfarbe (manchmal auch als kastanienfarben bezeichnet) – eine Farbe, die aus der Natur nie belegt ist. Allerdings sind die Aufzeichnungen alt und unvollständig; denn die Wildpopulation ist schon lange ausgestorben. So zielt die heutige Zuchtstrategie auch darauf hin, «Fuchsfarbigkeit» zu eliminieren. Manchem erscheint das genauso willkürlich wie der Wunsch des Schweinezüchters, Tiere der Berkshire-Rasse mit weißen Füßen hervorzubringen. Doch die Eliminierung der Fuchsfarbe ist offenbar sinnvoll.

Grundsätzlich sollte man die seltenen Allele kleiner Populationen in Menschenobhut am konsequentesten bewahren. Schließlich gehen sie am ehesten durch Gendrift verloren. Gewöhnlich weiß ein Züchter nicht, welche Individuen die seltenen Allele bergen, denn die meisten Gene rufen keine ohne weiteres sichtbaren Auswirkungen hervor. Gewöhnlich gelingt es dem Züchter, seltene Allele dadurch zu erhalten, indem er einfach gewährleistet, daß alle Gene der Gründer weitergegeben werden. Aber angenommen, ein Allel ruft direkt sichtbare Effekte hervor. Was dann? Tiger tragen beispielsweise ein Gen, das die Grundfarbe ihres Felles weiß erscheinen läßt. Dies ist kein Gen für Albinismus, denn die Streifen bleiben bei einem «weißen» Tiger erhalten. Sind die Zoos in San Francisco oder Delhi dazu berechtigt, speziell «weiße» Tiger zu züchten? Gewiß bewahren sie dadurch ein seltenes Allel. Doch das Ziel ist (anscheinend) das gleiche wie das der Züchter von Riesengiraffen. Auch Geparden mit einer kostbaren geringen genetischen Vielfalt besitzen ein das Tupfenmuster auflösendes Gen, das größere Flecken und Streifen erzeugt. Individuen, die hierfür homozygot sind und solch ein Muster zeigen, nennt man «Königsgeparden». Ich kenne einen Züchter, der gerne eine abgetrennte Kolonie von Königsgeparden halten würde. Hat er das Recht dazu?

Ich bin mir nicht sicher und vorsichtig mit einer Antwort. Alles in allem wahrscheinlich nicht, denn den Platz für die Gehege könnte man für etwas anderes nutzen. Tatsächlich würde das aber vermutlich nicht geschehen. Und ein seltenes Allel bleibt nun mal ein seltenes Allel. Die Frage ist schwierig. Doch auch hiermit sind wir noch nicht am Ende aller Konflikte. Denn heutzutage ist das vielleicht größte Problem der Erhaltungszucht das grundlegendste von allen: Welche Tierarten sollte man erhalten?

Welche Arten sollte man erhalten?

Arbeiteten die Zoos der Welt wirklich zur rechten Zeit zusammen und verpflichteten sich zur Zucht bedrohter Arten, könnten sie wahrscheinlich lebensfähige Populationen *aller* 2000 Landwirbeltierarten erhalten, von denen man heute annimmt, sie seien in der Natur ernsthaft gefährdet. Doch obgleich es Dutzende von Zuchtvorhaben gibt, erreicht nur eine Handvoll der Populationen in Menschenobhut die erforderliche Anzahl. Im Grunde genommen hat keine eine ideale genetische Struktur. Viele Tierarten, die man organisiert züchten sollte, läßt man noch links liegen. Die unmittelbare Aufgabe lautet, so schnell wie möglich Zuchtpläne für die bislang vernachlässigten Arten aufzustellen. Doch es erfordert Zeit, Geld und eine Menge Organisation, um auch nur einen einzigen zu entwickeln. Somit ist es derzeit eine Hauptaufgabe, Prioritäten zu setzen. Welcher Arten sollten wir uns als erstes annehmen?

Es gibt viele mögliche Kriterien, das zu entscheiden. Die europäischen Zoodirektoren, die eine ebenso repräsentative Gruppe wie jede andere sind, haben vier herausgestellt. Als erstes sagen sie, daß eine organisierte Zucht in Menschenobhut dann am meisten nützt, wenn die Art in der Natur gefährdet ist. Hätten sie die Wahl, würden sie auch eher eine in ihrer Form einzigartige Spezies zu erhalten versuchen als eine mit einer großen Zahl ähnlicher Verwandter. Sie würden also das Sumatranashorn einem alltäglichen Käfer des Amazonasgebiets vorziehen. Denn es gibt nur noch fünf Nashornarten auf der Welt, und diese sind alle sehr verschieden. Drittens zögen es die europäischen Zoodirektoren vor, mit jenen Tierarten eine ernsthafte Zucht zu beginnen, die bereits in Menschenobhut gehalten werden, die man aber nicht problemlos der Natur entnehmen kann. Als letztes würden sie aus rein logistischen Gründen keinen neuen Zuchtplan organisieren, überlagerte er sich mit einem bereits erstellten und angelaufenen.

Man könnte vielleicht einen oder zwei zusätzliche Punkte hinzufügen. Beispielsweise sind manche – bisweilen als «Schlüsselarten» bezeichnete – Arten ökologisch wichtiger als andere. Elefanten verleihen ganzen Ökosystemen ihren Charakter. Die tropischen Wälder Afrikas sind großenteils sekundärer Natur. Das bedeutet, sie sind unmittelbar nach dem Roden der ursprünglichen Bäume herangewachsen. Die klassischen Baumriesen des Primärwaldes finden wir zumeist entlang von Flußläufen. Gibt es jedoch Elefanten in der Umgebung, dann hat der Wald kaum eine Chance, das Primärstadium zu erreichen. Aus diesem und Dutzenden anderen Gründen würde sich mit dem Verschwinden der Elefanten ein Großteil der Ökologie Afrikas verändern. Normale afrikanische Mäuse (von denen es viele Arten gibt) wirken sich nicht vergleichbar aus. Müßten wir eine Entscheidung fällen, könnten wir argumentieren, Elefanten seien «wichtiger» als jede Mäuseart.

Auch ästhetische Gesichtspunkte spielen eine Rolle, ob dies nun moralisch gerechtfertigt ist oder nicht. Ich habe nie einen Kalifornischen Kondor in der Natur gesehen, aber viele große Greifvögel, die alle beeindruckend sind. Am besten würden wir den Kalifornischen Kondor *und* jede Käferart des Amazonasgebiets retten. Doch stünden wir direkt vor der Wahl – wie es aus ökonomischen und logistischen Gründen durchaus der Fall sein kann –, erschiene es abartig, den Vogel zugunsten des Käfers zu opfern. Das wäre, als würden wir einen Rembrandt aussortieren, um Platz für das Aquarell eines Hobbymalers zu schaffen.

Dies sind also die Hauptkriterien, nach denen man die Prioritäten setzt. Jedoch bleibt uns ein begriffliches Problem. In Kapitel 2 sprach ich leichtfertig davon, daß auf der Erde «30 Millionen Arten» leben. Ich deutete an, 2000 «Arten» von Landwirbeltieren seien ernsthaft gefährdet. All dies legt nahe, «Art» sei eine klare und unzweideutige Kategorie, jede abgeschlossen wie ein verschnürtes Paket. Das ist leider ganz und gar nicht der Fall. Wer Prioritäten für die Zucht aufstellen möchte, muß sich zuerst mit der Frage auseinandersetzen: «Was ist überhaupt eine Art?»

Was ist eine Art?

Plato verwendete zwar nicht das Wort «Art», er hätte aber keine Schwierigkeiten gehabt zu entscheiden, was es bedeutet. Er meinte, im Himmel gebe es von jedem irdischen Ding eine «Idee» – sowohl von Tischen, Stühlen und Kutschen als auch von Lebewesen. Die Gegenstände und Organismen, die wir auf der Erde sehen, seien nur unvollkommene Abbilder ihrer himmlischen Ideen.

Plato übte einen großen Einfluß auf die Wissenschaft aus. Bis weit ins 19. Jahrhundert waren die Biologen völlig überzeugt – auch wenn sie es nicht ausdrücklich aussprachen –, jedes lebende Geschöpf entspräche tatsächlich in «unvollkommener» Weise einem «Idealtypus». Dieser Typus sei das von Gott erdachte Modell. Nach Ansicht des großen amerikanischen Biologen und Wissenschaftsphilosophen Ernst Mayr hatte Darwin nicht nur deshalb Schwierigkeiten, andere von seinen Ideen zu überzeugen, weil er behauptete, Tiere *entwickelten sich*, sondern vor allem, weil er andeutete, Arten könnten sich in andere verwandeln oder sich in viele verschiedene neue Arten aufspalten.[5] Ob sie es wußten oder nicht – viele der Zeitgenossen Darwins waren Anhänger Platos. Sie akzeptierten zwar, daß sich irgendeine Art – ein unvollkommenes Abbild der Idee – in ein anderes unvollkommenes Abbild derselben Idee verwandeln könnte, aber es erschien ihnen unmöglich, daß sich ein Ideal in ein anderes umwandelt. Das erweckte den Anschein, als habe Gott seine Meinung geändert – ein Angriff auf die Grundordnung. Doch Darwins Hauptangriff richtete sich nicht, wie allgemein angenommen, gegen die Kirche. Er richtete sich gegen Plato.

Wie Darwin glauben die Biologen heutzutage jedoch, daß es keine solchen «Ideen» gibt. Eine Art ist einfach eine Gruppe von Individuen, möglicherweise eine sehr große Gruppe, aber nichtsdestoweniger eine Gruppe. Die Individuen innerhalb der Gruppen umfassen zusammen einen riesigen Genpool, und nach Vorstellung der Neodarwinisten verändert sich dieser Genpool, wie bereits beschrieben, mit jeder Generation. Eine «Art» ist so schwer zu erfassen wie die Flamme einer Kerze. Wir können sehen, was sie ist, und sie benennen. In Wirklichkeit jedoch ist sie aus Hunderten von Einzelteilen zusammengesetzt, die sich ständig bekämpfen. Wie können wir aber entscheiden, ob zwei Funken zur selben oder zu verschiedenen Flammen gehören? Oder präziser, ob zwei Individuen derselben oder verschiedenen Arten entstammen?

Je nachdem, ob sie Theoretiker oder Praktiker sind, vertreten die Biologen im allgemeinen eine der beiden hauptsächlichen Ansichten. Die Theoretiker definieren eine «Art» zumeist hinsichtlich der Fortpflanzung. Die Definition, die ich an der Universität lernte, lautete: «Zwei Individuen lassen sich als zur selben Art gehörig betrachten, wenn sie sich geschlechtlich miteinander fortpflanzen und vollkommen lebensfähige Nachkommen hervorbringen können.» Zumindest bei grober und flüchtiger Betrachtung trifft das recht gut zu. So können wir beispielsweise sofort erkennen, daß Pferde und Esel verschiedene Arten sind, denn die Nachkommen einer Kreuzung beider – Maultiere beziehungsweise Maulesel – sind nicht voll lebensfähig. Sie sind zwar körperlich kräftig – an ihnen zeigt sich Darwins «Luxurieren der Bastarde» –, aber unfruchtbar; denn die Chromosomen beider Arten unterscheiden sich zu sehr, als daß sich erfolgreich Keimzellen bilden könnten. Collies und Windhunde gehören jedoch zur selben Art; sie sehen zwar sehr verschieden aus, aber die Welpen, die aus Kreuzungen hervorgehen, sind vollkommen normal.

Biologen sind aber nicht immer in der Lage, Versuche zur Fortpflanzung zu unternehmen, wenn sie mit verschiedenen Individuen konfrontiert werden, deren Artzugehörigkeit sie feststellen wollen. Beispielsweise bleibt im Falle der Käfer des Amazonasgebiets einfach zu wenig Zeit, um all die erforderlichen Kreuzungsexperimente durchzuführen. Paläontologen versuchen, die Verwandtschaftsverhältnisse von Organismen nachzuweisen, die bereits seit langem tot sind und sich schon lange nicht mehr fortpflanzen. Somit gründen Taxonomen (oder Systematiker-Biologen, die Lebewesen benennen und einordnen) in der Praxis ihre Entscheidungen auf direkt beobachtbare physische Charakteristika: allgemeine anatomische Merkmale wie die Form der Knochen oder die Färbung, das Muster der Chromosomen oder die Struktur der Gene selbst oder der von ihnen codierten Proteine.

Jeder Ansatz, der theoretische und der taxonomische, ruft begriffliche Probleme hervor. Keiner erfaßt die wahre Komplexität der Natur vollständig. Die sexuellen Neigungen stehen nicht unbedingt mit den körperlichen Charakteristika in Einklang, sei es mit jenen der allgemeinen Anatomie oder der genetischen Struktur.

Betrachten wir einige der Probleme.

Unterarten, Hybride und andere Komplikationen

Pferde, Esel und ihre unfruchtbaren Nachkommen aus Kreuzungen liefern uns ein schönes Beispiel für Lebewesen, die zwar sehr ähnlich aussehen, aber verschiedenen Arten angehören. Windhunde und

Collies sind hingegen ein Fall von Tieren, die zumindest so verschieden wirken wie Pferde und Esel und dennoch erwiesenermaßen zur selben Art gehören. Das sind jedoch einfache Beispiele. Das Leben ist nicht immer so unkompliziert.

Betrachten wir beispielsweise die Rotbauch- und die Gelbbauchunke, die derzeit von Dr. Nick Barton und seinen Mitarbeitern am University College in London untersucht werden. Beide Unken sind sehr verschiedenartige Geschöpfe. Wie ihr Name schon sagt, sind sie unterschiedlich gefärbt. Sie haben auch abweichende Paarungsrufe und leben in verschiedenen Habitaten: Die Rotbauchunke bevorzugt große, immerwährende Gewässer, die Gelbbauchunke laicht in kleinen, temporären Tümpeln. Außerdem haben sie eine unterschiedliche geographische Verbreitung: Die Rotbauchunke lebt in den Tiefländern ganz Osteuropas, die Gelbbauchunke in den Karpaten und den Bergländern des Balkans sowie Mitteleuropas und Italiens. Carl von Linné, dem ersten großen neuzeitlichen Systematiker des 18. Jahrhunderts, fiel es nicht schwer, sie verschiedenen Arten zuzuordnen: Die Rotbauchunke nannte er *Bombina bombina* und die Gelbbauchunke *B. variegata*.

Die Verbreitungsgebiete der beiden Unken überlappen sich jedoch in den Karpaten und um das Donaubecken. Wo beide aufeinandertreffen, verpaaren sie sich trotz ihrer offenkundigen Unterschiede und bilden Hybride. Natürlich sind die Hybride nicht ganz so «lebensfähig» wie ihre Elternarten. Sie sind zwar fruchtbar, aber vermutlich nicht so gut an große Gewässer oder Tümpel angepaßt wie ihre Elternarten. Was immer der Grund sein mag, Dr. Barton und seine Mitarbeiter haben gezeigt, daß die Hybride sich nicht in das Gebiet der Rotbauchunke oder der Gelbbauchunke ausbreiten. Statt dessen bilden sie eine «Hybridzone» zwischen den beiden Verbreitungsgebieten, die mehrere tausend Kilometer lang, aber nur fünf bis sechs Kilometer breit ist.

Wie soll man aber die beiden Formen klassifizieren? Einigen Definitionen zufolge gehören sie zur selben Art: Sie pflanzen sich untereinander fort und bringen ganz ansehnliche Bastarde hervor. Aber gesunder Menschenverstand und Beobachtung legen sie als verschiedene Arten aus; und die Hybride sind (anscheinend!) nicht *ganz* so lebensfähig wie jede der Elternarten. Daher neigen die Biologen in der Regel dazu, die beiden als getrennte Arten zu belassen.

Man kennt noch viele andere Artenpaare, die in der Natur im Überlappungsbereich ihrer Verbreitungsgebiete Hybride bilden – Bastarde, die sich nicht über einen begrenzten Bereich hinaus ausbreiten, weil sie mit keiner ihrer beiden Elternpopulationen konkurrieren können. Schmetterlinge der Gattung *Heliconius* sind ein klassisches Beispiel mit vielen «Rassen» in ganz Südamerika, getrennt durch Hybridformen, die auf begrenzte Zonen beschränkt sind. Die Nebelkrähen Nordschottlands kreuzen sich mit den Rabenkrähen Südschottlands und Englands, doch die Hybride verbleiben in einem schmalen Bereich in Zentralschottland. Ein ähnlicher Hybridgürtel zieht sich auch durch Deutschland.

Diese Lehrbuchbeispiele sollen nur die Vielfalt der Natur zeigen und die Probleme, die sie mit sich bringen kann. Unken und Krähen sind nicht gefährdet. Aber die südamerikanischen Nachtaffen, manchmal auch Douroucoulis genannt, stellen all jene vor ein enormes praktisches Problem, die versuchen wollen, sie in Menschenobhut zu züchten.

Nachtaffen kommen von Panama bis hinunter nach Argentinien vor – ein riesiges Verbreitungsgebiet. Wie Dr. Leobert de Boer im *EEP Coordinators' Manual* (Handbuch für EEP-Koordinatoren) für 1989 in Erinnerung ruft[6], grenzten die Biologen des 19. Jahrhunderts verschiedene Typen von Nachtaffen voneinander ab, die sich in Größe, Färbung und Verteilung der Hautdrüsen unterschieden. Doch einige heutige Biologen meinen, die verschiedenen Typen gingen ineinander über, und ordnen sie alle einer einzigen Art zu: *Aotus trivirgatus*. Es kann in der Tat schwierig sein, die verschiedenen Typen auseinanderzuhalten, und somit erscheint dies absolut sinnvoll.

Bei näherer Betrachtung der Chromosomen findet man jedoch beträchtliche Abweichungen: von 46 bis zu 56. Aufgrund der Chromosomenzahl lassen sich acht verschiedene Typen identifizieren. Diese Unterschiede sind wesentlich; denn Hybride zwischen Nachtaffen mit abweichender Chromosomenzahl sind unfruchtbar. Außerdem lebt jede der acht Populationen mit ihrer jeweils charakteristischen Chromosomenzahl an verschiedenen Orten. Da die Bastarde *unfruchtbar* sind, die Tiere (bei genauerer Betrachtung) auch unterschiedlich aussehen und die verschiedenen Typen an anderen Orten vorkommen, ist es hinsichtlich aller entsprechender Kriterien eindeutig, daß man die Nachtaffen nicht einer, sondern acht Arten zuordnen sollte.

Theoretisch ist dieser Fall recht einfach und weniger kompliziert als beispielsweise jener der Rotbauch- und der Gelbbauchunke. Das Problem ist, daß viele Zoos Nachtaffen züchten oder es zumindest versuchen. Bevor die Wissenschaftler damit begannen, ihre Chromosomen genauer zu betrachten und entsprechende Kreuzungsexperimente durchzuführen, nahmen sie an, die Nachtaffen wären alle mehr oder weniger einheitlich. Daher sind einige der heutigen Nachtaffenpopulationen Mischpopulationen. Dies verursacht diverse Probleme. Zum einen wird es bestenfalls unregelmäßig zu Zuchterfolgen in diesen Populationen kommen, und diese werden großenteils noch trügerisch sein, weil viele Nachkommen sicher unfruchtbar sind. Zum zweiten könnte es passieren, daß kein einziger Nachtaffentypus in ausreichender Zahl vorhanden ist, um eine lebensfähige Population zu bilden. Zwar mag es insgesamt eine Menge Nachtaffen in Menschenobhut geben, aber dennoch könnte die Gruppe zum Untergang verurteilt sein. Am besten würde man natürlich die gegenwärtige Population in Menschenobhut nach «reinblütigen» und Bastarden aufteilen und für jede der reinen Formen einen eigenständigen Zuchtplan erarbeiten. Das Auseinandersortieren selbst wäre eine folgenschwere Aufgabe. Es würde beträchtliche logistische Probleme verursachen. Denn die Zoos mögen zwar Platz für eine oder zwei Zuchtpopulationen von Nachtaffen haben, aber nicht für acht. Schließlich sind auch noch andere Affen zu berücksichtigen und andere Tiere außer Primaten.

Die Aufspaltung der Nachtaffen hat auch Folgen für die Wildpopulationen. Nehmen wir beispielsweise an, eine einsichtige lateinamerikanische Regierung hätte beschlossen, ein Schutzgebiet einzurichten, in dem auch Nachtaffen leben. Würde dieses Reservat in der Mitte des Verbreitungsgebiets eines bestimmten Nachtaffentyps angelegt, wäre das nicht schlecht. Es würde eine lebensfähige Population umfassen. Ginge das Reservat jedoch zufällig über die Grenze zweier verschiedenartiger Nachtaffenpopulationen hinaus, wäre vielleicht keine der Populationen groß genug, um lebensfähig zu sein.

Affen erweisen sich generell als ausgesprochen schwierige Gruppe. Wie Leobert de Boer betont, bereiten unter den südamerikanischen Primaten die Springtamarins, Klammeraffen, Kapuziner, Totenkopfäffchen und Brüllaffen derzeit ähnliche Schwierigkeiten.

Affen sind möglicherweise vor allem deshalb so variabel, weil ihr Lebensraum, der Wald – obwohl er alles in allem für den oberflächlichen Betrachter ziemlich gleichförmig aussieht –, in Wirklichkeit hochgradig diskontinuierlich ist (zumindest aus der Sicht der Affen). Somit bilden sich in verschiedenen Gebieten unterschiedliche Populationen heraus. Jedes Gebiet entspricht dann einer Insel, und wie Darwin vor 150 Jahren für die Galápagosinseln gezeigt hat, entwickelt sich auf jedem isolierten Eiland ein eigenes Artenspektrum.

In der Tat neigt nahezu jede Tiergruppe in diskontinuierlicher Umgebung zu einer starken Untergliederung. Jeder See oder Fluß ist genaugenommen für die darin lebenden Fische eine «Insel», solange sich die Seen nicht gelegentlich durch Überflutungen vereinigen. Daher besteht unter Süßwasserfischen die Tendenz, beträchtlich zu variieren. Manchmal sind die verschiedenen Varianten so weit auseinandergedriftet, daß man sie eigentlich als getrennte Arten betrachten kann. Bisweilen sehen die verschiedenen Populationen sehr unterschiedlich aus, können sich aber noch untereinander kreuzen (sofern man ihnen dazu Gelegenheit gibt) und sollten daher wohl zur selben Art gestellt werden.

So tendieren die heutigen Biologen dazu, alle Forellen Europas derselben Art, *Salmo trutta*, zuzuordnen. Einige Populationen sind jedoch so variabel, daß seit dem 18. Jahrhundert (als man mit der neuzeitlichen Klassifizierung begann) verschiedene Biologen zu unterschiedlichen Zeiten nicht weniger als 50 Arten abgrenzten. Im irischen Lough Melvin leben drei der Varianten Seite an Seite – dort recht gut unter den wohlklingenden Namen *sonaghen*, *gillaroo* und *ferox* bekannt. Wie Dr. Andrew Ferguson und seine Mitarbeiter von der Universität Belfast zeigten, halten nicht ihr verschiedenes Aussehen oder ihre unterschiedlichen Ernährungsgewohnheiten sie davon ab, sich untereinander zu kreuzen, sondern einfach die Tatsache, daß jede Form zum Ablaichen in einen anderen Fluß zurückkehrt und sie so (zufällig) nie die Gelegenheit haben zu hybridisieren.[7]

Macht es aber in der Praxis etwas aus, wenn man verschiedenen Populationen, die sich untereinander kreuzen *können*, dies auch in Menschenobhut ermöglicht? Wie wir bereits gesehen haben, kann es etwas ausmachen. Schließlich sind Bastarde von Rot- und Gelbbauchunken oder Krähenbastarde in der Natur ihren «reinblütigen» Eltern eindeutig unterlegen. Gewiß sind Tiere, die sich mit nahen Verwandten paaren, durch Inzuchtdepression gefährdet. Aber ebenso kann man auch das Einkreuzen nichtverwandter Individuen übertreiben. Das führt dann zur sogenannten Fremdzuchtdepression (*out-breeding depression*). Selbst nur geringfügig geschwächte Bastarde sind ein spezielles Beispiel für dieses allgemeine Phänomen. Wir sollten dies noch ausführlicher diskutieren.

Fremdzuchtdepression

Wir können uns mehrere mögliche Mechanismen für die Fremdzuchtdepression vorstellen. Beispielsweise folgenden: Gene wirken, indem sie festlegen, welche Art von Protein produziert wird; und Proteine halten die Körperfunktionen in Gang. Namentlich funktionieren sie als Enzyme, welche die Chemie des Körpers regulieren. Tatsächlich gibt es eine alte Redensart in der Genetik: «ein Gen – ein Enzym».

Enzyme wirken im allgemeinen nicht alleine. Jedes kontrolliert eine Stufe in einer «Stoffwechselkette». Gewöhnlich verlaufen Stoffwechselvorgänge am reibungslosesten, wenn sich alle an der Kette beteiligten Enzyme gemeinsam entwickelt haben. Dann ist jedes so exakt wie möglich daran angepaßt, auf das Produkt des vorhergehenden Enzyms einzuwirken. Zwei beliebige Tiere derselben Zuchtpopulation weisen im allgemeinen fast dieselben Enzyme auf, und eine Vermischung der Gene durch eine Kreuzung wird sich nicht nachteilig auswirken. Haben sich zwei Populationen jedoch genetisch auseinanderentwickelt, besitzen sie oft signifikant abweichende Enzyme, und jedes Enzym eines Bastards kann in einer Stoffwechselkette auf andere treffen, die sich nicht wie gewünscht verhalten. Somit ist die Gesamtwirkung der Stoffwechselkette verringert. Das bringt einen kleinen, aber möglicherweise bedeutsamen Verlust der Fitneß mit sich.

Ganz allgemein führt natürliche Selektion zur Adaptation. Spaltet sich eine Population in zwei oder mehr Teilpopulationen auf, werden sich wahrscheinlich beide Teilpopulationen durch natürliche Selektion an etwas abweichende Umgebungen anpassen. Ein Hybride aus beiden kommt vielleicht nicht so gut mit einer bestimmten Umgebung zurecht und wird im Vergleich zu Individuen, die dem einen oder anderen Typus entsprechen, benachteiligt sein. Im Falle der Bastarde von Rot- und Gelbbauchunken ist das offensichtlich. Weniger deutlich dagegen bei den Hybriden von Raben- und Nebelkrähe, aber zweifellos gilt das Prinzip auch hier.

Die natürliche Selektion paßt auch das Verhalten an, unter anderem das bei der Auswahl der Geschlechtspartner. Aus allem bisher Gesagten ist klar: Es zahlt sich für jedes Tier aus, einen Geschlechtspartner auszuwählen, der sich von ihm selbst unterscheidet, aber nicht zu anders ist. In einem Experiment gab Professor Patrick Bateson von der Universität Cambridge Wachteln die Möglichkeit, aus drei Gruppen ihre Geschlechtspartner auszusuchen: ihren eigenen Geschwistern, den Nachkommen der Geschwister ihrer Eltern oder aus Individuen, die sich von ihnen genetisch stark unterschieden. Die Wachteln wählten ihre Partner aus der zweiten Gruppe (ihre «Vettern» und «Basen»). Wir könnten aus genetischen Gründen behaupten, daß Vettern und Basen ersten Grades nicht die ideale Wahl sind – solche dritten und vierten Grades wären sicherer. Aber so wie das Experiment angelegt war, konnte sich das nicht zeigen. Das Wesentliche wurde aber dennoch deutlich: Tiere meiden in der Regel ihre eigenen Geschwister als Geschlechtspartner (insbesondere, wenn sie mit diesen Geschwistern zusammen aufgezogen wurden und sie kennen). Sie meiden aber auch Individuen, die ganz anders sind. Somit wird wahrscheinlich selbst in einem frühen Stadium der Absonderung der bloße Mangel an gegenseitiger Anziehungskraft eine Fortpflanzungsbarriere zwischen den abgespaltenen Teilpopulationen aufbauen. Wir erkennen auch, warum die natürliche Selektion ein solches Verhalten begünstigt. Es ist einfach die naheliegendste Möglichkeit, sowohl Inzuchtdepression als auch Fremdzuchtdepression zu vermeiden.

Wie wir ebenfalls erkennen, werden körperliche Unterschiede bei Tieren durch das Verhalten zugespitzt, wenn der Vorgang der Aufspaltung erst einmal begonnen hat (möglicherweise ganz einfach aus geographischen Gründen). Das folgt aus dem sogenannten *Ausreißerprinzip* des britischen Statistikers R. A. Fisher. Die natürliche Selektion (oder vielmehr das, was Darwin «geschlechtliche Zuchtwahl» oder «Partnerselektion» genannt hat) begünstigt zumeist Individuen mit äußerlichen Merkmalen, die auf potentielle Geschlechtspartner die größte Anziehungskraft ausüben. Welche Merkmale als «anziehend» ausgelesen werden, ist großenteils willkürlich; bei manchen Vögeln sind es lange Schwänze, bei anderen eine bestimmte Art zu Fliegen, und bei Affen können es Gesichtszeichnungen sein. Gelten in einer Population bestimmte Geschlechtsmerkmale erst einmal als

150

attraktiv, werden ihre Angehörigen immer mehr von Tieren ihrer eigenen Population angezogen und werden wiederum selbst für diese immer attraktiver, denn alle beurteilen nach den gleichen Kriterien. Andererseits interessieren sie sich weniger für Mitglieder anderer Populationen und sind selbst für diese kaum anziehend; denn die anderen Populationen entwickelten andere Merkmale. Daß sich Rot- und Gelbbauchunken miteinander verpaaren, ist wirklich abnorm.

Das Zusammenwirken mehrerer solcher Mechanismen führt zwangsläufig zur vollkommenen reproduktiven Isolation räumlich aufgespaltener Populationen. Dies ist der Vorgang der Artbildung. Vollständige Artbildung dauert natürlich in der Regel länger als jede geringere Form der reproduktiven Trennung. Aber den tatsächlichen zeitlichen Umfang können wir nicht feststellen. Manchmal schreitet die Artbildung rasch voran, und ein anderes Mal ist auch noch nach Millionen Jahren der räumlichen Trennung eine reproduktive Verbindung möglich. Gelegentlich könnten nur ein oder zwei Gene entscheidende Fortpflanzungsbarrieren hervorrufen; andererseits bilden oft selbst beträchtliche genetische und andere biologische Abweichungen kein absolutes Hindernis für eine Verpaarung.

Für die Artenschützer ist jedoch wichtig, daß die Trennung allmählich erfolgt und wir zu jeder Zeit Populationen in verschiedenen Stadien des Abspaltungsprozesses – irgendwo zwischen völliger Dazugehörigkeit und vollkommener Trennung – vorfinden. Es gibt keinen greifbaren, eindeutigen Punkt, von dem wir sagen können, «*hier* ist die Artbildung erfolgt».

Die Biologen haben schon lange erkannt, daß es notwendig ist, die Unterkategorien innerhalb von Arten zu benennen. Manchmal sprechen sie ungeniert und umgangssprachlich von «Rassen». Botaniker sprechen gewöhnlich von «Varietäten». Haustierzüchter – die künstliche Selektion anwenden – sprechen ebenfalls von «Rassen» und unterteilen diese nochmals in «Zuchtlinien» oder «Stämme». Wenn aber bei Wildtierarten deutliche Unterschiede erkennbar sind und weitgehend anerkannt werden, unterteilen die Biologen die Arten zumeist in «Unterarten» (oder «Subspezies»). So erkennt man beim Tiger acht Unterarten an; jede davon hat einen dritten «lateinischen» Namen, der an die beiden Teile des wissenschaftlichen Artnamens angehängt wird. Tiger gehören also generell zur Art *Panthera tigris* (oder nach neueren systematischen Auffassungen *Neofelis tigris*). Die als Vorderindischer, Königs- oder Bengaltiger bekannte Unterart heißt *Panthera tigris tigris*, was man auch *P. t. tigris* abkürzen kann; der Sumatratiger heißt *P. t. sumatrae*, der Sibirische oder Amurtiger *P. t. altaica* und so weiter.

Die Tatsache, daß sich einige Arten in mehrere Unterarten unterteilen lassen, bringt jedoch ein erneutes ideologisches Dilemma mit sich und bedeutet ein weiteres beträchtliches praktisches Problem. Bisher haben wir in diesem Buch argumentiert, etwa 2000 Arten von Landwirbeltieren (dazu unzählige Fische und Wirbellose) könnten eindeutig von einer Zucht in Menschenobhut profitieren. Wie in Kapitel 2 angedeutet, sollte dieses Ziel nicht außer Reichweite sein, sofern die Zoos der Welt ihren Schwerpunkt auf die Zucht bedrohter Arten legen und die Öffentlichkeit sich hinter die Zoos stellt.

Unterteilen wir aber nun die 2000 Arten in getrennte Unterarten und verlangen für alle ein eigenes Management, könnte die Zahl jener Unterarten, die man erhalten müßte, leicht unsere Möglichkeiten übersteigen.

Diesen Punkt sollten wir diskutieren.

Was sollten wir mit Unterarten tun?

Zunächst einmal die Frage: Warum wollen wir Unterarten überhaupt getrennt in Menschenobhut halten? Pflanzen sie sich angemessen untereinander fort, warum sollten wir dann die Genpools nicht einfach neu vermischen?

Hiergegen haben wir bereits viele Gründe erfahren, doch es lohnt sich, sie noch einmal zusammenzufassen. Zum ersten können verschiedene Unterarten durchaus an unterschiedliche Umgebungen angepaßt sein, und wenn das Endziel lautet, die Tiere aus Menschenobhut wieder in die Natur zurückzubringen, sollten diese speziellen Charakteristika nicht vertan werden. So sind beispielsweise Sibirische Tiger größer und massiger als Sumatratiger und haben ein dichteres Fell. Bastarde dieser beiden Unterarten sind möglicherweise weder an den sibirischen Schnee noch an den Regenwald Sumatras richtig angepaßt. Zweitens spielen auch ästhetische Gesichtspunkte eine Rolle, ob eine Kreuzung moralisch gerechtfertigt ist oder nicht. Sibirische Tiger sind sehr schön – groß, robust und zottelig –, Sumatratiger ebenfalls – intensiv gefärbt, anmutig und schlank. Welche Schande, solche Eigenschaften in irgendeinem Hybridenmischmasch zu vergeuden.

Doch zum dritten – und vielleicht am bedeutungsvollsten – bestehen, wie wir gesehen haben, verschiedene Abstufungen von Fortpflanzungsbarrieren zwischen Populationen. Ist der Austausch von Genen vollständig (oder nahezu vollständig) eingeschränkt, betrachten wir die Populationen als verschiedene Arten. Weniger vollständige Schranken führen manchmal zu Hybriden, die eine geringere «Fitneß» als ihre Elternpopulation aufweisen und annähernd unfruchtbar sind. Dies könnte sich sogar erst in zukünftigen Generationen von Mischlingen herausstellen, selbst wenn es, wie es bei Orang-Utans der Fall ist, in der ersten Generation keine offensichtlichen Probleme gibt.

Wir sollten also die Unterarten am besten getrennt halten. Doch wo liegen da die Probleme? Das erste ist vielleicht ein begriffliches. Wie wir bereits gesehen haben – und ich später nochmals hervorheben werde – ist es nicht immer leicht zu entscheiden, was eine «wirkliche» Unterart ist und was nicht. Selbst wenn eine solche Entscheidung getroffen wurde, ergeben sich noch zahlreiche logistische Probleme.

Das erste und naheliegendste: Vielleicht gibt es von einer anerkannten Unterart nicht *genügend* Tiere, um eine eigenständige, lebensfähige Population zu erhalten. Der Kleine Panda ist möglicherweise ein tragisches Beispiel dafür; denn Kleine Pandas lassen sich in zwei Unterarten einteilen. Zwar haben die heutigen Zoos Platz für eine Unterart, doch für zwei scheint kein Raum vorhanden zu sein. Sollten die Zoos versuchen, beide zu bewahren, hielten sie letzten Endes vielleicht keine davon in der für eine lebensfähige Population erforderlichen Anzahl.

Bei einigen Arten ist die Individuenzahl in Menschenobhut jedoch so gering, und die Haltungsprobleme sind so groß, daß nichts anderes übrigbleibt, als die Feinheiten von Unterarten zu vergessen und die wenigen noch verbliebenen Tiere zu vermischen. So sind beispielsweise die meisten Zoodirektoren, die an der Zucht des Asiatischen Elefanten interessiert sind – wie Dr. Michael Brambell vom Zoo Chester in England –, übereingekommen, die bisweilen getroffene Unterscheidung zwischen Indischem (*Elephas maximus bengalensis*), Ceylonesischem (*E. m. maximus*), Sumatra- (*E. m. sumatranus*) und Malaya-Elefant (*E. m. hirsutus*) außer acht zu lassen. Es scheint keinen Grund für die Annahme von Fortpflanzugsbarrieren zwischen den einzelnen Formen zu geben, und jegliche ökologischen Unterschiede sind geringfügig im Vergleich zum erschreckenden Rückgang aller Asiatischen Elefanten in der Natur.

Trotz der begrifflichen Probleme ist es also möglich, rationale Entscheidungen zu treffen, erwägt man Schutzmaßnahmen für Unterarten. Rationale Entscheidungen setzen dem Dilemma jedoch kein Ende. Zoos haben beispielsweise erst in den letzten Jahren in vollem Umfang erkannt, daß die Zucht in Menschenobhut tatsächlich eine gewichtige Rolle bei der Arterhaltung spielt. In der Vergangenheit war ihre Rolle im Artenschutz (sofern sie überhaupt der Meinung waren, eine zu spielen) verschwommener: Sie bestand beispielsweise darin, den Menschen einfach im einzelnen zu zeigen, wie wunderbar Tiere sind, und somit die Aufmerksamkeit der Öffentlichkeit zu erregen. Bisweilen gaben sie sich große Mühe, ihre Unterarten «reinrassig» zu erhalten, und waren zum Beispiel stolz auf ihre Netzgiraffen oder Persischen Leoparden. In anderen Fällen waren sie jedoch froh, ihre Tiere überhaupt zur Fortpflanzung zu bringen, und nahmen keine Rücksicht auf Feinheiten.

Daher lebt in den Zoos heute weltweit eine beträchtliche Zahl von Bastarden verschiedener Unterarten. Es gibt Dutzende Mischlingstiger und -leoparden. Die kleinen Unterschiede, die man oft zwischen verschiedenen Formen des Löwen (Abessinischer, Arabischer Löwe und so weiter) vorfand, gingen in vielen Fällen verloren. Vor kurzem hat man anhand genetischer Untersuchungen gezeigt, daß die Zoopopulation der Indischen Löwen mit afrikanischem «Blut» verfälscht wurde.

Aber was sollte ein seriöser Zoo mit seinen Hybriden tun? Der Taronga Zoo in Sydney ist einer von mehreren, die Mischlings-Orang-Utans halten. Sie pflanzen sich gut fort und sind die Lieblinge des Publikums und der Pfleger. Am liebsten würde der Taronga Zoo diese Tiere nicht weiter züchten, denn die Bastarde sind weder Borneo- noch Sumatra-Orangs. Daher könnten in Zukunft Probleme bei der Zucht auftreten. Doch Orang-Utans leben in Zoos bis zu 50 Jahren und länger. Sollte der Zoo warten, bis seine Mischlinge sterben, bevor er mit der erneuten Zucht von Orangs beginnt? Das würde wohl bis ins Jahr 2040 dauern. Bei Tieren wie Fischen ist es vielleicht angemessen, die unerwünschten Tiere loszuwerden und von neuem mit der Zucht zu beginnen. Doch niemand schafft verständlicherweise eine Gruppe von Orangs so kaltblütig beiseite.

Für Zoos, die zwar eine Art oder Unterart züchten möchten, aber auf Hybriden von Unterarten festsitzen, ist es wohl die beste Lösung, sie anderen Zoos anzubieten, welche die Tiere zu Schauzwecken halten möchten, aber keine Zuchtambitionen mit ihnen haben (vielleicht weil sie statt dessen andere Arten züchten). Hieraus ergibt sich vielleicht eine legitime Aufgabe für nicht züchtende Zoos. Sie könnten als Refugien für Tiere dienen, die – aus welchem Grund auch immer – nicht mehr zur Zucht gebraucht werden. Ermutigend ist, daß das Hybridenproblem irgendwann nicht mehr existieren sollte. In wenigen Jahrzehnten wird die gegenwärtige Generation von Bastarden ausgestorben sein, und die Zootiere sollten alle bestimmten Unterarten angehören – außer man hat den rationalen Entschluß gefaßt, sie zu vermischen, wie bei den Asiatischen Elefanten.

Die gesamte bisherige Diskussion über die Wissenschaft und die Philosophie, die sich daraus ergibt und in sie einfließt, beruhte auf einer «klassischen», neodarwinistischen Sicht der Genetik und der Populationen. Das heißt, man betrachtet Gene einfach als abstrakte Einheiten – als «Faktoren» –, die mathematischen Regeln unterliegen und vernünftige Analysen zulassen. Wie bereits gesehen, hat uns dieser klassische Ansatz sehr weit gebracht. Zuchtprogramme lassen sich tatsächlich so planen, daß man die Inzuchtdepression verringert und die genetische Vielfalt maximal steigert; und die Überlegungen der klassischen Genetik helfen uns, beispielsweise die Besonderheiten der Rotbauchunken und Nachtaffen zu begreifen.

Dennoch erfordert der klassische Neodarwinismus mit seiner «abstrakten» Genetik, daß wir noch eine ganze Reihe von Vermutungen anstellen, die man in dieser Form nicht als selbstverständlich voraussetzten sollte; er hinterläßt einige offene Fragen. Manche davon lassen sich durch Anwendung der modernen Techniken der Molekularbiologie und der Cytogenetik beantworten. Diese Fachgebiete betrachten die Chromosomen und die in ihnen liegenden Gene nicht als abstrakte «Faktoren» sondern als reale Dinge mit bestimmten analysierbaren chemischen Strukturen.

Diese Techniken gewinnen immer mehr an Bedeutung. Der Zusammenschluß von klassischer Genetik und Arterhaltungstheorien mit der Molekularbiologie war wahrscheinlich der größte Fortschritt der achtziger Jahre. Ende des Jahrhunderts wird jeder für den Artenschutz tätige Genetiker ganz selbstverständlich die Ideen der Molekularbiologie anwenden. Wir sollten diese Techniken sowie ihre Stärken und Mängel kurz betrachten.

Gene als Moleküle

Im 19. Jahrhundert entdeckte der Schweizer Chemiker F. Miescher in Zellkernen die DNA oder DNS – die Desoxyribonukleinsäure. Es stimmt also nicht, was Orson Welles in *Der dritte Mann* behauptet: das einzig Nützliche, das aus der Schweiz kommt, sei die Kuckucksuhr. Aber bis in die vierziger Jahre des 20. Jahrhunderts *wußte* niemand, daß die DNA eine sehr interessante Funktion hat; erst damals wies man definitiv nach, daß sie der Stoff ist, aus dem die Gene gemacht sind. In den fünfziger Jahren entschlüsselten dann – wie alle Welt weiß – Francis Crick und James Watson mit Hilfe der Daten von Rosalind Franklin und Maurice Wilkins ihre Struktur.

In unserem Zusammenhang ist wichtig, daß die DNA aus Ketten von Untereinheiten aufgebaut ist, den sogenannten Nukleotiden, deren jede eine Base enthält. Vier Basen kommen vor: Cytosin (C), Guanin (G), Adenin (A) und Thymin (T). Die Sequenz der Basen entspricht dem genetischen Code. Die DNA legt mit ihrer Basensequenz die Abfolge der Aminosäuren innerhalb der Proteine fest – und somit deren Eigenschaften und Fähigkeiten.

Wie wir schon oft erwähnten, besitzen verschiedene Tiere unterschiedliche Gene. Zwischen verschiedenen Arten – sagen wir Pferden und Löwen – müssen die genetischen Unterschiede groß sein. Doch auch zwischen Individuen derselben Art bestehen genetische Abweichungen. Sie und ich sind beispielsweise beide Menschen mit einer ähnlichen Folge von Genorten auf einer ähnlichen Chromosomenausstattung, doch an diesen Genorten haben wir zweifellos viele verschiedene Allele.

Man stellte jedoch fest – eine der vielen Entdeckungen seit den sechziger Jahren –, daß die DNA von Tieren ausgesprochen «unordentlich» ist. Die Gene – regelmäßige Basenfolgen gemäß den strengen Codons für Proteine – werden nämlich von DNA-Sequenzen (sogenannten «Introns») unterbrochen, die überhaupt keine Funktion als Code haben. Sie sind genaugenommen DNA-«Schrott» (*junk DNA*). Wenn die Zelle Proteine herstellt, muß sie zuerst diesen «Schrott» herausschneiden. Auch zwischen den Genen befindet sich jede Menge davon. Genaugenommen hat nur ein kleiner Prozentsatz der gesamten DNA des Zellkernes tatsächlich Genfunktion. Die überwiegende Mehrheit ist Abfall. Nebenbei bemerkt enthält Bakterien-DNA nicht viel Schrott. Sie besteht aus echten, sinnvollen Genen (*no-nonsense genes*). Es war ein großes Glück, daß die Molekularbiologen zuerst mit Bakterien arbeiteten!

Wie man zeigen konnte, ist der Schrott in tierischer DNA ein seltsames und heterogenes Material. Zu seinen zahlreichen Besonderheiten gehört sein Vorkommen an vielen verschiedenen Stellen, die man «Minisatelliten» nennt: kurze DNA-Sequenzen, die sich wiederholen, manchmal Dutzende Male hintereinander. Dieselben Minisatelliten können im gesamten Genom mehrfach an verschiedenen Stellen vorkommen; mehrmals auf demselben Chromosom und oft auch auf verschiedenen Chromosomen.

Eine weitere Entdeckung ist, daß Mitochondrien – Organellen im Cytoplasma der Zelle, die für die Atmung wichtig sind – ebenfalls etwas DNA tragen. Zwar ist der Gesamtgehalt an mitochondrialer DNA gering, doch sie hat fast durchweg eine Funktion (sie enthält sehr wenig DNA-Schrott) und trägt zur Bildung einiger Atmungsenzyme bei.

Die DNA verändert sich mit der Zeit; Basen gehen verloren, andere kommen hinzu, oder die Sequenz ändert sich hier und da. Finden die Veränderungen in Keimzellen (Ei- oder Samenzellen) statt, werden sie an die nächste Generation weitergegeben. Diese Veränderungen sind die Mutationen der klassischen Genetiker. Sie führen zu jener Vielfalt, die Darwin als notwendig für die natürliche Selektion erkannte.

Erscheinen Mutationen innerhalb funktioneller Gene, beeinflussen sie wahrscheinlich die Anatomie oder Physiologie des Tieres. Die auf diese Weise verursachten Veränderungen sind oft nachteilig (eine zufällige Veränderung in der DNA ist, als trete man ein Fernsehgerät mit Füßen), und die natürliche Selektion wird sie zumeist eliminieren. Es besteht also generell die Tendenz, daß die Struktur funktioneller

Gene von Generation zu Generation weitgehend erhalten bleibt. Veränderungen im DNA-Schrott sind jedoch bedeutungslos. Daher werden Mutationen im DNA-Schrott auch nicht eliminiert. Deswegen ist dieser zumeist in hohem Maße variabel.

Allein nach dieser Beschreibung würden wir erwarten, daß die DNA verschiedener Tiere auf vielfältige Weise und auf unterschiedlichen «Ebenen» voneinander abweicht. Genau das ist der Fall. Verschiedene Arten – wie Pferde und Löwen – zeigen eine sehr unterschiedliche Verteilung sowohl der funktionellen Gene (obschon wir über die Ähnlichkeiten gleichermaßen erstaunt wären!) als auch des DNA-Schrottes. Zwei Tiere derselben Art werden fast die gleichen funktionellen Gene besitzen. Gehören sie jedoch zu verschiedenen Populationen dieser Art, dann könnten sie auch signifikant verschiedene Allele jener Gene tragen. Das heißt, einige Allele werden zwar in der einen, aber nicht in der anderen Population vorhanden sein, und die Häufigkeiten von Allelen innerhalb beider Populationen könnten sich unterscheiden. Natürlich wird der DNA-Schrott noch viel mehr abweichen.

Zwei Individuen derselben Familie – Geschwister oder Eltern und Kinder – werden sehr ähnliche Allele aufweisen, aber immer noch Unterschiede in ihrem DNA-Schrott. Insbesondere die Muster der Minisatelliten unterscheiden sich von Individuum zu Individuum so stark, daß keine zwei Menschen das gleiche Muster erkennen lassen. Diese Muster der Minisatelliten wurden zur Grundlage für den «genetischen Fingerabdruck» (das sogenannte «Fingerprinting»), der heute häufig als Beweismittel vor Gericht dient.

Daraus wird deutlich: Das Maß an genetischer Abweichung zwischen Individuen reflektiert ihre Verwandtschaft. Zumindest läßt sich an ihm zeigen, daß von drei Individuen zwei näher miteinander verwandt sind als mit dem dritten. Deutlich wird auch folgendes: Weil einige Regionen der DNA sich viel seltener verändern als andere – und letztere daher auch sehr viel variabler sind –, müssen wir verschiedene Typen von Vergleichen anstellen, um Abweichungen unterschiedlichen Ausmaßes nachzuweisen. Die Unterschiede in den Minisatelliten zwischen Pferden und Löwen sind so groß, daß keine Gemeinsamkeiten mehr zu finden sind. Will man die Verwandtschaft derart verschiedener Tiere untersuchen, sollte man sich ihre Gene ansehen. Dagegen sind die Gene von Mitgliedern derselben Familie

alle ziemlich ähnlich – doch die feinen Unterschiede (und Verwandt-
schaftsbeziehungen) lassen sich durch den Vergleich der Minisatelliten herausfinden.

Die DNA verschiedener Tierarten kann man auf unterschiedliche
Weise vergleichen. Eine beruht darauf, daß Einzelstränge der DNA
sich an entsprechende Stränge derselben Art anlagern – aber weniger
gut an DNA einer anderen. Ein grobes Maß für den Verwandtschaftsgrad ist das Ausmaß dieser Zusammenlagerung in einer Mischung von
Strängen (was man leicht anhand einer Veränderung des Schmelz-
punktes messen kann). Ein genaueres Verfahren besteht darin, kurze
DNA-Bereiche in Fragmente zu spalten. Identische Strecken verschiedener DNA zerbrechen in unterschiedlich große Fragmente.
Wiederum spiegeln die Ähnlichkeiten und Abweichungen im Muster
der Fragmente den Verwandtschaftsgrad wider. Wenn man möchte,
kann man sogar die tatsächliche Abfolge der Basen in der DNA analysieren, doch ist dies gewöhnlich nicht erforderlich, um Verwandt-
schaftsbeziehungen ausfindig zu machen.

Statt der Unterschiede zwischen der DNA lassen sich auch diejenigen zwischen den Versionen eines bestimmten Proteins erforschen,
das bei verschiedenen Tieren von unterschiedlichen Allelen codiert
wird. Schließlich kann man (beispielsweise zum Ermitteln von Abweichungen zwischen Unterarten) die Chromosomen betrachten.
Jedes Chromosom besteht bekanntlich aus einem einzigen DNA-Ma-
kromolekül, das stark spiralig gewunden ist. All diese Methoden wendet man in der modernen Artenschutzbiologie an. Wir sollten einige
davon kurz besprechen.

Angewandte Molekularbiologie

Im feinsten Maßstab setzt man genetisches Fingerprinting beim Artenschutz für Vaterschaftsnachweise ein, genau wie in Rechtsfällen.
Dies ist aus mehreren Gründen von großem Wert. Zunächst einmal
fanden Feldbiologen heraus, daß zahlreiche Tiere sehr viel häufiger
ihre Partner wechseln, als man es gewöhnlich beobachtet. Pfauhen-
nen verpaaren sich in jeder Brutsaison mit mehreren Hähnen. Hek-
kenbraunellen scheinen monogam zu sein, doch in Wirklichkeit verpaaren sie sich auch mit anderen Partnern. So kommt es vor, daß

manche ihrer Eier von anderen Männchen als jenem stammen, das beim Raupensammeln für die Jungvögel hilft. Männliche Tiere, die über einen Harem herrschen, setzen sich nicht ein Leben lang durch. Beobachtungen an so unterschiedlichen Tieren wie Hirschen und Pavianen haben gezeigt, daß «Gelegenheitspaarungen» viel häufiger sind, als das dominante Männchen glauben mag.

Aus züchterischen Gründen besteht heute die Tendenz, Tiere in Menschenobhut in ähnlichen Gruppen zu halten, wie wir sie gewöhnlich auch in der Natur finden. Zusätzliche Geschlechtspartner, Gelegenheitspaarungen und allgemeine Partnerwechsel machen es sehr schwierig, unter solchen Umständen zu sagen, wer der Vater von wem ist. (Wir könnten dies das «Strindberg-Dilemma» nennen.) Doch – wie schon mehrfach in diesem Kapitel betont wurde – läßt sich Inzucht nur vermeiden und genetische Vielfalt nur bewahren, wenn wir Verpaarungen organisieren. Daher setzt man in der Praxis immer häufiger genetisches Fingerprinting (Analyse der Minisatelliten) ein, um abzusichern, daß bestimmte Individuen der Zuchtpopulation tatsächlich die vermutete genetische Abstammung haben. So unternahmen zum Beispiel Oliver Ryder und seine Mitarbeiter von der Zoological Society of San Diego vor einiger Zeit ausführliche Vaterschaftsuntersuchungen bei Galápagosriesenschildkröten im Zoo von San Diego.[8]

Es gibt jedoch auch noch umfassendere Aufgaben. Zuchtpläne sind auf die Daten in den Zuchtbüchern angewiesen. Aber die Zuchtbücher können unvollständig sein (Zoos verfügten in der Vergangenheit nicht über so gute Aufzeichnungen wie heute). Noch bedeutsamer ist, daß Zuchtbuchaufzeichnungen manchmal mit Tieren beginnen, die bereits in Zoos lebten, und zuweilen mit Wildfängen, deren genaue Herkunft nur selten aufgeführt ist. Die Herkunft der ersten Tiere im Zuchtbuch ist in der Regel ungewiß. Mangels besserer Informationen sind die Züchter zu der Annahme gezwungen, die ersten Tiere im Zuchtbuch – die Gründer – seien alle nicht miteinander verwandt. In Wirklichkeit trifft dies aber vielleicht gar nicht zu. Die aus der Natur stammenden Tiere könnten alle Geschwister gewesen sein. In so einem Fall werden die sorgfältigsten Pläne, die Inzucht auf ein Minimum zu beschränken, zunichte gemacht.

Daher untersuchen die Molekularbiologen jetzt Minisatelliten, um die tatsächlichen Verwandtschaftsverhältnisse in Zuchtgruppen zu ermitteln. Auf diese Weise können sie feststellen, ob Vermutungen

über die verwandtschaftlichen Beziehungen, die auf Zuchtbuchaufzeichnungen beruhen, wirklich zutreffen. So untersucht derzeit Mike
Bruford vom Institute of Zoology in London Minisatelliten, um die
Verwandtschaftsverhältnisse der Mauritius- oder Rosentauben des
Jersey Wildlife Preservation Trust (auf der Kanalinsel Jersey) festzustellen. Die Population von etwa 60 Tieren in Menschenobhut zeigt
bereits Anzeichen von Inzuchtdepression. Sicherlich entstand sie aus
sehr wenigen Gründern. Die Wildpopulation (die inzwischen durch
Freilassen von im Zoo geschlüpften Vögeln vergrößert wurde) war
einst auf 106 Tiere zurückgegangen. Wahrscheinlich waren zumindest
einige jener Gründer tatsächlich miteinander verwandt.

Um zwischen Populationen zu unterscheiden, bedient man sich
ebenfalls molekularbiologischer Untersuchungen auf verschiedenen
«Ebenen». Artenschützer können nie alles bewahren, aber sie versuchen zu gewährleisten, daß sie immer das Erhaltenswerteste dafür
auswählen. Von vielen Tierarten gibt es eine «Kernpopulation» und
mehrere Tochterpopulationen, die sich irgendwann in der Vergangenheit von der Kernpopulation abspalteten. In der Regel wird die
Kernpopulation die größte genetische Vielfalt aufweisen, und wenn
man eine Auswahl treffen muß, sollte man diese erhalten.

Die vielen Fischpopulationen in den isolierten oder nahezu isolierten Flüssen und Seen der Wüsten in den südwestlichen Vereinigten
Staaten sind ein ausgezeichnetes Beispiel. Die Fischzuchtstation Dex-
ter National Fish Hatchery (DNFH) im südwestlichen New Mexico
hält ständig zwischen zehn und 20 Arten solcher Fische und hat bereits
sechs von ihnen in ihrem ursprünglichen Verbreitungsgebiet wiedereingebürgert. Zwischen 1976 und 1985 züchtete die DNFH eine große
Zahl einer Zahnkärpflingart der Gattung *Fundulus* (*sonoran top-min-
nows*). Doch dann zeigten genetische Untersuchungen, daß diese
Tiere keine genetische Variation aufwiesen, weil die Population in
Menschenobhut aus Fischen hervorgegangen war, die alle einer einzigen (Rand-)Population entstammten. So begann die DNFH von
neuem mit einer vielfältigeren Population.[9]

Noch umfassendere genetische Untersuchungen verschiedener Art
können – ergänzt durch Chromosomenuntersuchungen – dazu beitragen, Unterschiede zwischen Unterarten nachzuweisen, Unterschiede, die mit bloßem Auge vielleicht nicht sichtbar sind (weil Tiere
verschiedener Unterarten oft sehr ähnlich aussehen), die aber zu-

künftige Zuchtvorhaben beeinflussen könnten, denn eine Kreuzung ergibt möglicherweise keine lebensfähigen Nachkommen. Gazellen erweisen sich als verblüffend schwierige Gruppe. Wie sich bei genaueren Analysen herausstellte, setzen sich mehrere Arten aus ziemlich abweichenden Unterarten zusammen. Die Zucht von Gazellen in Menschenobhut schlug in einigen Fällen fehl. Die unerwarteten chromosomalen Unterschiede sind ganz bestimmt eine der Ursachen dieses Mißerfolgs.

Schließlich setzen Biologen molekularbiologische Untersuchungen – im größten Maßstab – ein, um die Verwandtschaftsgrade verschiedener Tierarten oder sogar Familien, Ordnungen und Stämmen festzustellen. So scheint eine Arbeit am Smithsonian Institute in Washington von 1985 das alte Rätsel der Verwandtschaft der Pandas gelöst zu haben. Nach Ansicht mancher Wissenschaftler gehören sowohl der Große als auch der Kleine Panda zu den Großbären; andere halten beide für Kleinbären; und wieder andere halten sie für keines von beiden und meinen, man solle sie in eine eigene Familie stellen. Aus Analysen der DNA schlossen Stephen O'Brien und seine Mitarbeiter, daß Große und Kleine Pandas in Wirklichkeit gar nicht besonders nahe miteinander verwandt sind. Sie sehen nur deswegen ähnlich aus, weil sich beide Raubtiere (Carnivoren) sekundär an Bambusnahrung angepaßt haben. Kleine Pandas (so ihre Folgerung) sind tatsächlich Kleinbären und Große Pandas wirklich Großbären – wenngleich sie sich schon vor so langer Zeit von den anderen Bären abspalteten, daß man sie wahrscheinlich als eigene Familie ansehen sollte.[10] An diesem Punkt mögen wir jedoch einfach (mit den Worten Julias) fragen: «Was ist schon ein Name?»

Molekularbiologische Untersuchungen erweisen sich demnach als äußerst nützlich. Künftige Zuchtvorhaben müssen ihre Ergebnisse berücksichtigen. Doch wir sollten auch nicht zu euphorisch sein. Sie sind nicht der einzige Weg zur Weisheit. Taxonomische Forschungen, die auf molekularbiologischen Untersuchungen basieren, sollten nicht einfach sämtliche andersartigen Informationen außer Kraft setzen dürfen – denn manchmal liefern sie unzuverlässige und recht unglaubliche Ergebnisse. Die genetische Vielfalt innerhalb einer Population ist ein Grund, diese Population anderen vorzuziehen, aber sie ist nicht das *einzig* denkbare Kriterium. Kurzum: Auch unser gesunder Menschenverstand ist noch gefragt.

Wenn alle Entscheidungen getroffen sind, können die Zuchtvorhaben letztendlich anlaufen. Damit tauchen neue Probleme auf – diplomatische, finanzielle und logistische –, die ich kurz erörtern werde.

Die Organisation eines Zuchtprogramms

Aus all dem bisher Gesagten wird deutlich, daß die Zucht in Menschenobhut zum Zwecke der Arterhaltung sicher nicht einfach ist. Die grundlegende Strategie – darauf ausgerichtet, ein Maximum an genetischer Vielfalt zu erhalten – ist von Natur aus kompliziert. Weil die Populationen jeder Tierart groß sein müssen, sollen sie lebensfähig sein, arbeiten viele Zuchtzentren – eben Zoos – zusammen, oft über nationale Grenzen hinaus. Zusätzlich zu den theoretischen Grundlagen (die für die meisten praktischen Zuchtzwecke bereits ausreichend erscheinen) erfordert eine erfolgreiche Zucht also auch Organisation.

Diese muß im wesentlichen drei Dinge berücksichtigen. Erstens hängt der Erfolg einer Erhaltungszucht von guten Aufzeichnungen ab. Der Züchter muß genau wissen, welches Tier von welchem abstammt und mit welchen es verwandt ist. Die grundlegenden Daten sind in den Zuchtbüchern zusammengefaßt, deren Einsatz immer häufiger – und notwendigerweise – durch Computer unterstützt wird. Zweitens erfordert die Zucht gut ausgearbeitete Zuchtpläne, ebenfalls in verschiedener Beziehung von Computern unterstützt. Drittens sind verschiedene Formen der Organisation auf unterschiedlichen Ebenen nötig. Nur so läßt sich gewährleisten, daß die richtigen Zuchtbücher und die notwendigen Zuchtvorhaben begonnen und fortgeführt werden. Der Vollständigkeit halber sollten wir alle drei Punkte kurz diskutieren.

Zuchtbücher

Neben seiner Beschäftigung als Kurator für Vögel im Zoo London ist Dr. Peter Olney Herausgeber des *International Zoo Yearbook* (*IZY*). Damit ist er auch der internationale Koordinator aller Zuchtbücher der Welt für Wildtiere in der Obhut des Menschen. Ihm zufolge sind

Zuchtbücher «das Ausgangsmaterial planmäßiger Zuchten». Das trifft auch zu. Sie enthalten in standardisierter Form die wesentlichen grundlegenden Daten, auf die sich Zuchtstrategien, wie ich sie beschrieben habe, aufbauen lassen. Zur Zeit sollte jedes Zuchtbuch auf Vorschlag von Mitgliedern des EEP (jener Gruppe, welche die Zucht in Europa koordiniert) zumindest die folgenden Informationen für jedes Individuum enthalten:

Den Eigennamen, die Nummer, die ISIS-Zahl (die ich in Kürze erklären werde); Datum und Ort der Geburt sowie das Geburtsgewicht; Sterbedatum und -ort sowie Gewicht zum Zeitpunkt des Todes und Rückschlüsse auf die Todesursache. Ferner sollte verzeichnet sein, was mit dem Kadaver geschah, wer die Eltern waren und wo diese der Natur entnommen wurden, sofern es Wildfänge waren; das Datum ihres Transfers von der Natur in den Zoo oder von einem Zoo zum anderen sowie Nummer und Name, die ihnen in ihrem eigenen Zuchtbuch zugewiesen wurden. Der Name sollte sich am besten aus dem Geburtsort und einer Zahl zusammensetzen (beginnend mit 1), die anzeigt, wann sie ins Zuchtbuch aufgenommen wurden. Das sind die Mindestdaten, doch Zuchtbücher sind natürlich flexibel. Mit der Zeit werden vielleicht immer mehr Daten als «grundlegend» angesehen. Es könnte durchaus die Zeit kommen (obgleich es noch ein langer Weg bis dahin ist!), in der man eine DNA-Analyse (*DNA printout*) von jedem Individuum als unerläßlich betrachtet.

Natürlich hatten schon lange bevor Zoologen begannen, Wildtiere aus Gründen der Arterhaltung zu vermehren, Fürsten, Herrscher, Jäger und Bauern Haustiere gezüchtet. Die allgemeine Auffassung, eine gutgehende Zucht hänge von guten Aufzeichnungen ab (oder von einem unglaublich guten Gedächtnis!), geht daher sehr weit zurück. Das erste bekannte Zuchtbuch – *Das allgemeine Zuchtbuch für Vollblutpferde* – erschien 1791. Doch das älteste Zuchtbuch für ein Wildtier wurde erst 1923 bei einer Konferenz im Berliner Zoo ins Leben gerufen. Dr. Heinz Heck begann damals auf Karteikarten das Zuchtbuch für den Wisent, dessen Bestände einige Jahrzehnte lang schlimm dezimiert worden waren, und der nach dem Ersten Weltkrieg eindeutig gefährdet war. Das Zuchtbuch für den Wisent, ein historisches Dokument, erschien schließlich im Jahre 1932.

Weitere 25 Jahre vergingen, bis die nächste Wildtierart hinzukam. Das war der Davidshirsch mit seinem 1957 von der Zoological Society of London in ihrem Landsitz in Whipsnade im englischen Bedford-shire herausgegebenen Zuchtbuch. Zwei Jahre später, 1959, folgte als drittes das Zuchtbuch für das Przewalskipferd, die Wildform unserer Hauspferde. Es wurde in Prag begonnen und wird auch heute noch dort geführt. Im Jahre 1959 startete man auch das Zuchtbuch für das Okapi, das jetzt in Antwerpen liegt. Erst später stellte sich heraus, daß das Okapi in der Natur nicht so selten ist, wie man angenommen hatte (es ist ein scheuer Waldbewohner, von dem die Wissenschaft erst im Jahre 1901 erfuhr). Doch die anderen drei Arten waren bereits auf die Zucht in der Obhut des Menschen angewiesen, um zu überle-ben. Diese drei – Wisent, Davidshirsch und Przewalskipferd – gelten daher gewöhnlich als die klassischen Beispiele der modernen Erhal-tungszucht – wenngleich die Zuchtmethoden früherer Tage mit den modernen nicht immer in Einklang stehen.

In das Unternehmen kam Schwung. Im Jahre 1967 bejahte die IUCN offiziell die Idee der Zuchtbücher und schloß sich mit dem Internationalen Zoodirektorenverband (International Union of the Directors of Zoological Gardens, IUDZG) zusammen, um die Ver-antwortung für sie zu übernehmen. Diese beiden Körperschaften bil-deten ein gemeinsames Komitee, das sich später in die Captive Breed-ing Specialist Group (CBSG) umwandelte. Diese überwacht heute in großem Maßstab alle internationalen Zuchtbemühungen zur Art-erhaltung. Das *International Zoo Yearbook* von 1967 verzeichnete sieben bereits laufende Zuchtbücher sowie vier geplante. Im Jahre 1971 waren elf eingerichtet und weitere drei vorgesehen; 1980 waren es schon 20. Das 1989 veröffentlichte *IZY* 28, das sich auf 1986 be-zieht, führt Zuchtbücher für 95 Arten an: zwei Reptilien-, 16 Vogel- und 77 Säugetierarten. Hiervon werden einige in mehrere Unterarten aufgegliedert, von denen jede über ihr eigenes Zuchtbuch verfügt. So gibt es beispielsweise getrennte Zuchtbücher für den Vorderindi-schen oder Bengaltiger, den Sibirischen, den Chinesischen und den Sumatratiger. Anfang 1993 lag die Zahl der Zuchtbücher bereits bei 119. Neben den Zuchtbüchern existieren einige wenige «Verzeich-nisse», Zuchtbücher im Entstehen, die Tiere auflisten, deren Daten-sammlung noch nicht vollständig ist.

Doch wir sind keineswegs am Ende unserer Geschichte. Wie wir in Kürze erörtern werden, betreibt man für die meisten Arten aus prak-tischen Gründen Erhaltungszucht auf regionaler statt auf globaler Basis. So werden in den verschiedenen Regionen zumindest für einige Arten Zuchtbücher geführt, die nicht im internationalen Verzeichnis des *IZY* enthalten sind. Beispielsweise beschränken sich die Zuchtbücher für viele australische Arten derzeit auf Australien. Alles in allem sind wir immer noch weit von der Auflistung sämtlicher grundlegender Daten entfernt, die uns ermöglichen würden, jene etwa 2000 Landwirbeltierarten (oder etwa 2500 Unterarten) in Menschenobhut zu züchten, die theoretisch davon profitieren könnten. Von den Tieren, die in geeigneter Weise registriert sind, werden nur wenige (wie Przewalskipferd, Davidshirsch und Sibirischer Tiger) in einer Zahl gehalten, die man als ausreichend ansehen könnte. Pessimisten sagen bereits: «Es ist hoffnungslos!», Optimisten hingegen verweisen auf die exponentielle Zuwachsrate der Zuchtbücher und erwarten, daß wir bis zu Beginn des kommenden Jahrhunderts mehrere hundert davon haben werden. Das wäre ein ansehnlicher Anteil dessen, was erforderlich ist, und sehr viel besser als nichts. In diesem Geschäft muß man optimistisch sein. Die Situation ist auch nicht ganz so hoffnungslos, als daß Optimismus völlig unangemessen wäre.

Jedes einzelne Zuchtbuch nimmt rasch an Komplexität zu. Schließlich enthält es die Ausgangsdaten eines Familienstammbaumes (oder vielmehr mehrerer Familienstammbäume). Jeder, der schon einmal eine Liste von Eheschließungen zusammengestellt hat, weiß, wie schnell ein solcher Stammbaum den Verstand überfordern kann. Deshalb erwies sich der Computer hierfür als Geschenk Gottes. Man kann sich kaum vorstellen, wie (ähnlich den heutigen Versicherungen und den verschiedenen Formen der Steuern) die Erhaltungszucht ihr derzeitiges Niveau ohne Computer hätte erreichen können. Die ersten wirklich bedeutenden Schritte mit dem Computer unternahm man 1971 (in den Anfangstagen der modernen Computertechnologie!), als eine Gruppe von Enthusiasten in den Vereinigten Staaten das ISIS gründete. Dieses Akronym stand ursprünglich für «International Species Inventory System» und wurde inzwischen abgeändert in «International Species Information System». Die Zentrale des ISIS ist heute im Minnesota Zoo in Minneapolis. Die Hauptaufgabe des ISIS bestand eigentlich nicht darin, Zuchtbücher zu schaffen. Vielmehr sollte ein aktuelles und leicht zugängliches zentrales Verzeichnis aller Tiere in jenen Zoos angefertigt werden, die von diesem Service Gebrauch machen wollten. Solche Informationen sind auch für Zoodirektoren von Nutzen, die keine Zuchtbücher zusammenstellen oder sich nicht an organisierten Zuchtvorhaben beteiligen. Denn Zoos versuchten und versuchen, auch ohne übergeordnete Pläne Tiere zu züchten, und müssen wissen, wer dies sonst noch tut.

Doch die Daten des ISIS liefern alleine nicht all die Informationen, die man für die Zusammenstellung eines wirklich umfassenden Zuchtbuches benötigt. Seine Datenbasis stammt nur von den daran beteiligten Zoos. Viele genetisch wertvolle Tiere leben aber in Zoos, die diesem System nicht angeschlossen sind. Ist jedoch erst einmal ein Zuchtbuch eingerichtet (und die nicht angeschlossenen Zoologischen Gärten darin aufgenommen), fließen diese Daten ins ISIS ein. Somit ist das ISIS weltweit die beste zentrale Datenbank für allgemeine Angaben über Zootiere. Sollte es je ein wirklich umfassendes Bestandsverzeichnis geben, dann wird es das ISIS sein. Inzwischen existieren in zahlreichen Ländern viele Computerprogramme (mit entsprechenden Akronymen), die Zuchtbücher einzelner Arten enthalten und es ermöglichen, die Tierverzeichnisse auf verschiedene Art und Weise zu durchforschen (beispielsweise Inzuchtkoeffizienten zu berechnen). Doch das ISIS ist der «Vater» von allen. Viele andere Programme greifen Daten auf, die ins ISIS eingehen, oder nutzen die mit ihrer Hilfe gewonnenen Erkenntnisse.

Im allgemeinen schreitet die Entwicklung bei Computern und Software so rasch voran, daß selbst der Versuch kaum lohnt, im einzelnen aufzuführen, was es alles gibt. Nur soviel: Stellt man sich eine Möglichkeit vor, wie Computer zur Verwaltung und Analyse von Daten dienen könnten, die für eine organisierte Zucht von Bedeutung sind, dann hat sicher schon irgend jemand irgendwo ein entsprechendes Programm erarbeitet oder ist gerade dabei. Das Haupthindernis scheint meines Erachtens zur Zeit die Kompatibilität der Computer zu sein, verschärft durch die rasche Entwicklung der Hard- und Software. Derzeit verbringen einige der Computerexperten in der Zoowelt einen Großteil ihrer Zeit damit, Programme von einem ins andere System zu übertragen. Doch diese Probleme werden gelöst werden.

Ich habe bereits einige der Organisationen erwähnt, die heute die internationalen Zuchtvorhaben überwachen. Wiederum scheinen eingehende Details überflüssig, doch eine kurze Übersicht der wichtigsten Organisationen und der von ihnen ausgehenden Zuchtpläne scheint angebracht.

Organisationen und Zuchtvorhaben

Die Organisation weltweiter Arterhaltung erscheint auf den ersten Blick erschreckend kompliziert: ein bürokratischer Alptraum, ein Wust von Akronymen. Vielleicht würde sie von einer gewissen Straffung profitieren, aber insgesamt gesehen scheint Komplexität unvermeidlich. Es ist sinnvoll, die Arterhaltung auf verschiedenen Ebenen zu organisieren: auf internationaler, regionaler, nationaler und lokaler. Vernünftigerweise verfolgen verschiedene Gruppierungen unterschiedliche Ziele. Der WWF (World Wide Fund for Nature, ehemals World Wildlife Fund) konzentriert sich auf die Finanzierung von Schutzvorhaben, die IUCN auf deren Organisation. Darüber hinaus gibt es einige Vereinigungen, die sich *ad hoc* zusammengeschlossen und in der Vergangenheit Pionierarbeit geleistet haben, aber auch in der Gegenwart sehr aktiv sind. Eine davon ist das International Council for Bird Presentation/International Waterfowl and Wetland Research Bureau (ICBP/IWRB), das jetzt – unter anderem, wie wir im nächsten Kapitel sehen werden – die Wiedereinbürgerung des Balistares (auch Rothschilds Maina genannt) koordiniert. Eine weitere ist die britische Fauna and Flora Preservation Society (FFPS). Sie initiierte die Rettung der Arabischen Oryx – für alle Zeiten das Musterbeispiel einer Erhaltungszucht. Niemand verlangt, solche einflußreichen Vereinigungen sollten sich nur aus Gründen der bürokratischen Straffung auflösen. Verschiedene Interessengruppen sollten sich aber zusammenschließen, ähnlich wie es die Zoodirektoren national und international getan haben. Ebenso zweckmäßig ist es, Ausschüsse einzuberufen, die sich um bestimmte Arten oder Artengruppen kümmern (und von denen dann jeder sein eigenes Akronym annimmt). Bestimmte Persönlichkeiten werden in mehr als einem Komitee vertreten sein müssen, manche sogar, so scheint es, in Dutzenden. Ohne wie Dr. Pangloss zu behaupten, alles sei in dieser besten aller möglichen Welten bestens eingerichtet, sollten wir zugeben, daß eine gewisse Komplexität in der Organisation unvermeidlich ist. Wir werden es lernen, mit immer mehr Briefköpfen zu leben.

Die für dieses Buch bedeutendste Organisation ist jedoch alles in allem die IUCN; eine Untergruppierung davon ist die Species Survival Commission (SSC), der gegenüber die Captive Breeding Specialist Group (CBSG) verantwortlich ist. Die CBSG selbst setzt sich sowohl aus Mitgliedern der IUCN als auch aus dem Internationalen Zoodirektorenverband (IUDZG) zusammen. Ihren Vorsitz hat Dr. Ulysses Seal, der ansonsten Mediziner am Veterans Administration Medical Centre in Minneapolis ist und sich durch ungeheure Tatkraft auszeichnet. Die in Minnesota stationierte CBSG ist das eigentliche Zentrum der weltweiten Zuchtbemühungen zur Arterhaltung.

Wie Peter Olney sagte, beruhen die Zuchtvorhaben auf Ausgangsdaten aus den Zuchtbüchern. Aber eine Auflistung von Daten ergibt noch keinen Zuchtplan. Dieser muß auf der Grundlage der Daten noch erarbeitet werden. Aus praktischen Gründen führt man Zuchtvorhaben oft lieber auf regionaler als auf globaler Basis durch. Das Entscheidende dabei ist: Die Tiere sollten zwischen den Zoos nicht auf weitere Reisen als absolut notwendig geschickt werden. Oft unterliegen solche Reisen verschiedenen Gesetzen, darunter auch Veterinärbestimmungen. Deshalb führt – ebenfalls aus Gründen der Zweckmäßigkeit – jede Region ihre eigenen Zuchtbücher. Davon enthält natürlich jedes einen Teil der Daten aus den entsprechenden globalen Zuchtbüchern. Nur einige wenige Arten wie der Große Panda erfordern wirklich eine Zucht in globalem Maßstab, ganz einfach, weil es so wenige Pandas außerhalb Chinas gibt. Wir könnten allerdings mit Recht fragen, ob man überhaupt Pandas außerhalb Chinas halten sollte, weil sie dort fast überall sehr schlecht züchten. Eine mögliche politische Instabilität in China scheint die wichtigste begründete Rechtfertigung für Zuchtversuche anderenorts zu sein.

Zu den regionalen Zuchtprogrammen, die bei weitem in der Überzahl sind, zählen unter anderem folgende: Nordamerika hat seine Species Survival Plans oder SSPs. Sie werden von der American Association of Zoological Parks and Aquaria (AAZPA) mit Sitz in Bethesda, Maryland, zentral verwaltet. Im März 1989 waren 50 SSPs im Gange, Anfang 1993 waren es 64. In Europa bestehen die Europäischen Erhaltungszuchtprogramme oder EEPs. Auch hier gibt es seit 1992 eine zentrale Körperschaft – vergleichbar der AAZPA –, der gegenüber die EEPs verantwortlich sind: die European Association of Zoological Gardens and Aquaria (EAZA). An den EEPs sind sowohl osteuropäische als auch westeuropäische Zoos beteiligt. Sie haben sich sogar nach Israel und Afrika ausgeweitet.

Zuchtvorhaben auf den Britischen Inseln wurden bereits vor der Existenz der EEPs von der Joint Management of Species Group

(JMSG) verwaltet, die der National Federation of Zoos of Great Britain and Ireland untersteht. Für Arten auf Liste A sind bereits Zuchtvorhaben im Gange, während Arten der Liste B überwacht und gegebenenfalls in Liste A aufgenommen werden. Inzwischen geht man auch in Großbritannien nicht länger eigene Wege. Als die EEPs anliefen, wurden einige bereits von hier aus koordiniert. Als logische Folge schloß sich dann die IMSG mit ihren Projekten den EEPs an, und die britischen Zoos unterstehen nunmehr wie alle anderen in Europa der EAZA.

Australien und Neuseeland haben ihr Australasian Species Management Scheme (ASMS), verwaltet von der Association of Zoo Directors of Australia and New Zealand (AZDANZ). Auch Japan und Indien – jedes eine eigene Region – haben schon die ersten Schritte hin zur Erhaltungszucht unternommen, indem sie Zuchtbuchführer bestimmten. Die Japanese Association of Zoological Gardens and Aquaria (JAZGA) tat dies 1988 und die Indian Zoo Directors Conference 1989. Im Laufe der Zeit sollten die Kontinente Europa, Asien und Afrika immer enger zusammenarbeiten. Zuchtbücher – unterstützt durch Computer – liefern also das Ausgangsmaterial. Verschiedene Verwaltungen mit der CBSG als Zentrale sorgen für die Koordination. Wie kommt nun aber in der Praxis ein Zuchtvorhaben in Gang? Die EEPs können uns dafür als Modell dienen.

Wie man ein EEP startet

Die Europäischen Erhaltungszuchtprogramme (EEPs) entstanden relativ spät. Sie wurden erst im März 1986 bei einer Tagung der europäischen Mitglieder des Internationalen Zoodirektorenverbands (IUDZG) und der Mitglieder des Verbands Deutscher Zoodirektoren in Nürnberg ins Leben gerufen. 1990 waren jedoch bereits mehr als 30 EEPs im Gange. Bis heute (Anfang 1993) ist die Zahl auf 83 angewachsen. Europa kann sich somit inzwischen mit seinen organisierten Beiträgen zur Erhaltungszucht durchaus mit Nordamerika messen. Wie die EEPs organisiert sein sollten, beschreibt Dr. Christian Schmidt im *EEP Coordinators' Manual*. Punkt eins ist der Entschluß, welche Art oder Unterart man aufnimmt. Dies wird bei den Tagungen der europäischen Zoodirektoren anhand der bereits angeführten Kriterien entschieden. Punkt zwei ist die Wahl eines Artkoordinators. Der Koordinator kann durchaus derselbe sein, der auch das internationale oder das regionale Zuchtbuch der Art führt. Jedoch werden auch Arten für EEPs ausgewählt, für die noch keine Zuchtbücher existieren. Der Artkoordinator muß von allen beteiligten Zoos (das heißt von jenen Zoos, welche die betreffende Art halten) bestätigt werden und steht alle drei Jahre zur Wiederwahl.

Zusätzlich zum Artkoordinator und zum Zuchtbuchführer gibt es noch eine Artkommission. Dazu gehören natürlich der Artkoordinator (er ist grundsätzlich der Vorsitzende) und der Zuchtbuchführer sowie drei bis zwölf gewählte Vertreter jener Zoos, die das betreffende Tier halten. Jeder an einem EEP beteiligte Zoo muß einen Repräsentanten für diese Art haben, ganz gleich, ob dieser tatsächlich irgendwann in der Artkommission sitzt. Die Vertreter in der Kommission werden auf drei Jahre gewählt (eine Wiederwahl ist möglich). Der Artkoordinator knüpft und unterhält auch Kontakte mit den Koordinatoren jedes entsprechenden Planes des amerikanischen Species Survival Plan oder der britischen Joint Management of Species Group und mit dem für die betreffende Art zuständigen Vorsitzenden der Species Survival Commission der IUCN. Nur solche Formalitäten ermöglichen es, den erforderlichen weltweiten Austausch und die nötige Kooperation aufrechtzuerhalten.

Existiert zu Beginn eines EEPs kein internationales Zuchtbuch, so wendet sich der Artkoordinator an den Koordinator der internationalen Zuchtbücher (also an Peter Olney vom Zoo London) mit der Bitte um Erlaubnis, eines ins Leben zu rufen – was dieser im Interesse der IUCN und des Internationalen Zoodirektorenverbands bewilligt. Doch selbst wenn es ein internationales Zuchtbuch gibt, muß der Koordinator noch gewährleisten, daß ein regionales Zuchtbuch eingerichtet wird, das solche Daten umfaßt, wie bereits oben umrissen. Um diesen bürokratischen Rahmen aufzubauen, wird der Artkoordinator alle Zoos der Region (oder in einer Entfernung, die für einen Austausch annehmbar ist) anschreiben und dabei fragen, ob sie daran interessiert sind, sich an dem EEP zu beteiligen, und was sie als Zoo dazu beitragen können. Zoologische Gärten, die zustimmen, erklären sich einverstanden, mit dieser Art zumindest sechs Jahre lang nach den Regeln des EEPs zu verfahren. Sie müssen natürlich auch in allen Einzelheiten ausführen, welche Tiere sie halten, wie viele sie davon halten können und welche Unterbringung ihnen zur Verfügung steht.

Im nächsten Brief an die betreffenden Zoos gibt der Artkoordinator bekannt, welche Gärten sich tatsächlich an dem EEP beteiligen, welche Tiere sie halten und so weiter. In diesem Stadium wird die Artkommission gegründet. Doch dann müssen der Artkoordinator und die Artkommission die Frage der Unterarten überprüfen. Sie werden sich im allgemeinen dazu entschließen, sich nur auf eine oder zwei Unterarten zu konzentrieren. Wie bereits diskutiert, kann diese Entscheidung vielerlei Folgen haben.

Hat man sich auf eine Tierart festgelegt, ist das Zuchtbuch im Entstehen, und sind die Zoos bereit und willens, sich zu beteiligen, muß man sich mit den Tieren selbst befassen: mit ihren Genen, den demographischen Verhältnissen und ihrem Gesundheitszustand. Auf seiten der Genetik muß der Koordinator die Gründer – lebende und tote – identifizieren und dann berechnen, wieviel Prozent der Gene jedes Gründers die Nachkommen aus allen verschiedenen möglichen Kombinationen der heute noch lebenden Tiere besitzen würden (ein ziemlich hoffnungsloses Unterfangen ohne einen Computer!). Anschließend muß der Artkoordinator die Anzahl und das Geschlecht der aktuellen Zuchttiere feststellen sowie die Zahl der Nachkommen jedes lebenden Tieres. Aus all diesen Informationen errechnet er den Inzuchtkoeffizienten der noch vorhandenen Tiere und der Gesamtpopulation sowie den Inzuchtkoeffizienten der hypothetischen Nachkommen aus allen möglichen Kombinationen der noch lebenden Tiere. Schließlich sollte er jedes Individuum durch Untersuchung der DNA und Ermittlung seines Karyotyps direkt genetisch analysieren. Die Bedeutung all dieser Schritte ergibt sich aus allem bisher in diesem Kapitel Gesagten.

Ebenso wichtig sind demographische Überlegungen. Die erste und naheliegendste Aufgabe besteht darin festzustellen, wie viele Individuen insgesamt in Menschenobhut leben und wie viele Gehege in wie vielen Zoos in Zukunft zur Verfügung stehen könnten. Wichtig ist auch die Anzahl ähnlicher Tiere, die aus entsprechenden Gehegen verdrängt würden, vergrößerte sich die Population auf den erforderlichen Umfang. Danach ermittelt der Artkoordinator die optimale Populationsgröße. Diese ist im wesentlichen ein Kompromiß zwischen der «Haltungskapazität» der Zoos (die Anzahl der Tiere, die sie gemeinsam halten können) und der Zahl, die theoretisch erforderlich wäre. Diese liegt bei etwa 500. Aber, wie wir gesehen haben, verändert sie sich, zieht man die Generationszeit in Betracht. Alter und Geschlecht jedes Tieres sind ebenfalls von Bedeutung, auch die altersspezifische Sterberate und Fruchtbarkeit. Der Verantwortliche muß also wissen, wie lange Individuen eines bestimmten Alters wahrscheinlich noch leben und wie viele Nachkommen sie vermutlich noch hervorbringen werden. Hiernach kann der Artkoordinator beurteilen, wann voraussichtlich die optimale Populationsgröße erreicht wird. Zu diesem Zeitpunkt muß man dann entscheiden, welche Tiere weiterhin im Zuchtprogramm bleiben und welchen man Kontrazeptiva verabreicht.

Alles in allem verläuft ein EEP auf den umrissenen theoretischen Grundlagen wie folgt: Die Population muß so schnell wie möglich auf ihre optimale Größe gebracht und dann stabil gehalten werden. Der Beitrag der Gründer ist prozentual anzugleichen (indem man die Familien gleich groß werden läßt). Das Verhältnis von Männchen und Weibchen sollte – wenn möglich – eins zu eins erreichen. Die Verpaarungen sind so zu arrangieren, daß hohe Inzuchtkoeffizienten vermieden werden. Man sollte die Tiere zu Zuchtzwecken nur mit Zoos austauschen, die sich ebenfalls am EEP oder einem anderen organisierten Zuchtprogramm beteiligen, doch darauf achten, daß möglichst wenig Quarantäneschranken zu überwinden sind. Man sollte sich große Mühe geben, eindeutig unerwünschte Gene zu eliminieren – eine Sache, die, wie wir noch sehen werden, beim Przewalskipferd sehr wichtig ist. Außerdem sollte man die Tiere in ihren natürlichen Sozialverbänden halten – Arten, die in der Natur Harems bilden, müßten auch in Harems gehalten werden. Zoos mit Erfahrung, guten Gehegen und der Bereitschaft, Tiere ohne Kauf und Verkauf auszutauschen, sind zu bevorzugen. Die Zoos müssen natürlich der Zusammenarbeit zustimmen, sind jedoch berechtigt, einen vorgesehenen Austausch abzulehnen. Wenn sie dies wollen, können sie aber von einer einfachen Mehrheit der Artkommission überstimmt werden. Andererseits sollte man jeden Austausch, den ein beteiligter Zoo vorschlägt, auch durchführen, sofern dies mit dem Gesamtplan vereinbar ist.

Schließlich müssen die Einzeltiere in einem EEP auch aus der Entfernung leicht zu identifizieren sein; das erfordert in der Regel ein

Markierungssystem. Außerdem wird erwartet, daß die Artkommission Richtlinien für die Haltung erstellt. Kurzum: Es ist nicht einfach, ein geeignetes Zuchtprogramm zu organisieren; insbesondere die Koordinatoren (die im allgemeinen ihre eigenen Full-time-Jobs in einem Zoo haben) sind stets beschäftigt.

Dies waren also die theoretischen Grundlagen der Erhaltungszucht und eine Übersicht über die Möglichkeiten, eine solche Zucht zu organisieren. Im nächsten Kapitel werden wir erfahren, was tatsächlich geschieht.

Arabische Oryxantilopen, Zoo Hannover.

Die Geschichte der Arabischen oder Weißen Oryx ist das Paradebeispiel der Rettung einer Tierart vor dem Aussterben durch Zoologische Gärten. Man fing die letzten freilebenden Oryx ein, um sie im Zoo von Phoenix in Arizona zu vermehren. Nach erfolgreicher Zucht und Wiedereinbürgerung leben heute wieder einige Herden dieser Wüstenantilopen im Nahen Osten. (Photo A. Held.)

5.
Laufende Projekte

Es wäre schön, könnte man ein ordentliches Kapitel über das bisher Erreichte schreiben, mit einem kurzen und bündigen Ausblick auf zukünftige Projekte. Es wäre schön, könnte man erkennen, daß all den etwa 2000 Arten von Landwirbeltieren, die eindeutig von einer organisierten Zucht in Menschenobhut profitieren würden, die nötige Hilfe zuteil wird, bevor es für sie zu spät ist. Dies wäre auch zumindest einigen vereinzelten Fischen und Wirbellosen zu wünschen, obwohl sich diese Tiergruppen nicht so umfassend unterbringen lassen. Es wäre auch befriedigend, könnten wir sicher sein, daß man alle Tiere in Menschenobhut, die in die Natur zurückkehren müßten, regelmäßig ausbürgert, sobald die Welt wieder freundlicher wird.

All das wäre wirklich schön. Doch die Wirklichkeit ist selten so einfach. Hinsichtlich der Zucht bedrohter Arten ist sie das keinesfalls. Ich hoffe, in den vorausgegangenen Kapiteln deutlich gemacht zu haben, daß dies eine ungeheuer komplizierte Aufgabe ist, nicht nur für die Forschung (die für praktische Zwecke allerdings über recht einfache Methoden verfügt, zumindest wenn sie durch Computer unterstützt wird), sondern auch für die Organisation. Da ist ungeheuer viel zu beachten. Jede Art (oder Unterart) braucht einen Zuchtbuchführer und einen Artkoordinator. An jedem Zuchtvorhaben müssen sich zumindest einige Zoos beteiligen, oft sogar recht viele in verschiedenen Ländern. Jedes Land sollte seine Bemühungen mit allen anderen koordinieren. Wohlhabende Länder müssen mit armen verhandeln, wenngleich beide vielleicht ganz andere Dinge im Kopf haben (als ich diese Zeilen schrieb, wurde gerade der Golfkrieg geführt – er änderte in der Tat einige Pläne der Artenschützer). Naturfreunde, die das hier beschriebene Vorgehen bei der Arterhaltung verstehen und befürworten, müssen sich mit jenen Artenschützern auseinandersetzen, die jeglicher Wissenschaft mißtrauen und anscheinend melancholischen Trost in dem Niedergang finden, den sie für unausweichlich halten. So sagten manche, man solle dem Kalifornischen Kondor erlauben, «in

Würde zu sterben».[1] Jede Entscheidung von bleibendem Wert muß in der Praxis von einem Komitee gefällt werden. Fortschritte lassen sich letztlich nur durch internationale Arbeitszusammenkünfte erzielen, die man organisieren muß. Der Kanaltunnel zwischen England und Frankreich ist hinsichtlich der Zahl seiner einzelnen Komponenten nicht komplexer als diese Aufgabe, doch für den Kanaltunnel gibt es ein Budget in Milliardenhöhe, und dahinter steht das Prestigedenken zweier Regierungen. Die Erhaltung von Wildtierarten durch Zucht in Menschenobhut ist hingegen für einen Großteil der Weltwirtschaft und der Regierungen nur ein wenig rentables Unterfangen.

Bei der Arterhaltung stehen Forschung, Organisation und Finanzierung ganz einfach im Mittelpunkt. Selbst in einer vollkommenen Welt, in der alles «klar Schiff» ist und alle am gleichen Strang ziehen, wären die damit verbundenen Probleme beträchtlich. Zur Zeit ist das Schiff jedoch alles andere als klar zum Gefecht. Ein Großteil der Zoos auf der ganzen Welt wird immer noch von Unternehmern oder – das Verhängnis manch eines städtischen Zoos – von Lokalpolitikern auf dem auf- oder absteigenden Ast geführt, denen die Probleme oder deren Dringlichkeit absolut fremd sind.[2] Selbst die guten Zoos stoßen auf eine beträchtliche örtliche oder politische Opposition; zum größten Teil (so glaube ich), weil sie versäumen, den Leuten zu erklären, was sie tatsächlich tun und warum sie es tun und immer noch vorgehen, als würden sie von Unternehmern geführt.

Hinzu kommt als dringliche praktische Angelegenheit der Gehegeraum: Nur sehr wenige Zoopopulationen werden wohl die Größe von mehreren hundert Individuen erreichen, die zur Sicherheit vor unglücklichen genetischen Zufällen erforderlich ist, solange nicht jedes Gehege in jedem Zoo der Welt dafür bestimmt wird. Doch einige Zoos wollen sich nicht beteiligen. Manche glauben immer noch (meiner Ansicht nach irrtümlicherweise), den Standardtierbestand halten zu müssen – einen Elefanten, eine Giraffe, einen Löwen –, um weiterhin die Besucher anzuziehen, die das *sine qua non* sind. Und viele – darunter sogar die besten – trennen sich nur ungern von beliebten, gut gedeihenden Tieren, nur weil diese nicht für koordinierte Zuchtzwecke benötigt werden. Viele Zootiere sind Hybride, vor allem von Unterarten: von Borneo- und Sumatra-Orang-Utan oder Sumatra- und Sibirischem Tiger. Bei Affen (die in ihrem ursprünglichen Waldlebensraum eine starke Tendenz zur Bildung von Unterarten aufweisen) und (aus anderen Gründen) bei Gazellen herrscht ein besonderes Durcheinander. Einige weitere Zootiere sind mit großer Wahrscheinlichkeit reinblütig, doch ihre Stammbäume gingen in jenen Tagen verloren, als die Organisation noch nicht so straff war, wie sie sich heute entwickelt. Nach Ansicht der Artkoordinatoren sollte man alle derartigen Tiere aus den Zuchtvorhaben ausschließen, doch sie nehmen weiterhin Platz weg.

Somit ist alles recht schwierig. Dennoch gibt es Erfolge – viele ermutigende Dinge. Doch bisher existiert noch keine geordnete und zahlenmäßig überzeugende Zusammenstellung erfolgreich ausgeführter Aufgaben. Es besteht sogar ein kleines Paradoxon: Wir können nicht ehrlich Erfolge vermelden, bevor ein bestimmtes Projekt einige Jahrzehnte gelaufen ist, und wir sehen, wie sich die Sache entwickelt hat. Doch die Projekte, die vor Ende der siebziger Jahre (manche sagen sogar vor Ende der achtziger Jahre) angelaufen sind, weisen Planungsmängel auf, denn als sie begannen, waren die erforderlichen theoretischen Grundlagen und Techniken noch nicht ausgearbeitet. So gibt es heute selbst für einige der bewährtesten und zu Recht bewunderten Projekte (wie jene für die Arabische Oryx oder das Przewalskipferd) gewisse Notstandsmaßnahmen, genetische Trends zu korrigieren, zu denen es unter Idealbedingungen nicht hätte kommen sollen. Wir dürfen jedoch nicht aufgeben. Reisen von tausend Kilometern beginnen mit einem einzigen Schritt, wie Mao Tse-tung bemerkte. Und Hoffnung ist eine der notwendigen Tugenden, die Paulus nannte.[3]

Dieses Kapitel wird einen Überblick geben. Dabei werde ich versuchen, eine gewisse Ordnung einzuhalten. Wir werden die logische Abfolge von Ereignissen bei der Schaffung eines überzeugenden Zuchtprojekts in Menschenobhut anführen und jedes Stadium mit einigen auffälligen Beispielen illustrieren. Wie sieht nun diese logische Abfolge aus?

Von der Wildnis in den Zoo
und wieder zurück

Der erste Schritt besteht darin, zu entscheiden, welche Art oder Unterart man in Menschenobhut züchten möchte, und dann einen Artkoordinator und Zuchtbuchführer zu ernennen. Stimmt man erst einmal überein, daß eine bestimmte Tierart von der Zucht im Zoo profitieren könnte (wenn sie das nicht bereits tut), folgt als nächster Schritt die Analyse der Lebensfähigkeit der Population (*Population Viability Analysis* oder *PVA*). Biologen beobachten die Tierart in der Natur und versuchen festzustellen, wie es um sie steht und wie ihre Aussichten für eine bessere Zukunft sind.

Aus der PVA entsteht dann der Erhaltungsplan, der höchstwahrscheinlich auf einer von Ulie Seal von der Captive Breeding Specialist Group der IUCN einberufenen Tagung ausgearbeitet wird. Die besten verfügbaren Experten entscheiden gemeinsam, was man tatsächlich unternehmen sollte – immer im Hinterkopf, daß unser Wissen nie allumfassend sein kann. Wir müssen uns immer – wie ein Arzt – auf das beste jeweils verfügbare Wissen verlassen. Sollten wir die Tierart in der Natur belassen? Ist eine Zucht im Zoo dringend erforderlich, wie viele Tiere müßte man dann in Menschenobhut bringen und wie viele müßten weiter in Freiheit leben? Wohin sollte man die Tiere bringen, die man der Natur entnommen hat? In Schutzgebiete in ihrem Ursprungsland oder in Zoos und Reservate anderenorts oder beides? Wer verfügt über den Platz und die erforderlichen Mittel, sich um sie zu kümmern? Diese Entscheidungen sind nicht leicht und werden, wenn sie getroffen sind, nie ohne Widerstand bleiben, wie wir später noch an mehreren Beispielen sehen werden.

Als nächstes muß man die neu der Natur entnommenen Tiere zusammen mit allen, die sich schon in Menschenobhut befinden, zu einer überzeugenden Zuchtgruppe zusammenstellen. Dies geschieht gewöhnlich auf regionaler Ebene, gelegentlich aber auch weltweit (siehe den Großen Panda). Das bewerkstelligt der Artkoordinator, unterstützt durch den Zuchtbuchführer. Erst danach beginnt die eigentliche Zucht, ausgehend von jenen Gründern, die man als die wertvollsten ansieht. Sie dürfen keine Hybriden und nicht zu nahe miteinander verwandt sein und so weiter. Als erstes muß man dann den Bestand auf eine hypothetisch «sichere» Anzahl bringen und dabei die größtmögliche genetische Vielfalt erhalten. Das Ganze muß so schnell wie möglich geschehen, damit die Allel-Verluste durch Gendrift gering bleiben.

Ist das Zuchtprogramm gut in Gang gekommen, beginnen die demographischen Probleme. Um Gene zu bewahren und natürliche Risiken gut zu überstehen, müssen die Populationen fraglos groß sein, aber man muß sie auch auf dem dafür zur Verfügung stehenden Raum unterbringen. Eine Population von 300 Tieren, die sich durchschnittlich alle zwei Jahre verdoppelt, wird zu einem Problem, wenn in der Region nur für 350 Tiere Platz ist. Die genetische Vielfalt einer sehr großen Population zu bewahren ist schon nicht einfach. Sie innerhalb einer Population zu erhalten, die absichtlich in recht bescheidenen Grenzen gehalten wird, erfordert straffes Management und Kooperation. Manchmal taucht das Problem der Anzahl schon auf, sobald das der Fortpflanzung gelöst ist. Das war, wie wir noch sehen werden, beim Goldgelben Löwenäffchen der Fall. Im Grunde genommen werden bei allen erfolgreichen Zuchtprogrammen demographische Probleme rasch zu einer dringlichen Angelegenheit.

Zumindest wenn die Population in Menschenobhut beginnt, sich selbst zu erhalten, wird die Wiederansiedlung in der Natur ein Thema. Selbstverständlich geschieht sie nicht unbedingt, zumindest nicht sofort. Eine erfolgreiche Wiedereinbürgerung ist alles andere als einfach. Bevor sie erfolgen kann, sind mehrere Hindernisse zu überwinden. Es gibt auch einleuchtende Einschränkungen. Am besten sollte man mit der Zucht in Menschenobhut beginnen, bevor die Wildpopulation nicht mehr zu retten ist – vorzugsweise schon lange vorher. Die Zucht im Zoo ist auch kein Ersatz für den Erhalt der Lebensräume oder das Management der Arten in der Natur. Die Zucht in Menschenobhut und der Schutz in der Natur sollten generell Hand in Hand gehen. Im Idealfall sind beide Programme erfolgreich – dann würde eine Wiedereinbürgerung hinfällig. Man könnte höchstens einzelne Individuen zwischen natürlichen und Zoopopulationen austauschen, um beide genetisch zu bereichern. Jedoch ist Artenschutz in der Natur erwiesenermaßen nicht immer erfolgreich. Für viele Arten ist wahrscheinlich ein kurzfristiger Erfolg unmöglich; und ist kurzfristig nichts zu erreichen, gibt es natürlich keine langfristigen Erfolge mehr. Oft reicht die Gefahr eines Krieges, um Zuchtprogramme in Menschenobhut anderenorts zu rechtfertigen.

Selbst wenn man die Wiederansiedlung in der Natur für notwendig und wünschenswert hält, wird sie doch in vielen Fällen – den meisten – zurückgestellt, weil es keinen sicheren und geeigneten Ort für die Tiere gibt. Vielfach müssen wir einfach warten, bis die menschliche Bevölkerung zurückgeht (man hofft, aus eigenem Antrieb) und wieder Naturräume verfügbar werden. Doch manchmal kann – selbst heute – Raum für Wiedereinbürgerungen zur Verfügung gestellt werden. Bisweilen bedarf es nur einer Bewußtseinsänderung der ortsansässigen Bevölkerung oder der Regierung (manchmal gehen die Regierungen voran, ein anderes Mal die Menschen). So kommt es, daß weltweit schon mehr als 100 Wiedereinbürgerungsprojekte im Gange sind, die nun wiederum ein ganzes Spektrum neuer Probleme schaffen und illustrieren.

Schließlich muß man die Tiere, sind sie erst einmal in die Natur zurückgebracht, ständig überwachen. Denn wir müssen sichergehen, daß sie – nach womöglich mehreren Generationen in Menschenobhut – über eine ausreichende Fitneß verfügen, um in der Natur zurechtzukommen. Wir sollten uns auch vergewissern, ob das für sie vorgesehene Habitat wirklich geeignet ist; denn es wird nicht immer dasselbe sein, in dem die Tiere ursprünglich lebten. In jedem Fall wird es sich verändert haben, seit es die Art dort nicht mehr gibt. Und schließlich müssen wir gewährleisten, daß in den freigelassenen Herden (die in der Regel kleiner und begrenzter sein werden als die ursprünglichen Wildpopulationen) keine weiteren genetischen Probleme auftauchen. Kurzum: Die wiedereingebürgerte Herde wird unabdingbar ein mehr oder weniger intensives Management erfordern. Das gilt in der Tat für die meisten großen, aber auch für viele kleine Tiere. Außerdem wird es immer mehr zu einem Genfluß (entweder durch Individuen oder einfach nur über Keimzellen) zwischen den natürlichen und den Zoopopulationen kommen.

Zumindest wird im Idealfall alles auf diese Weise ablaufen. Es fällt schwer, auch nur ein einziges überzeugendes Beispiel zu finden, bei dem die komplizierte Folge von Anfang bis Ende durchlaufen wurde – vor allem, weil wir immer noch in den Anfangstagen sind. Selbstverständlich hat man einige Tiere aus der Natur gerettet, in Menschenobhut gezüchtet und danach wiedereingebürgert, darunter den Wisent, den chinesischen Davidshirsch, die Arabische Oryx, die Hawaiigans, den nordamerikanischen Rotwolf, das Goldgelbe Löwenäffchen Ostbrasiliens und einige mehr. Verschiedene andere haben sich in Menschenobhut erfolgreich vermehrt und sind gerade erst in wenigen Exemplaren wiedereingebürgert worden oder stehen kurz davor. Dazu zählen das Przewalskipferd Zentralasiens, der nordamerikanische Schwarzfußiltis und der Kalifornische Kondor.

Doch die bereits weit vorangeschrittenen Entnahme- und Wiedereinbürgerungsprogramme begannen natürlich schon vor vielen Jahren, als die theoretischen Voraussetzungen noch bei weitem nicht ideal waren. Es gab keine PVA, um zu entscheiden, ob wirklich ein Zuchtprogramm in Menschenobhut erforderlich ist, welche Auswirkungen dies auf die verbleibenden Tiere hätte und welche Tiere man entnehmen sollte. Diese klassischen Beispiele waren kein abgeklärtes Umsetzen angewandter Artenschutzforschung. Sie waren Rettungen in letzter Not. Die letzten Arabischen Oryxantilopen standen kurz vor dem Abschuß, als man sie einfing. Die letzten Kalifornischen Kondore litten unter Gift, und die letzten Schwarzfußiltisse waren von der Hundestaupe bedroht. Sie alle wurden schlicht den Klauen des Todes entrissen. Außerdem kann man einige Wiedereinbürgerungen (zum Beispiel die der Hawaiigans) nicht als uneingeschränkten Erfolg ansehen. Andererseits sind für jene Tiere, die Gegenstand einer modernen PVA und aller darauffolgenden Entscheidungen waren – beispielsweise das Javanashorn –, noch keine Zuchtprogramme angelaufen. Doch zumindest wissen wir jetzt, zu Beginn der neunziger Jahre, was zu tun ist (jedenfalls glauben wir, es zu wissen).

Ich werde den Blick nochmals auf die verschiedenen Stadien eines idealen Zuchtplanes richten, um zu sehen, wie die Dinge sich entwickeln, und um festzustellen, ob und inwieweit die Wirklichkeit überhaupt an unsere Ideale herankommen kann.

Zeit zur Entscheidung für das Javanashorn

Ein umstrittenes Problem war zu Beginn des Jahres 1991 die Frage, was man mit dem Javanashorn unternehmen sollte. Das ist eine der drei Nashornarten Asiens. Wie das Panzernashorn, aber im Gegensatz zum Sumatranashorn und den beiden afrikanischen Arten (Breitmaul- und Spitzmaulnashorn), trägt dieses Tier nur ein Horn. Es ist wahrscheinlich die seltenste Großtierart der Erde. Vermutlich gibt es auf Java noch etwa 50 Exemplare (niemand ist sich da ganz sicher), alle auf der kleinen Halbinsel Udjung Kulon im Westen der Insel, und vielleicht noch zehn in Vietnam. In Menschenobhut leben keine Javanashörner, weder auf Java noch anderswo.

Grundsätzlich möchten indonesische Artenschützer wie Widodo Ramono und Charles Santiapillai vom WWF Indonesien, daß sich die Schutzbemühungen auf Udjung Kulon selbst richten, in erster Linie zum Schutz der Tiere gegen Wilderer.[4] Man sollte eine zweite Population gründen, so sagen sie, aber innerhalb Indonesiens. Ihnen zufolge war die vorhandene Population in den letzten 15 Jahren stabil. Die Zusammensetzung der gegenwärtigen Population (wie das Geschlechterverhältnis, die Anzahlen geschlechtsreifer und fortpflanzungsfähiger Tiere) ist unbekannt; gleiches gilt für die tatsächliche und potentielle Fortpflanzungsrate. Alle Tiere, die man für eine Zucht in Menschenobhut nutzen wollte, müßte man nach dem Zufallsprinzip auswählen – sie sind schon schwer genug zu finden, geschweige denn einzufangen –, doch zurückbleiben könnte durchaus ein nicht überlebensfähiger Rest. Von den Nashörnern in Menschenobhut züchten bisher nur die Spitzmaulnashörner einigermaßen zuverlässig. Besonders die versuchte Rettung des Sumatranashorns hat bisher keinen ermutigenden Verlauf genommen. Die Sumatranashörner sind in der Natur heute auf rund 600 Tiere zurückgegangen – nicht so dramatisch wie das Javanashorn, aber dennoch bereits in meist nicht lebensfähige Teilpopulationen zersplittert. Nun wurden kleine Herden in Menschenobhut auf Sumatra gegründet und einige Tiere auf verschiedene Zoos in Amerika (darunter San Diego und Cincinnati) und England (Port Lympne) verteilt. Bisher hat jedoch noch keines gezüchtet, aber einige sind beim Fang oder kurz danach gestorben. Javanashörner haben sich bisher noch nie in Menschenobhut fortgepflanzt, und zur Zeit wird auch keines gehalten. Fang, Transport und Zucht in Menschenobhut sind furchtbar teuer (jedes Sumatranashorn in Menschenobhut hat Hunderttausende Dollar gekostet). Laut Dr. Ramono und Dr. Santiapillai hätte man das Geld besser für den Schutz vor Ort verwendet als für Zuchtprojekte in Zoos, deren Erfolg sie für höchst fragwürdig halten. Angesichts dessen scheinen Vertreter der konservativen Richtung ein recht überzeugendes Argument zu haben.

Ulie Seal von der Captive Breeding Specialist Group gibt zu, daß diese Argumente wirklich schwer wiegen und daß man alle Gefahren des Fanges und die Unzulänglichkeiten der Zucht in Menschenobhut in Betracht ziehen muß. Dennoch ist er überzeugt, daß zu den zukünftigen Maßnahmen für das Javanashorn auch die Zucht in der Obhut des Menschen zählen sollte. Dazu müßte man, so sein Vorschlag, 18 bis 26 Tiere aus Udjung Kulon entnehmen. Diese sollten zwei zusätzliche Herden in Indonesien und eine weitere in einem entfernten Gebiet gründen – sicher vor einem etwaigen Krieg oder einer möglichen Naturkatastrophe auf Indonesien selbst, wozu in diesem Teil der Welt auch Vulkanausbrüche gehören.

Dieser Vorschlag beruht auf mehreren Grundgedanken. Erstens auf der allgemeinen Ansicht, wie sie sich aus der Theorie in Kapitel 4 ergibt, daß eine Population von 60 Tieren mehr oder weniger wahrscheinlich innerhalb weniger Jahrzehnte aussterben wird, überläßt man sie einfach sich selbst. Gerät sie nicht kurzfristig in eine Naturkatastrophe, wird sie zunehmend von Inzucht betroffen sein. In kleinen Populationen, die mehrere Generationen lang klein bleiben, ist die Geschwindigkeit der Gendrift extrem hoch. Ulie Seal setzt sich dafür ein, daß die Population der Javanashörner so schnell wie möglich auf 2000 Tiere ansteigen sollte. Selbst ohne die Einblicke aus detaillierten ökologischen Untersuchungen müssen wir jedoch annehmen, daß die Population von Udjung Kulon niemals über 100 Tiere anwachsen wird. Vielleicht sind die heutigen rund 50 Tiere schon beinahe das Maximum. Man ist versucht, die Fläche, die eine solche exotische Art braucht, anhand von Vergleichen mit vertrauten Tieren unter bekannten Umständen zu berechnen. So könnten wir zum Beispiel davon ausgehen, daß eine Kuh mit etwa einem halben Hektar auskommt, selbst wenn sie Milch gibt und daher einen hohen Energiebedarf hat. Javanashörner sind ungefähr fünfmal so schwer wie eine Kuh; daher sollten wir vermuten, ein Nashorn komme mit etwa zweieinhalb Hektar aus. Doch Kühe sind von Natur aus Grasfresser, während Javanashörner von Blättern leben. Das Gras, von dem sich Kühe in modernen Landwirtschaftsbetrieben ernähren, hat man so gezüchtet, daß es nährstoffreich und schmackhaft wurde, und alle nichteßbaren Arten sind im Weideland strikt ausgemerzt. Von den Pflanzen, die um die Javanashörner herum wachsen, können diese vielleicht nur eine von hundert nutzen. *All* diese Pflanzen tun ihr Bestes, um nicht

185

gefressen zu werden, und sind daher oft derb und vielleicht sogar giftig. Von jeder Pflanze ist nur ein kleiner Teil eßbar. Wenn also eine Kuh einen halben Hektar üppigen Weidelandes benötigt, könnten wir vorsichtig schätzen, daß ein Nashorn in einem natürlichen Wald fünfmal mehr braucht, um dem Größenunterschied Rechnung zu tragen, noch hundertmal mehr, berücksichtigt man den Prozentsatz der eßbaren Pflanzen, und weitere hundertmal mehr, um nur jenen Anteil der Pflanzen einzubeziehen, der tatsächlich eßbar ist. Somit ergäben sich zweieinhalb mal 100 mal 100 = 250 000 Hektar Wald pro Tier. Die tatsächliche Zahl ist sicher sehr viel geringer, denn blattfressende Tiere kennen sich in ihrem «Broterwerb» besser aus als ich. Doch grundsätzlich gilt: Die Fläche, die ein Tier braucht, ist riesig.

Die Nashornpopulation von Udjung Kulon war anscheinend in den letzten 15 Jahren stabil. Das könnte ein gutes Zeichen sein – oder auch nicht. Gemessen an einigen anderen Tieren pflanzen sich Nashörner nur langsam fort. Werden sie jedoch geschützt und sind die Bedingungen gut, können ihre Populationen rasch anwachsen und tun dies auch. So leben in Kenia heute rund 300 Nashörner in elf offiziellen Schutzgebieten. Wie Rob Brett vom Kenya Wildlife Service und der Zoological Society of London berichtet, sind die Populationen der Spitzmaulnashörner in diesen Schutzgebieten zwischen 1986 und 1989 um jährlich etwa 15 Prozent angewachsen. Die geringste Zuwachsrate betrug drei Prozent. In allen elf Schutzgebieten zusammen lag der durchschnittliche Zuwachs bei rund zehn Prozent im Jahr. Nach Schätzung von Dr. Brett könnten Kenias offizielle Schutzgebiete ungefähr 600 Tiere tragen, und diese Zahl – die schon beinahe genügt – sollte in zehn Jahren leicht zu erreichen sein.[5]

Warum nimmt dann die Javanashornpopulation von Udjung Kulon nicht zu? Sicher ist Wilderei daran schuld (zwar nur in geringem Ausmaß, aber einige wenige Verluste wiegen schwer bei einer derart kleinen Population). Vermutlich ist das Gebiet aber einfach nicht groß genug, um mehr Tiere aufzunehmen. Wird also ein junges Nashorn geboren (wir wissen nicht, wie viele in dem betreffenden Zeitraum geboren wurden), verdrängt es früher oder später irgendein anderes, oder der Neuankömmling wird selbst verdrängt, was bedeutet, er stirbt.

All diese Faktoren – die Wahrscheinlichkeit einer Katastrophe, beispielsweise eines Vulkanausbruchs, das Fortpflanzungspotential der verbliebenen Tiere (sofern man es beurteilen kann), die Aufnahmekapazität der Umgebung, die genetische Verlustrate durch Gendrift und (wenn bekannt) deren Auswirkungen auf den späteren Fortpflanzungserfolg – drückt man, soweit es geht, in Zahlen aus und gibt sie in einen Computer ein. Sie werden so Teil der Analyse der Lebensfähigkeit dieser Population (*Population Viability Analysis* oder *PVA*). Könnte man alle relevanten Faktoren exakt in Zahlen ausdrücken, dann ergäbe die PVA den genauen «Buchmacherkurs» der Überlebensaussichten einer Population für einen bestimmten Zeitraum. In der Praxis kann man viele der bedeutenden Parameter nur schätzen (wenngleich vernünftig) und erhält somit durch die PVAs nur eine ungefähre Wahrscheinlichkeit – im Falle des Javanashorns nur eine ausgesprochen vage. Dennoch ergibt sich aus der PVA des Javanashorns der Schluß: Die Population von Udjung Kulon ist verloren, wenn man sie sich selbst überläßt. Sie kann sich nicht über ihre gegenwärtigen Grenzen hinaus ausdehnen und wird deshalb unumgänglich aussterben.

Es gibt noch ein letztes an den gesunden Menschenverstand appellierendes Argument, demzufolge man einige Tiere aus Udjung Kulon fortbringen müßte. Die effektivsten Fischereibetriebe in aller Welt arbeiten auf der Grundlage der gleichen Überlegung. Ist eine Population so groß, wie es ihr Habitat erlaubt – ist sie an der «Aufnahmekapazität» angelangt –, dann kann sie sich definitionsgemäß nicht mehr vergrößern. Wollen die Fischer nun den «größten vertretbaren Ertrag» erzielen – das ist wiederum *per definitionem* der höchste, der sich über einen unbegrenzten Zeitraum erreichen läßt –, müssen sie zunächst die Ausgangspopulation *verringern*. Tun sie das nicht, fehlt der Platz für eine Vergrößerung der Population. Es wird also auch keinen «Ertrag» geben. Sofern sie die Ausgangspopulation nur um zehn Prozent reduzierten, würden sie keinen hohen vertretbaren Ertrag erzielen, denn dann gäbe es nicht viel Raum für ein Wachstum der Population. Würden sie andererseits 90 Prozent der Ausgangspopulation wegfischen, dann würden sie ebenfalls nicht den größtmöglichen Ertrag erzielen, denn nun wäre die Ausgangspopulation zu klein, um genügend Nachkommen hervorzubringen. Daraus ergibt sich folgendes: Der maximale Ertrag läßt sich dann erzielen, wenn man zunächst etwa die Hälfte der ursprünglichen Population wegfängt – der natürliche Kompromiß zwischen zuwenig und zuviel.

Ich sehe in dieser Überlegung einen unabhängigen Beweis für die Solidität von Ulie Seals PVA für das Javanashorn. Das Ziel lautet, so schnell wie möglich auf einen Bestand von 2000 Tieren zu kommen. Die Population von Udjung Kulon kann sich aber nicht vergrößern, bevor man nicht einige Tiere fortnimmt. Entfernt man die Hälfte der Nashörner (nach Seal 18 bis 26 Tiere), ermöglicht dies den verbliebenen, sich mit der größtmöglichen Geschwindigkeit zu vermehren. Vermehren sich die fortgebrachten Tiere ebenfalls – was zu erwarten ist –, dann wäre das noch ein zusätzliches Plus. Und selbst wenn sie sich nicht vermehrten, könnte die Population von Udjung Kulon – sofern die Fischerei als Präzedenzfall dienen kann – in zehn Jahren noch genauso groß sein, als hätte man keine Tiere entnommen. Diesem Argument zufolge gäbe es nichts zu verlieren, brächte man einige der Tiere fort.

Wie steht es aber mit dem bisher mangelnden Erfolg des Zuchtprogramms für Sumatranashörner? Ist das nicht ein entmutigender Fall? Ganz sicher, doch es gibt keinen Grund zu der Annahme, die gegenwärtigen Probleme wären unüberwindbar. Bisher hat man die Sumatranashörner gefangen, indem man Fallgruben aushob. Einige Tiere wurden beim Fang verletzt – es ist furchtbar, Tieren einer gefährdeten (oder überhaupt einer) Art so etwas anzutun. In Afrika werden sowohl Spitzmaul- als auch Breitmaulnashörner regelmäßig gefangen und von einem Ort zu einem anderen verfrachtet. Der Fang erfolgt gewöhnlich mit Narkosepfeilen. Obgleich diese Methode heutzutage im allgemeinen gut funktioniert, sind Narkosemittel doch nicht vollkommen sicher, insbesondere wenn man sie in der Natur anwendet. Die Wirkung eines Narkosemittels hängt beispielsweise sehr stark von der Verfassung des Tieres ab. Daher können wir nicht davon ausgehen, daß «chemische Zwangsmaßnahmen» unbedingt besser sind als mechanische. Funktionieren die mechanischen gut (halten sie das Tier «sanft, aber sicher» fest), sind sie wohl vorzuziehen. Kurz gesagt: Es ist nicht leichtfertig, Nashörner in Gruben zu fangen, wenn man sie ohnehin fangen muß. Wir sollten diese Gruben aber sehr sorgsam planen. Die Fangmethode stellt also generell noch ein Problem dar.

Gewiß: Sumatranashörner haben in Menschenobhut noch nicht gut gezüchtet, und von den anderen Nashornarten scheint sich hier nur das Spitzmaulnashorn zufriedenstellend zu vermehren. Man kann sich jedoch kaum vorstellen, daß dieser Zustand andauern wird. Wie wir im nächsten Kapitel noch erfahren werden, liefern die Wissenschaftler am Institute of Zoology in London jetzt die grundlegenden physiologischen Erkenntnisse, die sehr viel sicherere Zuchterfolge ermöglichen sollten. Das Zentrum zur Vermehrung bedrohter Wildtiere (Center for the Reproduction of Endangered Wildlife, CREW) in Cincinnati plant die Anwendung so fortschrittlicher Techniken wie künstliche Besamung und Embryonentransfer. Die bisherigen Erfolge des CREW deuten an, daß diese Pläne nicht unrealistisch sind. Wie wir gesehen haben, vermehren sich auch die Spitzmaulnashörner in den Schutzgebieten Kenias gut. Kurzum: Es wäre überraschend, wenn nicht alle Nashörner in Menschenobhut bis Ende der neunziger Jahre regelmäßig züchteten.

Einmal schien es, als würde die Diskussion zwischen der Captive Breeding Specialist Group (CBSG) und den indonesischen Biologen in Feindseligkeiten ausarten. Einige außenstehende Beobachter haben die CBSG tatsächlich als Gung-ho-Interventionisten und die Indonesier als im Schlamm steckengebliebene Idealisten karikiert. Doch auf dem Nashornsymposium in San Diego im Mai 1991 machten beide Gruppen deutlich, daß sie die Gründung einer zweiten Javanashornpopulation befürworten – zunächst einmal in Indonesien selbst. Streitpunkte waren nur Zeit und Anzahl. Das Komitee, das eine Strategie für das Javanashorn beschließen sollte, hätte eigentlich Anfang 1991 zusammenkommen sollen. Das wurde jedoch aufgrund des Golfkrieges aufgeschoben. Nun sollte es aber zu einem späteren Zeitpunkt zusammentreffen. Es wäre überraschend, wenn die Zucht in Menschenobhut nicht eine gewisse Rolle bei der Rettung des Javanashorns spielen würde – wenngleich in vorhersehbarer Zukunft vor allem in Indonesien.

Zucht in Menschenobhut als Noteinsatz:
die «Feuerwehrmethode»

Für das Zuchtprogramm der Javanashörner (sollte es anlaufen) wird man nur einen Teil der Wildtiere zur Zucht einfangen. Die Herden in Gehegen und in der Natur werden sich wechselseitig ergänzen. In der Vergangenheit begannen Zuchtprogramme in der Obhut des Menschen oft sehr viel weniger geordnet und zufriedenstellend (allerdings gab es damals vielleicht keine Alternative).

Manche begannen nach einem Versäumnis. Die Wildtierart war schon verschwunden, als man plötzlich bemerkte, daß nur noch in irgendeinem Park oder Zoo einige Tiere übriggeblieben waren. Das klassische Beispiel ist der Davidshirsch oder Milu – ein großer, traurig blickender Verwandter des Rothirsches mit stark gespreizten Hufen. Er ist gewandt und – mit den Worten eines Wissenschaftlers, der über ihn gearbeitet hat – «zäh wie alte Stiefel». Einst war er in China weit verbreitet. Aber China war schon seit langem ein hungerndes und übervölkertes Land. Ende des vergangenen Jahrhunderts hatte man den Davidshirsch fast überall durch Abschuß ausgerottet. Dann folgte der Boxeraufstand, und die letzten Exemplare wurden im kaiserlichen Garten in Peking getötet. (So scheint es wenigstens; es ist jedoch zumindest denkbar, daß einige anderenorts überlebten.) Doch der britische Duke of Bedford hatte bereits einige in seinen Park nach Woburn gebracht. Diese Milus vermehrte man in Großbritannien und dem restlichen Europa während des ganzen Jahrhunderts, wenn auch nicht im Einklang mit den in diesem Buch umrissenen genetischen Theorien. Die wurden ja erst entwickelt, als die Zucht des Davidshirsches schon weit vorangeschritten war. Statt dessen ließ man der natürlichen Selektion mehr oder weniger freien Lauf. Diejenigen Tiere, die auch harte Winter überlebten, gründeten die nächste Generation, und auf irgendeine Weise kamen die Milus durch. Manche Tierarten sind relativ frei von nachteiligen Genen und überleben genetische Engpässe; der Davidshirsch gehört ganz offensichtlich zu dieser glücklichen Minderheit.

Heute finden wir Davidshirsche weltweit in der Obhut des Menschen. In Neuseeland wird er kommerziell genutzt und aufgrund seiner Größe als Wildbret geschätzt. Auch britische Landwirte würden ihn gern in Farmen halten (und eventuell mit Rothirschen kreuzen, wenngleich die Bastarde fruchtbarer sein könnten); denn die Milus sind sehr groß und bekommen ihre Jungen im April und nicht wie die Rothirsche im Juni. Somit sind ihre Kälber im Herbst viel größer, und man kann sie als Wildbret wie Lämmer vor ihrem ersten Winter verkaufen. Doch dieses Buch handelt nicht von der Nutztierhaltung. Hier geht es nur darum, wie man Tiere *tatsächlich* durch Zucht in Menschenobhut dem Tod entreißt, und wie deren Bestände sich manchmal so erholen, daß sie wirklich häufig werden. Im Jahre 1986 arbeiteten der Zoo London und der Whipsnade Wildlife Park mit den Zoos und Parks in Chester, Glasgow, Longleat, Knowsley und Marwell zusammen, um den Davidshirsch in das speziell dafür eingerichtete Da-Feng-Milu-Reservat nach China zurückzubringen. Mit etwas Glück werden die Davidshirsche bald wieder wild (oder doch halbwild) in China leben. Ihr Überleben bis heute verdanken wir dem Sammlerinstinkt oder der Laune eines englischen Aristokraten des 19. Jahrhunderts.

Mehrere Zuchtvorhaben im 20. Jahrhundert wurden nicht ins Leben gerufen, nachdem die betreffenden Tiere in freier Natur schon verschwunden waren, sondern vielmehr als unbedingt notwendige Versuche, Arten in letzter Minute vor dem Untergang zu retten. Vier der bekanntesten Beispiele sind die Arabische Oryx, der Schwarzfußiltis, der Kalifornische Kondor und der Rotwolf. Sicher ist ein solch überstürzter Beginn bei einer schon bis zum Untergang dezimierten Wildpopulation nicht ideal für eine Zucht in Menschenobhut. Ein Eingreifen, bevor dieser Punkt erreicht ist, wie es mit dem Javanashorn geschehen soll, ist eindeutig besser. Doch die Rettung der Arabischen Oryx in letzter Not ist zu einer der Heldensagen der Arterhaltung im 20. Jahrhundert geworden. Es lohnt sich, sie im einzelnen wiederzugeben.

Wie die Arabische Oryx dem Tode entrissen wurde

Arabische Oryxantilopen sind wunderschöne Tiere von der Größe eines kleinen Ponys, mit langen, spitzen Hörnern. Die alten Araber pflegten die Hörner zusammenzubinden. Daraus entwickelte sich nach Aristoteles der Mythos des Einhornes. Dieses Wesen wird auch im 5. Buch Mose 33, 17 erwähnt: «Seine Herrlichkeit ist wie eines erstgeborenen Stieres, und seine Hörner sind wie Einhornshörner.» Die Arabischen Oryxantilopen sind bemerkenswert an ein Leben in der Wüste angepaßt, so sehr, daß sie einst die ganze Arabische Halbinsel bis nach Mesopotamien im Norden besiedelten. Doch durch die Anpassungen, die sie für die Wüste – und für ein offenes Gelände – geeignet machen, werden sie zu einer leichten Jagdbeute. Sie sind weiß und machen sich absichtlich bemerkbar, indem sie sich auf kleine Hügel stellen, so daß sie von ihren Artgenossen gesehen werden. Damit vermeiden sie, verlorenzugehen (oder markieren «statisch-optisch» ihr Revier). Sie sind keine schnellen Läufer, denn sie leben in der heißen Wüste. Des Nachts ziehen sie zu neuen Weidegründen und nehmen dazu immer wieder dieselben Wege – auch das trägt dazu bei, daß sie sich nicht verlieren. Sie sind also leicht zu sehen und auch leicht zu überwältigen. Die Araber jagen sie schon seit uralten Zeiten.

Solange die Araber sie noch vom Rücken ihrer Pferde und Kamele aus mit Bogen und Speer bejagten, hatten die Oryxantilopen nichts zu fürchten und waren bis weit ins vergangene Jahrhundert hinein ausgesprochen häufig. Aber dann brachten die Briten, Deutschen und Franzosen Gewehre in Millionenzahl. Ende des 19. Jahrhunderts lebten nur noch sehr wenige Oryx im Norden ihres Verbreitungsgebiets. Der Erste Weltkrieg und die Besetzung durch die Türken löschten die Oryx in weiten Teilen Arabiens aus. 1935 waren nur noch zwei Populationen verblieben: eine in der nördlichen Nafud (an der heutigen Grenze zwischen Jordanien und Saudi-Arabien) und eine im Süden, entlang der Grenze von Saudi-Arabien und Oman in der Wüste Rub-al-Khali.

Die letzte Phase der Ausrottung begann in den fünfziger Jahren. Die Ölindustrie siedelte sich an und brachte Fahrzeuge mit Vierradantrieb, die den Oryxantilopen fast überallhin folgen konnten. 1960 berichtete Lee Talbot von der (damaligen) Fauna Preservation Society (FPS), die Oryx sei aus der Nafud verschwunden. Alle Übriggebliebenen lebten am Südrand der Rub-al-Khali-Wüste, nur wenige hundert Individuen, die Jäger innerhalb von Tagen niedermetzeln konnten. Die einzige Lösung war nach Ansicht von Talbot, ihnen in Menschenobhut ein Rückzugsgebiet zu gewähren. So rief die FPS 1961 die «Operation Oryx» ins Leben, ein Projekt zur Rettung und Zucht, mit dem Ziel, sie zu vermehren.

Die Einzelheiten dieser Rettung beschreibt Major Ian Grimwood in dem Buch *The Conservation and Biology of Desert Antelopes*.[6] Die Oryx konnten, so wurde der FPS mitgeteilt, im April und Mai auf den Kiesebenen in der nordöstlichen Ecke des Protektorats Aden gefangen werden. Dorthin zogen die Antilopen, um der extremen Hitze der Sanddünen zu entfliehen. Doch auch die Jäger wußten dies, und Mitte

1961 erschien eine Gruppe aus Katar. Innerhalb weniger Wochen schossen sie 48 Tiere. Da entschloß sich die FPS, mit Hilfe der Hadharami-Bedouin-Legion der Royal Air Force ein eigenes Rettungsprogramm zu starten. Aber im Februar erhielt sie Nachricht von einem zweiten Jägertrupp, der weitere 13 Tiere getötet hatte. Manche bezweifelten, ob es sich überhaupt lohne, die Sache fortzuführen. Dennoch brach die Gruppe der FPS schließlich am 23. April auf.

Sie suchte über 20000 Quadratkilometer der Rub-al-Khali-Wüste ab und fand nur elf Oryxantilopen. Fünf zogen nach Osten über die omanische Grenze, wo sie verschwanden. Zwei wanderten zurück in die Sanddünen. So fing die FPS letztlich nur vier Tiere ein – drei Männchen und ein Weibchen. Von den Männchen war jedoch eines bereits verwundet und starb. Damit hatten sie also nur drei Tiere, darunter nur ein Weibchen. Die Royal Air Force flog die Tiere nach Nairobi; dort hielt man sie in einer nahegelegenen, speziell hergerichteten Quarantänestation in Isiolo. Drei Tiere (mit nur einem Weibchen) reichten einfach nicht aus, um ein lohnendes Zuchtprogramm zu beginnen. Also suchte der FPS Tiere in Menschenobhut. Mehrere Zoos behaupteten, Oryxantilopen zu haben. Einige stellten sich jedoch als Mendesantilopen, andere als Säbelantilopen heraus, und einige waren Bastarde. Der Londoner Zoo hielt jedoch ein Tier – ein Weibchen namens Caroline –, das er für die Zucht zur Verfügung stellte. Wie man heute weiß, gab es zu jener Zeit im Nahen Osten durchaus noch einige Herden in Privatbesitz, vor allem in Katar, so daß die Lage nicht ganz so furchtbar war, wie es schien. Doch das war damals nicht bekannt. Seinerzeit machte die FPS nur folgende Oryxantilopen aus: im Jemen zwei Tiere unbekannten Geschlechts in den Souks von Taiz; in Kuwait zwei Weibchen im Besitz des Scheiches Jaber Abdullah al-Sabah; und in Saudi-Arabien mindestens acht Tiere, die König Saud bin Abdul Aziz in seinem Palast in Riad hielt. So schien es zu jener Zeit nur 16 mögliche Gründer der nächsten Generation – oder vielmehr aller nachfolgenden Generationen – von Arabischen Oryx zu geben.

Die Bemühungen um diese Tiere hatten unterschiedlichen Erfolg. Eindeutig positiv war das Angebot des Shikar Safari Clubs und der Arizona Zoological Society, die beabsichtigte Zuchtherde im neu gegründeten Zoo von Phoenix unterzubringen, ein Ort mit dem richtigen Namen für ein solches Unternehmen und ein äußerst geeignetes

Gelände für Oryxantilopen. Ein zusätzliches Plus war das Angebot von Scheich Jaber Abdullah al-Sabah, seine beiden Tiere herauszugeben, wenngleich eines davon starb, bevor es ausgeflogen werden konnte. Mit König Saud, der zu jener Zeit krank war, gestaltete sich die Kontaktaufnahme schwieriger. Doch auch er stellte schließlich zwei Paare bereit. So kam es, daß vier Oryxantilopen – die Wildfänge Tomatum, Pat und Edith sowie Caroline aus London – am 25. Juni 1963 (über New York) am Flughafen in Phoenix landeten. Salwa, das Weibchen aus Kuwait, folgte im September. Am 23. Oktober gebar Edith ein Junges – sie hatte in Isiolo aufgenommen. Somit waren es nun sechs Tiere. Caroline gebar im folgenden Frühjahr ein in Phoenix gezeugtes Jungtier. Jetzt bestand die Herde aus sieben Antilopen. Die Paare aus Saudi-Arabien kamen im Juli 1964 an: die Männchen Riyadh und Aziz Aziz und die Weibchen Cuneo und Lucy. Damit standen elf Tiere zur Verfügung. Im Jahre 1964 erhielt auch noch der Zoo in Los Angeles über einen holländischen Händler ein weiteres Paar von König Saud. Im Spätsommer 1964 lebten also insgesamt 13 Arabische Oryxantilopen in zwei entwicklungsfähigen Herden in Nordamerika.

Wir werden die Geschichte der Arabischen Oryx im Verlaufe dieses Kapitels noch einmal aufgreifen. Schließlich ist sie ein klassisches Beispiel – vielleicht (zusammen mit dem Goldgelben Löwenäffchen) das bisher beste für die komplette Abfolge Natur–Zoo–Natur. An dieser Stelle nur soviel: Die letzte Arabische Oryx in der Natur wurde definitiv 1972 gemeldet. Zwar sichtete man seitdem angeblich noch einige weitere, doch wir können davon ausgehen, daß in den frühen siebziger Jahren die letzten gelebt haben. Hier sei nur folgendes hervorgehoben: Moderne Erhaltungszuchtvorhaben begannen nicht immer geordnet. Manchmal sind die Artenschützer – in diesem Fall die FPS – herbeigeeilt wie die Feuerwehr zu einem einstürzenden Gebäude. Das ist natürlich nicht ideal, nicht zuletzt, weil die wenigen verbliebenen Tiere bestimmt nur einen geringen Prozentsatz der gesamten genetischen Vielfalt der Art tragen. Eine wichtige Aufgabe der Erhaltungszüchter besteht darin, überall an Glaubwürdigkeit zu gewinnen. Nur so lassen sich Rettungsvorhaben verwirklichen, bevor das Katastrophenstadium erreicht ist. Am besten sollte man mit ausgewählten Individuen aus der Natur beginnen, um die gesamte genetische Vielfalt einzubeziehen. Dann könnten wir rechtzeitig betrachten, was geschieht und welche Probleme sich ergeben, wenn die Tiere erst einmal in Menschenobhut sind und die Zucht angelaufen oder zumindest übereinstimmend erwünscht ist.

Die Zucht in der Praxis

Wie Erhaltungszucht funktioniert geht deutlich aus allem in Kapitel 4 Gesagten hervor. Die Artkoordinatoren klügeln mit Hilfe der Zuchtbuchdaten aus, wie sie gewährleisten können, daß sich die Gründerpopulationen so schnell wie möglich vermehren. Denn die Verluste durch Gendrift sollen möglichst gering bleiben und alle Gene aller Gründer in den nachfolgenden Generationen ausreichend vertreten sein. Zu diesem Zweck nehmen die Verantwortlichen einzelne Individuen aus dem Zuchtprogramm heraus, haben diese erst einmal ihren Anteil an Nachkommen beigesteuert – selbst wenn gerade sie am besten züchten (was mit ziemlicher Wahrscheinlichkeit der Fall sein wird). Die Züchter versuchen, die Familiengrößen anzugleichen, so daß die Anzahl der Nachkommen – und somit der Gene – von Individuen, die gewöhnlich viele Jungtiere haben, nicht jene der weniger fruchtbaren Tiere übertrifft. Auch das Zahlenverhältnis der Geschlechter sollte auf eins zu eins gebracht werden, selbst wenn dies bei vielen polygynen Arten soziale Probleme schafft. In der Regel arrangiert man Verpaarungen zwischen Tieren, die nicht miteinander verwandt sind (sie sollten jedoch derselben Unterart angehören). In sehr kleinen Populationen müßte man im Idealfall jedes Männchen einer Generation mit jedem nichtverwandten Weibchen verpaaren – obgleich sich das in der Praxis natürlich selten durchführen läßt.

Immer ist genetische Vielfalt der Sinn dieses Spieles. Erhaltungszüchter versuchen, Populationen zu schaffen, die sie irgendwann einmal wieder in die Natur zurückbringen können (wenn es erforderlich ist). Doch Artenschützer sind bescheiden. Sie erdreisten sich nicht zu entscheiden, mit *welchen* Genen die Tiere für irgendeine Wildnis der Zukunft ausgestattet sein sollten. Jene Tiere, die in Menschenobhut gut züchten, müssen nicht unbedingt auch in der Natur gut gedeihen. Dort könnte es beispielsweise durchaus besser sein, kleine Würfe zu haben statt große – um so die Überlebenschancen jedes Individuums zu vergrößern. Wäre dies nicht der Fall, dann würden Wildtiere in der Regel riesige Würfe produzieren – wie es für einige, aber keineswegs für alle Arten zutrifft.

Doch erneut: Wie wir in Kapitel 4 erfahren haben, muß eine Population viele hundert Individuen umfassen und einen hohen Prozentsatz der gegenwärtigen genetischen Vielfalt beibehalten, soll sie langfristig lebensfähig sein, denn sogar die derzeitige genetische Vielfalt mag bereits weitaus geringer sein als vor 50 oder 100 Jahren. Kein Zoo kann alleine lebensfähige Populationen halten – außer von den kleinsten Arten. Doch es ist sowieso sicherer, wenn die Populationen auf verschiedene Institutionen verteilt sind. Somit müssen all die arrangierten Verpaarungen, all die Angleichungen der Würfe und jegliche Ausschlüsse von der Vermehrung (oder Auslese!) bei zu fruchtbaren Tieren zwischen vielen Zoos koordiniert werden. Damit die Projekte so laufen, wie sie sollen, müssen die Artkoordinatoren wissen, was sie tun, also hervorragende Biologen sein. Die kooperierenden Zoos müssen das Management der Tiere auf einem hohen Niveau halten, so daß sie alle wesentlichen Vorgänge tatsächlich beherrschen (ohne jedoch die Tiere so unter Druck zu setzen, daß sie überhaupt nicht mehr züchten). Dazu müssen sich die beteiligten Verantwortlichen den Absichten des Gesamtplanes unterordnen und den Anweisungen des Koordinators Folge leisten.

Auf lange Sicht ist die Zusammenarbeit in jedermanns Interesse; denn ohne Kooperation werden die Tiere aussterben und die Zoos ebenfalls verschwinden. Wie man leicht erkennt, erfordert die Zusammenarbeit in einem koordinierten Zuchtplan kurzfristig eine enorme Selbstdisziplin und einige Opfer, aber auch gewisse Fähigkeiten hinsichtlich Zucht und Management. Kein Kurator tötet (oder sterilisiert) gerne ein schönes und fruchtbares Zuchtmännchen oder entfernt ein erstrangiges Weibchen zugunsten eines verwahrlosten Tieres, das vielleicht zufällig irgendein seltenes Allel besitzt. Niemand tötet gerne Jungtiere; wenn jedoch eine Löwin fünf Junge hat, aber nur zwei zur Zucht gebraucht werden und kein Platz für die anderen drei vorhanden ist, muß etwas passieren. Behält man alle Jungen, kommt das Projekt zwangsläufig rasch zum Stillstand. Ich kenne einen Zoo (es hat keinen Sinn zu sagen, welchen), der einige der schönsten afrikanischen Löwen hält, die ich je gesehen habe. Sie gehören zu den Lieblingen der Besucher. Doch wer braucht sie? Der

Direktor und die Kuratoren jenes Zoos sind pflichtbewußte Artenschützer und wissen ganz genau, daß sie statt dessen Indische Löwen
halten sollten. Es gibt auf der Welt nur noch wenige hundert reinblü-
tige Indische Löwen, alle im Forest of Gir im westlichen Indien. Die
europäischen und amerikanischen Zuchtpopulationen müssen praktisch alle von Grund auf neu aufgebaut werden; denn die meisten von
ihnen weisen, wie man inzwischen herausgefunden hat, Gene afrikanischer Löwen auf. Doch die Indischen Löwen sind kleiner und im
allgemeinen weniger beeindruckend als die stattlichen afrikanischen.
Wohin aber mit den «überzähligen» afrikanischen Löwen? Welcher
Tierarzt tötet schon gerne derartige Tiere?

Gewiß, koordinierte Zuchtprojekte *können* funktionieren. Immer
mehr Direktoren und Kuratoren sehen ein, daß weder sie noch eine
ständig zunehmende Anzahl von Arten eine Zukunft haben, solange
diese Projekte nicht funktionieren. Um die Arabische Oryx hat man
sich in der Anfangszeit in Phoenix sehr intensiv gekümmert. Sie gelangte von hier aus in den Zoo von San Diego und weiter nach
Brownsville in Texas. Im Jahre 1979 breitete sich die Population wieder nach Europa aus, von Phoenix nach Berlin-Friedrichsfelde, Antwerpen und Zürich, mit dem Übereinkommen, die Nachkommen jener Tiere sollten in den Zoo London kommen. Schließlich hatte der
Londoner Zoo Caroline zur Verfügung gestellt und schon in den frühen Tagen bewiesen, daß man dort eine Arabische Oryx tatsächlich
als solche erkannte! Inzwischen wurde die Arabische Oryx wieder in
die «Natur» eingebürgert. Heute gibt es etwa 1800 Tiere. Die Art ist
noch nicht ganz «über den Berg», aber es müßte schon sehr unglücklich zugehen, sollte sie jetzt nicht durchkommen. In den Zoos und
Schutzgebieten der Welt leben gegenwärtig auch wieder etwa 1000
Przewalskipferde. 1959 gab es nur noch 59 in Menschenobhut, und in
der Natur starb das Wildpferd Ende der sechziger Jahre aus. Im Januar 1990 beherbergten die Zoologischen Gärten 305 Kleine Pandas.
Viele andere Arten und Unterarten, vom Sibirischen Tiger und Goldgelben Löwenäffchen bis hin zur Mauritiustaube und zum Balistar,
hat man durch Zucht in Menschenobhut vom Randes des Aussterbens
in relative Sicherheit gebracht.

Die Erfolge sind so bedeutend und die Fortschritte derart schnell,
daß nur ein ausgesprochen roher Mensch das ganze Unternehmen
verspotten kann. Die Zucht in Menschenobhut ist lohnenswert und

kann funktionieren. Soll sie jedoch wirklich Erfolg haben, müssen wir die Unzulänglichkeiten vieler bisheriger Bemühungen erkennen. Auf diese werde ich mich nun konzentrieren; nicht mit einer negativen Einstellung, sondern weil es (wie Napoleon bemerkte) einfach das Beste ist, wenn man weiß, wo die Probleme wirklich liegen.

Logistische Probleme

Ein grundlegendes Problem ist sozialer, diplomatischer und organisatorischer Natur. Zoos werden auf sehr unterschiedliche Weise geleitet (städtisch, national, manche als gemeinnützige Einrichtung und einige von Privatunternehmen oder Aktiengesellschaften). In gewissem Sinne könnten wir sagen: «Vive la différence!», denn jedes System hat seine Vor- und Nachteile. Letztendlich zählt nur, daß auf den wichtigen Positionen gute Fachleute sitzen sollten. Das ist jedoch nicht immer der Fall. Einige Zoodirektoren sind einfach Angestellte im öffentlichen Dienst. Haben sie es wirklich einmal geschafft, die Grundzüge der Arterhaltung zu erlernen, dann ist es schon wieder Zeit für sie zu gehen. Während andere all das, was sie lernen mußten, bereits vor 20 Jahren gelernt haben und nun nicht bereit sind umzudenken oder sich von einem Artkoordinator sagen zu lassen, was zu tun ist. Wie überall ist eine Führung durch Fachleute erforderlich und eine kontinuierliche Weiterentwicklung ohne Überalterung. Derzeit ist es eine bedeutende Aufgabe für Artenschützer im Zoo (die hoffentlich im Laufe der Jahre geringer wird), jene zu belehren, die noch nicht begriffen haben, was geschieht. Fairerweise muß man aber zugeben, daß es schwer genug ist, einen Zoo auch ohne die zusätzliche Last einer koordinierten Zucht zu leiten. Andere Probleme (Finanzen, Baubestimmungen, Feuerversicherung, Ausbruch von Krankheiten, Ausbrechen von Tieren) scheinen in der Praxis zumeist dringlicher.

Darüber hinaus haben die Verantwortlichen viele legitime Gründe, um sich den Plänen von Artkoordinatoren zu widersetzen. Es kommt von Natur aus zu Konflikten. Ein Zuchtmännchen oder ein altes Weibchen, die ihre Gene bereits weit genug verteilt haben, können nichtsdestoweniger bedeutende und notwendige Beiträge zur Sozialstruktur der Gruppe leisten. Ein solches Männchen ließe sich sterilisieren. Beläßt man es aber bei der Herde, könnte es immer noch andere Männchen von der Fortpflanzung abhalten. Ein altes Weibchen könnte man als «Tante» bei der Gruppe belassen, doch dann beansprucht es den stets wertvollen Raum. Zumindest ist es in Zoos (gewöhnlich!) relativ einfach, die Herden zu manipulieren – zum Beispiel Tiere mit Narkosepfeilen für eine Sterilisation einzufangen. Sind die Tiere jedoch in die Natur zurückgekehrt, können die Konflikte zwischen sozialen und genetischen Notwendigkeiten an Bedeutung gewinnen (weil die Beiträge alter, erfahrener Tiere für die Sozialstruktur wichtiger werden). Doch gleichzeitig läßt sich die Fortpflanzung schwieriger überwachen. Daher wird oft vorgeschlagen, das Management in der Natur am besten auf der Ebene von Teilpopulationen durchzuführen und nicht auf derjenigen von Individuen. Ging die Wildpopulation aus einigermaßen vielfältigen Gründern hervor und ist sie entsprechend groß, sollte das funktionieren.

Die Verantwortlichen sorgen sich auch um das Wohlergehen einzelner Tiere, was sie auch tun müssen. So wurden Gorillazuchtprojekte manchmal aufgehalten, weil Kuratoren einzelne Männchen nur widerwillig in neue Gruppen wechseln ließen – mit dem durchaus vernünftigen Argument, das würde das Männchen selbst, die Gruppe, die es verläßt, und auch seine zukünftige Gruppe aus dem Gleichgewicht bringen. Es gab Zeiten, da sahen Zoologen im Anthropomorphismus eine schreckliche Sünde. Sie warnten davor, die Tiere aus menschlicher Sicht verstehen zu wollen. Doch es ist sicher berechtigt, mit einem Gorilla und seiner Familie zu fühlen, wenn er kurzerhand aus der Familie gerissen und unter Fremde gebracht wird. Künstliche Besamung kann oft Abhilfe leisten; wenngleich diejenige exotischer Tiere eine Behandlung unter Narkose erfordert. Gorillas gehören in der Praxis bisher noch nicht zu jenen Arten, bei denen künstliche Besamung gelingt.

Für die Einfuhr von Tieren bestehen Veterinärbestimmungen, manchmal zwischen verschiedenen Ländern, bisweilen auch zwischen den Bundesstaaten einzelner Länder. Großbritannien macht beispielsweise folgende Auflagen: für viele Säugetiere eine Quarantäne von sechs Monaten wegen Tollwut, dazu viele zusätzliche Bestimmungen für Huftiere, eine Quarantäne von 35 Tagen für Vögel und so weiter. Es scheint töricht, solche eindeutigen Vorsichtsmaßnahmen zu beanstanden; doch lassen sich in anderen Bereichen diese Vorschriften offenbar mit Geld umgehen. Für Rennpferde wird auf die Bestimmungen für Huftiere großenteils verzichtet. Schafe fahren in riesigen Waggons unter oftmals schrecklichen Bedingungen quer durch Europa, einzig und allein, weil es einigen wenigen Gewinn bringt. Inzwischen könnten die Bestimmungen, die eindeutig für lebende Tiere gedacht sind, schon konsequent auf gefrorene Keimzellen (siehe Kapitel 6) angewandt werden. Selbst wenn die künstliche Besamung technisch so ausgereift ist, wie man es sich nur wünscht und sich mit ihrer Hilfe den meisten Tieren eine unwillkommene Reise ersparen ließe, wäre das dennoch praktisch nicht durchführbar. Somit komplizieren Veterinärbestimmungen internationale und interregionale Zuchtprojekte. Manche Kuratoren, die bereit wären, ihren Tieren kurze Aufenthalte in anderen benachbarten Zoos zu gestatten, tun dies nur ungern, ist dazu eine Quarantäne erforderlich.

Doch selbst wenn sehr viele Interessierte zusammenarbeiten und zahlreiche Tiere einbezogen sind, kann es immer noch Probleme geben, die von den Tieren selbst ausgehen – oder vielmehr von der Vergangenheit der Tiere. In heutigen Zuchtgruppen gibt es oft aus mehreren Gründen viele Unzulänglichkeiten: Weil man neue Zuchtgruppen zumeist ungeordnet aus jenen Tieren gegründet hat, die zur Zeit der Entscheidung für einen Zuchtbeginn gerade zur Verfügung standen, weil die Verantwortlichen in der Vergangenheit die modernen Techniken zur Bewahrung der genetischen Vielfalt (oder die Notwendigkeit dafür) nicht begriffen haben, und weil man zuweilen die Unterschiede von Subspezies nicht erkannte. Keine Zuchtgruppe weist mehr Mängel auf als die des Przewalskipferdes.

Die Probleme mit dem Przewalskipferd

Das Przewalskipferd bildet ein wichtiges Beispiel. Es ist untersetzt, von der Größe eines kräftigen Ponys, mit großem Kopf und einer bürstenartigen Stehmähne. Wahrscheinlich ist es einer der Vorfahren des Hauspferdes. Ende 1985 umfaßte die Zoopopulation in Europa, Nordamerika und Australien 660 Tiere. Man dachte bereits über eine Wiedereinbürgerung in der Mongolei nach. Doch die Ursprünge der gegenwärtigen Herde gehen bis zur Jahrhundertwende zurück. So gab es also genügend Zeit dafür, daß ohne die Anleitung durch neuzeitliche Theorien und durch einige unglückliche Umstände etwas schiefging. Die Folgen dieser Fehler müssen in der gegenwärtigen Population wieder ausgemerzt werden.

Die Tiergärtner hielten die Przewalskipferde zumeist in Harems, weil sie so in der Natur leben. Was natürlich ist, hält man verständlicherweise auch für gut. Wie jedoch Lydia Kolter und Waltraut Zimmermann vom Kölner Zoo im *EEP Coordinators' Manual* vom Mai 1989 betonen (Dr. Zimmermann ist Artkoordinator des EEP für das Przewalskipferd)[7], widerspricht eine solche Sozialstruktur der wichtigen genetischen Regel, derzufolge man aus Gründen der genetischen Vielfalt die Zahl der Männchen und Weibchen angleichen sollte. Doch man hielt und züchtete die Pferde jahrzehntelang in Harems, denn die gegenwärtig vorhandenen Tiere befinden sich schon zwischen fünf und elf Generationen in Menschenobhut. Noch schlimmer ist der Widerspruch zwischen der gegenwärtigen Theorie und dem scheinbar gesunden Menschenverstand. Der Theorie zufolge sollten alle Gründerhengste zur Zucht zugelassen werden; doch die früheren Kuratoren wählten absichtlich nur die besten Zuchthengste aus (sie folgten damit dem bewährten Vorbild der Hauspferdezüchter). Das erscheint zwar sinnvoll, ist aber verheerend, wenn das Ziel genetische Vielfalt heißt, und sie muß das Ziel sein, wollen wir wirklich *Wildtiere* erhalten und in die Natur zurückbringen.

Dieses frühere Vorgehen hat zwei Konsequenzen. Erstens ging viel wertvolle genetische Variabilität verloren; denn die gegenwärtige Population läßt sich tatsächlich auf nur 13 Gründer zurückführen, und die Gene von zweien dieser Gründer sind nahezu verschwunden. Zweitens sind viele der heutigen Tiere stark von Inzucht betroffen und daher in hohem Maße homozygot. Das zeigt sich in den historischen Zuchtbuchaufzeichnungen. Man kann es aber auch aus der einfachen Betrachtung der Tiere schließen; denn in manchen Herden sehen fast alle Tiere gleich aus. Heutzutage läßt sich die Homozygotie auch durch DNA-Untersuchungen nachweisen, und bei manchen Tieren manifestiert sie sich durch Unfruchtbarkeit (in Form nicht lebensfähiger Spermien). Potentiell ernstzunehmen ist auch eine nervöse Störung in einigen Herden, die sich als mangelnde Koordinationsfähigkeit – Ataxie – offenbart und möglicherweise vererbt wird.

Schließlich gab es noch einen unglücklichen Umstand, der durch ein gewisses Maß an Unbedachtheit zustande kam. Einer der 13

Gründer der gegenwärtigen Herde zu Beginn dieses Jahrhunderts war eine Hauspferdstute, *Equus caballus* statt *E. przewalskii*. Später, in der vierten Generation, kreuzte man ein weiteres Hauspferd mit einem Przewalskihengst, anscheinend, um zu sehen, wie nahe beide Formen miteinander verwandt sind. Einer der daraus hervorgegangenen Hybridhengste verblieb in der Zuchtgruppe. Ziemlich wahrscheinlich floß aber auch in den Przewalskipferden, die im 19. Jahrhundert durch die mongolische Steppe zogen, einiges Hauspferdblut. Es würde verwundern, wenn es nicht so wäre, denn die Mongolen sind urwüchsige Pferdezüchter, und es ist bestimmt zu Vermischungen gekommen. Einige der ersten Photographien wilder Przewalskipferde deuten auf Einflüsse von Hauspferden hin.

Wie dem auch sei, manche heutige Przewalskipferde sehen Hauspferden verblüffend ähnlich; insbesondere kommen immer mehr Tiere – Mitte der achtziger Jahre bis zu drei Prozent – rötlichbraun zur Welt (Pferdeliebhaber würden sie «Füchse» nennen). Diese Farbe beruht auf einem Mangel an schwarzen Pigmenten, der von einem rezessiven Allel verursacht wird. Wie Untersuchungen der Stammbäume zeigen, müssen zumindest drei der Gründer Träger dieses Allels gewesen sein. Wissenschaftler und Jäger erwähnten in ihren Beschreibungen des Przewalskipferdes aus der Natur jedoch nie eine solche Farbe. Daher kann man Fuchsfarbigkeit als Domestikationsmerkmal betrachten. Viele Tiere europäischer Herden sind Träger des Allels, da zwei der Gründerhengste diese Anlage ebenfalls aufwiesen. Einer der beiden zeugte mehr als 100 Fohlen, von denen (nach den Mendelschen Vererbungsregeln) mindestens 50 ebenfalls Träger des Allels sein könnten.

Käme das Przewalskipferd noch in der Natur vor, dann könnte sich der Artkoordinator durchaus entschließen, dasselbe zu tun wie die Züchter der Indischen Löwen, als man bei diesen aus Afrika stammende Gene entdeckte, nämlich nochmals von vorne zu beginnen. Doch das Przewalskipferd ist heute in der Natur ausgestorben, und somit entfällt diese Lösung. Dr. Kolter und Dr. Zimmermann zufolge muß der Plan daher lauten, unter der gegenwärtigen Population «aufzuräumen»: die Inzucht zu reduzieren, den Einfluß der Hauspferde durch Auslese zu vermindern, den Pool der Hengste zu vergrößern, so daß man unter einer größeren Zahl auswählen kann, und gesundheitliche Probleme wie Ataxie durch Selektion zu verringern.

Die exakten und erschöpfenden Details können wir den Artkoordinatoren und Verantwortlichen überlassen, doch einige wenige hervorstechende Punkte sind erwähnenswert. Erstens ist es für die Züchter bedrohter Arten höchst ungewöhnlich, eine absichtliche Auslese zu treffen, um bestimmte phänotypische Merkmale, also tatsächlich sichtbare Charaktere, zu betonen oder zu eliminieren. Normalerweise ist eine derartige Selektion ein Privileg von Landwirten und Hundeliebhabern. Aber dies ist ein Sonderfall. Es scheint widernatürlich, nicht zu versuchen, ein Merkmal – die Fuchsfarbigkeit – zu eliminieren, von dem man weiß, daß es von einer anderen Art stammt. Dagegen ist es unter Erhaltungszüchtern durchaus üblich, Gene zu eliminieren, die erfahrungsgemäß nachteilig sind (in diesem Falle das hypothetische Gen für Ataxie). Doch die Przewalskipferde sind eben ein Spezialfall. Wir sollten dankbar sein, daß diese Tierart überhaupt noch existiert, aber auch froh, daß es nicht noch mehr Tierarten gibt, die so viele Probleme mit sich bringen.

Zweitens schafft die Forderung nach mehr Hengsten (wie oben erwähnt) das Problem von Junggesellenherden. Bei Wildtieren leben die Geschlechter oft einen Großteil ihres Lebens getrennt, und bei vielen schließen sich die jungen Männchen von Natur aus zusammen (wie es auch bei Menschen der Fall ist). Zoos, die Männchen und Weibchen mit Jungtieren im Gefolge zeigen, züchten ganz augenscheinlich ihre Tiere und rufen damit Zustimmung in der Öffentlichkeit hervor, denn Tierbabys sind immer attraktiv. Doch bei der Erhaltungszucht nützen auch jene, die anderes tun. Halten Zoos Junggesellenherden, auf die andere zurückgreifen können, erfüllen sie damit eine sehr nützliche Aufgabe. Der Kölner Zoo gehört zu den europäischen Tiergärten mit einer solchen Herde (die Tiere sehen auch prachtvoll aus!). Der Zoo in Washington, D.C., hält übrigens sehr geschätzte Junggesellengruppen von Varis. Eines ist jedoch besonders wichtig: Zoos, die solche Gruppen halten, müssen ihren Besuchern erklären, warum sie das tun; sonst denken diese, man hielte die Tiere nur um ihrer selbst Willen. Da Junggesellen beim Erproben ihrer Kräfte eine enorme Unruhe stiften (siehe die Varis in Washington), erhält man leicht den irreführenden Eindruck, das ganze Unternehmen wäre unvertretbar herzlos.

Drittens gibt es in der ehemaligen Sowjetunion anscheinend einige Przewalskipferde mit Genen, die in den «koordinierten» Herden nicht vorkommen. Je eher man diese in die Population einbringt, desto besser. Dasselbe gilt beispielsweise für die chinesischen Kleinen und Großen Pandas. Ein genetischer Austausch ist für das Überleben aller unabdingbar. Schließlich ist die Zahl der Przewalskipferde inzwischen so hoch, daß man nun eine Rückkehr in die «Natur» – oder einen modernen Naturersatz – ins Auge fassen kann. Nach jahrelangen Verhandlungen und der Suche nach einem geeigneten Ort für die Wiedereinbürgerung (es ist außerordentlich schwierig, einen solchen zu finden), hat die Regierung der Mongolei 100 Hektar des Gobi-Alti-Nationalparks dafür bereitgestellt. Das Gebiet soll nach und nach vergrößert werden, wenn sich die Tiere langsam an ihre neue Umgebung gewöhnen. 1992 kamen die ersten Przewalskipferde in der Mongolei an, wo sie jetzt in «Semireservaten» leben. EEP und SSP planen für 1994 ein Projekt zur echten Wiederauswilderung von Przewalskipferden in der dzungarischen Gobi. Die allgemeinen Probleme der Wiedereinbürgerung werde ich später erörtern.

Platzprobleme

Letztlich werden alle Zuchtbemühungen unter dem Schutz des Menschen vom permanenten Problem des Platzmangels überschattet und kompliziert. Die Artkoordinatoren sind sich im allgemeinen bewußt, daß die gesamte Zoopopulation ihrer speziellen «Schützlinge» nie eine bestimmte Zahl überschreiten kann, da alle beteiligten Zoos nur für diese Raum zur Verfügung haben. Eine der ersten Aufgaben von Artkoordinatoren besteht darin, festzustellen, wie hoch diese «bestimmte Zahl» ist. Die Zucht so zu organisieren, daß die genetische Vielfalt möglichst groß wird, ist nur eine Hälfte des Problems. Die andere besteht darin, diese Vielfalt auch innerhalb jener Population, die man tatsächlich halten kann, zu bewahren. Manchmal gehen die Zahlen nicht auf, und es steht zu wenig Platz für die Aufgabe zur Verfügung.

Dieses Problem vergrößert sich natürlich noch, wenn die Art in Unterarten gegliedert ist. Einen solchen Fall haben wir mit dem Kleinen Panda, eine der Vorzeigearten, welche die Wichtigkeit der Zucht in Menschenobhut verdeutlicht. Das erste internationale Zuchtbuch für den Kleinen Panda, 1978 veröffentlicht, verzeichnete nur 128

Tiere (wenngleich die wirkliche Zahl in Menschenobhut vermutlich 143 betrug). Am 1. Januar 1990 waren es hingegen 305 Tiere. Das wurde schon erwähnt. Wie die Zuchtbuchführerin für die Kleinen Pandas, Angela Glatson vom Zoo Rotterdam, in den *International Zoo News* vom September 1990 bemerkt[8], brachte man in diesem Zeitraum über 100 Tiere aus der Natur in den Bestand ein, so daß die Zunahme nicht ganz so beeindruckend ist, wie es scheinen mag. Doch sie fügt auch hinzu, daß 1978 zwar nur ein Drittel der Tiere in Menschenobhut geboren war, von der Nominatform *Ailurus fulgens fulgens* jedoch fast 100 Prozent.

Aber genau darin liegt das tatsächliche Problem. Wie schon in Kapitel 4 beschrieben, gibt es vom Kleinen Panda zwei Unterarten: die Nominatform *A. f. fulgens* und den Chinesischen oder Styans Katzenbär *A. f. styani*. Sie weichen genetisch und phänotypisch voneinander ab und sollten getrennt gezüchtet werden. Von den gegenwärtig vorhandenen rund 300 Kleinen Pandas in Menschenobhut sind 120 Styans Katzenbären und 180 gehören zur Nominatform. Die derzeitige *fulgens*-Population geht tatsächlich auf 26 Gründer zurück. Die Generationszeit beträgt fünf Jahre. Damit wäre nach den in Kapitel 4 skizzierten Berechnungen zur Erhaltung von 90 Prozent der genetischen Vielfalt über 200 Jahre eine Population von 500 Tieren erforderlich. Das ist mehr als das Doppelte der gegenwärtigen Zahl. Von Styans Katzenbären sollte es ebenfalls 500 geben. Somit müßten insgesamt so schnell wie möglich 1000 Tiere zur Verfügung stehen, am besten bis zum Jahre 2000. Doch die Zoos der Welt können wohl auch alle zusammen nicht soviel Platz aufbringen. In Australien (wo ein koordinierter Zuchtplan existiert) ist die Kapazität bereits erschöpft. Welch ein Jammer, müßten beide Unterarten so miteinander konkurrieren, daß nicht eine der zwei Populationen groß genug wäre!

Es wird also immer wichtiger, mehr Platz für die am meisten bedrohten Arten zu schaffen, indem man sich von anderen Tieren trennt (was oft bedeuten wird, diese zu töten), von Tieren, deren Bestand in der Natur gesichert ist und für die es keiner Zucht in Menschenobhut bedarf, oder die anderswo gezüchtet werden oder Hybride sind. Genau an jenem Tag, an dem ich diese Zeilen schrieb, trafen sich Mitglieder der Primate Specialist Group der Federation of British Zoos, um die ideale Platzzuweisung für alle Primaten in den britischen Zoologischen Gärten zu erörtern, von Halbaffen bis zu Gorillas. Manche

Arten sollte man ihrer Ansicht nach am besten überhaupt nicht halten, weil sie bereits in Amerika gezüchtet werden. Von weiteren sollte man sich trennen, weil sie in der Natur häufig sind, wohingegen andere Populationen rasch vergrößert werden sollten. Noch bevor die Neuzuweisung des vorhandenen Raumes beginnen kann (vorausgesezt, die Kuratoren stimmen überein), muß man radikal aussortieren; denn speziell bei Affen ist (wie bereits für die Nachtaffen bemerkt) die Wahrscheinlichkeit für ein Durcheinander zwischen Unterarten oder selbst zwischen Arten groß. Beispielsweise unterteilt man die vier bekannten Arten von Klammeraffen (der Gattung *Ateles*) in insgesamt 16 Unterarten. Roy Powell vom Zoo Paignton in Westengland führt das regionale Zuchtbuch für Klammeraffen. Um nur ein Beispiel zu nennen: Dr. Powell bemerkte[9], daß der Schwarzgesichtsklammeraffe (*A. paniscus chamek*) aus Peru, Brasilien und Bolivien einer stark gefährdeten Unterart des Braunkopfklammeraffen (*A. fusciceps robustus*) aus Kolumbien und Panama sehr ähnlich ist. Natürlich leisten die aus Kreuzungen beider resultierenden Bastarde keinerlei Beitrag zur Arterhaltung, selbst wenn sie fruchtbar sind. Es sind nur weitere Hybride – zwar hübsche Tiere, aber sie sind eindeutig immer mehr im Weg.

Eine Auswahl läßt sich nicht vermeiden, und wahrscheinlich ist es töricht, dabei zu zimperlich zu sein. Wir töten täglich Tausende von Tieren zu Nahrungszwecken, weitere Tausende, weil wir sie als Schädlinge erachten, und Millionen aus Gleichgültigkeit, wenn wir ihre Lebensräume überfluten und in Stücke hacken. Eine Kuh oder eine Ratte sind sich vermutlich nicht weniger ihrer selbst bewußt als ein Klammeraffenmischling. Dennoch würde jedermann zustimmen, daß man sowenig Tiere wie möglich töten sollte; zumindest scheint das Töten dem Grundgedanken des Unternehmens zu widersprechen. Damit hätten wir vielleicht Gründe für ein «Tierreservat», einen Platz, an dem jene Tiere ihr Leben zu Ende leben, mit denen man nicht züchten möchte. Solche Einrichtungen könnten sicherlich überall eingerichtet und ebensogut von verantwortungsbewußten Laien wie von Fachleuten geleitet werden. Das ginge auch in Vorstadtgärten, Hotels oder Landwirtschaftsbetrieben.

Ich werde auf die Bedeutung der Nichtfachleute und der Amateurzüchter in Kapitel 8 zurückkommen. Zunächst ist es noch wichtig, zwei Tiergruppen zu erwähnen, die im allgemeinen nicht als vorrangige Zielgruppen für eine Zucht in Menschenobhut gelten und die doch viele Vorteile haben – und daher für Laien von besonderem Interesse sein könnten: die Fische und die Wirbellosen.

Fische und Wirbellose

Ich hoffe, die Fische, Wirbellosen und ihre zahlreichen Fürsprecher werden mir verzeihen, daß ich sie alle in einen Topf werfe; aber hinsichtlich der Arterhaltung haben sie vieles gemeinsam. Zunächst die hohe Artenzahl. Bisher wurden 24000 Arten von Fischen identifiziert, doch allein unter den Teleostei (der Hauptgruppe der Knochenfische) werden jährlich 100 neue Arten benannt. Tatsächlich gibt es vielleicht zwischen 35000 und 45000 Fischarten. Die Zahl der Wirbellosen ist sogar noch weniger eindeutig, doch sind 30 Millionen keine unvernünftige Schätzung. Es ist schon schwierig genug, Raum für 2000 Landwirbeltierarten zusammenzukratzen. Für Fische und Wirbellose scheint dies alles andere als praktikabel.

Doch da ist auch noch die Sache mit der Spezialisierung. Im Grunde sollte es das Ziel der Zucht in Menschenobhut sein, die Tiere wieder in die Natur zurückzubringen. Die meisten Landwirbeltierarten, die man in Menschenobhut züchtet, sind einigermaßen beweglich, und viele waren einst weit verbreitet, wie die Arabische Oryx. Sie lassen sich zumindest vorübergehend in Reservaten halten, die weit von ihrem Ursprungsland entfernt sein können. Bringt man sie schließlich wieder in die Natur zurück, dann vielleicht nicht dorthin, woher sie stammen, sondern in andere Bereiche ihres ursprünglichen Areals. Die Oryx lebte einst in Saudi-Arabien, Jordanien, Oman und Israel, wohin man sie auch zurückbrachte. Den Kalifornischen Kondor könnte man auch am Grand Canyon wiedereinbürgern statt in Kalifornien, denn Fossilfunde belegen, daß er einst dort vorkam.

Die Habitate von Fischen und vielen Wirbellosen sind hingegen oft ausgesprochen lokal begrenzt. Es gibt vor allem deshalb so viele verschiedene Süßwasserfische, weil die Flüsse und Seen, in denen sie jeweils leben, von allen anderen abgeschnitten sind. Nur wenige Flußfische können über den Hauptfluß in andere Nebenflüsse gelangen. Viele Insekten leben auf bestimmten Pflanzen oder sind, wie der

Arionbläuling, der einst in Südengland vorkam und heute ausgestorben ist, von einer bestimmten Kombination von Pflanzen und anderen Tieren abhängig. Wenn also bestimmte Wasserläufe trockengelegt werden (oder mit Dämmen aufgestaut), oder spezielle Pflanzen verschwinden, gibt es keinen Ort, an den man eine solche Tierart zurückbringen könnte, hat man sie in Menschenobhut gezüchtet. Sicher läßt sich manchmal eine Fischart aus einem nicht mehr existierenden Teich erfolgreich in einen anderen aussetzen. Doch welche Auswirkungen wird das auf jene Fische haben, die in diesem Teich heimisch sind? Weltweit wurden zahlreiche Fischarten allein deswegen ausgelöscht oder ernsthaft gefährdet, weil sich Angler und Fischzüchter einmischten und neue Arten in ihren Lebensraum einführten: beispielsweise Zander nach Großbritannien, welche die Rotaugen fraßen; Forellen in die südliche Hemisphäre, die dort viele entsprechende Fische aus der gleichen Nische verdrängten; Regenbogen- und gezüchtete Hybridforellen in europäische Flüsse, welche die einheimischen Bachforellen gefährdeten; große, räuberische Seebarsche und Welse weltweit in warme Gewässer, die dort alles leerfraßen, oder Nilbarsche in den afrikanischen Victoriasee. Den einzig ermutigenden Vorschlag unterbreitete Dr. Peter Maitland vom Fish Conservation Centre im schottischen Stirling bei einem Symposium an der Universität Lancaster im Jahre 1990[10]: Man könne Fische aus der Obhut des Menschen in neue Gewässer wie Staubecken entlassen und so ganz neue Ökosysteme schaffen. Alles in allem jedoch scheint die Kritik, die sich oft ganz allgemein gegen eine Zucht in Menschenobhut richtet – nämlich daß Lebensräume verschwinden und damit für die von uns gepflegten Tiere keine Heimat mehr vorhanden ist, in die sie zurückkehren können –, viel öfter auf Fische und Wirbellose zuzutreffen als auf Landwirbeltiere.

Wie erwähnt haben Nilbarsche der Gattung *Lates* unter den im Victoriasee heimischen Fischen großen Schaden angerichtet. Das ist noch sehr gelinde ausgedrückt. Seit seiner Einführung Ende der fünfziger Jahre scheint der Nilbarsch für das Aussterben von etwa 200 der 300 verschiedenen Buntbarscharten – kleine Vertreter der Gattung *Haplochromis* und verwandter Gattungen innerhalb der Familie Cichlidae –, die zuvor hier lebten, verantwortlich zu sein. Der Nilbarsch ist ein wertvoller Fisch und bringt trotz einiger ökonomischer Nachteile unter dem Strich einen wirtschaftlichen Gewinn. Ökologisch gesehen hat er jedoch die vielleicht größte Katastrophe des 20. Jahrhunderts verursacht. Nur drei Aquarien der Welt hielten Vertreter der 200 als ausgestorben geltenden Buntbarscharten. Eines davon war das Horniman Museum in Südlondon, in dem Gordon Reid die naturgeschichtliche Abteilung leitet. Dr. Reid hält neun *Haplochromis*-Arten. Das Museum ist nicht besonders groß. Es wurde als öffentlich zugängliche Privatsammlung von einem menschenfreundlichen Teemagnaten im 19. Jahrhundert gegründet. Doch einige der Arten leben zur Zeit nur in winzigen Becken im Horniman Museum und *nirgendwo sonst auf der Welt*. Auch Philip Pister vom California Department of Fish and Game in Bishop erinnert sich gerne an die Zeit zurück, als er eine gesamte Zahnkärpflingart der Gattung *Cyprinodon* (*desert pupfishes*) in einigen wenigen Behältern hielt.

Was sollte man mit solchen Fischen tun, die keine Heimat mehr haben? Es ist sicherlich eine Schande, sie einfach sterben zu lassen. Philip Pister fand für seine Zahnkärpflinge einen Ersatzlebensraum, und Gordon Reid gründete in Horniman das privat finanzierte Fish Rescue and Breeding Centre unter der Schirmherrschaft der International Association for Research on and Conservation of Endangered Cichlids (IARCEC). Reid ist sich jedoch vollkommen bewußt, daß keine Institution für alle Zeiten existiert und man daher keine Population ewig in nur wenigen Becken halten kann. Die Fischpopulationen sollten – in Einklang mit den genetischen Grundsätzen – rasch vergrößert werden. Horniman selbst hat jedoch nur eine begrenzte Größe. Dort lassen sich keine umfangreichen Populationen mehrerer Arten unterbringen.

Die naheliegende Lösung ist also, die Mithilfe von Hobbyaquarianern zu gewinnen, die bereit sind, Hunderte von Stunden und zusammen weltweit schätzungsweise weit über 15 Milliarden Mark für ihr Hobby zu opfern. Das bringt uns zum größten echten Vorteil, den zumindest einige Fische und viele Wirbellose gegenüber den meisten Landwirbeltieren haben. Viele sind extrem klein und leicht in Behältern zu halten. Große Populationen lassen sich kostengünstig auf begrenztem Raum unterbringen und können ebensogut von begeisterten Laien wie von Fachleuten gehalten werden. Analog dazu hat Paul Pearce Kelly, verantwortlich für die Wirbellosen im Zoo London, zumindest die Möglichkeit ins Auge gefaßt, engagierte Laien zu ersuchen, sich Gruppen bestimmter Vogelspinnen anzunehmen, die er zu

Tausenden im Zoo züchtet (und die alle einzeln gefüttert werden müssen), die jedoch in der Natur bedroht sind.

Kurzum: Die Zucht in Menschenobhut kann sich nicht in großem Umfang auf die gefährdete Lage der ungeheuer vielen Fische und Wirbellosen auswirken. Aber sie vermag zumindest jene zu erhalten, die zufällig unseren Weg kreuzen, und das relativ kostengünstig. Einen Großteil der Kosten könnten sogar Hobbyzüchter bestreiten. Leute, die heute noch Guppys und Koikarpfen halten, könnten – sofern sie wollen – bedeutende Erhalter ganzer Arten werden.

Wie wir jedoch ständig betont haben, ist der eigentliche Endpunkt der Zucht in Menschenobhut die Wiedereinbürgerung. Diese sollten wir nun diskutieren.

Rückkehr in die Natur

Wahrscheinlich werden wir nur wenige der in Menschenobhut gezüchteten Populationen in absehbarer Zukunft wieder in die Natur einbürgern. Andere können sicher erst in vielen Jahrzehnten zurückkehren. Für weitere – hoffentlich viele – wird eine Rückführung in großer Zahl vielleicht nie notwendig, weil die Wildpopulationen noch gerettet werden. Das Management von Wildpopulationen ist jedoch schwieriger als das von Populationen in Menschenobhut. Selbst die «gesicherten» muß man vielleicht in genetischer Hinsicht unterstützen (denn zukünftige Populationen werden bestimmt kleiner sein als jene vor Auftreten des Menschen). Wir können auch nicht voraussehen, was das Schicksal noch für die Wildnisgebiete der Zukunft bereithält, doch es sollte immer möglich sein, Populationen aus Menschenobhut in die Natur zurückzubringen, wenn es erforderlich ist.

Tatsächlich müssen Populationen auch nicht in vollem Umfang wiedereingebürgert werden, damit das Ganze einen Sinn hat. In den drei bekanntesten Fällen – beim Davidshirsch, dem Przewalskipferd und der Arabischen Oryx – war die Art fast sicher in der Natur ausgestorben und überlebte nur, weil man sie in Zoos und Tierparks gezüchtet hat. Jene Tiere, die man zurückbrachte, waren zu dieser Zeit die einzigen Tiere, die nicht in Menschenobhut lebten. Aber eine Wiedereinbürgerung kann selbst dann sinnvoll – und in einigen Fällen für das Überleben der Art unabdingbar sein –, wenn die Art noch in der Natur vorkommt. So erfolgt, wie später noch genauer ausgeführt wird, die Wiedereinbürgerung des Goldgelben Löwenäffchens in Brasilien und des Balistares (oder Rothschilds Maina) in Indonesien nicht, um eine ausgestorbene Art wiederzubeleben, sondern um Bestände in der Natur zu ergänzen, die gefährlich zurückgegangen waren. Man beachte in diesem Zusammenhang: Populationen in Menschenobhut sind genetisch oft vielfältiger als Wildpopulationen entsprechender Größe, denn sie können durchaus aus Gründertieren hervorgegangen sein, die von vielen verschiedenen Orten stammen. Außerdem achtet man heute bei der Zucht speziell auf die Erhaltung der genetischen Vielfalt. Somit sind wiedereingebürgerte Tiere manchmal eine besonders effektive Quelle erblicher Mannigfaltigkeit. Oder anders ausgedrückt: Es gibt vielleicht nur wenige *Arten* in Menschenobhut, die im Freiland ausgestorben sind; aber solche Tiere weisen zweifellos ein großes Spektrum in der Natur bereits verschwundener *Gene* auf. Sollen diese Gene in die Wildpopulationen zurückgeführt werden, müssen jene Tiere, die sie besitzen, in der Natur überleben können (außer natürlich im Falle einer künstlichen Besamung von wildlebenden Weibchen mit Spermien von Zootieren).

Viele Projekte gelten also nicht der Wiedereinbürgerung von in der Natur vollkommen ausgestorbenen Tieren, sondern von solchen, die nur in Teilen ihres ehemaligen Verbreitungsgebiets verschwanden und die man jetzt wieder dorthin zurückbringt. So siedelten zu der Zeit, als ich dies schrieb, die britische Royal Society for the Protection of Birds und der Nature Conservancy Council in England und Schottland den Rotmilan wieder an. Dieser Vogel war einst in Großbritannien weit verbreitet. Er lebt von Aas und kleinen Säugetieren. Als man auf Sauberkeit noch keinen großen Wert legte, war er sehr zahlreich. In London gab es besonders reichhaltige Abfälle, und die Rotmilane (so wird berichtet) bevölkerten dort den Himmel wie die Schwarzmilane heute den von Karachi. Die Milane gingen zurück, als die Straßenreinigung aufkam. Die Jäger begannen in ihrer unnachahmlichen Arroganz den Krieg gegen sie, bis diese Vögel nur noch an wenigen Plätzen im walisischen Hochland überlebten. Es gibt sie jedoch unter anderem noch in Spanien und Skandinavien, von wo man sie einführt. Gewiß: Dies ist vor allem eine einfache «Umsiedlung»;

man bringt nur Wildtiere von einem Bereich ihres Verbreitungsgebiets in einen anderen, in dem sie nicht mehr vorkommen. Manche
Tiere fängt man aber auch speziell zur Zucht (darunter einige aus
einem Reservat in Spanien, die verletzt wurden und die man nicht
freilassen kann). Somit werden in Menschenobhut gezüchtete Rotmilane die Stellung der Tiere in der Natur stärken. Wiederum erkennen
wir, daß Wiedereinbürgerung nichts Absolutes ist, sondern in vielen
Abstufungen erfolgen kann.

Wiedereinbürgerung ist jedoch nie einfach. Die Erfahrungen aus
verschiedenen derartigen Unterfangen in diesem Jahrhundert haben
es der IUCN nun jedoch ermöglicht, Kriterien und Richtlinien festzu-
legen. An erster Stelle steht, daß das neue Gelände gründlich erforscht sein sollte. Ein Ort, an dem eine bestimmte Tierart zehn, 100
oder 1000 Jahre nicht vorkam, wird sich höchstwahrscheinlich in der
Zwischenzeit verändert haben. Hält er immer noch all das bereit, was
die Tierart braucht – Nistplätze, Beute, Wasser oder was auch sonst?
Wie wir wissen, hat man zum Beispiel die Wüsten des Nahen Ostens
in den vergangenen Jahrzehnten durch verschiedene Projekte im Namen des «Fortschritts», darunter die Errichtung artesischer Brunnen,
radikal verändert. Sind sie alle noch für die Oryx geeignet? Primaten
– Orang-Utans, Krallenaffen und Wollaffen – lassen sich vielleicht
wieder in den Wäldern ansiedeln; doch der heutige Wald ist meistens
ein Sekundärwald (das ist jener Wald, der nach der Rodung des Primärwaldes wächst). Eignet sich auch dieser?

Aber selbst wenn sich ein Gebiet nicht bedeutend verändert hat,
seit eine Tierart dort zuletzt vorkam, müssen wir uns fragen: Warum
starb die Art dann überhaupt einmal aus? Bestehen dieselben Gefahren, die damals ihr Aussterben verursachten, noch immer? Zwei der
in Großbritannien wiedereingebürgerten Rotmilane wurden bereits
von Jägern vergiftet. Zwar sollten wir nach wie vor optimistisch sein
(denn die Meinung der Öffentlichkeit ist heutzutage auf seiten der
Vögel, und diese Fälle führten zu Strafanzeigen), doch wir müssen
eingestehen, daß die ursprünglichen Gefahren noch nicht völlig beseitigt sind. Wir müssen unbedingt absichern (eine weitere Bedingung
der IUCN), daß die ortsansässige Bevölkerung bereit ist, die wiedereingebürgerten Tiere anzunehmen. Noch weitaus besser ist es, Wege
zu finden, wie die örtliche Wirtschaft (oder auch die allgemeine Le-
bensqualität) von ihrer Rückkehr profitieren kann. Der direkte Nut-

zen für den Menschen ist zwar nicht das *entscheidende* Kriterium für den Artenschutz; doch Arterhaltungsprojekte, die einen gewissen Nutzen bringen können, werden viel eher erfolgreich sein. Wir werden anhand der später folgenden Beispiele sehen, wie dieses Prinzip funktioniert.

Schließlich ist es zumindest ausgesprochen wünschenswert, Tiere nur dort wiederanzusiedeln, wo sie früher einmal vorkamen. Ansonsten sind sie wahrscheinlich nur Eindringlinge im Gebiet irgendeiner anderen Tierart. Wie wir in Kapitel 2 gesehen haben, sind Tiere (oder Pflanzen), die aus heiterem Himmel aus einer fremden Region eingeführt werden, eine der hauptsächlichen Ursachen für das Aussterben heimischer Tiere. Manchmal ergeben sich daraus verblüffende Konflikte. Mark Stanley Price, der Direktor der African Wildlife Foundation in Nairobi, war an der Umsiedlung von Spitzmaulnashörnern in den kenianischen Lake-Nakuru-Nationalpark beteiligt.[11] Eine Möglichkeit zur Finanzierung dieser Rückkehr ist, die Tiere als Touristenattraktion zu präsentieren. Spitzmaulnashörner leben jedoch (als einzelgängerische Laubfresser) im Waldland und sind nicht leicht zu beobachten. Daher könnten sich die zahlenden Besucher hintergangen fühlen. Ein Ausweg aus dem Dilemma wäre, auch Breitmaulnashörner einzuführen; denn diese grasen in offenem Gelände und neigen zur Herdenbildung. Die meisten Touristen (die in der Regel immer in schrecklicher Eile sind) würde der Artunterschied kaum kümmern. Den paläontologischen Befunden zufolge haben Breitmaulnashörner aber für mehrere Millionen Jahre nicht im Gebiet des Nakurusees gelebt. Gewiß kamen sie in Kenia vor. Aber an diesem bestimmten Ort waren sie nicht heimisch. Wieviel Pedanterie können wir uns erlauben? Abgesehen davon leben im Lake-Nakuru-Nationalpark all jene großen, grasfressenden Tiere, die dort vorkommen «müssen» und wirklich in diesem Gebiet heimisch sind. Führt man Breitmaulnashörner ein, könnte dadurch eine andere Art gefährdet werden. Sollten wir also sagen: Der Lake-Nakuru-Nationalpark kommt dem natürlichen Habitat des Breitmaulnashorns sehr nahe, also wollen wir es versuchen? Aber wenn wir das sagen, wo wollen wir die Grenze ziehen? In diesem Fall scheint die Entscheidung tatsächlich zugunsten der Breitmaulnashörner zu fallen – für eine Einfuhr, um den Druck von den Spitzmaulnashörnern zu nehmen. Wir erkennen aber das Dilemma.

Die Wiedereinbürgerung wird wohl erst in einigen Jahrhunderten in vollem Umfang einsetzen, wenn die menschliche Bevölkerung wieder zurückgeht. Wie früher in diesem Kapitel erwähnt, werden vermutlich nicht alle Populationen in Menschenobhut in absehbarer Zukunft in die Natur zurückgebracht werden können oder in fernerer Zukunft überhaupt in großem Umfang wiedereingebürgert werden müssen. Doch trotz aller Vorbehalte und Beschränkungen sind weltweit bereits 100 Wiedereinbürgerungen im Gange, oder die wiederangesiedelten Tiere haben sich schon gut etabliert. Ich werde einige wenige Beispiele betrachten. Sie verdeutlichen Prinzipien, Schwierigkeiten und vielfältige Maßnahmen sowie – zuweilen – den möglichen Triumph über die mißlichen Verhältnisse.

Die Rettung der Arabischen Oryx vor dem Untergang ist eine wundervolle Geschichte von der Arterhaltung im 20. Jahrhundert. Das gilt auch für ihre Rückkehr in die Natur.

Die Rückkehr der Arabischen Oryx

In seinem Buch *The Alien Animals*[12] zitiert G. Laycock einen zeitgenössischen Bericht über einen Versuch, in den siebziger Jahren des 19. Jahrhunderts einen bunt zusammengewürfelten Fang von etwa 4000 europäischen Singvögeln in eine Vorstadt von Cincinnati einzuführen: «Ein schöner gefiederter Schwarm erhob sich durch das offene Fenster in die Luft, und einen Augenblick später war Burnet Woods erfüllt von einer Dankesmelodie, wie man sie nie zuvor und vermutlich seitdem nicht mehr gehört hat.» Ich entnahm dieses Zitat dem hervorragenden Werk *Naturalised Birds of the World* von Sir Christopher Lever, der dazu bemerkt: «Nur wenige dieser Vögel hat man jemals wiedergesehen.»[13]

Doch wie Mark Stanley Price sagte: «Wiedereinbürgerung ist mehr als nur das Öffnen einer Transportkiste und das Freilassen der Tiere.»[14] Niemand weiß das wohl besser als er; denn bevor er die African Wildlife Foundation übernahm, verbrachten er und seine Frau sieben Jahre in der Wüste und organisierten und überwachten die Wiederansiedlung der Arabischen Oryx in Oman, bis heute die vielleicht spektakulärste und am weitesten abgeschlossene Wiedereinbürgerung, die man je durchgeführt hat.

Die Phase der Wiedereinbürgerung in der Geschichte der Arabischen Oryx begann Ende der siebziger Jahre, also zu jener Zeit, in der die Tiere in verschiedenen Zoos der Vereinigten Staaten gut züchteten und man sie schon wieder in europäische Zoos gebracht hatte. Die erste Rückkehr in den Nahen Osten erfolgte in Wirklichkeit nicht nach Oman, sondern 1978 nach Jordanien, von San Diego ins New-Shaumari-Reservat. Doch die Rückkehr nach Oman bleibt die klassische Wiedereinbürgerungsgeschichte. Nach Ansicht des Sultans von Oman – er war allgemein darauf bedacht, die stark in Mitleidenschaft gezogenen Wildtiere seines Landes zu studieren und zu schützen – war die Rückkehr der Arabischen Oryx sowohl ökologisch als auch symbolisch von besonderer Bedeutung. Ralph A. Daly wurde zum Beauftragten für Umweltschutz ernannt, und erste ökologische Untersuchungen deuteten an, daß sich Oman nach wie vor als Lebensraum für Oryxantilopen eignete – ganz gleich, wie wenig verheißungsvoll es für nicht an die Wüste angepaßte Lebewesen wie den Menschen ist. Man wählte schließlich Yalooni für die erste Wiederansiedlung aus, auf einer Hochebene namens Jiddat-al-Harasis gelegen, etwa 150 Meter über dem Meer und am äußersten Rand der Tropen, rund 20 Grad nördlich des Äquators. In den heißesten Junitagen erreichen die Temperaturen in Yalooni 47 Grad Celsius, während in den kältesten Januaren die Durchschnittstemperaturen nur bei sieben Grad Celsius liegen, mit täglichen Temperaturschwankungen von 15 bis 20 Grad. Die wenigen Niederschläge, die auf die Jiddat-al-Harasis-Hochebene fallen (null bis 200 Millimeter im Jahr, durchschnittlich 50 Millimeter), bleiben nicht lange an der Oberfläche. Doch anderes Oberflächenwasser gibt es nicht. Nebel, die vom Arabischen Meer herüberkommen, sorgen für die verläßlichste Feuchtigkeitszufuhr. Sie liefern jährlich etwa 18 Liter pro Quadratmeter, vor allem im Herbst und Frühjahr. Somit gibt es zwei gute Wachstumsperioden und reichlich Vegetation aus Gräsern und verschiedenen Leguminosenbäumen, darunter Akazien und Prosopis, eine Verwandte des mexikanischen Mesquitestrauches. Ein ideales Gelände für Oryxantilopen.

Im Jahre 1980 erreichten schließlich die ersten 18 Tiere Yalooni zur Wiedereinbürgerung (jedoch nicht alle zusammen). 17 kamen direkt aus den Vereinigten Staaten und eines aus Jordanien (es war zuvor aus den USA eingetroffen). Die Wiederansiedlung verlief im wesentlichen nach dem späteren Standardprotokoll für Wiedereinbürgerungen. In Amerika hatte man die freigelassenen Tiere (und ihre Eltern) in Gebieten Südkaliforniens (San Diego) und Arizonas (Phoenix) gehalten, die der Wüste vergleichbar waren. In Yalooni hielt man sie zunächst in Gehegen von 20 mal 20 Meter Größe; diese lagen wiederum in einem größeren umzäunten Gebiet von einem Quadratkilometer. So eingeschränkt – oder zumindest teilweise eingeschränkt – konnten sich die Tiere akklimatisieren und untersucht werden. Yalooni wurde somit zu einem Reservat, einem Forschungszentrum und zum Ausgangslager für die neuen Wildtiere – oder wenigstens für die ersten Generationen. Die Rückkehr in die Natur erfolgt also nicht überstürzt, sondern schrittweise. Es bleibt immer die Möglichkeit zum Rückzug, zur Neugruppierung und zum erneuten Versuch. Jeder Schritt wird strengstens überwacht.

Der Volksstamm dieser Region sind die Harasis. Sie und ihr Sultan begrüßten die Gelegenheit, die Oryx unter ihre Fittiche zu nehmen und sich um sie zu kümmern. Sie waren wirklich eine unabdingbare Hilfe als Beschützer, Wächter und Aufseher. Auch sie haben von diesem Projekt profitiert; denn in den achtziger Jahren verdienten sie damit mehr als durch die Ölindustrie. Die Oryxantilopen sind wieder zu einem Teil ihrer Kultur geworden und stellen die Hauptstütze ihrer Wirtschaft dar. Hiermit haben wir ein erstklassiges Beispiel für die wesentlichen Punkte aus Kapitel 1: Arterhaltungsprojekte können nicht nur, sondern müssen zur Wirtschaft beitragen (oder dürfen ihr zumindest keinen Abbruch tun), sollen sie abgesichert sein. Sie müssen die Zustimmung und das Einvernehmen der ortsansässigen Bevölkerung haben. Doch der Profit für den Menschen sollte nicht die vorrangige Begründung für solche Projekte sein. Der Sultan und die Harasis erwarteten nicht, durch die Oryx reich zu werden. Sie waren nur der Meinung, die Oryx sei ein Teil von ihnen.

Ganz zu Beginn waren die Harasis von Yalooni jedoch skeptisch. Sie konnten nicht glauben, daß die im Zoo gezüchteten Tiere dieselben Oryxantilopen waren, die sie in Erinnerung hatten, oder daß sie überleben würden. Doch wie sich Ralph Daly in dem Buch *The Conservation und Biology of Desert Antelopes* erinnert,

«...traten die Oryxantilopen am 10. März 1980 aus ihren Kisten in die Gehege in Yalooni heraus... Für die alten Menschen war es die

Rückkehr... eines Teiles ihrer Vergangenheit – für die jüngeren...
die Verkörperung eines mystischen Elements ihrer Kulturgeschichte.

Von diesem Tag an begann das Projekt Oryx mit seinem Zentrum
in Yalooni ein fester Bestandteil des Lebens und der Wirtschaft der
Harasis zu werden.»

Nebenbei bemerkt, hatten die Tiere zur Zeit ihrer Freilassung 45 bis
90 Stunden in ihren Einzelkisten verbracht. Trotz des Wassermangels
zeigten sie aber keine Zeichen von Streß.

Die Akklimatisierung der einzelnen Tiere an die Bedingungen in
Yalooni – an das Klima, die Nahrung und die Gerüche und Geräusche
der Fahrzeuge und Menschen (wie auch von Sand und Akazien!) –
war eine der Grundvoraussetzungen. Eine andere, so erinnert sich
Mark Stanley Price, bestand darin abzusichern, daß die Tiere vor
ihrer Freilassung einen zusammenhängenden Sozialverband bildeten.
Oryxantilopen sind gesellige Tiere und leben normalerweise in einer
geschlossenen Herde. Die Tiere verlassen sich aufeinander. Sie können zwar alleine überleben, haben aber in der Gruppe größere Chancen. Sollen die Mitglieder einer Herde jedoch zusammenbleiben,
müssen sie miteinander auskommen – wie das auch bei Menschen ist.
Jedes Tier muß seine Stellung in der Hierarchie kennen, oder es
kommt zum Durcheinander. Die Herde braucht ein gutes Leittier:
intelligent, nicht zu nervös, aber auch nicht zu vertrauensvoll dem
Menschen gegenüber. Sowohl aus sozialen als auch aus Gründen der
Fortpflanzung müssen die Herden das richtige Geschlechterverhältnis und vor allem die richtige Altersstruktur aufweisen. Nach Ansicht
von Dr. Stanley Price und seinen Mitarbeitern sollte die Herde, die
man freilassen wollte, wie eine typische Herde aus früheren Zeiten
strukturiert sein: aus mindestens zehn Individuen, darunter etwa
gleich vielen Männchen und Weibchen, die lange genug beisammen
waren, um eine stabile Hierarchie auszubilden. Im Endeffekt erwiesen sich zwei der Tiere für eine Freilassung als ungeeignet: ein altes
Männchen, das die ganze Zeit nur im Schritt ging, und ein junges
Weibchen, das sich zu sehr zu Menschen hingezogen fühlte. Diese
beiden hätte man in Amerika lassen sollen.

Nach Meinung von Mark Stanley Price sollten die Oryxantilopen
nach ihrer Freilassung Yalooni auch als Heimat ansehen und eine gewisse Treue dazu entwickeln. Die Tiere würden eine größere Über-

lebenschance haben, wenn sie wissen, daß sie ins Ausgangslager zurückkehren können, sofern sie in Schwierigkeiten geraten. Man beachte die durchgehende Mischung aus objektiver Biologie – welche Bedürfnisse hat das Tier? – und scheinbar anthropomorpher Vernunft. Würde einer von uns in der Wüste ausgesetzt, würde auch er irgendwohin zurückkehren wollen. Warum sollten nicht auch die Antilopen so empfinden?

Schließlich beschlossen Stanley Price und seine Mitarbeiter, vor der Freilassung so viele Informationen wie möglich über das Verhalten und die Anpassungen der Tiere zu sammeln und so lange wie möglich danach. Das taten sie dann auch. Vieles, was man heute über die Arabische Oryx weiß (und auch allgemein über Anpassungen an die Wüste), stammt aus diesen Studien. Die Beobachtungen machten großenteils die Wildhüter vom Stamm der Harasis, welche die Tiere nach ihrer Freilassung täglich aufspürten. Dazu versahen sie einige Tiere mit Halsbändern, an denen Sender befestigt waren. Auf diese Weise konnten sie bis mindestens 1986 den Aufenthaltsort fast jedes Tieres täglich aufzeichnen. Die Harasis übten die erforderlichen Techniken der Telemetrie zunächst mit Hilfe eines Kamels, das mit einem Senderhalsband ausgestattet war. Die Telemetrie gehört zusammen mit Feldstechern, Teleobjektiven, Videokameras und Narkosepfeilen zu jenen Technologien, welche die Feldstudien an Tieren in den vergangenen Jahren gewandelt haben.

Die meisten Tiere verbrachten zwei bis sieben Monate in den kleineren Gehegen und zwei bis 24 Monate in dem größeren umzäunten Gebiet. Sie hatten nachts Zugang zum Wasser und wurden mit Heu und Luzerne (Alfalfa) gefüttert. Schließlich bildeten sie jene stabile Hierarchie aus, die man als unerläßlich betrachtet. Sie zogen alle gemeinsam umher. Der Leitbock hielt die Herde zusammen und markierte sein Territorium, indem er in charakteristischer Kauerstellung seinen Kot absetzte – ein Zeichen dafür, daß er sich als Leittier fühlte. Als sie dieses Stadium erreicht hatten, brauchte man nur noch zu warten, bis die heißeste Zeit vorüber war, um die Tiere freizulassen. 16 der ursprünglich 18 Tiere kamen für eine Freilassung in Frage, dazu die Kälber. Nach Ansicht von Stanley Price waren das genug, um zwei Herden zu bilden. Folglich ließ man am 31. Januar 1982 die erste Herde aus vier Männchen und sechs Weibchen frei, von denen zwei im Gehege geboren waren. Die zweite Herde wurde am 4. April 1984 freigelassen. Sie bestand aus vier Männchen (eines davon im Gehege geboren) und sieben Weibchen (von denen sogar drei im Gehege geboren worden waren).

Wie spätere Beobachtungen der Oryxantilopen (großenteils durch die Harasis) bestätigten, sind ihre Anpassung an die Wüste und ihre Fähigkeit, eine scheinbar wenig versprechende Umgebung zu nutzen, in der Tat einzigartig. Ferner war klar, daß der Aufenthalt in Menschenobhut die Wüstenanpassungen der Tiere nicht bedeutend hatte abstumpfen lassen – wenngleich sie sich erst in ihrem jeweiligen Gebiet zurechtfinden mußten (denn Tiere haben weit mehr zu lernen, als man bis dahin erkannt hatte). Beispielsweise können Oryxantilopen völlig ohne Oberflächenwasser auskommen, außer wenn sie trächtig sind – vorausgesetzt, die Vegetation enthält genügend Feuchtigkeit, und es ist nicht zu heiß. Sie nutzen aber soweit wie möglich den Nebel, indem sie Steine (oder sich gegenseitig) ablecken, wenn dieser kondensiert. Sie wissen auch, wann sie Schatten aufsuchen müssen. Ihre Fähigkeit, sich ihr Gelände wie eine Karte einzuprägen und sich darin zu bewegen, ist noch bemerkenswerter als das bloße Vermögen zu überleben. Vier Jahre nach der Freilassung hatte die erste Herde ein Streifgebiet von insgesamt 2000 Quadratkilometern. 1986 betrug es 3000 Quadratkilometer. Ihr Territorium war kein zusammenhängender Block, sondern bestand aus einer Reihe bevorzugter Weidegründe, von denen jeder 35 bis 350 Quadratkilometer umfaßte.

Sie erkundeten ihre Umgebung mit einer ganz einfachen Strategie (und prägten sie sich auf diese Weise ein): Sie beweideten ein Gebiet, bis sie entfernt gelegene, frische Weidegründe wittern konnten. Anders ausgedrückt: Sie blieben an einem Ort, bis es anderswo regnete und der Pflanzenwuchs einsetzte oder bis sich der Wind drehte und ihnen Nachricht von anderen Weidegründen brachte. Die Antilopen zogen bei Nacht und legten im Durchschnitt 45 Kilometer zurück. Waren sie erst einmal an einem lohnenswerten Ort gewesen, konnten sie sich daran erinnern und ihn aus jeder beliebigen Richtung wiederfinden. Man mag bezweifeln, daß dies möglich ist, aber ein Weibchen verdeutlichte diese Fähigkeit. Sie war trächtig und brauchte Wasser. So brach sie eines Nachts auf und zog zum Ausgangslager nach Ya-looni – die einzige Stelle auf der gesamten Jiddat-al-Harasis-Ebene, an der immer Wasser verfügbar war. Ihre Spuren verrieten, daß sie unbeirrbar zum Trog zog, obgeich ihr letzter Aufenthalt dort schon neun Monate zurücklag. Sie trank elf Liter – wenn Oryxantilopen sich Zeit zum Trinken nehmen, können sie bis zu 20 Prozent ihres Körpergewichts aufnehmen. Danach kehrte sie auf direktem Wege zur Herde zurück. Oryxantilopen verfügen über einen erstaunlichen Orientierungssinn. Auch ihr Urteilsvermögen, ob es sich lohnt, eine bestimmte Wanderung wegen eines speziellen Gewinns auf sich zu nehmen, ist bemerkenswert. Ganze Herden suchen gemeinsam Orte auf, an denen sie Monate oder Jahre nicht gewesen sind. Dabei können sie unfehlbar auf eine ausgewählte Stelle zusteuern, beispielsweise auf einen Haufen Kamelknochen, an denen sie schon einmal herumgekaut haben.

Zwar waren bis Mitte 1987 vier der ursprünglich 18 angesiedelten gestorben, doch es war kein Jungtier nach der Entwöhnung verlorengegangen oder aufgrund von Durst oder Hunger verendet. Eines der Opfer wurde durch einen Schlangenbiß getötet, und zwei Weibchen, die begierige Aasfresser waren, starben an Botulismus. 29 Kälber wurden in diesen ersten Jahren geboren, darunter drei Totgeburten. Fünf starben, bevor sie 30 Tage alt waren – das ist dieselbe Sterberate, wie man sie im Zoo Whipsnade für Huftiere festgestellt hat. Ein Tier wurde bei einem Massenangriff von Raben getötet (die im Alten Testament auch als Gefahr für Lämmer dargestellt werden). Das Leben in der «großen Freiheit» ist weit schwieriger, als wir es uns vorstellen.

Das Problem war und ist jedoch das Vermeiden von Inzucht. Theoretisch läßt sich (zwar kostenintensiv, aber denkbar) die Fortpflanzung von Wildtieren in gewissem Umfang steuern (indem man zum Beispiel bestimmte Männchen entfernt, die zu viele Nachkommen gezeugt haben). Es ist jedoch unmöglich, alle Einzelheiten der Zucht genau aufeinander abzustimmen. Beispielsweise hatten die in Oman wiedereingebürgerten Weibchen nicht alle gleich viele Kälber. Das allein muß schon die Neigung zur Inzucht erhöhen. Der Tod in den ersten 30 Lebenstagen ist ein sichtliches Zeichen für Inzuchtdepression – in Oman sind diejenigen Tiere, die der Theorie zufolge am meisten von Inzucht betroffen waren (also mit dem höchsten Inzuchtkoeffizienten), im großen und ganzen auch am wenigsten gut gediehen. Interessanterweise manifestierten sich die nachteiligen Auswirkungen der Inzucht schon bei niedrigeren Inzuchtkoeffizienten als in den Zoos – das deutet auf einen höheren Selektionsdruck in der Natur hin.

Bis zu einem gewissen Grade trug auch das Sozialverhalten der Tiere zur Verringerung der Inzucht bei. So trafen die beiden getrennt freigelassenen Herden Mitte 1984 aufeinander, kurz nach Freilassung der zweiten. In den folgenden sechs Wochen wechselten viele Tiere entweder einzeln oder in kleinen Gruppen die Herde. Nach diesem Zeitraum waren nur vier Tiere nicht mehr in ihrer ursprünglichen Herde, und von den übergewechselten Tieren blieben nur zwei – beides Männchen – auf Dauer in der neuen Gruppe. Ein solcher Austausch verringert gewöhnlich den Inzuchtkoeffizienten, während der soziale Zusammenhalt gewahrt bleibt.

Ermutigend war auch folgende Tatsache: Die Herden zeigten die Tendenz, sich aufzuspalten, als die Zahl zunahm (15 Tiere pro Herde scheint das Maximum für eine ausgeglichene Sozialstruktur zu sein) und die Einzeltiere an Selbstvertrauen gewannen. Anfang 1986 begannen sich in beiden Herden kleine, vorübergehende Untergruppen zu formieren. Im Juni des Jahres, als der Regen alle Tiere in ein Gebiet im Süden lockte, zogen sie nicht als zwei getrennte Herden, sondern in mehreren Kleingruppen. Die Gruppen sollten klein sein, vorausgesetzt, in jeder Kleingruppe befinden sich intelligente Einzeltiere, die sich zurechtfinden können. Das ist sowohl genetisch (sofern die Kleingruppen von Zeit zu Zeit zusammenkommen) als auch ökologisch besser, weil eine kleine Gruppe auf einem begrenzteren Weideland überleben kann als eine größere.

Im Jahre 1991 gediehen die Herden in Oman weiterhin, und es gab inzwischen weitere in Katar, Abu Dhabi, Jordanien, Saudi-Arabien, Bahrein und Dubai, die sich immer noch ausdehnen. Unter diesen Tieren befinden sich diejenigen der «Weltherde» aus den USA und andere (darunter jene aus Katar), die in Parks überlebten, von deren Existenz die Biologen der «Operation Oryx» nichts wußten. Mark Stanley Price ist zum Kenya Wildlife Service übergewechselt, aber er warnt weiterhin davor (zum Beispiel auf dem Symposium *Beyond Captive Breeding* der Zoological Society of London im November 1989), daß ohne Überwachung und Management der Tiere immer noch genetische Engpässe auftreten können, die zu Inzucht führen. Wie David Jones vom Zoo London in dem Buch *The Conservation and Biology of Desert Antelopes* ausführt, besteht heute die wichtige und dringliche Aufgabe, Gene von Tieren einzubringen, die nicht der amerikanischen Weltherde angehörten, darunter jener Tiere aus Katar. Wissenschaftler von der Zoological Society of London ergänzen nun die Überwachungsmaßnahmen der Genetiker – die auf genetischen Theorien und den historischen Zuchtbuchaufzeichnungen basieren – durch Analysen der DNA wiedereingebürgerter Tiere. Auf diese Weise können sie die Verwandtschaftsverhältnisse der Antilopen in Zahlen ausdrücken und absichern, daß sich gewöhnlich wenig miteinander verwandte Inidviduen paaren. Ihre Untersuchungen beschränken sich zur Zeit auf die Herde in Taif in Saudi-Arabien, wo man die Tiere regelmäßig zur Impfung gegen Tuberkulose (welche die Ausgangsherde in Thumamah in der Nähe von Riad heimsuchte) und zur Blutabnahme einfängt. Ohne Blut- oder Gewebeproben lassen sich die Analysen nicht durchführen.

Das Programm zur Wiedereinbürgerung der Arabischen Oryx war und ist weiterhin ein heroisches Unterfangen – ein Beispiel dafür, was man erreichen kann. Doch wie alle kundigen Protagonisten betonen, ist für Selbstzufriedenheit kein Platz. Ohne Überwachung und Management könnte die Sache immer noch schiefgehen.

Schließlich ist noch ein weiteres Programm zur Bestandserholung und Wiedereinbürgerung angelaufen, das in den nächsten Jahrzehnten entsprechend dem der Arabischen Oryx über die Bühne gehen wird. Ende 1990 erhielt das King Khalid Wildlife Research Centre in Thumamah zwei Paare der Edmigazelle vom Al Areen Wildlife Sanctuary in Bahrein. Das King Khalid Wildlife Research Centre wird von der Zoological Society of London geleitet; einer ihrer Wissenschaftler ist Doug Williamson. Wie er in der Zeitschrift *Lifewatch* der Gesellschaft bemerkt, ist die arabische Edmigazelle «in der Natur mit ziemlicher Sicherheit ausgestorben. Man weiß nur von einer kleinen Herde von 27 Tieren in Menschenobhut» – obgleich es weitere in Privatsammlungen in Saudi-Arabien geben mag. Nun wird geplant, ihre Zucht zu organisieren und sie in absehbarer Zukunft in lebensfähiger Anzahl wieder an einigen gesicherten Stellen in der Natur anzusiedeln.

Wir müssen uns jedoch fragen, inwieweit sich die Wiedereinbürgerung der Arabischen Oryx tatsächlich als Präzedenzfall für weitere Wiederansiedlungen ansehen läßt. Ähnliche Pläne, die Säbel- und die Mendesantilope in Westafrika wiedereinzubürgern, scheiterten bisher an diplomatischen Problemen. Es erwies sich als bemerkenswert schwierig, in der gesamten Mongolei eine geeignete Heimat für das Przewalskipferd zu finden (wenngleich wir hoffen können, daß die anfänglichen Probleme nun gelöst sind). Wie Mark Stanley Price jedoch betont, sind die biologischen Probleme, welche die Arabische Oryx hervorruft, weit weniger beängstigend als jene, die viele andere Tierarten bereiten. In den Tropenwald wiedereingebürgerte Primaten bilden den stärksten Kontrast.

In Wüsten ist es leicht, in Wäldern schwierig

Mark Stanley Price hat vermutlich mehr als jeder andere getan, um den Erfolg des Wiedereinbürgerungsprogramms für die Arabische Oryx zu sichern. Aber er ist auch der erste, der die Euphorie dämpft. Er stellt erstens heraus, daß die Arabische Oryx noch nicht über den Berg ist (zumindest noch nicht ganz), und zweitens, daß sich andere Wiederansiedlungen als sehr viel schwieriger erweisen könnten. Drei allgemeine Voraussetzungen müssen erfüllt werden: diplomatisch-logistische, soziale und biologisch-verhaltensbedingte. Die Arabische Oryx scheint auf allen drei Gebieten besonders begünstigt.

Aus diplomatisch-logistischer Sicht kann man folgendes erwähnen: Vergleichbare Pläne zur Neu- oder Wiederansiedlung der Säbel- und Mendesantilope an verschiedenen Orten Afrikas hatten trotz langwieriger Verhandlungen noch keinen Erfolg. Wir sollten aber nicht aufgeben. Nicht jeder Staat verfügt über eine politische Struktur, die es ihm ermöglicht, große Entscheidungen mit weitreichenden sozialen Folgen schnell zu treffen, wie es oft in arabischen Ländern der Fall ist. Darüber hinaus ist Land in der Wüste im allgemeinen billig, und weite Gebiete des Nahen Ostens sind dünn besiedelt. Zwar findet man heute nur noch sehr wenige Stellen, die noch nicht vom Menschen beeinflußt sind, doch gibt es noch geeignetes Gelände für die Arabische Oryx. Im Gegensatz dazu erwies es sich als erstaunlich schwierig, einen geeigneten Ort für die Ansiedlung von Przewalskipferden in der Mongolei zu finden.

Hinsichtlich sozialer Verträglichkeit ist nur zu bemerken, daß man mit Oryxantilopen leicht zurechtkommt. Sie ernähren sich von Gräsern und Büschen der Wüste; sie plündern keine Nutzpflanzen, wie es

Elefanten, Schweine oder Schimpansen tun können. Sie fressen auch keine Haustiere und keine Menschen. So weit ich weiß, wurde noch niemand von einer wildlebenden Oryxantilope aufgespießt, und wenn doch, muß er das stark herausgefordert haben. Man kann sich tatsächlich kaum vorstellen, daß überhaupt jemals irgend jemand von einer wildlebenden Oryxantilope verängstigt wurde.

Fleischfresser jedoch – ob Säugetiere, Vögel oder Reptilien – rufen alle möglichen Formen der Furcht hervor. Diese sind manchmal zu einem gewissen Grade berechtigt. In Indien gibt es immer noch Tiger, die Menschen fressen (oder Rinder und Ziegen). Viele wildlebende Raubtiere töten Haustiere, wenn sie die Gelegenheit dazu haben: Geparden verhalten sich in Schafpferchen wie Füchse im Hühnerstall und können an einem Abend eine ganze Herde töten. Noch schlimmer: Wilde Raubtiere werden als gefährlich angesehen, selbst wenn (zum Beispiel) ein freilebender Wolf für den Menschen weitaus weniger gefährlich ist als manch ein scharfer und falsch ausgebildeter großer Hund, dem man jeden Tag im Stadtpark begegnen kann. Somit werden Programme zur Wiedereinbürgerung von Raubtieren bestimmt auf den Widerstand der Öffentlichkeit stoßen, und der muß gebrochen werden, soll das Unterfangen Erfolg haben. Aber das ist möglich. Wie wir später noch erfahren werden, siedelt man inzwischen Rotwölfe wieder in North und South Carolina an, im extrem bevölkerten Osten der Vereinigten Staaten.

Die biologischen Aspekte stellen sich hauptsächlich in zweierlei Form dar. Erstens kommen Tiere in manchen Umgebungen einfach besser zurecht als in anderen. Zweitens erkannte man in den letzten 20 Jahren, daß Tiere, wollen sie überleben, weitaus mehr lernen müssen, als Biologen je angenommen hatten. Sie kommen nicht einfach mit allen lebensnotwendigen «Instinkten» zur Welt. Sie müssen viele arttypische Fähigkeiten erst erlernen oder zumindest ausüben und vervollkommnen: Jagd, Futtersuche, Nestbau, Feindvermeidung und so weiter. Auch manches von ihrem sozialen Verhalten haben sie zu lernen: Werbeverhalten, Entbindung, wem sie sich unterordnen müssen und über wen sie dominieren. Sie müssen sich auch mit den besonderen Bedingungen der bestimmten Umwelt vertraut machen, in der sie sich befinden – was Hartmut Jungius, ehemals bei der IUCN, heute Geschäftsführer des WWF Deutschland, «Traditionen» genannt hat. Schaffarmer in den Bergen sind sich dessen schon seit langem bewußt: Sie lassen am Ende einer Saison gerne einige wenige alte und womöglich unrentable Mutterschafe bei der Herde, damit sie die nächste Generation durch die Schwierigkeiten und Gefahren leiten. Ich werde diese Verhaltensfragen in Kapitel 7 noch ausführlicher er-örtern. Hier genügt es zu sagen: Der Anteil der Fähigkeiten, die erlernt werden müssen, und der Anteil, der verankert ist, sind von Art zu Art verschieden. Doch jedes Tier muß zumindest die notwendigen ört-lichen Traditionen erlernen (und muß die Fähigkeiten entwickeln, die zum Lernen erforderlich sind – wie Erinnerungsvermögen, Befähi-gung, sich die Umgebung wie eine Karte einzuprägen, und so weiter –, oder sie müssen angeboren sein).

Erneut scheint die Arabische Oryx begünstigt. Denn für Tiere, die nicht von Natur aus in Wüsten leben, sind Wüsten fürchterlich unwirt-lich. Für Wüstentiere bedeuten sie hingegen kein Problem. Sie leben zweidimensional, das heißt, die Tiere können den Boden nicht verlas-sen. Das Orientierungsvermögen der Oryxantilope ist bewunderns-wert. Wie wir gesehen haben, herrscht sie schnell über riesige Gebiete mit Hilfe der relativ einfachen Strategie, ihrer Nase zu folgen. Sie hat nur wenige Raubfeinde (im heutigen Nahen Osten effektiv keinen, außer dem Menschen und sehr gelegentlich dem Raben). Ihre Ernäh-rung ist einfach. Sie ist darauf eingerichtet, mit dem, was sie findet, auszukommen. Die meisten dortigen Pflanzen sind eßbar, sofern man sie kauen und die Dornen verdauen kann. Die in Oman freigelasse-nen Oryxantilopen mußten viele soziale Fähigkeiten erlernen und sich mit den örtlichen Bedingungen vertraut machen; doch allem An-schein nach ist ein Großteil ihres zum Überleben notwendigen Ver-haltens erblich verankert. Die Technik zum Auffinden neuer Weide-gründe brauchte man ihnen nicht beizubringen.

Man vergleiche all diese Vorteile mit dem Leben im tropischen Re-genwald. Die Kronenregion ist ein beispielhaft dreidimensionaler Le-bensraum und ausgesprochen komplex; von einer Stelle zur anderen mag es Tausende verschiedene Routen geben. Außerdem sind die Kronen außerordentlich vielgestaltig; keine zwei Äste sind gleich (und sie mögen sich sogar von Tag zu Tag verändern). Es gibt zahlrei-che Raubfeinde in vielen Arten und Tausende Pflanzen – aber die meisten sind giftig. Die eßbaren sind zwar zahlreich, aber doch in der Minderheit. Alle sind fleckenhaft verteilt, und die meisten stehen nur zu einer bestimmten Jahreszeit zur Verfügung. Ein Großteil der Nahrung ist verborgen – unter der Borke oder von den Blättern epiphytischer Pflanzen zugedeckt. Hierzu gehören die allgegenwärtigen Bromeliengewächse (mit der Ananas und dem berühmten epiphytischen «Floridamoos» [*Tillandsia usneoides*], das in so vielen Romanen aus dem tiefen Süden der USA vorkommt).

Aus all diesen Gründen ist die Wiedereinbürgerung von Primaten in ihre verschiedenen Waldflecken weltweit mit Schwierigkeiten beladen, denen Tierfreunde, die sich Oryxantilopen widmen, kaum begegnen. Darüber hinaus müssen Primaten sehr viel lernen – wie wir wissen sollten, denn schließlich gehören wir selbst zu ihnen. Wuchsen sie in Menschenobhut auf und bringt man sie in eine Umgebung zurück, in der ihnen keine hilfsbereiten Einheimischen weiterhelfen, kann es für sie sehr schwierig sein, das Erforderliche zu lernen. Dennoch gab es weltweit viele Versuche – und es gibt sie weiterhin –, Primaten (sowohl Niedere als auch Menschenaffen) wieder in die Natur einzubürgern. Dabei traten fürchterliche Schwierigkeiten auf, die immer noch andauern. Doch die Vorbereitung der Primaten auf die Natur sowie ihr Management und ihre Überwachung nach der Freilassung sind heute ein wichtiger und sich erweiternder Zweig der Arterhaltungsbemühungen. Wie man gewöhnlich vorgeht, um Primaten auf die Natur vorzubereiten, werde ich in Kapitel 7 erläutern. Generell (aber sehr viel komplexer) folgt die Vorbereitung jenem Muster, das wir für die Oryx kennenlernten: mit einer schrittweisen Zunahme der Komplexität – vom umsorgten Käfigleben über das Gehege und die geschützte Wildnis zu einer Wildnis, die so natürlich ist, wie sie heute überhaupt nur sein kann.

An dieser Stelle sollten wir zwei Wiederansiedlungsprojekte für Primaten betrachten. Das erste zählt zusammen mit dem der Arabischen Oryx zu den klassischen modernen Erfolgen: die Wiedereinbürgerung des Goldgelben Löwenäffchens.

Das Goldgelbe Löwenäffchen

Goldgelbe Löwenäffchen sind kleine, wunderschöne, dicht behaarte und buchstäblich «goldene» Affen, die zusammen mit den Marmosetten die Familie der Krallenaffen (*Callitrichidae*) bilden. Die Krallenaffen sind wie die Kapuzinerartigen (*Cebidae*, zu denen Wollaffen,

Klammeraffen, Totenkopfäffchen, Kapuziner, Springaffen und Nachtaffen zählen) eine rein südamerikanische Familie. Früher lebten die Goldgelben Löwenäffchen im gesamten östlichen Küstenwald Brasiliens um Rio de Janeiro. Heute sind jedoch nur noch zwei Prozent dieses Waldes erhalten, der Rest wurde abgeholzt, zu Feuerholz zerhackt, niedergebrannt oder einfach gerodet, um Platz für Viehfarmen und (neuerdings) Wochenendhäuser und Landsitze zu schaffen. Zu Beginn der siebziger Jahre waren vermutlich nur noch wenige hundert Goldgelbe Löwenäffchen in der Natur übriggeblieben (in kleinen, weit verstreuten und einzeln nicht lebensfähigen Populationen) und weniger als hundert in der Obhut des Menschen.

Doch Ende der sechziger und Anfang der siebziger Jahre begann man, das Schicksal der Goldgelben Löwenäffchen in die Hand zu nehmen, um die Bestände – hoffentlich erfolgreich – wieder zu sichern. Im Jahre 1974 wurden die unermüdlichen Bemühungen von Adelmar Coimbra-Filho, der sich heldenhaft für Brasiliens Wildtiere eingesetzt hat, durch die Gründung des Naturreservats Poco das Antas belohnt. Seine 5000 Hektar standen größtenteils den Goldgelben Löwenäffchen zur Verfügung. Ende der sechziger Jahre berief der heute erloschene Wild Animal Propagation Trust eine Konferenz zur «Rettung des Löwenäffchens» ein. 1973 legte man das erste internationale Zuchtbuch für Goldgelbe Löwenäffchen an. Devra Kleiman vom Nationalzoo (National Zoological Park – NZP) der Smithsonian Institution in Washington, D.C., übernahm es. Sie wurde auch Artkoordinator. Die seither entstandene Zusammenarbeit zwischen den brasilianischen Behörden sowie Biologen und Artenschützern anderenorts, die Qualität und das Spektrum der damit verbundenen Untersuchungen und Kampagnen sowie das Zusammenspiel zwischen Aktivitäten in der Natur und der Zucht in Menschenobhut haben dieses Unterfangen zu einem Markstein für alle Artenschützer gemacht.

Als Teil des gesamten Feldzuges startete der Nationalzoo in den frühen siebziger Jahren ein Forschungsprogramm. Zu jener Zeit lebten weniger als 80 Tiere in Menschenobhut und schienen zum Untergang verurteilt. Sie züchteten nicht gut, und die Zahl der Todesfälle überstieg die der Geburten. Unter dem weitreichenden Spektrum von Resultaten stach besonders hervor, daß monogame Paare von Goldgelben Löwenäffchen sich am schnellsten vermehrten. Gewiß:

Normalerweise leben sie in etwas größeren Familiengruppen; doch dann sind alle außer dem dominanten Paar von der Fortpflanzung ausgeschlossen. Ein ähnliches Phänomen (wenngleich nicht unbedingt durch dieselben Mechanismen hervorgerufen) läßt sich bei so unterschiedlichen Säugetieren wie Wölfen und Nacktmullen (das sind unterirdisch lebende Nagetiere der ostafrikanischen Trockengebiete) und natürlich (in sogar noch größerem Ausmaß) bei extrem sozialen Insekten wie Termiten, Bienen und Ameisen beobachten. Halbwüchsige Goldgelbe Löwenäffchen helfen jedoch bei der Aufzucht der Jungtiere und lernen dabei Fähigkeiten, die für ihre spätere soziale und sexuelle Entwicklung sowie den Bereich der Fortpflanzung nachweislich eine wesentliche Rolle spielen. Schließlich sind weibliche Goldgelbe Löwenäffchen, laut Devra Kleiman, «unglaublich» aggressiv gegeneinander. Als man diese sozialen und verhaltensbedingten Feinheiten erst einmal erkannt hatte und die Verantwortlichen in den Zoos begannen, ihre Goldgelben Löwenäffchen in entsprechenden Gruppen zu halten, zahlten sich die Bemühungen auch in Fortpflanzungserfolgen aus.

Ende der siebziger Jahre ergab sich ein kleines Problem. Im Nationalzoo wurde ein Tier mit einer Zwerchfellhernie geboren, und später schienen fünf bis zehn Prozent der Tiere in Menschenobhut davon betroffen zu sein. Zuerst nahm man an, dieser Zustand beruhe auf einer einfachen genetischen Störung, die man durch selektive Zucht ausmerzen könnte (wie wir es beim Przewalskipferd gesehen haben). Heute scheint es jedoch, daß dieses Merkmal polygen (durch mehrere Gene hervorgerufen) oder vielleicht überhaupt nicht erblich bedingt ist. Jedenfalls läßt es sich nicht vernünftig durch Zuchtwahl eliminieren. Es scheint einfach eine Eigenschaft dieser Affen zu sein, die man *ad hoc* behandeln muß.

Doch die Population wuchs. Ende der siebziger Jahre begann der Nationalzoo, Goldgelbe Löwenäffchen in andere Zuchtzentren zu schicken (natürlich wechselte kein Geld den Besitzer, und alle Tiere blieben offizieller Teil der Ausgangspopulation). Mitte der achtziger Jahre nahm die Population in Menschenobhut jährlich um 20 bis 25 Prozent zu, und 1983 umfaßte sie rund 370 Tiere. Von jetzt an bestand das Problem darin, die Wachstumsrate der Population zu *verringern*, die genetische Vielfalt hingegen zu erhalten: der unausweichliche Zusammenstoß von demographischer Realität und genetischer Vielfalt.

Das Internationale Zuchtbuch verzeichnete 1991 rund 500 Goldgelbe Löwenäffchen in Menschenobhut, verteilt auf etwa 80 Institutionen.

Aber die Wildpopulation blieb weiterhin in Gefahr. Denn es gab keine Schutzmaßnahmen oder überwachte Zucht. Wie aus einer Übersichtsuntersuchung im Jahre 1980 hervorging, lebten in Poco das Antas nur etwa 100 Tiere und außerhalb des Reservats nur winzige Restbestände. Neueren Studien zufolge wies die Wildpopulation eine geringere genetische Vielfalt auf als die Population in Menschenobhut, vermutlich, weil die Zoopopulation aus Gründern hervorging, die aus verschiedenen Teilen des Verbreitungsgebiets der Art kamen, während die Tiere von Pocos das Antas alle von diesem einen Ort stammten. Wie dem auch sei, die Wildpopulation schien nicht lebensfähig zu sein. So kam es, daß Devra Kleiman zu Beginn der achtziger Jahre eine offizielle Kooperation zwischen den Zuchtbemühungen in Menschenobhut mit dem Zentrum im Nationalzoo und den brasilianischen Behörden mit Adelmar Coimbra-Folho und dem WWF besprach.

Die Kampagne, die sich aus dieser Zusammenarbeit entwickelte, umfaßt fünf Komponenten: Management und Erforschung der Population in Menschenobhut; Feldforschung an der Wildpopulation; Schutz, Management, Erhaltung und Wiederherstellung des Lebensraumes; Aufklärung der Öffentlichkeit – nicht zuletzt, um zu gewährleisten, daß die Menschen auf die Löwenäffchen außerhalb des Reservats von Pocos das Antas achten – und schließlich Wiedereinbürgerung. Man beachte, daß alle fünf Punkte unabdingbar sind. In dieser Situation hätte (bedauerlicherweise) der Schutz des Lebensraumes allein wohl nicht ausgereicht, das Goldgelbe Löwenäffchen vor dem Aussterben zu bewahren. Damit hätte man schon etwas früher und in größerem Maßstab beginnen müssen. Mitte der achtziger Jahre waren von Pocos das Antas selbst nur noch weniger als 40 Prozent bewaldet und nur zehn Prozent ursprünglicher Wald. Ein Teil der Aufgabe bestand also in dem Versuch, den Wald wieder aufzuforsten. Das erforderte unter anderem eine Kalkdüngung des Bodens, um das Gleichgewicht von Gräsern zu Bäumen wieder zu verschieben.

Man beachte auch, daß man eine Wiedereinbürgerung nicht für das Allheilmittel ansah, sondern als Teil eines größeren Planes. In der damaligen Situation spielte sie jedoch eine wesentliche Rolle; denn ohne einen ständigen Zustrom von Genen aus der Population in

Menschenobhut schien die Wildpopulation dazu verurteilt, in den Strudel des Aussterbens zu geraten, der mit Inzucht beginnt und durch sie vorangetrieben wird. Zu berücksichtigen ist auch, daß die Wiedereinbürgerung des Goldgelben Löwenäffchens in einem ganz anderen Zusammenhang stand als jene der Arabischen Oryx. Es war kein Versuch, ein Tier wiederanzusiedeln, das in der Natur nicht mehr vorkam; vielmehr wollte man eine kränkelnde Wildpopulation festigen.

Devra Kleiman beschreibt die ersten Wiedereinbürgerungen in dem Buch *Primates: The Road to Self-Sustaining Populations.*[17] 15 in Menschenobhut geborene Tiere wurden im November 1983 nach Brasilien geschickt, von denen allerdings vier während der nachfolgenden sechsmonatigen Quarantäne starben. Die übriggebliebenen Tiere brachte man im Mai und Juni 1984 nach Pocos das Antas. Dort hielt man sie zunächst in großen Käfigen, damit sie sich akklimatisieren konnten. Von Mai bis Juli wurden 14 Tiere freigelassen (einige hatten mittlerweile Nachwuchs bekommen!), darunter eine achtköpfige Familiengruppe und drei geschlechtsreife Paare.

Es erging ihnen nicht gut. Im Juni 1985 waren elf Tiere tot, oder man hatte sie wieder eingefangen. Zu den Ursachen der Verluste zählten Erschöpfung, Krankheit, Hunger, Schlangenbisse, Raubtiere und Verschwinden aus unbekannter Ursache. Krankheit war die Haupttodesursache. Vermutlich war es ein Virus, das im Februar 1985 bei fünf Mitgliedern der Familiengruppe Durchfall und Austrocknung hervorrief. Das kam wie ein Blitz aus heiterem Himmel, doch die anderen Todesfälle waren lehrreicher. Beispielsweise erwiesen sich die in Menschenobhut gezüchteten Löwenäffchen, die eigentlich außerordentlich bewegliche kleine Affen sein sollten, als schlechte Kletterer. Sie fürchteten insbesondere den schwierigen Übergang von einem Baum zum anderen über dünne Zweige hinweg. Statt dessen neigten sie dazu, über den Boden zu laufen. Auf diese Weise fiel ein Tier einer Schlange zum Opfer. Ein anderes wurde von einem verwilderten Hund erbeutet. Ein auffälliger Gegensatz zu den gerade freigelassenen Arabischen Oryxantilopen. Deren Verluste waren, wie wir gesehen haben, bedeutungslos.

Einige Kritiker – jene, die der Zucht im Zoo konträr gegenüberstehen – sahen in diesem anfänglichen Tribut einen Beweis dafür, daß die Zucht in Menschenobhut und die Wiedereinbürgerung zum Scheitern verurteilt sind. Wesentlich ist jedoch nur, daß diese Vorgänge ganz einfach außerordentlich schwierig sein können. Seit jenen Pioniertagen hat man die Wiedereinbürgerung (wenngleich dies nur sechs Jahre später geschrieben wurde) ständig vorangebracht, indem man den Tieren Klettern, Nahrungssuche und andere Fähigkeiten beibrachte. Eine solche Anleitung setzt auch eine natürlichere Haltung während des gesamten Lebens der Tiere voraus. Mit einer derartigen Vorbereitung lassen sich selbst die schwierigsten Arten wieder erfolgreich in der Natur ansiedeln. Manchmal wird die Wiedereinbürgerung länger als eine Generation dauern. In Gehegen aufgezogene Tiere sollen sich an das Reservat gewöhnen, ihre im Reservat geborenen Nachkommen können sich an eine natürlichere Umgebung anpassen und so weiter. Dies geschieht in Apenheul im holländischen Apeldoorn, wo sich Primaten mehr oder weniger frei bewegen. Wir müssen jedoch akzeptieren, daß die Wildnis ein gefährlicher Ort ist. Selbst unter jenen Tieren, die immer hier gelebt haben, ist die Sterblichkeit hoch. Es ist nur bei Populationen in Menschenobhut zur Gewohnheit geworden, zu *erwarten*, daß die Mehrzahl überlebt.

Heute wird das Projekt zur Erhaltung der Löwenäffchen großenteils so fortgeführt, wie man es sich zunächst vorgestellt hatte. Man bürgert weiterhin Tiere ein, aber stärker organisiert als ursprünglich. Die Population in Menschenobhut scheint etabliert zu sein. Die Art ist anscheinend vor dem Aussterben sicher – zumindest gegenwärtig. Wie bei der Arabischen Oryx können wir uns ein wenig vorsichtigen Optimismus erlauben. Von den vielen anderen Wiederansiedlungsprojekten mit Primaten erregt besonders das der Wollaffen meine Aufmerksamkeit (weil ich die betroffenen Tiere schon einige Zeit vor der geplanten Wiedereinbürgerung kannte). Bei diesem Beispiel dienen bemerkenswerterweise in Menschenobhut geborene Tiere dazu, in der Natur geborene anzuleiten und sie in der Natur zu beschützen.

Die Rückkehr zweier Wollaffen:
in Menschenobhut geborene Beschützer

Die Geschichte dieser speziellen Wiederansiedlung beginnt wiederum an zwei Orten: in Noah's Park in Brasilien und im Monkey Sanctuary in Cornwall im Südwesten Englands. Beginnen wir in Brasilien. Noah's Park liegt knapp 50 Kilometer flußaufwärts der bizarren Stadt Manaus am Amazonas, die für die Kautschukhändler erbaut wurde und sogar über ein Opernhaus verfügt. Der Park wurde zunächst als Farm für Wasserschweine (die größten Nagetiere der Welt) als Eiweißlieferanten gegründet, doch dieses Projekt erwies sich als unökonomisch. Marc van Roosmalen, ein holländischer Biologe, versucht nun, den Park als wirtschaftlich funktionierenden Betrieb und lokale Einkommensquelle wiederherzustellen – nicht als Farm für neue Haustiere, sondern als Zentrum des «Ökotourismus». Zu diesem Zweck versucht er, heimische Tiere anzusiedeln, darunter auch Wollaffen.

Wollaffen sind gefährdet, doch die einheimischen Kautschukzapfer töten die erwachsenen Tiere dennoch zu Nahrungszwecken und verkaufen die Jungen auf dem örtlichen Markt als Haustiere. Der Handel ist illegal, aber der Wert eines Wollaffenbabys entspricht einem Monatslohn. Haben die Jungtiere erst einmal den Markt erreicht, scheint ein Eingreifen zwecklos, denn würde man sie in diesem Stadium beschlagnahmen, wüßte man nicht, wohin man sie bringen sollte. Eine der Aufgaben von Noah's Park ist jedoch, diesen Waisen Schutz zu gewähren. Marc van Roosmalen nimmt die sehr jungen, beschlagnahmten Affen mit nach Hause, wo er und seine Frau sicherstellen, daß sie gesund sind. Dann bringt er sie zu Noah's Park. Hier bleiben sie zur Gewöhnung in Gehegen – ähnlich wie man es mit den Goldgelben Löwenäffchen macht (oder mit der Oryx oder irgendeiner anderen Tierart). Anschließend werden sie freigelassen, aber noch mit zusätzlicher Nahrung versorgt. Das tut man erstens, um ihnen einen heimatlichen Stützpunkt zu schaffen und um abzusichern, daß sie zunächst noch in der Nähe bleiben; und zweitens, um ihre ersten Bemühungen, sich alleine Nahrung zu suchen, zu unterstützen. Tatsächlich ist die zusätzliche Fütterung eine Dauereinrichtung; denn man kann nicht sicher sein, daß die 30000 Hektar von Noah's Park ihnen das ganze Jahr über täglich all die Nahrung bieten, die sie brauchen.

Die Methode funktioniert. Marc van Roosmalen hat viele Tiere erfolgreich wiederangesiedelt. Aber es gibt ein Problem. Wildlebende Wollaffentrupps umfassen in der Regel nicht mehr als etwa 30 Tiere. Darunter sollte zumindest ein dominantes erwachsenes Männchen sein mit im allgemeinen einem oder mehreren untergeordneten erwachsenen Männchen, dazu erwachsene Weibchen, Halbwüchsige und Jungtiere. Ohne die Anleitung durch erfahrene Tiere kann der Trupp nicht bestehen. Van Roosmalen stellte einen einigermaßen ausgeglichenen Trupp zusammen. Doch die meisten Tiere, die er vom Markt mitbringt, sind sehr jung; im Grunde genommen Affenkinder. Sie sind viel zu jung, um alleine zurechtzukommen. Aber der bestehende Trupp ist zu groß und nimmt daher keine weiteren Tiere mehr auf. Somit konnte van Roosmalen die Affen, die er 1990 erhielt (und die er weiterhin erhält), nicht gefahrlos freilassen. Hätte er sie freigelassen, hätten sie keine zusammenhängende Sozialgruppe gebildet.

Hier tritt nun das Monkey Sanctuary auf den Plan. Es wurde im Jahre 1964 in Cornwall von Leonard Williams gegründet, dem Vater des international bekannten Gitarristen John Williams. Williams ging es wie van Roosmalen in erster Linie darum, den Tieren Schutz zu gewähren: Affen, die in den sechziger Jahren immer noch für Leierkastenmänner oder als Haustiere nach Großbritannien eingeführt wurden. Er überließ ihnen sein Haus in Cornwall und baute rundherum Gehege, die sich bis ins Haus erstreckten. Auf diese Weise baute er im Laufe der Zeit eine wirklich zusammenhängende und ausgeglichene Sozialgruppe von Wollaffen auf. Zu jener Zeit hielten fast alle Zoos, die überhaupt Wollaffen hatten, die Tiere paarweise, und fragten sich, warum die Männchen – die ohne einen Trupp, um den sie sich kümmern mußten, zutiefst frustriert waren – ihre Aggression an den Weibchen abließen. Wollaffen züchteten damals selten in den Zoos.

Leonard Williams' Affen vermehrten sich hingegen. Sie leben dort nun in der vierten Generation. Williams selbst starb 1987, und seitdem ist Rachel Hevesi verantwortlich. Aber sie sah sich dort mit einem Problem konfrontiert, das dem von Marc van Roosmalen genau entgegengesetzt war. Die Kolonie im Monkey Sanctuary bestand aus rund 20 Tieren. Das waren ungefähr so viele, wie es bequem unterbringen konnte, und beinahe so viele, wie ein Wollaffentrupp zumeist umfaßt. Die Kolonie war auch sozial sehr ausgeglichen – mit zwei erwachsenen Männchen (Charlie, der Chef, und sein Onkel Django). Doch dieses Gleichgewicht war nicht von langer Dauer, denn es lebten auch drei vierjährige, halberwachsene Männchen in der Gruppe, die im Sanctuary geboren wurden – Ricky, Ivan und Nick. Diese drei wollten bald eigene Trupps anführen und zeigten schon Anzeichen von Unruhe.

Als Rachel Hevesi das Sanctuary übernahm, sah sie es als ihre Aufgabe an, zu allen anderen Wollaffenhaltern Kontakt aufzunehmen – nicht zuletzt um sicherzustellen, daß es zum notwendigen Einkreuzen nichtverwandter Tiere kommen konnte. So erfuhr sie von Marc van Roosmalen und besuchte ihn 1990 in Noah's Park. Dort entwarfen sie einen Plan, um beider Probleme zu lösen. Zwei der halberwachsenen Tiere aus dem Sanctuary – aus genetischen Gründen Ricky und Ivan – sollten in Noah's Park gebracht werden und dort als Anführer für die verwaisten Jungtiere dienen, die zu jung waren, um der Welt alleine zu trotzen. Das ist eine bemerkenswerte Entwicklung: In Menschenobhut geborene Tiere als Anführer für wildlebende Tiere, die selbst in der Natur geboren sind.

Es gab allen Grund zur Hoffnung, daß dieses Projekt funktionieren sollte. Zum einen – und ganz wesentlich – hatten Ricky und Ivan bereits in Cornwall gezeigt, daß sie sich gerne um jüngere Tiere kümmern würden, wie es Affen vieler Arten tun. Sie lebten in Cornwall nicht frei, jedoch in naturnah gestalteten Gehegen mit natürlicher Vegetation (somit konnten sie klettern und sich zurechtfinden) und wußten, wie man Nahrung sucht. Noah's Park ist zwar «Natur», aber nicht ungeschützte oder uneingeschränkte. Er wird auf einer Seite von einem Fluß begrenzt, auf einer anderen von einem Zaun und auf zwei Seiten von Straßen. Außerdem leben in ihm kaum Raubtiere. Man ging davon aus, daß die in der Natur geborenen Jungtiere – obgleich sie bei ihrem Fang noch sehr jung waren – ihrerseits imstande sein würden, Ricky und Ivan mit der natürlichen Vegetation vertraut zu machen.

Das Verhalten der bereits etablierten Gruppe in Noah's Park war ebenfalls auf verschiedene Weise ermutigend. Während des ersten Aufenthalts von Rachel Hevesi im Park wurde ein weibliches Jungtier gebracht, das nur zehn Wochen alt war. Daß es überlebte, war ein Wunder. Rachel Hevesi fütterte das Affenbaby mit der Flasche, fürchtete jedoch, es würde auf sie geprägt und als neurotisches Haustier aufwachsen. Also beschloß sie, den Trupp im Reservat zu ermuntern, es aufzuziehen. Sie begab sich mit dem Affenbaby zurück in den Park und rief die Affen (mit den Zwitscherrufen, die sie von den Wollaffen im Sanctuary gelernt hatte). Sie waren sehr neugierig, denn sie haben einen starken Drang, sich um Babys zu kümmern. Insbesondere ein junges Weibchen konnte nicht widerstehen – obgleich sie eines jener Tiere war, die normalerweise in einiger Entfernung von

Menschen blieben. Sie stieg von ihrem Baum herab, um sich das Baby anzusehen. Zu ihrer Überraschung (und der des Babys) setzte Rachel ihr das Baby auf den Rücken.

Innerhalb von zwei Wochen – der Kontakt wurde jeden Tag ausgedehnt – überließ Rachel dem Trupp das Baby (das allerdings anfangs schreiend protestierte) völlig. Die Affen konnten das Baby nicht ernähren, aber sie erkannten Rachel als seine rechtmäßige Mutter an und trugen es zur Fütterung mit der Flasche zu ihr zurück. Nachdem Rachel nach England zurückgekehrt war, brachten sie es statt dessen zu Marc. Inzwischen ist das Jungtier kein Baby mehr. Es ist ein vollkommen integriertes Mitglied des Trupps und – erfreulicherweise – eines der zurückhaltendsten Tiere dem Menschen gegenüber.

Ende Mai 1991 war es schließlich soweit: Ricky und Ivan reisten mit Rachel in Noah's Park. Es gab allen Grund, Erfolg zu erwarten. Aber leider stand das Projekt nicht unter einem guten Stern. Unvorhersehbare Ereignisse ließen dieses Unterfangen nur zu einem Teilerfolg werden. Doch eines haben Leonard Williams, Rachel Hevesi und Marc van Roosmalen zur Genüge gezeigt: Behandelt man intelligente Tiere menschlich und mit Einfühlungsvermögen, können ihre Fähigkeiten jegliche Vorstellung übersteigen.

Ich werde in Kapitel 7 noch einmal auf die Verhaltensaspekte zurückkommen und mehr über das Monkey Sanctuary, die Auswilderung von Ricky und Ivan und deren Schicksal berichten. Hier werde ich jetzt noch verschiedenartige Probleme bei Wiedereinbürgerungen darlegen: die von Raubtieren verursachten sowie die speziellen Schwierigkeiten mit Vögeln und deren Vorteile.

Der Rotwolf

Die Geschichte des Rotwolfes der südöstlichen Vereinigten Staaten – wie man ihn aus der Natur entnahm, als er scheinbar schon zum Aussterben verurteilt war, ihn in Menschenobhut züchtete und ihn dann von 1987 an in North und South Carolina wiederansiedelte – verdeutlicht in vielfacher Weise die grundsätzlichen Probleme bei der Erhaltung wildlebender Raubtiere. Doch in einer Hinsicht ist sie einzigartig. Zwar hat man bisher viele Raubtiere wiedereinzubürgern versucht – von Großkatzen in Afrika und Asien bis hin zum Kitfuchs in Kanada und zum Fischotter in Großbritannien –, doch dies ist der erste Fall, bei dem man ein Raubtier, das in der Natur ausgestorben war, in Teilen seines ehemaligen Verbreitungsgebiets wiederangesiedelt hat. Der Fall des Rotwolfes ist inzwischen nicht mehr einmalig, denn im Herbst 1991 hat man den Schwarzfußiltis in Wyoming wiedereingebürgert. Die Geschichten dieser beiden Arten sind also jener der Arabischen Oryx vergleichbar.

Der Rotwolf (*Canis rufus*) war einst vom Atlantischen Ozean bis nach Zentral-Texas verbreitet und vom Golf von Mexiko bis nach Zentral-Missouri und Zentral-Illinois. Nach Westen hin schloß sich das Verbreitungsgebiet des Kojoten an, nach Norden das des Grauwolfes. Obwohl sich der Rotwolf mit beiden Arten kreuzen kann (alle Mitglieder der Gattung *Canis* sind im allgemeinen leicht kreuzbar), gilt er als eigene Art. Manche behaupten jedoch, der Rotwolf gehöre zu dem «Ur»-Wolfsstamm Nordamerikas, der hier von vor einer Million Jahren lebte. Der Mensch schätzt Wölfe in der Regel nicht, und in den frühen sechziger Jahren war der Rotwolf in der Natur zweifellos in Gefahr.

Ein Rettungsprogramm Ende der sechziger Jahre hatte nur einen begrenzten Umfang. Doch das Gesetz zum Schutz bedrohter Arten in den USA (Endangered Species Act) von 1973 konzentrierte die Erhaltungsbemühungen. Der US Fish and Wildlife Service (FWS) arbeitete mit dem Point Defiance Zoo in Tacoma im Bundesstaat Washington zusammen, um ein Zuchtprogramm für den Rotwolf in Menschenobhut zu starten. Ende 1975 erklärte der FWS, es sei nicht mehr durchführbar, den Rotwolf in seinem stetig kleiner werdenden Verbreitungsgebiet in Texas und Louisiana zu erhalten. Daher trieb man von den verbliebenen Tiere so viele wie möglich zur Zucht in Menschenobhut zusammen. Im Jahre 1980 erklärte man die Art für «auf natürliche Weise ausgestorben». 1984 startete die AAZPA einen Species Survival Plan.

Der Point Defiance Zoo richtete zwölf Gehege von 30 mal 30 Metern ein. Sie waren vom Publikum nicht einsehbar. Ein Beweis dafür (falls es überhaupt eines Beweises bedarf), daß Zoos nicht nur zur Unterhaltung der Leute da sind und einige ihrer interessantesten Arbeiten «hinter den Kulissen» verrichten. Die Wölfe vermehrten sich gut, und man verteilte sie auf andere Zoos. Schon von Beginn an lautete das Ziel, sie wieder in der Natur anzusiedeln. Man bemühte sich zu gewährleisten, daß die Tiere im Zoo dem Menschen gegenüber nicht zu vertraut wurden – unter anderem, weil wildlebende Raubtiere, die an den Menschen gewöhnt sind, in der Regel gefährlicher (oder zumindest beunruhigender) sind als Tiere, die auf Distanz bleiben. Mißtrauen ist auch für das Tier gut, denn zu vertrauensvolle Tiere werden leicht getötet. Man hält die Wölfe im allgemeinen in großen Freigehegen, in denen sie weiterhin alles jagen können, was einwandert, und in denen die natürliche Selektion ihren Tribut fordern kann. Das erinnert an die frühe Haltung des Davidshirsches.

Die Entwicklung bis zur letztlichen Freilassung 1987 ist in vieler Hinsicht lehrreich. Sie zeigt unter anderem, daß es zweiffellos bei der Wiedereinbürgerung von Raubtieren ganz besonders wichtig ist, die Unterstützung der Öffentlichkeit zu gewinnen – insbesondere für ein Tier, das großenteils durch öffentliche Antipathie ausgerottet wurde. Man hielt viele öffentliche Versammlungen ab. Höchst verblüffende Gesichtspunkte traten in den Vordergrund. Jäger von Hirschen fürchteten – wie vorauszusehen – um ihre geplante Jagdbeute, während Fürsorgliche um die Sicherheit der Wölfe bangten. In seiner Abhandlung über den Rotwolf auf dem Symposium über Wiedereinbürgerung 1989 im Zoo London griff Donald Moore vom Burnet Park Zoo in Syracuse im US-Bundesstaat New York drei bedeutende Gründe für den möglichen Erfolg der Verhandlungen vor der Ansiedlung heraus.[18] Einer war die Zusicherung, Menschen, die unabsichtlich einen Wolf überfahren, nicht zu bestrafen – vorausgesetzt es war ein Unfall –, wie es die Klauseln des Endangered Species Act ansonsten zu erlauben schienen. Ein anderer Grund: Wiedereingebürgerte Tiere sollten den Status einer «Versuchspopulation» erhalten. Das bedeutet, daß ihre Wanderungen telemetrisch streng überwacht werden und man Tiere, die das Reservat verlassen, wieder zurückholen und gegebenenfalls Individuen, die als gefährlich angesehen werden, in Menschenobhut zurückbringen kann. Für die Schwarzfußiltisse galt bei ihrer inzwischen erfolgten Wiedereinbürgerung ähnliches. Sie wurden nach ihrer Freilassung im Shirley Bassin in Wyoming ebenfalls mit Sendern überwacht; denn man wollte der Bevölkerung der Umgebung auch nach der Wiederansiedlung ein uneingeschränkteres Leben ermöglichen. Schließlich hatte, laut Donald Moore, die erforderliche Diplomatie im Falle des Rotwolfs vor allem deswegen Erfolg, weil das Personal des FWS, das den Fall darlegte, ausgesprochen nett war und sich mit den ortsansässigen Menschen gut anfreundete.

So wählte man 1986, als die Population des Rotwolfes in Menschenobhut etwa 80 Tiere umfaßte, acht Tiere zur Wiederansiedlung in der Natur aus – alles junge, ausgewachsene Tiere im Alter von vier bis sechs Jahren und in der zweiten Generation in Menschenobhut. Man stellte die Ernährung von den normalen Zoomahlzeiten auf überfahrene Tiere und Lebendbeute um und bereitete die Tiere auf eine «schrittweise Freilassung» vor. Die «historischen» ersten beiden ließ man am 14. September 1987 im Alligator River National Wildlife Refuge (ARNWR) in North Carolina frei.

Ende 1989 hatte man 39 Rotwölfe im ARNWR und auf Bull's Island in South Carolina angesiedelt. Zwölf davon lebten nicht mehr. Drei starben durch Autounfälle, die übrigen aus natürlichen Ursachen – darunter waren zwei von Alligatoren gefressen worden. Im Jahre 1990 betrug die Population in den Zoos und Schutzgebieten der Vereinigten Staaten zusammen rund 125 Tiere. Das gleicht einem Erfolg.

Einige Vogelgeschichten

Die Erhaltung von Vögeln ist in mancher Hinsicht leichter als die von Säugetieren, in anderer schwieriger. Ein generelles Problem für die Züchter von Vögeln besteht darin, daß sich Männchen und Weibchen oft äußerlich völlig gleichen. Bei vielen Arten läßt sich das Geschlecht nur durch Laparoskopie eindeutig bestimmen: indem man sich operativ mit Hilfe eines Laparoskops die Keimdrüsen ansieht, die im Innern des Rumpfes liegen. Blutuntersuchungen, bei denen man nach den Geschlechtschromosomen in den Blutzellen schaut, helfen oft nicht weiter, weil viele Vögel zahlreiche kleine Chromosomen haben, die sehr schwierig auseinanderzuhalten sind. Wissenschaftler vom Institute of Zoology in London erproben jetzt molekulare Methoden: Sie suchen nach Abweichungen der DNA zwischen den Geschlechtern. Auf jeden Fall ist die Geschlechtsbestimmung eine Aufgabe für Experten und schließt den Fang und möglicherweise eine kleine Operation ein, was für Wildvögel (auch für solche in Menschenobhut) traumatisch ist. Mancher Zoo hatte in der Vergangenheit den einen oder anderen Ausfall in der Zucht, weil jahrzehntelang zwei Männchen oder zwei Weibchen zusammenlebten.

Daß Vögel Eier legen ist für die Erhaltungszucht im allgemeinen von Vorteil. Viele Vogelarten legen mehr Eier, wenn man das Erstgelege entfernt; man nennt dies auch «Mehrfachgelege». Manche Vögel, wie der einst gefährdete Bartgeier der Alpen und Pyrenäen, legen zwei Eier, doch das erstgeschlüpfte Junge tötet das zweite. Dieses Verhalten bezeichnet man manchmal als «Kainismus». Entfernt man das erste Ei, läßt sich das Junge separat aufziehen. Wie wir in Kapitel 6 noch erfahren werden, gehen Biologen, die sich mit der Fortpflanzung befassen, inzwischen sehr weit bei dem Versuch, bedrohte, aber nicht fruchtbare Säugetiere zur Produktion von mehr Nachkommen als normal zu veranlassen. Bei vielen Vögeln läßt sich schon mit etwas Geschick die Zahl der Nachkommen erstaunlich steigern. So hat man die Population der nordamerikanischen Brautente vom Rande des vermeintlichen Aussterbens zur Jahrhundertwende auf einen Stand gebracht, der heute eine jährliche «Auslese» von 750 000 Vögeln erlaubt. Das hauptsächliche theoretische Problem ist: Manche Vögel werden auf jeden Fall auf ihre Pfleger «geprägt», die sie von Hand aufziehen, und führen hernach kein normales Leben mehr. Es gibt jedoch Wege, dies zu umgehen. Die Pfleger in San Diego setzten Handpuppen mit Kondorköpfen ein, um den handaufgezogenen Kalifornischen Kondoren beizubringen, daß sie wirklich Kondore sind. In Skandinavien ließ man Saatgänse von Kanadagänsen aufziehen, Arten, die ähnlich genug sind, daß die Jungvögel nicht psychisch beeinträchtigt werden. Für Erfolge gibt es jedoch keine Garantie. Zwar konnte man die Bestände der Schreikraniche in den USA erhöhen, indem man die Eier Kanadakranichen unterschob, doch die fremdaufgezogenen Schreikraniche haben dann nicht überzeugend gezüchtet. Das deutet auf Verhaltensstörungen hin. Zumindest ist aber die bloße Steigerung der Anzahl bei Vögeln einfacher als bei Säugetieren. Jegliche andere Probleme, die entstehen, muß man *ad hoc* lösen.

Eier lassen sich leicht transportieren. Das erleichtert in der Regel Versuche zur Wiedereinbürgerung, die man schon oftmals unternommen hat. Sogar noch öfter gab es Bemühungen, Vögel in Lebensräumen anzusiedeln, in denen sie nie zuvor heimisch waren. Rednern auf einem internationalen Symposium im Hauptsitz des Wildfowl and Wetlands Trust in Slimbridge im englischen Gloucestershire zufolge gab es bisher mindestens 1670 Versuche, Vögel wieder- oder neu anzusiedeln. Die meisten der neuangesiedelten (im Gegensatz zu wiederangesiedelten) Arten waren Wasser- und jagdbare Vögel, also Vögel, welche die Menschen gerne betrachten oder schießen. So zieren heute solche Schönheiten wie Mandarinenten, Brautenten und Kanadagänse die britische Landschaft. Vielleicht sollten wir diese Entwicklung nicht zu pedantisch ablehnen; doch ist die Neuansiedlung von Fremdarten eine der Hauptursachen für das Aussterben heimischer Tiere. Wiederansiedlung und Neuansiedlung sind grundsätzlich sehr verschiedene Unternehmungen mit sehr unterschiedlichen Begründungen.

Das Flugvermögen der Vögel kann Wiedereinbürgerungsversuche sowohl erleichtern als auch komplizieren. Vögel entkommen ihren Feinden leichter und im allgemeinen auch instinktiver als die an den Boden gebundenen Goldgelben Löwenäffchen, die man freiließ, bevor man erkannt hatte, daß sie einer Anleitung bedurften. Doch ein anfänglicher Versuch in den achtziger Jahren, in der Obhut des Menschen gezüchtete Mauritiustauben im botanischen Garten in Pampelmousses in ihrer Heimat Mauritius freizulassen, mißlang, weil ein starker Wind die Vögel vom Kurs abbrachte. Fliegende Geier (wie die in den Alpen wiederangesiedelten Bartgeier) sind leicht zu überwachen, und die Überwachung ist wesentlicher Bestandteil einer Wiedereinbürgerung. Fliegende Vögel lassen sich aber in der Regel schwieriger in einem sicheren Schutzgebiet halten als Säugetiere. Insbesondere Greifvögel, die große Strecken fliegen, sind besonders gefährdet, von feindseligen Bauern vergiftet zu werden.

Es gab wirklich viele ernsthafte Neuansiedlungen, Wiederansiedlungen und Umsiedlungen. Doch nicht immer hatten sie Erfolg. Einem Redner auf dem Symposium in Slimbridge zufolge gelangen in den Vereinigten Staaten nur ganze 15 Prozent. Um das gesamte Spektrum an Problemen und Möglichkeiten zu verdeutlichen, möchte ich nur fünf Beispiele erörtern. Eines davon – das des Bartgeiers – scheint bisher ein Erfolg zu sein. Der Balistar und der Kalifornische Kondor haben diesen Prozeß, angefangen von der Zucht in Menschenobhut bis hin zur Wiedereinbürgerung, etwa zu einem Drittel hinter sich. Es ist noch sehr verfrüht, für diese Arten Salut zu schießen, doch gibt es berechtigte Gründe zum Optimismus wegen dieser beiden dem Tode entrissenen Vögel. Papageien könnten als Gruppe zweifellos von der Zucht in Menschenobhut profitieren (was in gewissem Ausmaß auch der Fall ist). Doch alles in allem verdeutlichen sie beispielhaft einige weitere Probleme, unter denen menschliche Marotten hervorstechen. Schließlich hat man – um mit einer Bemerkung über gute Biologie und hervorragende Absichten zu schließen – die Hawaiigans oder Nene zweifellos als Art gerettet. Das ist an sich ein Triumph. Doch obgleich man dies oft als lehrbuchmäßigen Erfolg darstellt, lassen sich die Versuche zur Wiedereinbürgerung bis jetzt nicht uneingeschränkt als erfolgreich bezeichnen.

Der Bartgeier

Der Bart- oder «Lämmergeier» ist ein stattlicher Vogel. Seine Flügel mit einer Spannweite von drei Metern tragen ihn hoch über die Alpen und Pyrenäen. Einst war er recht häufig. Doch es ist das Schicksal von Greifvögeln, als Gefahr angesehen zu werden. Kleine Arten, wie der Rotmilan, der jetzt in England wiedereingebürgert wird, werden als Bedrohung für jagdbare Vögel erachtet, und große Arten, wie der Bartgeier, als Gefahr für Lämmer, Gemsen und sogar Kinder. Die Tatsachen werden selten berücksichtigt. In diesem Fall ist es Tatsache, daß der Bartgeier ein Aasfresser ist, der sich darauf spezialisiert hat, Knochen zu zerbrechen, indem er sie auf dem Tiefpunkt eines langen Sturzfluges gegen Felsen schlägt. Aber die ortsansässigen Menschen jagten den Bartgeier dennoch bis fast zur Ausrottung.

Das Rettungsprogramm mit seiner Basis im Alpenzoo Innsbruck organisiert der WWF Österreich. Man erhöhte die Fortpflanzungsrate, indem man – wie beschrieben – das zweitgelegte Ei entfernte; das daraus schlüpfende Junge würde ansonsten getötet. Dieses Junge kann aber dennoch von seinen Eltern aufgezogen werden, wenn man es ins Nest zurückbringt, sobald es groß genug ist, um sich verteidigen zu können. Man kann es vielleicht auch einfach von seinem «herrschsüchtigen» Geschwister so abtrennen, daß es für seine Eltern noch sichtbar ist.

Etwa drei Wochen bevor sie flügge sind, bringt man die jungen Vögel an eine geschützte Felswand, hoch in den Alpen im Nationalpark

Hohe Tauern, etwa 60 Kilometer südlich von Salzburg. Hier lernen sie Fliegen und Nahrung zu finden. Mark Stanley Price zufolge lassen sich Tiere, die man leicht ausrotten kann – weil sie leicht zu sehen, wie die Oryx und der Bartgeier, oder weil sie leicht zu vergiften sind, wie Greifvögel ganz allgemein –, in mancher Hinsicht auch einfacher wiedereinbürgern. Heutzutage werden die Bartgeier nicht mit vergiftetem Fleisch gefüttert, um sie zur Strecke zu bringen, sondern mit ganzen Kadavern, um sie am Leben zu erhalten. Ich hatte noch nicht das Glück zu sehen, wie Bartgeier gefüttert werden; aber ich beobachtete, wie die taubengrau gefiederten Fahlgeier herabkamen, um von alten Maultieren zu fressen, die man in ihrem «Geierrestaurant» in De Wildt bei Pretoria – eher bekannt für seine Geparden – für sie ausgelegt hatte. Den Bartgeiern der Alpen kommen auch Lawinen zugute, die ganze Herden von Gemsen begraben, die erst bei Tauwetter langsam aus ihrem «tiefgefrorenen» Zustand freigegeben werden.

Im März 1989 hatte man 13 Vögel freigelassen, von denen 1990 elf (vielleicht auch zwölf) noch lebten. Es ist geplant, das Programm bis ins erste Jahrzehnt des kommenden Jahrhunderts fortzusetzen. Dann sollte wieder eine lebensfähige Population dieser Geier hergestellt sein. Einige der ausgesetzten Vögel flogen bis nach Italien oder in die Schweiz. Wenngleich sie in Menschenobhut geschlüpft sind und man es ihnen nicht beigebracht hat, haben sie ihre Fähigkeit zum Zerbrechen der Knochen wiedererlangt. Es scheint aber nicht einfach zu sein, sich auf diese Weise durchzuschlagen. Manchmal braucht ein Geier 30 Flüge, bis ein Knochen zerbricht.

Die Bartgeierbestände waren so lange intakt, bis man sie bejagte. Jetzt, da man die Menschen überzeugt hat, mit der Verfolgung aufzuhören (und sich die Anzahl der Geier durch Zucht erhöhte), scheint für eine Bestandserholung alles gut vorbereitet, denn die Rückzugsgebiete in den Alpen sind noch vorhanden. Die ökologische Situation des Kalifornischen Kondors war weitaus bedrohlicher und die Maßnahmen zur Rettung viel komplizierter.

Der Kalifornische Kondor

Der Kalifornische Kondor (*Gymnogyps californianus*) und der Andenkondor (*Vultur gryphus*) sind die beiden heute noch lebenden Kondorarten aus der Familie der Neuweltgeier (*Cathartidae*). Sie sind sich sehr ähnlich, aber unterschiedlich genug, sie in verschiedene Gattungen zu stellen. Die Bestände des Andenkondors sind sowohl in der Natur als auch in Menschenobhut noch einigermaßen intakt. Der Kalifornische Kondor ist jedoch in der Natur ausgestorben. Die Zucht in Menschenobhut bleibt für ihn die letzte Hoffnung. Die Art war wahrscheinlich im ausgehenden Pleistozän – von vor wenigen 100000 bis vor etwa 10000 Jahren – am erfolgreichsten. Damals ernährte sich der Kondor anscheinend von den Kadavern der Elefanten, Riesenfaultiere und Nashörner, die zu jener Zeit in Nordamerika häufig waren. Es gab sogar genügend Nahrung für zwei Kondorarten in Nordamerika. Die andere war der längst ausgestorbene *Breagyps clarki*, dessen langer Schnabel ihm vermutlich ermöglichte, sich von den Eingeweiden tief im Innern großer Kadaver zu ernähren, wie das heute die Gänsegeier in Afrika tun. Doch die großen Tiere verschwanden – wahrscheinlich, weil der Mensch sie abschlachtete. Rätselhaft ist also nicht, warum *Breagyps* verschwand, sondern wie *Gymnogyps californianus* es schaffte zu überleben, wenn auch nur entlang der Westküste. Einigen Hypothesen zufolge soll er sich von den toten Körpern gestrandeter Wale ernährt haben – obgleich das nicht erklärt, warum *Gymnogyps* entlang der Küste Floridas zurückging. Auch ist unklar, warum *Gymnogyps* nicht im amerikanischen Mittelwesten vorkam und sich von Bisonkadavern ernährte.

Aus welchen Gründen auch immer, der Kalifornische Kondor schaffte es, im Westen zu überleben. Seine Bestände begannen sich wieder zu erholen, als die Europäer Hausrinder einführten, deren Kadaver zu seiner Hauptnahrung wurden. Doch die Bestände gingen erneut zurück. Anfang der dreißiger Jahre gab es nur noch 100 Tiere, Ende der vierziger Jahre nur noch etwa 60, 1970 weniger als 50 und 1980 höchstes 25 bis 30. Die Vögel sind sehr langlebig, und somit ist der Rückgang noch stärker, als es scheint. Im März 1986 war die Wildpopulation auf fünf Tiere gesunken, und das einzige Ei, das sie gelegt hatten, trug eine papierdünne Schale, wie sie durch die Vergiftung mit DDT hervorgerufen wird. Dieses Ei enthielt tatsächlich eine hohe

Konzentration von DDE, einem Umwandlungsprodukt von DDT. Im Herbst 1986 war die Wildpopulation auf drei Tiere zurückgegangen, die man schließlich in Menschenobhut brachte.

In diesem Jahrhundert stellte sich alles gegen den Kalifornischen Kondor. Seit dessen Beginn war er gesetzlich geschützt, wurde aber dennoch bis in die achtziger Jahre gejagt. Er litt auch unter einem verminderten Nahrungsangebot, denn die modernen Farmer ließen nicht mehr so viele Kadaver herumliegen wie jene der Vergangenheit. Der Kondor steht am Ende der Nahrungskette und akkumuliert alle nachteiligen Substanzen aus den vor ihm in der Kette stehenden Lebewesen. DDT ist eine davon. Viele der toten Tiere, von denen sich der Kondor ernährte, waren geschossen worden und enthielten Blei. So war einer der letzten in der Natur übriggebliebenen Kalifornischen Kondore – ein Weibchen – eindeutig krank. Man fing es schließlich ein und brachte es (unter großem Widerspruch einiger örtlicher Naturschützer) zur Behandlung in den San Diego Wild Animal Park. Doch auch unter größten Anstrengungen – 24 Stunden pro Tag 15 Tage lang – konnte man es nicht retten. Eine Röntgenaufnahme zeigte, daß es angeschossen war und acht Kugeln in seinem Fleisch steckten. Gestorben war es jedoch an einer neunten Kugel, die es verschluckt hatte. Blei ist – ebenso wie DDT – ein Gift, das sich anreichert.

In den achtziger Jahren war der Kalifornische Kondor also in der Natur eindeutig zum Untergang verurteilt. Die wenigen Überlebenden führten ein äußerst gefährliches Dasein. Wie früher der Kanarienvogel der Bergleute die schlagenden Wetter, zeigte der Kondor die allgemeine Gefahr an, die das weite und schöne Kalifornien bedroht. Doch die Art überlebte in der Obhut des Menschen. Der Zoo in Los Angeles besaß im Oktober 1986 zwölf Tiere und der San Diego Wild Animal Park ebenfalls zwölf.

Die einzig sinnvolle Möglichkeit, so schien es (eigentlich schon seit einigen Jahrzehnten), waren das Einfangen der letzten in der Natur verbliebenen Vögel und der Aufbau einer neuen Population mit der größtmöglichen Anzahl von Gründertieren, wie es auch mit der Arabischen Oryx, dem Schwarzfußiltis und – soweit es ging – mit dem Rotwolf gemacht wurde. Man stieß jedoch auf mächtigen Widerstand. Die National Audubon Society (NAS), die dem Smithsonian Institute angegliedert ist, setzte sich für einen «Schutz in der Natur» ein. Doch nur durch ein Wunder – sozusagen göttliche Intervention – hätten sich drei Vögel in einer unkontrollierbaren, aber überwiegend feindseligen Umwelt vom Rande des Abgrundes retten können. Eine Zucht in Menschenobhut mit einer breiteren genetischen Basis versprach Hoffnung. Jedoch wäre nach Ansicht der NAS (und der Gruppen «Friends of the Earth» und «Sierra-Club») einem Überleben der Vögel in Menschenobhut ein «Sterben in Würde» vorzuziehen.[19]

Ende der achtziger Jahre war der Kalifornische Kondor in der Natur verschwunden – man hatte die letzten Tiere eingefangen –, doch wie William Toone vom San Diego Wild Animal Park und Arthur Risser vom San Diego Zoo in den *International Zoo News* von 1988 schrieben, bestand «alle Hoffnung, daß das Zuchtprogramm im Zoo erfolgreich sein würde»[20]. Gewiß: Kalifornische Kondore züchteten in der Vergangenheit nicht oft in der Obhut des Menschen, aber «mit Ausnahme der Weibchen im Nationalzoo [in Washington] gab es anscheinend auch keine Versuche, sie zu vermehren». Im allgemeinen haben sich Neuweltgeier gut in Menschenobhut fortgepflanzt, und die Andenkondore in San Diego wurden mit jener Technik vermehrt, die wir schon erwähnten – indem man die Eier entfernte und die Vögel dadurch zu zwei oder drei Gelegen in einer Brutsaison veranlaßte. Sich selbst überlassen, vermehren sich die beiden Kondorarten nur langsam. Sie brüten erst mit sechs oder sieben Jahren, legen immer nur ein Ei und versorgen das Junge bis in sein zweites Lebensjahr. Somit ist die normale Erfolgsrate ein Ei in zwei Jahren.

Der Kalifornische Kondor gewöhnt sich recht gut an das Leben in Menschenobhut. Wie beim Löwen ist seine scheinbare Würde mit einer unverbesserlichen Trägheit verbunden. Eine Wiederansiedlung der Vögel in der Natur könnte durchaus im Grand Canyon erfolgen (der einst Teil ihres Verbreitungsgebiets war) oder vielleicht einfach in dem begrenzteren Gebiet des Sespe Condor Sanctuary in Kalifornien, wo man sie mit «Festmahlen» nicht mit Giften belasteter Kadaver zum Bleiben verleiten wird. In einem Pilotprojekt ließ man zunächst einige weibliche Andenkondore frei, um festzustellen, ob sich das Gelände grundsätzlich für Kondore eignet. Auf lange Sicht ist es zumindest vorstellbar, daß größere Gebiete Kaliforniens vielleicht weniger feindselig gegenüber den Kondoren werden. Die Nachfolger derjenigen mit der Einstellung «in Würde sterben lassen» werden vielleicht noch Grund haben, für das positivere Vorgehen dankbar zu sein. Auf jeden Fall zeichnen sich schon erste Erfolge ab. 1991 schlüpften in den Zoos von Los Angeles und San Diego 13 Jungvögel; diese erhöhten die Population in Menschenhand auf insgesamt 53 Tiere. Damit hatte sich der Gesamtbestand dieser Art seit 1987 (27 Tiere) nahezu verdoppelt. Im Januar 1992 konnte man die ersten beiden Kalifornischen Kondore im Ventura Valley, 160 Kilometer von Los Angeles, wiedereinbürgern.[21]

Der Balistar

Der Balistar oder Rothschilds Maina ist ein herrlicher, schneeweißer Vogel mit himmelblauen Ringen um die Augen und einem kleinen Schopf. Er war einst häufig auf Bali, wo er das einzige endemische Wirbeltier ist (das heißt, die einzige Wirbeltierart, die man nur auf Bali und nirdenwo sonst findet). Aber eine Bestandsaufnahme des International Survey for Bird Preservation ergab nur 200 Tiere, alle im Westen Balis, der heute – im Gegensatz zu damals – Nationalpark ist. Der ICBP (International Council for Bird Preservation) schloß sich mit der AAZPA (American Association of Zoological Parks and Aquariums), dem Jersey Wildlife Preservation Trust und der indonesischen Regierung zusammen, um die Vögel in Menschenobhut zu züchten und sie in die Natur zurückzubringen.

Der Bestand des Balistares ging in der Natur wahrscheinlich hauptsächlich aufgrund eines Verlusts an Nistgelegenheiten und womöglich auch durch Futtermangel zurück. Aber die Plünderung durch Händler mag auch eine Rolle gespielt haben, denn Balistare sind beliebte Käfigvögel. Als Folge davon leben mindestens 500 von ihnen in Menschenobhut. Doch sie züchten dort nicht regelmäßig, wenn man auch nicht weiß warum. Ein Mangel an genetischer Vielfalt könnte ein Grund sein. So ging beispielsweise die amerikanische Population (von mehr als 400 Vögeln) auf nur 37 Gründertiere zurück, von denen gerade fünf den Stammbaum beherrschten. Die britische Population erhält sich zwar scheinbar selbst, doch die Zucht beruht hauptsächlich auf einigen wenigen erfolgreichen Paaren.

Die britischen Bemühungen, die Anzahl zu erhöhen und dabei die Gene zu erhalten – Ende der achtziger Jahre von Dr. Georgina Mace vom Institute of Zoology in London organisiert –, zeigen, wie kompliziert solche Projekte sein können. Hier einige Beispiele für den 1988 geplanten Austausch: Der Zoo in Bristol wurde ersucht, das Männchen Nummer 382 in den Harewood Bird Garden in Yorkshire zu schicken, und sollte dafür ein Männchen von Harewood (Nummer 256) erhalten, um es mit Weibchen Nummer 381 zu verpaaren. Außerdem sollte er sein Tier Nummer 636 zur Geschlechtsbestimmung nach London schicken. Der Zoo Edinburgh wurde aufgefordert, sein Männchen von Paar Nummer 3 in den Lotherton Bird Park in Leeds zu schicken und das Weibchen in den Zoo von Southport. Dafür sollte er ein Paar aus London bekommen, sobald die Geschlechter bestimmt sind. Und so entwickelte sich das Zuchtprogramm, mit 14 Institutionen (allein in Großbritannien!), die bestimmte Vögel untereinander austauschten. Wie bereits erwähnt, wären solche gemeinsamen Bemühungen ohne Computer überhaupt nicht durchführbar.

Aber trotz der Zuchtprobleme begann 1987 die Wiedereinbürgerung auf Bali mit 42 Vögeln: davon waren 38 in den USA geschlüpft, und zwei Paare kamen von Jersey. Die Vögel machen einen Zwischenstopp im Zoo von Surabaja in Indonesien, wo man sie für das Leben in der Natur vorbereitet, bevor sie auf Bali freigelassen werden. Nachdem die Population auf Bali 1990 auf 18 Tiere absank, erbrachten die beiden folgenden Jahre gute Bruterfolge. 1992 hatten sich die Balistare im Bali-Barat-Nationalpark wieder auf 55 Tiere vermehrt.[22]

Papageien

Papageien verdeutlichen insgesamt viele Prinzipien des Artenschutzes, zahlreiche Aufgaben der Zucht in Menschenobhut und verraten eine Menge über die Psyche und das Verhalten von Menschen. Als Gruppe sind Papageien vielleicht die bedrohtesten aller Organismen: Ungefähr 70 der 320 Papageienarten, Aras, Amazonen, Kakadus, Nymphensittiche, Loris, Schmuckloris, Sittiche, Unzertrennliche und Wellensittiche werden heute als gefährdet angesehen. Die meisten Arten sind hauptsächlich durch den Verlust ihres Lebensraumes bedroht (was auch für die meisten anderen Tiere gilt), am stärksten die Arten der Tropenwälder. Aber Papageien – leuchtend gefärbt, intelligent und gesellig, die «Primaten der Vogelwelt» – sind auch die begehrtesten Käfigvögel. Daher geht für einige die stärkste Bedrohung von Fang und Handel aus. Das gilt beispielsweise für den wunderschönen Hyazinthara, den größten aller Papageien, dessen rauchblaues Gefieder bewundert wird, oder für den hübschen Spix-Blauara. Beide leben in Brasilien in Gebieten, die nicht in Gefahr oder sogar für den Menschen nutzlos sind: Hyazintharas in offenen Wäldern, Spix-Blauaras in weiter nördlich gelegenen Sümpfen. Beide Arten sind Nahrungsspezialisten, die sich von den Nüssen der Buritipalmen ernähren. Und beide sind wegen ihrer Auffälligkeit besonders gefährdet, aber auch, weil sie von Futterbaum zu Futterbaum lange Strecken im Flug zurücklegen müssen. Kein anderer Vogel fliegt einen so schnurgeraden Weg wie Papageien.

Die Vogelzucht und der damit einhergehende Handel spielen für die Papageien eine zwiespältige Rolle. Was immer der Grund ihres Rückgangs in der Natur sein mag, zahlreiche Arten können vermutlich einzig und allein mit Hilfe der Zucht in Menschenobhut vor dem Aussterben gerettet werden. Viele von ihnen züchten aber schlecht in der Hand des Menschen. Doch glücklicherweise sind unter den erfahrensten aller Papageienzüchter mehrere begeisterte Enthusiasten. Diese kann man nicht als «Laien» bezeichnen, denn einige von ihnen verdienen ihr tägliches Brot mit diesem Gewerbe. Sie sind aber strenggenommen auch keine «Fachleute», weil nur wenige eine zoologische oder tiermedizinische Qualifikation haben. In Kapitel 8 bezeichne ich sie alle als «Amateurzüchter».

Sicher schaden die Amateurzüchter in gewisser Hinsicht. Sie haben jenen Handel veranlaßt, der die bedrohliche Lage vieler wildlebender Papageien verschärft, für einige sogar die Hauptbedrohung darstellt, und führen ihn nun vielleicht fort. Andererseits verfügen einige von ihnen über genau jene Fähigkeiten und Einrichtungen, die jetzt benötigt werden, um Papageien vor dem Untergang zu bewahren. Manche sind auch wahre Enthusiasten, die sich der Arterhaltung widmen. Verschiedene züchten zweifellos mehr junge Papageien, als sie je aus der Natur entnommen haben. Aber einige der erfolgreichsten und produktivsten Züchter haben eben dennoch Tiere gefangen oder ihre Einfuhr veranlaßt, manchmal unter Nichtbeachtung der CITES-Bestimmungen des Washingtoner Artenschutzabkommens, und das ist als Kardinalsünde zu betrachten. Demgegenüber behaupten einige derjenigen, die die Gesetze überschritten haben, sie hätten in vielen

Fällen die eingeführten Vögel vor dem sicheren Tod in der Natur gerettet. Manche dieser Enthusiasten, die so argumentieren, sind weit und lange in den Herkunftsländern der Papageien herumgereist und wissen oft mehr über die Bedingungen vor Ort als die Gesetzgeber. Das ganze Gebiet ist sehr sehr undurchsichtig.

Überlagert, untermauert und im allgemeinen kompliziert wird das gesamte Amateurunternehmen jedoch vom Geld. Unter Zoos, die an Zuchtpläne gebunden sind, wie sie von der IUCN veranlaßt werden – SSPs, EEPs und so weiter –, wechselt kein Geld den Besitzer. Was man auch immer beispielsweise mit den Javanashörnern unternehmen wird, alle Tiere werden weiterhin den Indonesiern gehören. (In einer aufgeklärten Welt würden wir den Begriff des Eigentums gänzlich aufgeben und die Natur statt dessen als Gegenstand einer Schutzherrschaft betrachten, wie es die australischen Ureinwohner mit ihrem Land tun.) Doch zwischen Händlern und Liebhabern von Papageien werden riesige Summen ausgetauscht. Einzelne Vögel sind mehrere zehntausend Mark wert.

Damit schleichen sich Gemeinheiten ein. Einige Amateurzüchter, die sich ansonsten vielleicht mit ihresgleichen und mit Zoos in entsprechend koordinierten Zuchtplänen zusammenschließen würden, tun das nur widerwillig, weil sie Diebstähle befürchten. Manche ziehen es sogar vor, ihre Adresse geheimzuhalten. Ihre Furcht ist berechtigt: Einbrüche und Diebstähle sind häufig. Im November 1990 (um ein neueres Beispiel zu nehmen) stahlen Diebe einen Hellroten Ara aus dem Tierpark in Whipsnade, dem Landsitz des Londoner Zoos. Die Eltern des Vogels, Wildfänge, deren Gene für eine Zucht in Menschenobhut äußerst erwünscht waren, wurden im vorhergehenden Dezember gestohlen. Schließlich wird sogar behauptet, einige Besitzer entschieden sich absichtlich dazu, nicht zu züchten, damit ihre eigenen Tiere selten bleiben.

Ich erdreiste mich nicht, genau sagen zu können, warum einige der Besitzer der 40 Spix-Blauaras, die man noch in Menschenhand vermutet, es abgelehnt haben, sich an einem vom ICBP geplanten Zuchtprogramm zu beteiligen. Mitte 1990 gab es in der Natur nur noch einen Spix-Blauara, und wir können nur hoffen, daß der ICBP mit seinem Rettungsplan für diese Art mit jenen Tieren Erfolg haben wird, über die er verfügen kann. Man plant ein Reservat im heimatlichen Lebensraum des Spix-Blauaras mit einer Zuchtpopulation, die zumindest auf einigen der in Menschenhand verbliebenen Vögeln basiert.

Zum Schluß nun noch das Tier, dessen Werdegang weitgehend als die klassische Arterhaltungsgeschichte unter den Vögeln gilt: die Hawaiigans oder Nene.

Die Hawaiigans

Die Rettung der Hawaiigans (*Branta sandvicensis*) wird als eines der klassischen Beispiele des modernen Artenschutzes angesehen und auf eine Stufe mit den Bemühungen um die Arabische Oryx gestellt. Das ist weitgehend gerechtfertigt. Im Jahre 1952 waren nur noch 32 Tiere übriggeblieben, und diese waren eindeutig dem Untergang geweiht, nicht zuletzt aufgrund der Übergriffe durch eingeführte Mungos. Sir Peter Scott und seine Mitarbeiter vom Wildfowl Trust (dem heutigen Wildfowl and Wetlands Trust) faßten den Plan, mit aus der Natur entnommenen Nenes in Slimbridge eine Zuchtkolonie zu gründen und sie schließlich wieder im Freiland anzusiedeln. Peter Scott war einer der Pioniere der Präsentation von Naturgeschichte im Fernsehen; und ich erinnere mich, daß ich selbst in diesen weit zurückliegenden Tagen, als ich noch zur Grundschule ging, dachte, was für ein kühner und wunderbarer Plan das war. Das tue ich immer noch.

Die Vögel vermehrten sich sehr gut in Slimbridge, und man kann sie heute, so scheint es, in den Zoos und Tierparks in aller Welt finden. Es standen überreichlich Tiere zur Wiedereinbürgerung zur Verfügung. Bis heute hat man tatsächlich mehr als 3000 wiederangesiedelt. Doch das letzte Stadium des Traumes wurde noch nicht zur Wirklichkeit. Die Hawaiigänse haben sich in der Natur noch nicht wieder als lebensfähige Population etabliert. Doch was ist schiefgelaufen? Mungos sind immer noch ein Problem. Noch schlimmer ist vielleicht, daß man die Biologie der Nenes falsch gedeutet hat. Die letzten Vögel auf Hawaii lebten hoch auf den Vulkanen, inmitten der Lava. Doch die ist vermutlich nicht ihr bevorzugtes Zuhause. Paläontologen haben in den vergangenen Jahren viele Hawaiigansknochen auf den Hawaii-Inseln gefunden, die meisten an Stellen im Tiefland.[23] Sie fanden auch Knochen einer anderen Gans und von sechs Entenarten, die heute alle ausgestorben sind, ein Beleg für Jared Diamonds

Behauptung aus Kapitel 2: daß in den letzten Jahrtausenden insbesondere unter Inseltieren weit mehr Arten ausstarben, als man zuvor angenommen hatte. Doch die ausgestorbene Gans war vermutlich nicht flugfähig und die ausgestorbenen Enten ganz sicher nicht. Thane Pratt vom Department of Forestry and Wildlife auf Hawaii zufolge überlebte die Hawaiigans nur, weil sie fliegen und ins Hochland abwandern konnte. Doch die Vögel halten sich hier nicht gerne auf. Die dort angesiedelten Vögel brüten nicht jedes Jahr und ziehen nur selten ein Küken bis ins Erwachsenenalter auf. Anscheinend gibt es einfach nicht genügend Futter.

Die in Tieflandsregionen angesiedelten Hawaiigänse haben hingegen gebrütet. Thane Pratt meint, es gebe gute Gründe für ein offizielles Wiedereinbürgerungsprogramm an einer Stelle im Tiefland – irgendwo, wo man die Raubtiere kontrollieren kann. Das scheint sinnvoll. Mittlerweile können wir uns zumindest darüber freuen, daß der erste Teil von Peter Scotts Idee verwirklicht wurde. Die Hawaiigans ist vor dem Aussterben bewahrt. Zwar schlug die Wiedereinbürgerung bisher weitgehend fehl, doch wir können es zumindest noch einmal versuchen. Wäre die Nene «in Würde gestorben», hätten wir diese Möglichkeit nicht.

Es verlockt, dieses Kapitel zu einem Steckenpferd zu machen und es ewig fortzusetzen. Es gibt Hunderte von Beispielen, auf die man zurückgreifen könnte, jedes mit seinen eigenen Schwierigkeiten. Doch es wurde genug gesagt, um folgendes zu verdeutlichen: Die Zucht in Menschenobhut ist ein kompliziertes Unterfangen, und die Wiedereinbürgerung macht es nur noch komplizierter. Nicht zwei Unternehmen verliefen genau gleich. Die allgemeinen Begriffe «Zucht in Menschenobhut» und «Wiedereinbürgerung» umfassen viele verschiedene Maßnahmen. Wir haben auch gezeigt, daß kein Zucht- oder Wiederansiedlungsprojekt je «abgeschlossen» ist. Leben die Tiere erst wieder in der Natur, muß man sie weiterhin überwachen. Außerdem erwarten wir einen geordneten Genaustausch zwischen Populationen in Menschenobhut und in der Natur, der zunehmen und sich fortsetzen wird.

Wie schon wiederholt erwähnt, wird es immer öfter erforderlich, die Vermehrungsrate gefährdeter Tierarten zu steigern. Die speziellen Techniken, mit denen man das erreicht, sind Thema des nächsten Kapitels.

*Bongokalb mit Elenantilope als Ersatzmutter nach Embryonentransfer,
CREW in Cincinnati.*

*Der Embryonentransfer ist neben dem Einfrieren von Spermien oder Eizellen eine
jener Technologien, die in Zukunft vielleicht zunehmend zur Rettung gefährdeter
Arten eingesetzt werden. Er bietet die Möglichkeit, bedrohte Spezies zu vermehren,
indem man ihren Nachwuchs von verwandten, häufigeren Arten austragen läßt. In
Cincinnati gelang es 1984 zum ersten Mal, ein Kalb der seltenen Bongos nach Embryonentransfer von einer Elenantilope austragen zu lassen. (Photo und Copyright
Zoo Cincinnati.)*

6.
Der Zoo in der Kühltruhe?

Die zukünftige Entwicklung von Technologien kann man leicht in Gedanken durchspielen. Läßt man die Zeitrahmen offen – legt man sich also nicht fest, wann man das Eintreten bestimmter Ereignisse erwartet –, sind entsprechende Voraussagen kaum zu widerlegen. Nach einem Jahrhundert, das Überschallflug, Fernsehen, Laser, Teilchenbeschleuniger, Computer und Gentechnologie hervorgebracht hat, muß einem fast jede Technologie glaubhaft erscheinen. Alles ist möglich, vorausgesetzt, wir mißachten nicht die von Sir Peter Medawar so bezeichneten «physikalischen Grundgesetze».

So werden wir nach Meinung eines bedeutenden Wissenschaftlers (wie er sie mir gegenüber äußerte) irgendwann in der Zukunft Organismen nach Wunsch erschaffen können – Tiere, Pflanzen, Bakterien, oder welche bizarren Formen wir uns auch immer vorstellen mögen. Hierzu wäre die DNA zu synthetisieren, welche die entsprechenden Proteine codiert, deren Zusammenwirken einen Organismus unserer Wahl entstehen läßt. Anschließend würde man die DNA in ein Milieu bringen (wohl verändertes Cytoplasma eines vorhandenen Organismus), in dem sie ihre Magie vollbringen könnte.

Jeder, der die moderne Biologie verfolgt, erkennt sofort eine lange Liste immenser Schwierigkeiten. Die größte ist das mangelnde gegenwärtige Wissen über all die Schritte zwischen dem bloßen Code der DNA und der überwältigenden Zahl von Wechselwirkungen in einem fertigen Organismus. Andererseits ist der Wissenschaftler, der diese Äußerung mir gegenüber machte, ein Biotechnologe. Er kennt die Details der Probleme wohl besser als die meisten anderen. Aber er erkennt auch an (wie es alle Biologen tun müssen), wie außerordentlich weit wir seit Anfang der fünfziger Jahre schon gekommen sind, als Francis Crick, James Watson, Maurice Wilkins und Rosalind Franklin die Struktur der DNA enthüllten.

Als Beobachter der Molekularbiologie bin ich natürlich überwältigt von der Größenordnung und der Anzahl der Probleme, die noch zu lösen sind, und von der Zahl derjenigen, die man selbst im Ansatz kaum formuliert hat. Ich bin aber auch beeindruckt vom bloßen Tempo des Fortschritts – von der Tatsache, daß heute beispielsweise ganze Verzeichnisse von Gensequenzen vorliegen und man in vielen Fällen genau weiß, welche Proteine von diesen Genen codiert werden und wie diese Gene funktionieren. Oft wissen die Molekularbiologen auch bereits, wie sie veranlassen können, daß sich bestimmte Gene in bestimmten Zusammenhängen auswirken und in anderen untätig bleiben. So führt man derzeit auf allen Gebieten Forschungen durch, die uns eines Tages ermöglichen könnten, Organismen tatsächlich nach Wunsch zu erschaffen. Auch wenn es zur Zeit keinen Grund gibt, das anzunehmen, könnten wir natürlich weitere «Grundgesetze» entdecken, die uns letzten Endes davon abhalten würden. Denken wir 200 oder 500 Jahre voraus, wie es schon die ganze Zeit in diesem Buch geschieht, können wir – sehen wir von einem ökologischen oder sozialen Zusammenbruch ab – unseren Vorstellungen freien Lauf lassen.

Ist die Aussicht nicht fürchterlich, daß wir einfach Organismen nach Wunsch erschaffen können, wenn wir die gegenwärtigen auslöschen? Damit sind wir wieder beim Thema von Kapitel 1 angelangt, daß eine Vision wie diese ins Reich der Hybris gehört – ein Stück Gotteslästerung ist – und daß wir wirklich nicht die Vorstellungskraft haben, Organismen zu ersinnen, die auch nur im geringsten so wunderbar sind wie jene, die uns überliefert wurden. Wir können vielleicht in Zukunft «Ausbesserungsarbeiten» ins Auge fassen, sollten wir dazu gezwungen sein. Wir mögen in einigen Fällen versuchen, bekannte unerwünschte Gene zu eliminieren – eine Form der Eugenik zu betreiben. Wie wir schon in Kapitel 5 erfahren haben, gibt es bereits Versuche, Gene von Hauspferden bei den verbliebenen Przewalskipferden zu eliminieren und jenes Gen, das bei den Goldgelben Löwenäffchen Zwerchfellhernie hervorruft, zu beseitigen. In einem fortschrittlicheren Verfahren werden wir eines Tages bestimmte Gene synthetisieren, von denen wir wissen, daß sie vorteilhaft sind, die aber verlorengingen, und werden sie mit Hilfe der Gentechnik wieder in die Zuchtlinien einbringen. Doch das Erschaffen von Organismen *de novo* bleibt eine bedrückende Alptraumvorstellung. Unsere eigentliche Aufgabe muß daher sein, jene Kreaturen zu bewahren, die es jetzt gibt.

So sollten wir etwas nüchterner fragen, was sich durch Technologien in den kommenden Jahrzehnten Sinnvolles erreichen läßt; denn das könnte (ohne wirkungsvolle Technologien) die gesamte Zeit sein, die vielen Arten noch bleibt. Im allgemeinen führen diese Techniken zum sogenannten «Gefrierzoo» – einem «Zoo in der Kühltruhe» –, in dem Keimzellen (Eizellen und Spermien) und Embryonen (wahrscheinlich in Flüssigstickstoff bei minus 196 Grad Celsius) so lange aufbewahrt werden, bis die Verantwortlichen sie wieder zum Leben erwecken möchten. Sie werden sie dann vermutlich in einen geeigneten Uterus (die Gebärmutter) einer Ersatzmutter einpflanzen. Der Gefrierzoo könnte vielleicht auch durch Klonieren vergrößert werden, eine Technik, die – wie wir später noch erfahren werden – einige theoretische Vorteile hat, aber auch eindeutige Nachteile.

Der Stand Anfang 1990 war folgender: Mehrere der betreffenden Techniken waren in einigen Zusammenhängen und mit manchen Arten schon sehr fortgeschritten, aber keine allgemein (oder zumindest weitgehend) anwendbar, und einige der erforderlichen – oder zumindest wünschenswerten – Techniken sind noch nicht einmal «auf dem Reißbrett» vorhanden. Aber auf welchen Gebieten besteht zunächst überhaupt eine Möglichkeit zum Eingreifen?

Bereiche für ein Eingreifen

Die meisten Tiere pflanzen sich geschlechtlich fort; nur wenige verzichten vollständig darauf. Zur geschlechtlichen Fortpflanzung gehört immer das Zusammentreffen zweier Keimzellen oder Gameten: des männlichen Spermiums und der weiblichen Eizelle. Sie verschmelzen zu einer befruchteten Eizelle, der sogenannten Zygote. Diese ist das Anfangsstadium eines Embryos. Danach verläuft die Entwicklung je nach Tierart auf verschiedenen Wegen. Doch bei Säugetieren (und der überwiegende Teil dieses Buches handelt von Säugetieren) verbringt der Embryo zunächst einige Zeit im Uterus der Mutter. Hier wird er ernährt und nimmt vieltausendfach an Größe zu. Der Embryo der Beuteltiere ist nur kurze Zeit der Uteruswand angeheftet; bei den höheren Säugetieren (auch Plazentatiere oder Eutheria; dazu gehören Nagetiere, Huftiere, Primaten und so weiter) nistet er sich in die Uteruswand ein. Die Geburt findet in verschiedenen Stadien statt: Manche Babys sind schon zu diesem Zeitpunkt weit entwickelt (wie die Jungtiere in Herden lebender Antilopen, die innerhalb weniger Minuten stehen und laufen können), während andere eigentlich noch Feten entsprechen (wenngleich man ein Tier, wenn es erst einmal geboren ist, nicht mehr als Fetus bezeichnen sollte). Beuteltierjunge werden alle in einem äußerst frühen Entwicklungsstadium geboren (das im Grunde genommen noch dem eines Fetus entspricht).

Nach der Geburt saugen Säugetierjunge Muttermilch bis zur Entwöhnung, die nach wenigen Tagen (bei einigen Robben) oder nach vielen Monaten (Känguruhs, Menschen) eintreten kann. Das Säuglingsstadium ist sowohl bei höheren Säugetieren als auch bei Beuteltieren sehr wichtig (viele junge Plazentatiere sterben aufgrund unzureichender Milchzufuhr). Doch während bei höheren Säugern die Entwicklung in der Gebärmutter und diejenige während der Säugephase etwa gleich gewichtet sind, ist das Gleichgewicht bei Beuteltieren deutlich zugunsten des Säugens verschoben. Wir sollten jedoch die intrauterine Phase bei Beuteltieren nicht unterbewerten: Während des vierwöchigen Zeitraumes des Anhaftens in der Gebärmutter entwickelt sich ein Känguruhembryo von einem winzigen Etwas zu einem Lebewesen von der Größe einer jungen Maus, das imstande ist, selbständig vom Geburtskanal in den Beutel zu krabbeln – eine erstaunliche Reise durch den Unterwuchs des Felles.

Natürlich kann dabei eine Menge schiefgehen. Der Mensch ist nur eine von 4000 Säugetierarten; doch Geburtshilfe, Frauen- und Neugeborenenheilkunde sind blühende Disziplinen – in der vulgären Sprache der achtziger Jahre hätte man sie als «wichtige Gewerbe» bezeichnet. Auch intakte und normale Vorgänge lassen sich durch Eingriffe in vielen Punkten verbessern. Tatsächlich bestehen unendlich viele Eingriffsmöglichkeiten, mit denen man Störungen in irgendeinem Stadium korrigieren oder Vorgänge verbessern kann, die bereits intakt und natürlich verlaufen. Sie entsprechen aber nicht den gegenwärtigen Erfordernissen anderer Säugetierpopulationen, die einem raschen Aussterben entgegensehen. Alles anzuführen, was man tun könnte, würde somit eine ganze Universitätsbibliothek füllen. Im folgenden sind einige Glanzlichter aus dem Spektrum der Möglichkeiten aufgelistet.

Verbesserung der Fruchtbarkeit

Verblüffend viele Männchen stellen sich als unfruchtbar heraus oder als weniger fruchtbar, als sie sein könnten («subfertil»). In Populationen, die durch einen genetischen Engpaß gingen und von Inzucht betroffen sind, zeigt sich dieses Problem besonders oft. Viele Geparden sind unfruchtbar. Unfruchtbarkeit der Männchen ist auch ein häufiges Problem bei Gorillas in Menschenobhut. Leider besteht keine deutliche Korrelation zwischen Fruchtbarkeit und Dominanz. Einige «Paschas», die alle anderen Bewerber in Schach halten, erwiesen sich als unfruchtbar.

Allmählich kommen jedoch Technologien in Sicht, die dieses Problem zumindest kurzfristig umgehen könnten. Beispielsweise liegt die Unzulänglichkeit oft nicht im Zellkern des Spermiums (der tatsächlich einen vollkommen intakten Chromosomensatz enthalten kann), sondern in seinem «Körper» – Kopf und Schwanz –, der die Gene zur Eizelle transportiert. Wie Dr. Harry Moore vom Institute of Zoology der Zoological Society of London andeutet [1], kann man in der nahen Zukunft vielleicht Kerne von ansonsten untauglichen Spermien einfach in Eizellen injizieren.

Dr. Bill Holt und seine Mitarbeiter, ebenfalls vom Institute of Zoology in London, entwickelten Methoden, mit denen sich Störungen in Spermien feststellen lassen. Sie haben schon seit langem herausgefunden, daß das Aussehen des Spermas in hohem Maße irreführen kann: Das heißt, Sperma mit einem hohen Anteil scheinbar mißgebildeter Samenzellen kann sich später als fruchtbar erweisen, normal aussehendes Sperma hingegen manchmal nicht. Mehr als das Aussehen zählt die Bewegungsfähigkeit; und dabei ist (wie neuere Untersuchungen an Bullensperma andeuten) die Ausdauer wichtiger als die bloße Geschwindigkeit, denn Spermien, die sich nach zwei Stunden noch gut bewegen, sind wahrscheinlich auch intakt.

Das Problem ist jedoch, die ziellosen Bewegungen von Spermien auf dem Objektträger eines Mikroskops objektiv zu messen. Der subjektive Eindruck kann sehr täuschen – insbesondere, wenn man die Temperatur nicht kontrolliert, denn kurzfristig bewegen sich warme Spermien schneller als kalte. Das Institute of Zoology arbeitet jetzt mit Verkehrsplanern der Universität Sheffield zusammen. Diese haben einen Computer erfunden, der die Bewegungen einzelner Fahrzeuge im Verkehr mißt und aufzeichnet. Das Problem der Beweglichkeit von Spermien scheint ganz ähnlich zu sein. Man sollte sie bald eindeutig messen können. Natürlich entspricht eine solche Diagnose noch keiner Behandlung. Aber sie ist ein erster Schritt und sollte kostspielige Enttäuschungen verhindern.

Die Eierstöcke der Weibchen sind einem Zyklus unterworfen. Bei Säugetieren wachsen und reifen innerhalb des Eierstockes zunächst in einem Zeitraum von etwa drei Tagen (bei Wiederkäuern und Spitzmaulnashörnern) ein oder mehrere Follikel heran. Jeder Follikel ist eine Eizelle, die von einer Schicht aus «Hilfszellen» (vor allem Granulosazellen) umgeben ist, die Hormone absondern. Nach der Follikelreifung werden beim Follikelsprung (auch Ovulation genannt) eine oder mehrere Eizellen aus dem Eierstock freigesetzt, wobei die Granulosazellen zurückbleiben. Die Eizellen wandern in den Fortpflanzungstrakt, wo sie gegebenenfalls befruchtet werden. Die verbliebenen Granulosazellen bilden dann eine Drüse, den sogenannten Gelbkörper, der unter anderem das Hormon Progesteron absondert. Dessen Hauptaufgabe ist es, die Gebärmutter auf die Einnistung des Embryos vorzubereiten. Wird die Eizelle nicht befruchtet, und entsteht kein Embryo, bildet sich der Gelbkörper in einem unterschiedlichen Zeitraum (in 15 Tagen beim Rothirsch und beim Menschen, in etwa 19 Tagen beim Spitzmaulnashorn) zurück.

Somit läßt sich die Fruchtbarkeit von Weibchen durch Behandlung mit einem oder mehreren aus einer großen Zahl von Hormonen (darunter durchaus auch das Luteinisierende Hormon – LH – aus der Hypophyse; siehe Seite 264 erhöhen, die mehr Eizellen heranreifen lassen und freisetzen als gewöhnlich. Man nennt dies Superovulation. Soll es zu natürlichen Geburten kommen, ist eine Superovulation ein riskantes Unterfangen, denn Tiere sind im allgemeinen nicht darauf eingerichtet, viel mehr Nachkommen zu ernähren und zu gebären, als für ihre Art charakteristisch ist. Bei menschlichen Geburtshelfern lassen schon potentielle Drillinge die Alarmglocken läuten. Man kombiniert eine Superovulation mit einem Embryonentransfer und/oder einer Aufbewahrung der Eizellen (siehe Seite 267). Man kann sie auch (besonders beim Menschen) mit in vitro-Fertilisation (IVF) verbinden (siehe Seite 269). Die «Entnahme von Eizellen» (auf Seite 268 erläutert) liefert ebenfalls viel mehr Eizellen, verläuft aber anders und ist technisch fortschrittlicher als die Superovulation.

Der nächste gedankliche Schritt zur allgemeinen Verbesserung der Fortpflanzungsrate ist die künstliche Besamung, die schon lange in der Haustierzucht eine wichtige Rolle spielt.

Künstliche Besamung

Zur künstlichen Besamung entnimmt man das Sperma eines Männchens und führt es in den Fortpflanzungstrakt eines Weibchens ein. Manchmal benutzt man frisches Sperma; das muß in der Regel innerhalb weniger Stunden geschehen – wenngleich Schweinespermien einige Tage lang frisch und lebensfähig bleiben, und kommerzielle Schweinezüchter daher das Sperma der Eber mit der Post verschikken. Oder man konserviert das Sperma zunächst (das ist im allgemeinen viel vorteilhafter), zumeist in flüssigem Stickstoff bei minus 196 Grad Celsius, und taut es dann vor Gebrauch auf. Dabei kommt es auf den richtigen Zeitpunkt an. Das Weibchen muß kurz vor der Ovulation stehen oder den Follikelsprung gerade hinter sich haben: Der optimale Zeitpunkt für eine Besamung unterscheidet sich hinsichtlich der Ovulation von Art zu Art.

Die Vorteile der künstlichen Besamung liegen auf der Hand. Sperma läßt sich viel einfacher transportieren als Tiere, insbesondere ausgewachsene männliche. Tiere erleiden manchmal ein Trauma, bringt man sie von einem Ort an einen anderen (das gleiche gilt bisweilen auch für die zurückbleibende Herde). Eingefrorenes Sperma aufzubewahren kostet viel weniger als die Haltung eines Tieres – und es kann viel länger erhalten werden. Wahrscheinlich läßt sich tiefgefrorenes Sperma unbegrenzt aufbewahren, womöglich für Jahrhunderte. Im Prinzip könnte man das Sperma (und damit die Gene) jedes heute in Menschenobhut lebenden, männlichen Säugetieres in wenigen Räumen tiefgefroren für ewige Zeiten aufbewahren. Und warum sollte man dies auf Tiere in Menschenobhut beschränken? Es ist heute durchführbar (in manchen Fällen sogar einfach), Tiere in der Natur zu narkotisieren, ohne ihnen dauerhaften Schaden zuzufügen. Während sie in Narkose sind, kann man Sperma von ihnen entnehmen. Auf diese Weise ließen sich im Prinzip die Gene jedes Individuums jeder noch vorhandenen Population bedrohter Großsäuger erhalten.

Doch es bestehen noch zahlreiche Probleme. Beispielsweise gestaltet es sich bei vielen Arten schwierig, Sperma zu sammeln. Grundsätzlich geht das am besten, wenn das Tier bei Bewußtsein ist. Das läßt sich selbstverständlich vor allem bei Haustieren machen, und selbst hier ist es nicht einfach. Beim Hausrind ist die künstliche Besamung am weitesten entwickelt. Man bringt den Bullen dazu, eine Kuhattrappe zu «decken» und dabei in ein Samenbehältnis zu ejakulieren, das einem riesigen Kondom gleicht. Rothirsche kommen als Nutztiere immer mehr in Mode. Auch bei ihnen ist eine künstliche Besamung äußerst wünschenswert, um eine rasche genetische Verbesserung zu erzielen; denn sich selbst überlassene Hirsche «decken» nur rund 25 Hirschkühe pro Fortpflanzungsperiode (das heißt pro Jahr). Bei der heute in Neuseeland (wo die Farmhaltung von Rothirschen am weitesten entwickelt ist) bevorzugten Technik plaziert man in der Scheide einer Hirschkuh ein Kondom. Jedoch läßt sich nur schwer verhindern, daß es herausrutscht, wenn der Hirsch sich zurückzieht. Da Hirsche (zumeist) nur etwa einen Milliliter Samen pro Ejakulat erzeugen, geht dabei leicht die gesamte Menge verloren. Als Alternativlösung wartet man, bis der Hirsch kurz vor der Kopulation mit der Hirschkuh ist, und stülpt die Hülle per Hand über seinen Penis. Männliche Rothirsche in der Brunft sind jedoch ausgesprochen unbändige Tiere. Dies ist also keineswegs eine leichte Aufgabe.

In der Praxis entnimmt man Samen von nichtdomestizierten Tieren – ob in Menschenobhut oder wildlebenden – am besten unter Narkose. Man löst die Ejakulation dann elektrisch aus (zumeist über den Enddarm) oder mit der Hand. Die Narkose selbst (mit Narkosepfeilen) ist heute relativ einfach, aber dennoch treten viele Probleme auf. Nashörner beispielsweise ejakulieren unter Narkose in der Regel nicht, und wenn doch, erzeugen sie Sperma von sehr schlechter Qualität (das zwar Samenflüssigkeit, aber kaum Spermien enthält). Vielleicht liegt der Fehler bei der Narkose. Wissenschaftler am Institute of Zoology in London erforschen Möglichkeiten zur Narkotisierung von Nashörnern (und anderen Arten), ohne sie völlig zu betäuben.

Bei allen Arten kann die künstliche Besamung beim ersten Mal mißlingen. Hauskühe lassen wiederholte Besamungen über sich ergehen. Frauen, die sich für eine solche Behandlung in die Klinik begeben, sind äußerst motiviert, sich bereitwillig einer Vielzahl von Besamungen über mehrere Tage hinweg zu unterziehen. Die Besamung von Wildtieren muß man im allgemeinen unter Zwang durchführen (dazu gehören zumeist verschiedene Abstufungen der Sedierung, wenngleich diese nicht die Stärke einer chirurgischen Narkose erreicht). Die Prozedur wiederholt durchführen zu müssen ist äußerst unerwünscht, selbst wenn genug Samen zur Verfügung steht.

Es ist auch nicht unbedingt einfach, Sperma einzufrieren – was oft ausgesprochen erstrebenswert, wenn auch nicht immer absolut notwendig ist. Sperma toleriert in der Regel keine Kälte. Zwar halten viele männliche Säugetiere ihre Hoden kühl (zumindest in der Fortpflanzungsperiode), indem sie diese in einem Hodensack außerhalb des Körpers tragen. Aber die Temperatur im Hodensack beispielsweise eines Schafes beträgt 32 Grad Celsius und liegt damit nur wenige Grade unter der Körpertemperatur. Schafspermien erleiden Schaden, kühlt man sie auf fünf Grad Celsius ab. Aber fünf Grad sind nichts im Vergleich zu minus 196 Grad. Spermien tolerieren Gefrieren bei solch tiefen Temperaturen nur, wenn man sie in einem geeigneten Medium schützt. Auch müssen der Gefrier- und der nachfolgende Auftauprozeß in angemessener Geschwindigkeit erfolgen.

Spermien verschiedener Arten variieren jedoch stark hinsichtlich der Toleranz gegenüber dem Einfrieren. Auch die Medien, die das Sperma während der Abkühlung schützen sollen, sind ausgesprochen unterschiedlich. So sind Rinderspermien im allgemeinen einigermaßen widerstandsfähig, Schafspermien hingegen viel weniger. Antilopen stehen stammesgeschichtlich gesehen irgendwo zwischen Rindern und Schafen: Einige sind rinderartig, und andere gleichen eher Schafen. Entsprechend lassen sich die Spermien mancher Antilopen leichter einfrieren als die anderer; doch Bill Holt und seine Mitarbeiter sind überzeugt davon, nun das Sperma der meisten Antilopenarten erfolgreich einfrieren zu können. Schweinespermien lassen sich bis jetzt jedoch noch schlecht gefrieren. Glücklicherweise sind sie im frischen Zustand so dauerhaft. Dies ist allerdings für die Erhaltung exotischer Schweinearten nur von begrenztem Wert.

Schimpansensperma kann man relativ gut einfrieren. Gewiß: Schimpansen sind sehr nahe mit dem Menschen verwandt, dessen Sperma sich ebenfalls gut auf diese Weise konservieren läßt. Aber das ist vielleicht gar nicht entscheidend; denn selbst zwischen manchen nahe verwandten Arten gibt es bedeutende Unterschiede. Wahrscheinlich ist es wichtiger, daß Schimpansen aufgrund ihrer (bedauerlichen) Rolle als Versuchstiere große Aufmerksamkeit zuteil wurde. Bei Gorillas (die ebenfalls nahe verwandt mit Schimpansen und Menschen sind) sind Erfolge viel fragwürdiger. Sperma Niederer Affen konnte man bisher nur schlecht einfrieren. Bei Raubtieren läßt sich das Sperma von Hunden leichter gefrieren als das von Katzen. Die Spermien des Großen Panda sind widerstandsfähig (in Madrid wurde ein Junges geboren, das durch zuvor gefrorene Spermien gezeugt wurde), doch die des Kleinen Panda sind es viel weniger. Auch das Sperma einiger Vogelarten hat man erfolgreich eingefroren. Das gelang bei Hausgeflügel und manchen Greifvögeln. Es besteht großes Interesse daran, Sperma bedrohter Papageienarten einzufrieren. Im Institute of Zoology in London glückte das sehr gut mit Wellensittichsperma.

Diese Liste mag recht willkürlich, um nicht zu sagen zufällig erscheinen; und das ist sie auch mehr oder weniger. Einige Bereiche in der Biologie sind hervorragende Wissenschaft, andere eben einfach Aneinanderreihungen von Methoden. Letzteres ist die allgemeine Situation bei der künstlichen Besamung. Weil das Thema so kompliziert ist und weil es sehr wenige grundlegende Erkenntnisse gibt, nach denen wir uns richten können, dauerte es über 40 Jahre, um jene Methoden und Techniken zu entwickeln, mit denen sich der begrenzte (wenngleich zugegebenermaßen annehmbare) Erfolg erreichen ließ, den wir bei Hausrindern erkennen. In derselben Geschwindigkeit für alle 2000 gefährdeten Landwirbeltierarten geeignete Methoden zu entwickeln, würde sehr viel mehr Zeit erfordern, als uns zur Verfügung steht.

Männchen sind jedoch nur eine Hälfte erfolgreicher künstlicher Besamung. Die andere sind die Weibchen.

Die weibliche Seite der künstlichen Besamung

Manche Tiere paaren sich erst kurz vor der Ovulation, einige mehr oder weniger zur Zeit der Ovulation und andere danach. Es gibt noch weitere Variationen über dieses Thema. Bei einigen Tieren wird die Ovulation durch die Kopulation ausgelöst (die sogenannte «induzierte Ovulation»). Dazu gehören Hörnchen, Biber, Waschbären, Hunde, Wiesel und viele mehr. Weibliche Fledermäuse bewahren die

Spermien auf (bis zu 198 Tage bei manchen Arten) und ovulieren einige Zeit nach der Paarung. Bei den Weibchen der Hausspitzmausbeutelratte *Monodelphis domestica*, einem südamerikanischen Beuteltier, beginnt die follikuläre Phase des Zyklus sogar erst, wenn ein Männchen in die Nähe kommt. Bis dahin sind die Weibchen in einem sexuellen Ruhezustand.

Jede Art kennt natürlich ihre eigenen Verhältnisse am besten und weiß, wie sie sich verhalten muß. Im allgemeinen bleiben Spermien im Fortpflanzungstrakt von Säugetieren nicht länger als etwa einen Tag lebensfähig (ausgenommen bei Fledermäusen). Eizellen verlieren ebenfalls rasch ihre «Bereitschaft», befruchtet zu werden. Führt man künstliche Besamungen durch, muß man also erkennen, wann die Weibchen ovulieren, oder – noch besser – den Zeitpunkt der Ovulation vorhersagen.

Die Weibchen einiger Arten kommen zum Zeitpunkt des Follikelsprunges deutlich «in Hitze», so daß selbst ein Mensch sehen kann, daß sie aufnahmefähig sind. Das gilt generell für Hauskatzen und -hunde. Andere Arten sind weitaus zurückhaltender. Bei vielen sind die Signale olfaktorischer Natur; die Weibchen haben zum Zeitpunkt der Ovulation einen bestimmten Geruch, den die Männchen feststellen, oftmals, indem sie am Urin riechen. Manche Weibchen wirken über Pheromone auf das andere Geschlecht: Das heißt, das chemische Signal ist nicht nur ein Geruch, sondern wirkt als Hormon und beeinflußt so das Verhalten des Männchens. Bauern, die künstlich besamen wollen, stellen die Ovulation bei ihren Kühen oder Mutterschafen mit Hilfe von sogenannten «Probierbullen» oder «-böcken» fest. Diese können herausfinden, wann die Weibchen ihrer eigenen Art ovulieren, und zeigen das dem Bauern durch ihr eigenes Verhalten an.

Für den Züchter von Wildtieren sind derartige Lösungen jedoch oft nicht gangbar. Ein «Probierelefant» ist beispielsweise eine seltsame Vorstellung. Den Züchtern bleiben vier Möglichkeiten. Als erstes können sie sich auf das Glück verlassen, richtig abzuschätzen, wann eine Besamung funktionieren könnte, und sie dann vornehmen. Wie wir schon mehrmals in diesem Buch gesehen haben, läßt sich durch gesunden Menschenverstand und einen allgemeinen Sinn für gute Tierhaltung manches erreichen. Weit besser ist jedoch die zweite Lösung – die Physiologie des Tieres zu kennen: zu wissen, wie lang der Zyklus ist, wann es im Zyklus zur Ovulation kommt, und zu welchem Zeitpunkt man – in Hinsicht auf die Ovulation – das Sperma einführen sollte. Ein solches Wissen ist jedoch nur von begrenztem Nutzen, wenn es rein theoretisch ist. Die dritte Anforderung ist daher: Man muß imstande sein, den Zyklus zu überwachen und den Zeitpunkt der Ovulation festzustellen; oder noch besser: den Zeitpunkt der nächsten Ovulation vorhersagen zu können, weiß man, wann die letzte Ovulation stattgefunden oder der vorhergehende Zyklus geendet hat.

Im Idealfall sollte der Züchter schließlich in der Lage sein, den Zyklus des Weibchens zu beherrschen, so daß er absichern kann, daß das Weibchen dann ovuliert, wenn das Sperma am brauchbarsten ist und bereitsteht. Benutzt der Züchter frisches Sperma (weil er über keine zuverlässige Gefriertechnik verfügt) und erhält dies von einem anderen Zoo (was sehr wahrscheinlich der Fall sein wird), dann ist eine genaue Abstimmung unabdingbar. Am besten sollte die ganze Überwachung und Kontrolle des Zyklus mit einem Minimum an Störung für das Tier ablaufen.

Die Fortschritte bei diesen verschiedenen Möglichkeiten lassen sich wiederum durch Forschungen am Institute of Zoology in London verdeutlichen. Cheryl Niemuller versuchte dort beispielsweise zunächst, den Zyklus von Elefanten zu «charakterisieren» (das heißt, im einzelnen zu beschreiben), und danach, praktische Lösungen zur Überwachung dieses Zyklus zu finden. Im allgemeinen geht das am einfachsten, indem man das Ansteigen oder Abfallen des Hormonspiegels im Blut mißt. Der Follikel wird durch den Ausstoß des Follikelstimulierenden Hormons (FSH) und des Luteinisierenden Hormons (LH) aus der Hypophyse (oder Hirnanhangsdrüse) an der Hirnbasis zum Wachstum angeregt. Wenn der Follikel wächst, produzieren die Granulosazellen in zunehmendem Maße Östrogen und kleine Mengen Progesteron. Kurz vor der Ovulation erfolgt (in der Regel) ein starker Ausstoß des Luteinisierenden Hormons aus der Hypophyse, der den Follikelsprung auslöst. Nach der Ovulation, wenn die Follikelzellen zu den Zellen des Gelbkörpers geworden sind, steigt der Ausstoß an Progesteron auffallend an, und der von Östrogen nimmt ab. So können wir (im allgemeinen) folgendes sagen: An einem Maximum und danach folgendem Abfallen des Östrogenspiegels läßt sich erkennen, wann die Follikelphase zu Ende ist; an einem Ausstoß von LH, wann etwa die Ovulation stattfindet; an

einem beginnenden Anstieg des Progesterons, daß sie gerade vorüber, und an einem Abfallen des Progesterons, wann die zweite Phase
(die luteale oder Gelbkörperphase) des Zyklus beendet ist. Verschiedene hormonelle Veränderungen signalisieren den Beginn der Träch-
tigkeit, darunter (in der Regel) ein Fortbestehen des Progesteronspie-
gels. Die Verantwortlichen müssen also nur eines tun: Sie müssen das
Ansteigen und Abfallen des Hormonspiegels im Blut verfolgen.

Es gibt jedoch noch Probleme. Ein bedeutendes Hindernis ist, daß
nur wenige Wildtiere ruhig stehenbleiben und die Entnahme einer
Blutprobe ermöglichen. Unter den großen Wildtieren sind Elefanten
in dieser Hinsicht fast einzigartig. Sie sind es gewöhnt, manipuliert zu
werden, und zumindest einige Tiere sind fügsam. So konnte Cheryl
Niemuller Elefanten periodisch Blut abnehmen und ist gerade dabei,
den Zyklus zu beschreiben. Die Veränderungen des Hormonspiegels
weisen aber nicht unbedingt exakt auf den Zeitpunkt der Ovulation
hin; zumindest kann man den Zeitpunkt des Follikelsprunges nicht
einfach von den hormonellen Veränderungen ableiten, sofern man
nicht schon vorher über physiologische Einzelheiten des Tieres Bescheid weiß. Doch der Follikelsprung läßt sich direkt durch Ultra-
schall feststellen, mit dem man die charakteristischen Veränderungen
auf der Oberfläche des Eierstockes während der Ovulation erkennt.
In der Regel führt man die Ultraschallsonde durch den Enddarm ein
und tastet die Eierstöcke durch die Darmwand ab. Doch der Enddarm eines Elefanten ist ausgesprochen muskulös, die Darmwand
dick und die Entfernung vom After zu den Eierstöcken länger als der
Arm eines Tierarztes. Daher ist es sehr schwierig, Ultraschallaufnah-
men vom Eierstock einer ovulierenden Elefantenkuh zu erhalten.
Aus diesem Grunde lassen sich bisher die Veränderungen im Hormonspiegel der Elefantenkuh noch nicht mit den tatsächlichen Ge-
schehnissen in Beziehung setzen.

Und noch etwas: Zwar sind einige Zoos (beispielsweise der Zoo im
englischen Chester) darauf eingestellt, wenigstens einmal wöchent-
lich Blutproben zu entnehmen, doch die meisten Verantwortlichen
ziehen es in der Regel vor, dies nicht zu versuchen. Überdies sind
wöchentliche Blutentnahmen vermutlich noch nicht häufig genug, um
die Ovulation festzustellen (wenngleich sie zeigen werden, ob die
Eierstöcke funktionsfähig sind oder nicht, und somit, ob das Tier
fruchtbar ist). Es wäre auch nicht möglich, in der Natur Blutproben zu

gewinnen und so herauszufinden, ob bestimmte wildlebende Elefanten fruchtbar oder trächtig sind. Daher wäre es sehr wünschenswert, die hormonellen Veränderungen nicht nur in Blutproben, sondern auch im Urin der Tiere feststellen zu können, am besten sogar im Kot (und zwar einfach deshalb, weil dieser in der Regel viel einfacher zu sammeln ist als Urin).

Das verursacht neue Probleme. Analysen zum Nachweis von Hormonen in solch verdünnten und biochemisch komplexen Medien wie Urin müssen äußerst empfindlich und spezifisch sein. Man kann aber keine spezifische und empfindliche Analyse vornehmen, ohne genau zu wissen, wonach man suchen soll. Eine Schwierigkeit hierbei ist, daß sich die Hormone, die den Zyklus kontrollieren, von Art zu Art chemisch etwas unterscheiden können. Darüber hinaus liegen Hormone im Urin in der Regel in veränderter Form vor. Gewöhnlich werden sie zunächst in der Leber von Enzymen gespalten (wenn auch nicht immer), und somit wird letztendlich nicht das Hormon selbst ausgeschieden, sondern ein Abbauprodukt davon. Bei verschiedenen Arten – selbst nahe verwandten – können jedoch unterschiedliche Enzyme der Leber an der Spaltung beteiligt sein, so daß selbst bei gleichen Hormonen im Zyklus abweichende Abbauprodukte im Urin gefunden werden.

So entdeckte Cheryl Niemuller, daß das hauptsächliche Spaltungsprodukt des Progesterons von Elefanten Pregnantriol ist. Bei Frauen wird Progesteron zu Pregnandiol abgebaut. Frauen erzeugen nur dann Pregnantriol, wenn sie unter einer Störung der Nebennierenrinde leiden, die als angeborene Nebennierenhyperplasie bekannt ist, ein Zustand, der zu Virilismus führt. Es gibt keinen Standardnachweis für Pregnantriol (da es in der menschlichen Medizin keine große Bedeutung hat), und somit war es eine von Cheryl Niemullers Aufgaben, einen zu entwickeln.

Wie bereits erwähnt, ist es ausgesprochen erstrebenswert, den Zyklus von Weibchen in einem gewissen Ausmaß zu beherrschen, sie zu einer bestimmten Zeit in den Östrus zu bringen. Generell läßt sich das durch folgende Methode erreichen: Man beendet den vorhergehenden Zyklus durch Verabreichung von Prostaglandinen, die den Abbau des Gelbkörpers aus diesem Zyklus bewirken und es ermöglichen, daß der nächste Zyklus beginnen kann. Sofern man die Länge der follikulären Phase kennt (und diese ist, wie sich gezeigt hat, ausgesprochen variabel, selbst bei scheinbar ähnlichen Tieren), läßt sich der Zeitpunkt der Ovulation voraussagen. Das Wesentliche ist gesagt. Künstliche Besamung ist eine Angelegenheit, die gleichermaßen Weibchen und Männchen angeht.

Der nächste logische Schritt zur Steigerung der Fruchtbarkeit besteht darin, die Gesamtzahl der Eizellen zu erhöhen, die man aus dem Eierstock erhält. Dies geschieht nicht einfach durch eine Superovulation, sondern durch «Entnahme» von Eizellen, die normalerweise nicht auf einmal heranreifen könnten.

Entnahme von Eizellen

Bei der Geburt – oder sogar noch früher – enthalten die Eierstöcke von Säugetierweibchen bereits all jene Eizellen, die jemals darin vorhanden sein werden. Während des Lebens außerhalb der Gebärmutter werden keine mehr gebildet. Statt dessen gehen ständig welche verloren. Noch bevor das Weibchen geschlechtsreif ist und die ersten Eizellen im Verlauf des normalen Zyklus freisetzt, bilden sich einige von ihnen zurück (in einem Vorgang, den man Follikelatresie nennt), und diese anscheinend grundlose Verschwendung setzt sich ein Leben lang fort. Beginnt das Weibchen zu menstruieren, kommt zur Follikelatresie noch der Verlust durch die Ovulation hinzu. Zu dem Zeitpunkt, den man beim Menschen Menopause nennt, sind schließlich keine Eizellen mehr vorhanden. Die meisten Wildtiere sterben zumeist, bevor sie diesen Zustand «nach der Geschlechtsreife» erreichen. Aber einige wenige, wie manche glückliche Elefanten, leben länger und bleiben für die Herde als alte Leitkühe, Tanten und Beschützer von Bedeutung.

Zum Zeitpunkt der Geburt können die Eierstöcke eines Säugetierweibchens tatsächlich eine Million Eizellen enthalten. Ein Tier wie das Nashorn wird in der Natur in seinem Leben – ähnlich wie der Mensch – kaum mehr als ein halbes Dutzend Nachkommen gebären. Nur wenige Nashörner in Menschenobhut hatten so viele Junge. Die Verschwendung ist also erstaunlich.

Diese Vergeudung ließe sich doch sicher verhindern? Könnte man nicht, wenn ein Weibchen stirbt, getötet oder ausgelesen wird, bevor es die Zeit nach der Geschlechtsreife erreicht hat – und selbst wenn es noch ein Jungtier ist oder vielleicht bei der Geburt stirbt –, seine Eierstöcke und die Eizellen entnehmen und bewahren? Der Bestand der Javanashörner ist heute auf rund 50 Tiere geschrumpft. Doch die verbliebenen Weibchen enthalten zusammen vielleicht eine Million Eizellen (und das ist noch eine zurückhaltende Schätzung). Ein Männchen könnte theoretisch mehrere Milliarden Spermien zur Verfügung stellen, so daß in dieser Hinsicht keine Probleme entstehen sollten (sofern erst einmal die praktischen Schwierigkeiten überwunden sind). Eine Million Javanashörner wären mehr, als je zu irgendeiner Zeit in der Vergangenheit gelebt haben. Tatsächlich hat die Entnahme von Eizellen bereits begonnen. Die Pioniere sitzen im IAPGR in Cambridge, wo Dr. Bob Moore bisher Eizellen von Mäusen und erst kürzlich von Schafen gewonnen hat. Vermutlich werden wir eines Tages tatsächlich in der Lage sein, Eizellen jeglicher Arten wirklich nach Belieben zu entnehmen, einschließlich jener des Javanashorns.

Doch im Augenblick bestehen noch beträchtliche Probleme. Die Eizellen junger Weibchen – und selbst die meisten in den Eierstöcken älterer Weibchen – sind «nicht ausgereift». Bevor sie befruchtet werden können, müssen sich ihre Chromosomen in einem zweifstufigen Prozeß teilen und die Hälfte von ihnen aus dem Ei entfernt werden (in der Meiose oder Reifeteilung), damit fertige Keimzellen mit nur dem halben Chromosomensatz der Eltern entstehen. Zusätzlich muß das Cytoplasma viele Reifungsprozesse durchmachen. Die verschiedenen Entwicklungsstadien bezeichnet man mit Begriffen wie «primäre Oocyten» und «sekundäre Oocyten».

Noch verstehen die Wissenschaftler den genauen Ablauf des Reifungsprozesses nicht, ebensowenig kennen sie die exakten Bedingungen, die diese Veränderungen hervorrufen. Demnach ist der Prozeß der Eireifung *in vitro* bisher weitgehend im selben Stadium, wenn auch nicht ganz so fortgeschritten, wie das Einfrieren von Spermien. Es gibt eine Reihe von Methoden, die in manchen Fällen erfolgreich sind, doch niemand weiß so richtig, warum.

Am Institute of Zoology in London versuchen Dr. Helen Shaw und ihre Mitarbeiter (genau wie Bob Moore in Cambridge), die ganze Angelegenheit auf eine wissenschaftlichere Grundlage zu stellen. Wie man weiß, benötigen Eizellen außer Nährstoffen auch bestimmte Hormone und Wachstumsfaktoren, die wiederum von Art zu Art verschieden sind. Im Tierkörper wirken offensichtlich unterschiedliche hormonelle Stimuli auf die Follikelzellen ein, die ihrerseits die Reifung der Eizellen beeinflussen.

Somit hängt die Reifung zweifellos zum Teil auch von Absonderungen der Granulosazellen ab, die das Ei im Follikel umgeben. Zu diesen Absonderungen gehören Steroidhormone, zum Beispiel Östradiol. Wie Helen Shaw herausfand, wird die Sekretion von Östradiol im reifenden Follikel vom insulinähnlichen Wachstumsfaktor IGF1 (*insulin-like growth factor*) angeregt, der ein kleines Protein ist. Wenn man reifen Granulosazellen IGF1 zuführt, wird unmittelbar die Stereoidsekretion gefördert; unausgereifte Granulosazellen reagieren erst nach vier oder sechs Tagen auf IGF1 und müssen zudem erst noch mit Östradiol behandelt werden.

Selbstverständlich werden sich die entscheidenden Faktoren von Art zu Art unterscheiden. Doch kennt man erst einmal das ganze Spektrum von Gesetzmäßigkeiten, wie beim Einfrieren von Sperma, sollte es möglich sein, routinemäßig die optimalen Bedingungen herauszufinden. Biologen werden praktisch kaum in der Lage sein, mehr als wenige hundert Eier eines Weibchens aufzuarbeiten, und daher jene Oocyten auswählen, die am ausgereiftesten sind. Aber wenige hundert pro Weibchen wären auch genug.

Auch Eizellen könnte man im Prinzip einfrieren. Man wird sie jedoch eher *in vitro* befruchten, sobald sie ausgereift sind, und dann die daraus resultierenden Embryonen einfrieren. Die *in vitro*-Fertilisation ist also der nächste logische Schritt in dieser Abhandlung.

In vitro-Fertilisation

Die ersten, die gezeigt haben, daß menschliche Babys in einem Reagenzglas (oder üblicher in einer Petrischale) gezeugt werden können, waren Dr. Robert Edwards (heute Professor) von der Universität Cambridge und der verstorbene Dr. Patrick Steptoe aus Oldham in Nordengland. Edwards war der Wissenschaftler, Steptoe, ein Geburtshelfer, war der Arzt. Das erste «Reagenzglasbaby» wurde 1978 geboren; Ende der achtziger Jahre waren es schon mehr als 10 000.

Grundsätzlich ist die *in vitro*-Fertilisation (IVF) etwa auf dem gleichen Stand wie das Einfrieren von Sperma. Die Wissenschaftler wissen, daß sie durchführbar ist; für wenige Arten verfügen sie über die erforderliche Technik – dazu zählen natürlich der Mensch und einige Haustierarten. Auch bei einigen Wildtieren brachte man sie hier und da zustande. Die Entnahme unreifer Eizellen und deren Reifung *in vitro* sind nicht unerläßliche Voraussetzung einer IVF (und das ist auch gut so, weil sie schwieriger als die IVF selbst sind) – wenngleich *in vitro* befruchtete Eizellen in der Praxis vielleicht das letzte Stadium der Reifung im Reagenzglas durchmachen.

Normalerweise induziert man zunächst im Eierstock mit Hilfe einer der verschiedenen Hormonbehandlungen eine Superovulation. Dann bedient sich der Geburtshelfer (oder Veterinär) der Technik der Laparoskopie, deren Entwicklung eine der bedeutenden Beiträge von Dr. Steptoe war. Er macht einen kleinen Schnitt in die Bauchdecke und erweitert die Bauchhöhle leicht mit einem unschädlichen Gas wie Kohlendioxid, um mehr Platz zu schaffen. Anschließend führt er eine Mehrzwecksonde ein, die unter anderem über ein Glasfaserbündel («Faseroptik») Licht leitet und so für Beleuchtung sorgt. Kurz vor dem Freisetzen der Eizellen sind die Follikel angeschwollen und ragen wie kleine Hügel an der Oberfläche des Eierstockes hervor. Der Inhalt (einschließlich der Eizelle) läßt sich dann absaugen. Solche mehr oder weniger ausgereiften Eizellen verwendet man für die *in vitro*-Fertilisation.

Die Spermien sind beim Verlassen der Hoden zunächst noch nicht zur Befruchtung bereit. Für das letzte Stadium ihrer «Reifung» müssen erst noch die entsprechenden Voraussetzungen gegeben sein. Dazu gehören Veränderungen an den äußeren Membranen, die letztlich das Eindringen des Spermiums in die Eizelle ermöglichen. Diese Voraussetzung wird in der Regel im weiblichen Fortpflanzungstrakt geschaffen. Somit muß man die Bedingungen, die dies ermöglichen, *in vitro* simulieren. Das bereitet jedoch keine großen technischen Probleme.

Die vermutlich größten Schwierigkeiten bei der *in vitro*-Fertilisation von Wildtieren sind im wesentlichen tiermedizinischer Natur. Die Eizellen lassen sich nur unter Vollnarkose mit Hilfe der Laparoskopie entnehmen. Jede Narkose bringt aber ein gewisses Risiko mit sich. Insbesondere Individuen gefährdeter Arten sollte man keinem Risiko aussetzen. Wie schon gesagt, kann es (mit den derzeitigen Techniken) auch schwierig sein, die erforderlichen Spermien zu beschaffen. Tiermediziner sehen auch ethische Probleme; denn solche

Handhabungen sollte man (wie bei Menschen) nur an Freiwilligen oder zum Wohle des Patienten durchführen. Ist ein gesundes Weibchen ein (unfreiwilliger) Patient? Profitiert es selbst von der *in vitro*-Fertilisation? Alles in allem muß man die IVF als bedeutende Technik auf dem Weg zum Gefrierzoo ansehen. Daher ist sie ein wichtiger Bestandteil der Arterhaltungstechnologien.

Beim Menschen setzt man die *in vitro*-Fertilisation hauptsächlich ein, um Schwierigkeiten bei der natürlichen Fruchtbarkeit zu überwinden, oder als Mittel, um vor der Schwangerschaft vermutete Chromosomen- oder andere genetische Störungen feststellen zu können. Den auf diese Weise erzeugten Embryo bringt man in den Uterus seiner eigenen Mutter. Bisher ist die Erfolgsrate geringer als erwünscht: Nur etwa 15 Prozent der so eingepflanzten Embryonen werden auch ausgetragen, obgleich nach Ansicht von Dr. Edward 40 Prozent möglich sein sollten. Aber auch nur 25 Prozent der *natürlichen* Vereinigungen zum Zeitpunkt der höchsten Fruchtbarkeit führen beim Menschen zu einer Schwangerschaft (und etwa die Hälfte aller Schwangerschaften enden durch frühzeitige Aborte). Der Mensch ist keine sehr fruchtbare Art. Es ist schon gut, daß wir eine lange Zeit leben und gut für unseren Nachwuchs sorgen. *In vitro*-Fertilisation bei Tieren könnte im allgemeinen erfolgreich sein. Bei vielen Arten mag die Konzeptionsrate zum Zeitpunkt der größten Fruchtbarkeit letztlich weit über 80 Prozent liegen.

Doch das bringt uns zu den nächsten wichtigen Technologien: zum Embryonentransfer (in den Uterus der leiblichen oder einer Ersatzmutter) und zur Aufbewahrung von Embryonen.

Embryonentransfer und Aufbewahrung von Embryonen

Die Techniken des Embryonentransfers sind zweifellos beim Menschen und bei Rindern am weitesten fortgeschritten (das versteht sich auf dem Gebiet der angewandten Fortpflanzungsphysiologie wohl fast von selbst). Beim Menschen folgt auf eine *in vitro*-Fertilisation fast immer ein Embryonentransfer, gleichgültig, ob man die IVF durchführte, um irgendwelche Schwierigkeiten bei der natürlichen Konzeption zu überwinden, oder als Mittel zur Diagnose einer erwarteten genetischen oder chromosomalen Störung. Nach der IVF überträgt man in der Regel zwei oder drei gesunde Embryonen in den Uterus der leiblichen Mutter. Leihmutterschaften sind beim Menschen immer noch äußerst umstritten (und in Deutschland sogar gesetzlich verboten).

Bei Rindern überträgt man Embryonen nicht, um Probleme bei der Fruchtbarkeit zu überwinden, denn kein Bauer würde mit einer Kuh (oder einem Bullen) züchten wollen, die nicht ausgesprochen fruchtbar ist. Man beabsichtigt hingegen, mehr Nachkommen von einer Spitzenkuh zu erhalten, als sie normalerweise austragen könnte. Die Embryonen für den Transfer entstehen nicht durch *in vitro*-Fertilisation. Statt dessen löst man bei der Mutter eine Superovulation aus und befruchtet dann die Eizellen im Uterus künstlich (die Konzeption muß nicht durch künstliche Besamung erfolgen, aber normalerweise ist dies der Fall). Die Embryonen spült man dann in einem frühen Stadium aus dem Fortpflanzungstrakt heraus und pflanzt jeden in eine Ammen- oder Ersatzmutter ein.

Der Embryonentransfer, um die Fortpflanzungsrate bevorzugter Kühe zu erhöhen, funktioniert zweifellos. Kühe haben eine Tragzeit von neun Monaten und bringen normalerweise – bestenfalls – ein Kalb pro Jahr zur Welt. Werden sie nicht trächtig, kommen sie einen Monat später wieder in den Zyklus. Wenn man also bei Kühen eine Superovulation auslöst und die Eizellen künstlich besamt, kann man im Prinzip etwa alle sieben Wochen (obgleich alle 90 Tage wahrscheinlicher ist) ungefähr ein halbes Dutzend Embryonen entnehmen. In der Praxis bringen Kühe mit dieser Methode häufig zwölf bis 24 Kälber pro Jahr hervor; man weiß sogar von bis zu 50 Kälbern.

Der Verlauf des Embryonentransfers bei Wildtieren ist jenem bei Rindern sehr viel ähnlicher als dem beim Menschen. Das heißt, in der Regel ist keine *in vitro*-Fertilisation erforderlich (obgleich man sie unter bestimmten Umständen einsetzt – und sie wäre natürlich die Regel, wenn die Entnahme von Eizellen üblich wird). Normalerweise spült man die jungen Embryonen einfach aus dem Uterus ihrer richtigen Mütter und überträgt sie in Ersatzmütter. Wiederum ist die grundlegende Absicht, die Nachkommenschaft bestimmter Mütter zu erhöhen.

Dem Embryonentransfer für die Erhaltungszucht von Wildtieren und dem Embryonentransfer bei Hausrindern liegen natürlich vollkommen gegensätzliche Philosphien zugrunde. Das grundsätzliche

Ziel der Arterhaltung ist nicht die Produktion einer großen Zahl von «Spitzentieren», sondern sicherzustellen, daß ein maximales Spektrum an Genen erhalten bleibt. Ist eine Tierart aber allzu selten, hat – wie in Kapitel 4 gesehen – die einfache Notwendigkeit, die Population am Leben zu erhalten, dennoch vorübergehend einen gewissen Vorrang gegenüber den Feinheiten der Zuchtstrategie. Der Bestand ist selbst dann einigermaßen gesichert, wenn die Nachkommen nur eines Individuums «überrepräsentiert» sind. Außerdem – auch das haben wir in Kapitel 4 gesehen – verschwinden unausweichlich mit jeder Generation einige Gene, denn jede Keimzelle enthält nur die Hälfte des elterlichen Genoms. Die Verluste sind jedoch geringer, wenn ein Tier viele Nachkommen hat. Wäre der Bestand einer Art bis auf wenige Individuen zusammengeschrumpft, dann wäre dies tatsächlich ein triftiger Grund, die Produktion von Nachkommen so schnell wie möglich anzukurbeln – vorausgesetzt natürlich, es gäbe geeignete Ersatzmütter. Niemand würde sich wohl beklagen, könnte man eines der wenigen verbliebenen Javanashörner dazu veranlassen, sagen wir, 20 Kälber hervorzubringen, selbst wenn diese genetisch alle recht einheitlich wären. Überdies könnten selbst genetisch nicht ideale (weil anderen zu ähnliche) Weibchen dennoch ihrerseits als Ersatzmütter durchaus wertvoll sein – indem sie die kostbaren Jungen (genetisch) wertvollerer Tiere austragen.

Des weiteren ist es denkbar, genetisch wertvollen Individuen seltener Arten auf die gleiche Weise wie Menschen über Fruchtbarkeitsprobleme hinwegzuhelfen. Unfruchtbarkeit ist schließlich nicht generell erblich. Beispielsweise wird sie viel eher durch Infektionen verursacht. Selbst die relative Unfruchtbarkeit, wie sie Inzucht mit sich bringt, ließe sich so im Prinzip in einer Generation beheben. Das heißt, die heterozygoten Nachkommen, die durch Kreuzung zweier nicht verwandter und nicht ganz fruchtbarer («subfertiler»), aber homozygoter Eltern erzeugt wurden, sollten selbst nicht unfruchtbar sein.

Darüber hinaus wird man – und das ist das Interessanteste – Embryonen von Wildtieren oft und am vorteilhaftesten in Ersatzmütter *einer anderen Art* übertragen. Schließlich haben einige der heute so extrem seltenen Arten ausgesprochen häufige nahe Verwandte. Denken wir nur an die Wildrinder der Welt, von denen einige äußerst selten sind. Holsteiner Kühe können ausgezeichnete Ersatzmütter sein (und waren das in einigen Fällen auch schon).

Historisch gesehen hat man den Embryonentransfer schon lange vor der *in vitro*-Fertilisation entwickelt. Wäre das nicht so gewesen, hätte die Arbeit an der IVF kaum einen Sinn gehabt, denn man hätte nicht gewußt, wohin mit den resultierenden Embryonen. Der erste erfolgreiche Embryonentransfer wurde in der Tat Ende des 19. Jahrhunderts im englischen Cambridge an Kaninchen durchgeführt. In den dreißiger Jahren folgten Versuche mit Schafen und Ziegen in den USA, anschließend in den vierziger Jahren mit Rindern, wiederum in Cambridge. Schließlich – als alle nachfolgenden Techniken einschließlich der Synchronisation des weiblichen Zyklus mehr oder weniger ausgearbeitet waren – entwickelte man in den sechziger Jahren in Cambridge allgemeine Methoden für Rinder. In den Siebzigern begannen die Züchter, eine Vielzahl von Techniken immer häufiger anzuwenden. Bis 1985 wurden mindestens 100000 Kälber nach einem Embryonentransfer geboren. Die meisten Embryonentransfers führte man in kommerziellen Rinderherden in den USA und Europa durch. Hiermit verfügen wir über eine (verhältnismäßig) hochentwickelte Technologie, die in der Dritten Welt von besonderem Wert sein könnte, wo Millionen widerstandsfähiger, aber nicht leistungsfähiger Rinder eine rasche «Veredelung» nötig hätten.

Bei Rindern verläuft der gesamte Embryonentransfer normalerweise (bei allerdings vielen möglichen Abwandlungen) wie folgt: Als erstes synchronisiert man durch Hormongaben die Östruszyklen des Spender- und des Empfängerweibchens (zum Beispiel mit Prostaglandinen, um den vorhergehenden Zyklus zu beenden und so sicherzustellen, daß beide den nächsten Zyklus gemeinsam beginnen). Der Uterus des Empfängerweibchens muß genau zu dem Zeitpunkt den geeigneten Zustand zur Aufnahme des fremden Embryos erreichen, wenn dieser zur Verpflanzung bereit ist (das heißt, wenn dieser sich im Blastocystenstadium befindet – eine hohle Zellkugel, noch von etwa der Größe wie die anfangs befruchtete Eizelle, bildet).

Wenige Tage nach der künstlichen Besamung (die darauf abgestimmt wird, mit der Ovulation zusammenzutreffen) spült man die Embryonen aus dem Eileiter oder dem Uterus des Spenders heraus. Dies kann chirurgisch geschehen: beispielsweise, indem man eine Kanüle an den Beginn des Eileiters führt; oder nichtchirurgisch: indem man über den Gebärmutterhals ein Kulturmedium in den Uterus spritzt und die Embryonen vor dem Einnisten herausspült.

Das Einfrieren von Embryonen ist auf demselben Stand wie das Einfrieren von Spermien: Wir können es (Embryonen scheinen im allgemeinen widerstandsfähiger zu sein als Keimzellen). Wir dürfen berechtigterweise erwarten, Säugetierembryonen jeglicher Art erfolgreich einfrieren zu können, sofern die Experten für jede Art nur einige Monate Zeit zur Forschung haben. Aber augenblicklich läßt sich auch diese Technologie noch nicht als exakte Wissenschaft einstufen. Wie wir aber erfahren werden, nimmt der Bestand an Jungtieren verschiedener Arten (darunter Katzen und Antilopen), die als Embryonen vor der Einpflanzung tiefgefroren waren, ständig zu. Diese spezielle Technologie sollte den Gefrierzoo nicht aufhalten.

All das bisher Gesagte zeigt die allgemeinen Probleme bei der Anwendung dieser Methoden auf Wildtiere deutlich. Wie vorsichtig man auch immer diese Techniken durchführt, bei Wildtieren wird in der Regel eine Narkose erforderlich, und die ist eine potentielle Gefahr. Meistens wissen wir noch zu wenig über den Fortpflanzungszyklus, so daß eine zeitliche Abstimmung schwierig ist. Dennoch erzielte man bereits beachtliche Erfolge, zwar nicht viele, aber genug, um die Hoffnung zu äußern, daß der Transfer von Embryonen ein enormes und weitreichendes Potential hat.

Die Spitzenstellung auf diesem Sektor nimmt das Centre for Reproduction of Endangered Wildlife (CREW) ein, gegründet 1981 im Zoo von Cincinnati (als gemeinsames Unternehmen mit der Universität Cincinnati und dem nahegelegenen King's Island Wild Animal Habitat). Die Erfolge unter Zoodirektor Dr. Ed Maruska und der Leiterin der Forschungsabteilung des CREW, Dr. Betsy Dresser, spiegeln bisher die weltweiten Fortschritte wider (und sind in vielen Fällen führend).[2] So gelang im CREW 1983 die erste Geburt eines Wildtieres nach einem Embryonentransfer. Man führte einen nicht-chirurgischen Transfer bei der Elenantilope aus, einer häufigen Art, die aber potentiell imstande sein sollte, als Ersatzmutter für andere große Antilopen zu dienen, von denen einige stark bedroht sind.

Ein Jahr später – 1984 – gelangen dem CREW die ersten transkontinentalen Embryonentransfers bei Wildtieren. Die Embryonen wurden dazu von Los Angeles nach Cincinnati gebracht. Das waren noch aus anderen Gründen außerordentlich bedeutende Ereignisse. Es handelte sich um Embryonen von Bongos, seltenen, wunderschönen Antilopen der Tieflandwälder im Herzen Afrikas. Ein junger Bongo wurde von einer Bongo-Ersatzmutter geboren, ein anderer von einer Elenantilopenkuh. Ebenfalls 1984 gelang in Cincinnati der erste erfolgreiche Transfer eines zuvor gefrorenen Embryos einer Wildtierart, wiederum bei einer Elenantilope. Die ersten Katzen aus übertragenen, zuvor gefrorenen Embryonen wurden 1986 geboren. Das waren zwar Hauskatzen, doch bekanntlich sind viele der rund 36 Katzenarten der Welt gefährdet – manche sogar stark, insbesondere die kleinen gefleckten Katzen, die aufgrund ihres Felles gejagt werden.

1987 erfolgte ein nicht-chirurgischer Embryonentransfer von einem Gaur-Embryo auf eine Holsteiner Kuh. Gaure sind wahrlich prächtige Wildrinder aus Asien, deren Bestände als «anfällig» (IUCN-Kategorie *vulnerable*) eingestuft werden. Sie sind so groß (die Männchen mit bis zu zwei Meter Schulterhöhe), daß es einem den Atem verschlägt. Im folgenden Jahr – 1988 – brachte Cincinnati ein Elenantilopenkalb aus einem *halben* Embryo hervor – die andere Hälfte ist noch eingefroren. Somit sind wir am Beginn der Klonierung, die ich in Kürze diskutieren werde. 1989 war ein weiteres bemerkenswertes Jahr: Eine Indische Steppenkatze (*Felis ornata*) wurde von einer Hauskatze geboren. Das war die erste Wildkatze, die aus einer *in vitro*-Fertilisation hervorging, und der erste zwischenartliche Transfer eines Katzenembryos.

Betsy Dressers Hauptzielsetzung Anfang 1991 war es, diese Techniken auf die schwindenden Nashornpopulationen der Welt anzuwenden, um vielleicht Embryonen der stark bedrohten Spitzmaulnashörner und der noch stärker gefährdeten Sumatranashörner auf Breitmaulnashörner zu übertragen. Bei diesen Tieren scheinen nicht-chirurgische Techniken unabdingbar. Der Weg dahin ist noch lang, aber innerhalb der USA stehen viele Hilfsmittel zur Verfügung – das nahegelegene King's Island und einige Farmen in Texas, die Herden beträchtlicher Größe halten könnten, und Zoos, wie jener in San Diego, mit einem beachtlichen Sachverstand. Die physiologischen Informationen, die jetzt aus London kommen, sind ebenfalls von sichtlicher Bedeutung. Nashörner befinden sich generell in einer äußerst prekären Lage. Ein Eingreifen mit Hilfe von Technologien könnte bei ihrer Rettung durchaus eine Rolle spielen – wenn man sie überhaupt retten kann.

Je mehr wir über die Techniken der Einpflanzung wissen, desto erfolgreicher werden Embryonentransfers und auch die Möglichkeiten sein, Embryonen sogar auf nicht besonders nahe verwandte Arten zu übertragen. Elenantilopen haben beispielsweise schon als Ersatzmütter für Bongos gedient. Warum nicht für Rappenantilopen? Oder Säbelantilopen? Kürzlich versuchten amerikanische Wissenschaftler, 24 Embryonen von Dünnhornschafen auf Hausschafe zu übertragen. (Dünnhornschafe [*Ovis dalli*], auch Dallschafe genannt, sind nordamerikanische Wildschafe.) Doch keiner der übertragenen Embryonen überlebte bis zum Geburtstermin. Mit genaueren Kenntnissen über die Mechanismen der Einnistung hätte man die Gebärmutter der Mutterschafe vielleicht empfänglicher machen können, und die Transfers wären geglückt. Welche Erfolge werden wir noch erzielen, verstehen wir erst einmal auf molekularer Ebene, was alles mit der Einnistung verbunden ist?

Es gibt noch eine weitere, hochinteressante Möglichkeit zur Verfeinerung der Methoden. In Cambridge hat Dr. Chris Polge Verfahren entwickelt, Tiere durch die Schaffung von Chimären dazu zu bringen, Embryonen von Arten anzunehmen, die nicht eindeutig mit ihnen verwandt sind. Dies sollten wir näher erläutern.

Chimären

Auf dem Gebiet der Chimären leisteten Chris Polge und seine Mitarbeiter an der damaligen Animal Research Station in Cambridge Pionierarbeit. Die grundlegende Idee ist, einfach Zellen zweier verschiedener Embryonen in einem sehr frühen Entwicklungsstadium (dem Blastocystenstadium) zu vermischen; die resultierenden Mischembryonen kann man wieder in eine entsprechende Gebärmutter einpflanzen, wo sie sich zu einem Mischorganismus entwickeln. Bemerkenswerterweise lassen sich so lebensfähige Embryonen herstellen, die zu einem ausgereiften Tier heranwachsen, selbst wenn die beiden Embryonen von verschiedenen Arten stammen, vorausgesetzt (so nimmt man an!), die beiden Arten sind nicht *zu* entfernt miteinander verwandt.

Als die Zeitschrift *Nature* als Titelbild eine Chimäre aus Ziege und Schaf zeigte[3], hatten einige Zeitungen ihre Freude daran, ihr einen Namen zu geben: Sie nannten das Tier «geep» oder «shoat» (zusammengesetzt aus den englischen Bezeichnungen *goat* für Ziege und *sheep* für Schaf). Das wäre jedoch nur angebracht gewesen, hätte es sich um einen echten Hybriden gehandelt. Das heißt, wenn *jede* seiner Zellen einen Chromosomensatz vom Schaf und einen von der Ziege enthalten hätte. Chimären sind aber eindeutig *keine* Hybride. Ein Teil dieses bahnbrechenden Tieres war reine Ziege und ein anderer reines Schaf. Insgesamt glich die Chimäre etwas einem schmächtigen und ziemlich zerrupften Schaf, das sich nicht so ganz entscheiden kann, ob es nun wollig sein möchte oder nicht.

Ein solches Produkt mag als bloßer Triumph der Wissenschaft erscheinen. Dem ist nicht so. Zum einen bieten Chimären eine Möglichkeit, die vieldiskutierte Frage zu erforschen, die wir bereits umrissen haben: Wie «entscheidet» der Uterus, daß ein bestimmter Embryo sich einnisten kann und ein anderer nicht? Mit Antworten auf diese Frage sollten wir in der Lage sein, die Erfolge bei der Verpflanzung zu verbessern, die Zahl der Fehlschläge infolge eines Embryonentransfers zu verringern und das Spektrum an Embryonen, die eine Ersatzmutter annimmt, zu erweitern. Chimären bieten auch Möglichkeiten, die Entwicklung zu studieren. Wie und in welchem Stadium «entscheiden» bestimmte Zellen in einem Embryo, daß sie ein Teil des Nervensystems oder eines Muskels werden; und wie differenzieren sie sich dann und gelangen an die entsprechenden Stellen? Ich werde diese Frage später noch betrachten. Darüber hinaus könnte man Chimären zumindest im Prinzip direkt zur Erhaltungszucht verwenden.

Die erste und wesentlichste Tatsache ist folgende: Ersatzmütter sind wahrscheinlich imstande, Chimären aus Embryonen ihrer eigenen und der anderen Art zu ernähren, auch wenn sie normalerweise keinen reinen Embryo der anderen Art aufnehmen. Embryonentransfers von reiner Ziege auf reines Schaf und umgekehrt funktionieren nicht.

Die Chance, daß ein Chimärenembryo angenommen wird, läßt sich theoretisch und praktisch weiter erhöhen (wie Dr. Polge bereits gezeigt hat). Entwickelt sich eine Säugetierblastocyste, teilen sich die Zellen in einem frühen Stadium in zwei Linien. Eine bildet die innere Zellmasse, die zum eigentlichen Embryo wird, und die andere wird zu den Zellen des Trophoblasten. Diese bilden in ihrem ausgereiftesten Stadium die Plazenta. Nur die Zellen des Trophoblasten stehen mit dem mütterlichen Uterus in Verbindung. Wenn man die Zellen also genau zum richtigen Zeitpunkt vermischt, ist es möglich, eine Chimäre zu erzeugen, deren Zellen der inneren Zellmasse nur von einer und die des Trophoblasten ausschließlich von der anderen Art stammen. Sofern die Trophoblastenzellen von der gleichen Art sind wie die Mutter, sollte diese den Embryo «bedingungslos» annehmen. Die innere Zellmasse könnte zu einer Art gehören, die sie normalerweise nicht annimmt; doch geboren würde ein *reines* Tier.

Mit dieser Technik ließen sich aber selbst ohne derart diffizile Feinheiten reine Nachkommen von ansonsten abweisenden Müttern erhalten. Wie gesehen, besteht eine Chimäre zum Teil aus reinen Zellen von einem Elternteil und zum Teil aus reinen Zellen des anderen. Somit könnten im Prinzip Chimären aus Ziege und Schaf Keimdrüsen besitzen, die reine Schaf- oder Ziegenkeimdrüsen sind und daher reine Keimzellen hervorbringen. So könnte eine abstrus aussehende Chimäre aus einer seltenen und einer häufigen Antilopenart von einer häufigen Antilope geboren werden; aber diese Chimäre würde (mit etwas Glück!) Keimzellen der seltenen Antilopenart hervorbringen.

Gewiß: Es läßt sich schwer vorstellen, daß Chimären tatsächlich eine große Rolle bei der Erhaltung seltener Arten spielen werden. Es wird noch einige Jahre (vielleicht Jahrzehnte) dauern, bis es vertretbar wäre, diese Techniken (beispielsweise) auf das Javanashorn anzuwenden. Wie bereits erwähnt, sind bei Nashörnern noch viele Hürden zu überwinden, bevor wir an solche Feinheiten denken können. Doch in wenigen Jahzehnten sollte das Javanashorn entweder gesichert (mit herkömmlicheren Methoden) oder ausgestorben sein.

Aber mit den Chimären haben wir noch ein Eisen im Feuer. Ihr Studium könnte den Erfolg weniger spektakulärer Technologien beschleunigen. Chimären entstammen nämlich den Bemühungen um eine vom Konzept her einfacheren Technologie mit mehr direkter Bedeutung für die Arterhaltung: dem Klonieren.

Klonieren

Ein Klon ist eine Gruppe von Organismen, die man ungeschlechtlich aus einzelnen Zellen (oder größeren Teilen wie Stecklingen im Falle von Pflanzen) eines einzigen Elters erzeugt hat. Somit sind alle Individuen eines Klones untereinander (und mit ihrem Elter) genetisch identisch. Ein Klon kann eine sehr große Zahl von Individuen umfassen; beispielsweise sind alle Cox-Orange-Apfelbäume, die es je gegeben hat, ein Klon von einem Ursprungsbaum, den man im 19. Jahrhundert pflanzte. Er selbst entstammte einem Kern – dem herkömmlichen Produkt geschlechtlicher Fortpflanzung.

Pflanzen vermehren sich sehr gut ungeschlechtlich (ein Punkt, auf den ich noch einmal zurückkommen werde). Gleiches gilt für Bakterien, Pilze, Einzeller und einige wenige vielzellige Tiere wie Korallen und Schwämme. Viele andere Tiere (darunter Bienen und Blattläuse) praktizieren die sogenannte Jungfernzeugung oder Parthenogenese, bei der die Nachkommen aus unbefruchteten Eiern hervorgehen. Das ist auch eine Form ungeschlechtlicher Fortpflanzung. Sie produziert aber nicht unbedingt Klone, denn unbefruchtete Eier sind Keimzellen, und die sind gewöhnlich nicht genetisch identisch. Jede Keimzelle enthält nur eine Auswahl der elterlichen Gene, und (im allgemeinen) weisen keine zwei Keimzellen dieselbe Ausstattung auf (außer sie stammen von einem extrem homozygoten Tier).

Doch selbst Tiere können von Natur aus echte Klone hervorbringen, die aber im allgemeinen von begrenzter Größe sind. So teilt sich beispielsweise beim Neunbindengürteltier der Embryo stets im Vierzellstadium in vier getrennte Zellen, von denen jede zu einem Individuum heranwächst. Neunbindengürteltiere haben also immer eineiige Vierlinge. Auch bei Menschen bilden sich gelegentlich auf die gleiche Weise eineiige Zwillinge. Der Embryo teilt sich im Zweizellstadium, und jede Hälfte wird zu einem vollständigen Embryo. Man beachte: Da eineiige Zwillinge genetisch identisch sind, müssen sie auch dasselbe Geschlecht haben (vorausgesetzt, wir sprechen über Säugetiere; bei manchen anderen Tieren – wie Schildkröten und vielen Fischen – hängt das Geschlecht von der Aufzucht ab). In der Literatur finden sich viele Beispiele für eineiige Zwillinge unterschiedlichen Geschlechts: Viola und Sebastian in Shakespeares *Was ihr wollt* (die Handlung gibt keinen Sinn, *es sei denn*, sie sind eineiig) oder Nick und Catherine in Iris Murdochs *The Bell*. Um Schriftsteller zu sein, muß man also keine biologischen Kenntnisse haben.

Wir können aber heute schon kleine Klone von Säugetieren erzeugen, indem wir die Zellen von Embryonen in sehr frühen Stadien – wenn diese sich gerade zu teilen begonnen haben – trennen. So gelang es Betsy Dresser in Cincinnati, ein Elenantilopenkalb aus einem halben Embryo hervorzubringen. Als ich sie im Herbst 1990 besuchte, hatte sie die andere Hälfte noch tiefgefroren aufbewahrt. Anfang der achtziger Jahre hatte Chris Polge bereits fünf eineiige Lämmer erzielt, jedes aus einer einzelnen Zelle eines achtzelligen Embryos.

Durch einfaches Trennen eines Embryos läßt sich bei einem Säugetier höchstens ein Klon von acht Individuen erreichen. Das Entscheidende dabei ist folgendes: Besteht ein Embryo nur aus einer einzigen Zelle, sind seine Gene untätig. Die ersten Zellteilungen erfolgen, ohne daß Gene aktiviert werden. Sie werden durch das Cytoplasma der Eizelle gesteuert, und dieses stammt natürlich ausschließlich von der Mutter und ist daher mütterliches Gewebe.

Die eigenen Gene des Embryos werden erst nach der ersten, zweiten oder vielleicht dritten Zellteilung tätig – wann genau ist artspezifisch –, und erst damit beginnt die Herstellung eigener Proteine. Das ist ganz offensichtlich ein bedeutender Entwicklungsschritt (den Dr. Leeanda Wilton am Institute of Zoology in London untersucht). Werden seine Gene nicht aktiviert, stirbt der Embryo. Fehlende Aktivierung der Gene mag auch für einige, vielleicht sogar viele natürliche Fehlschläge verantwortlich sein. Das ist einer der Gründe, warum es (bisher) so schwierig war, die Embryonen solcher Arten wie Schweine *in vitro* zu kultivieren. Solange man nicht imstande ist, Embryonen bis zum Blastocystenstadium *in vitro* zu kultivieren (wozu einige Zellteilungen erforderlich sind, bei denen mehrere hundert Zellen entstehen), kann man sie auch nicht in einen Uterus einpflanzen.

Doch Tiere zahlen ihren Preis für die Aktivierung. Bevor die Genome jeder Zelle des jungen Embryos «zum Leben erweckt» werden, sind sie totipotent. Das heißt, sie bringen Generationen von Zellen hervor, die sich unter den richtigen Bedingungen in *alle* verschiedenen, für das Tier charakteristischen Gewebe differenzieren können. Sind sie jedoch erst einmal aktiviert, verlieren sie diese Totipotenz. Zufällig erfolgt bei Wiederkäuern (wie Schafen) die Aktivierung erst kurz vor der vierten Zellteilung (die zu einem 16-Zell-Embryo führt). Somit wäre es bei Wiederkäuern theoretisch möglich, eineiige Achtlinge zu erzeugen, indem man achtzellige Embryonen gleich nach der dritten Zellteilung trennt. Chris Polges Fünflinge kamen dem schon sehr nahe. Doch von Arten, deren Gene normalerweise früher aktiviert werden, lassen sich nur kleinere Klone erzeugen – zumindest durch einfache Teilung von Embryonen.

Wiederum bleibt zu beachten, daß ein Klon nicht der Idealvorstellung eines Erhaltungszüchters entspricht – nämlich Tierpopulationen mit der größtmöglichen genetischen Vielfalt zu erzeugen. Die Zugehörigen eines Klons tragen alle dasselbe Genom – höchstens zwei Allele von jedem Genort – in vielfacher Ausführung. Doch wie bereits angedeutet, könnte ein Klon dennoch von Nutzen sein. Ließe sich die derzeitige, winzige Population von Javanashörnern verdoppeln oder verdreifachen – mit einer zusätzlichen, absolut identischen Herde in Europa und einer in den USA –, würden wir sorgloser in die Zukunft blicken, allein schon, weil es dann nicht so unwiderruflich wäre wie jetzt, würde ein Tier gewildert. Klonierte man ein Weibchen ein halbes dutzend- oder hundertmal, könnte jedes die Nachkommen einer größeren Zahl von Männchen austragen. Denn die Anzahl der Gene, die pro Generation verlorengehen, ist geringer, wenn mehr Nachkommen geboren werden. Die Nachkommen von 100 identischen Weibchen würden einen größeren Anteil der Gene ihrer Mütter und ihrer verschiedenen Väter erhalten als die fünf oder sechs Nachkommen, die jeder Elternteil im Normalfall haben könnte. Welche genetischen Problemchen sich auch immer ergeben – ist eine Tierart in starker Bedrängnis, könnten Klone äußerst nützlich sein.

Diese Diskussion führt uns an die Grenze der vorhersehbaren Möglichkeiten; vermutlich (nur um fast willkürlich einen Zeitraum herauszugreifen) an den Rand des Realisierbaren für den Rest des 20. Jahrhunderts. Es lohnt sich jedoch, kurze Spekulationen für die weitere Zukunft anzustellen.

Die Zukunft

Auf sehr lange Sicht wird es vielleicht möglich, die Totipotenz von Tierzellen, die sich bereits differenziert haben, wiederherzustellen. Wäre man dazu in der Lage und könnte darüber hinaus einzelne Gene nach Wunsch aktivieren und inaktivieren, dann ließen sich echte Klonierungen in wirklich großem Maßstab durchführen. Ich betone «auf sehr lange Sicht», denn zur Zeit scheint die Vorstellung, das angedeutete Ausmaß an Kontrolle über tierische Zellen ausüben zu können, in der Tat weit hergeholt. Einige tierische Gene lassen sich tatsächlich nach Wunsch ein- oder ausschalten. Viele Medikamente (oder Hormone) wirken im Grunde genommen, indem sie Gene aktivieren oder wieder inaktivieren. Doch die Möglichkeit, (beispielsweise) die Fähigkeit einer Muskelzelle in jene einer Leberzelle umzufunktionieren, scheint noch in sehr weiter Ferne. Es gibt aber anscheinend keinen Grund, warum es nicht klappen sollte. Schließlich wird dadurch kein «physikalisches Grundgesetz» verletzt. Doch derzeit ist die Biologie noch nicht soweit.

Hierin liegt auch einer der grundlegendsten Unterschiede zwischen Tieren und Pflanzen. Man kann im Grunde genommen jeden Teil einer Karotte oder Tabakpflanze so kultivieren, daß daraus eine komplette Pflanze wird. Auch nach der Differenzierung zeigen die Zellen (mit nur wenig Zutun), daß ihnen die Eigenschaft der Totipotenz erhalten geblieben ist. Man muß wirklich kein Botaniker sein, um das zu erreichen. Ein Gärtner, der einen Steckling sich bewurzeln läßt, zeigt damit das Potential jener Zellen auf, die er sich selbst überläßt. Nicht alle Pflanzen sind jedoch gleichermaßen totipotent. Es ist beispielsweise einfach, riesige Klone aus einzelnen Karottenzellen zu erzeugen (falls man das möchte), aber sehr schwierig, Gleiches bei der Kultur von Kokospalmen zu vollbringen (obgleich es hier ausgesprochen wünschenswert wäre, denn Kokospalmen kann man nicht durch Stecklinge vermehren, und sie sind aufgrund des großen Zeitraumes zwischen den Generationen auch nur sehr schwer durch herkömmliche Methoden der Pflanzenzucht zu verbessern).

Wir mögen über die entwicklungsgeschichtlichen Ursachen spekulieren, warum Pflanzen sich im allgemeinen mehr Totipotenz erhalten als Tiere. Pflanzen bewegen sich nicht fort. Sie können einem Unglück nicht ausweichen. Sie müssen also imstande sein, wieder zu wachsen, auszuweichen und einen Weg zu finden, wenn ein Wind oder ein Pflanzenfresser sie mitten in der Blüte umknickt oder abfrißt, oder wenn sie gezwungen sind, sich um einen Felsen herumzuwinden. Tiere hingegen bewegen sich fort. Bei ihnen besteht keine solche Notwendigkeit. Mehr noch: Weil sie sich fortbewegen, brauchen sie ein höheres Maß an innerlicher Koordination – ihre einzelnen Zellen müssen *stärker* differenziert sein, *stärker* auf die Bedürfnisse des gesamten Organismus festgelegt sein.

Sei es, wie es mag. Tatsache ist, daß derzeit Leber gleich Leber ist, Haut gleich Haut und Muskel gleich Muskel. Man kann keinen Zellkern aus einer solchen Zelle nehmen und seine Gene dazu veranlassen, etwas anderes hervorzubringen als das vorher Festgelegte. Zwar sind einige tierische Zellen mehr als andere in der Lage, sich in einem gewissen Grade noch umzubilden; aber zumindest bei Säugetieren ist keine auch nur annähernd totipotent.

Sollte es jedoch möglich werden, die Totipotenz wiederherzustellen (sagen wir in 100 Jahren, was in der Molekularbiologie eine sehr lange Zeit ist), wäre es auch denkbar, eine Zelle (vielleicht) jeglichen Gewebes zu nehmen, sie in das Cytoplasma einer Eizelle zu bringen und so (vermutlich unter Verwendung einiger in diesem Kapitel erwähnter Techniken) einen neuen Organismus zu schaffen. Eine solche Technologie würde für den Gefrierzoo ein ganz neues Zeitalter bedeuten. Wir müßten keine Keimzellen oder Embryonen erhalten, sondern könnten ganz einfach Gewebe aufbewahren. Da die DNA bemerkenswert widerstandsfähig ist, wären nicht einmal besondere Konservierungsmethoden erforderlich.

Eine andere, auf ähnlicher Linie liegende, aber vom Konzept her viel einfachere Möglichkeit wäre das Aufbewahren von Gewebeproben (und der darin enthaltenen DNA). Dann könnte man bestimmte Gene – von denen einige bestimmt durch Gendrift verlorengehen – mit Hilfe der Gentechnik wieder in zukünftige Populationen einbringen. Ein derart spezifisches Einbringen von Genen ist derzeit nicht möglich. Aber es ist sicher denkbar (und in der Tat einfach), die erforderliche DNA mit den gegenwärtigen Technologien zu konservieren. Für zukünftige Erhaltungszüchter könnte alles, was wir jetzt aufbewahren, eine unschätzbare Ressource sein. Dr. Helen Stanley vom Institute of Zoology in London beginnt gerade eine solche «Bank». Das Ganze ist vom Konzept her (und technisch) derart einfach, daß es für jede Gesellschaft sträflich wäre, keine Gelder für eine umfangreiche und rasche Erweiterung zur Verfügung zu stellen. Mit zweieinhalb Millionen Mark pro Jahr (das entspricht dem Preis eines Sprengkopfes) könnte man Unterbringungsmöglichkeiten für mehrere Milliarden Gene von Hunderttausenden von Individuen vieler tausend Arten schaffen.

So weit lohnt es sich zu spekulieren. Jeder Beobachter der aufkommenden Technologien muß viele verschiedene Gefühle empfinden. Eines davon ist Begeisterung: Es ist tatsächlich möglich, seltene und herrliche Antilopen wie den Bongo in der Gebärmutter der häufigen

Elenantilopen zu vermehren. Dasselbe wird für seltene Katzen und sicher bald auch für Primaten möglich sein.

Ein anderes Gefühl ist jedoch Ernüchterung. Es gibt nur wenige Orte, an denen solche Arbeiten ausgeführt werden, und die liegen weit voneinander entfernt: London, Cincinnati, San Diego. Die Zahl der Wissenschaftler, die weltweit auf diesem Gebiet arbeiten, scheint kaum größer zu sein als ein paar Dutzend. Viel entscheidende Forschungsarbeit wird von Doktoranden geleistet, die – aus Mangel an Geldern – oft dazu gezwungen sind, ihren Lebensunterhalt nach Abschluß eines einzigen Projekts anderswo zu suchen. Die Bezahlung ist im allgemeinen knauserig; sie hängt zu stark von der (wenn auch oft erstaunlichen) Großzügigkeit einzelner ab. Dabei könnte ein geringer, aber festgelegter Prozentsatz des Bruttosozialprodukts der reichen Länder die derzeitigen Bemühungen um ein Hundertfaches vergrößern (denn wir schöpfen nirgendwo auch nur annähernd die *potentiellen* wissenschaftlichen Fähigkeiten aus).

Entsprechend gering ist die Zahl der Tiere, auf die man bisher solche Technologien anwenden kann, die heute bei Rindern, Menschen und Mäusen einigermaßen fortgeschritten sind. Wir mögen uns an der Geburt eines Bongos durch eine Elenantilope erfreuen, uns aber dann überlegen, wie selten dies bisher geschehen ist und wie viele Arten von Landwirbeltieren theoretisch von solchen Eingriffen profitieren könnten. Wir dürfen die Hoffnung nicht aufgeben – Hoffnung muß sein. Doch manchmal ist es schwer, sich dem Gefühl zu entziehen, daß das bisher Erreichte (trotz der bisweilen übermenschlichen Anstrengungen der Vorkämpfer) um einige Größenordnungen hinter dem zurückbleibt, was wirklich erforderlich ist. Manchmal scheint es auch, als seien die Technologien selbst 30 Jahre hinter den Problemen zurück. Könnten wir heute jene Fortpflanzugstechniken anwenden, die im Jahr 2200 routinemäßig verfügbar sein mögen – einschließlich *in vitro*-Fertilisation nach Wunsch, Embryonentransfer zwischen nicht eindeutig miteinander verwandten Arten, Aufbewahrung von Keimzellen und Embryonen sowie Klonierung –, könnten wir mit wenigen Millionen Mark einen wirklich umfassenden Gefrierzoo einrichten. Mit diesem ließen sich Tausende von Genpools unversehrt an unsere Nachfahren in ferner Zukunft weitergeben, die vielleicht in weniger schwierigen Zeiten leben und diese «unvollendeten» Kreaturen wieder in eine zurückerlangte Wildnis einbürgern. Aber bis ins

Jahr 2200 bleibt vielleicht nur noch sehr wenig übrig, was man in einen Gefrierzoo aufnehmen könnte. Ganz sicher weit weniger als jetzt.

Das dritte Gefühl ist ein leichtes Unbehagen. Ich bin überzeugt, daß alle in diesem Kapitel diskutierten Technologien im entsprechenden Zusammenhang moralisch gerechtfertigt sind. Es mag ästhetisch nicht befriedigend sein, eine Chimäre aus zwei Nashornarten zu erzeugen (sollte eine solche Möglichkeit je zur Debatte stehen, was zur Zeit nicht der Fall ist). Doch wenn durch einen solchen Kunstgriff das Java- oder Sumatranashorn (oder irgendein anderes) vor dem Aussterben gerettet würde, hätte ich keine Probleme damit. Es würde mich auch nicht allzu sehr stören, wenn man den dezimierten Genbestand irgendeiner zukünftigen Population mit aufbewahrten Genen eines heutigen Lebewesens erweiterte. «Was ziemt sich zu tun an den Sabbaten, Gutes...?»

Doch – um zu der Vorstellung zu Beginn dieses Kapitels zurückzukehren – ich wäre besorgt über eine zukünftige Technologie, mit der man tatsächlich neue Organismen schaffen könnte, oder auch über eine, mit der sich (eine kaum weniger phantastische Vorstellung) längst ausgestorbene Geschöpfe wie das Mammut (so sehr ich es auch mag) aus DNA-Fragmenten in ihren gefrorenen Körpern wiederherstellen ließen. Doch es ist vernünftig und notwendig, zukünftigen Generationen in einem gewissen Umfang zu ermöglichen, sich mit ihren eigenen Problemen auseinanderzusetzen. Die gegenwärtige Aufgabe lautet: Wir müssen alles tun, was wir können, um das zu bewahren, was wir haben.

Es genügt jedoch nicht, *einfach nur* Gene zu erhalten oder die lebenden Tiere, die diese Gene besitzen. Wir müssen sicherstellen, daß diese Tiere in der für ihre Art charakteristischen Weise leben, sich wie Nashörner, Gorillas – oder was sie auch immer sind – verhalten und daß sie sich in der Natur behaupten können. Das ist das Thema des folgenden Kapitels.

Gorillainsel in Apenheul im holländischen Apeldoorn.

*In diesem auf Affen spezialisierten Park beschreitet man neue Wege in der Primaten-
haltung. Viele Arten bewegen sich frei im Park oder auf Inseln, was eine spätere
Wiederansiedlung in der Natur wesentlich erleichtert. Die Vergesellschaftung von
Gorillas und Husarenaffen auf einer Insel bietet für beide Arten zusätzliche Reize,
beugt Langeweile vor und fördert die Aktivitäten. (Photo A. Held.)*

7.
Das Tier als Ganzes:
Die Bewahrung des Verhaltens

Es genügt nicht mehr, Tiere einfach nur am Leben zu erhalten – auch nicht, sie darüber hinaus zu züchten. Die Verantwortlichen erkennen heutzutage, daß die «seelische Verfassung» ebenso zum Wohlbefinden gehört wie einfache körperliche Gesundheit. Natürlich heißt das Ziel letztlich Arterhaltung. Deshalb müssen die Zootiere eines Tages in die Natur zurückkehren können. «Zufriedenheit» allein reicht also auch nicht. Man sollte dafür sorgen, daß die Tiere in den Zoos genügend von ihrem natürlichen Verhalten bewahren, um eines Tages im Freiland zu leben, oder zumindest so viel von ihren natürlichen Anlagen, daß sie die dazu unbedingt notwendigen Fähigkeiten wieder erlernen werden.

Zoos bedeuten jedoch manchmal langweilige Umwelten und kommen der Wildnis selbst beim besten Willen nur selten an Komplexität und sicher nie an Unwägbarkeiten gleich. Heutzutage ist es demnach das Ziel, in den Zoos solche Umwelten zu schaffen, die zur Erhaltung körperlicher Gesundheit beitragen (was die Natur auffallenderweise vielleicht nicht macht!), aber dennoch den Bedürfnissen der Tiere nachkommen und gleichzeitig ihr Vermögen bewahren, die für das Leben in der freien Natur notwendigen Fähigkeiten wieder zu erlernen. Das läßt sich machen, indem man auf vielfältige Art und Weise das Verhalten bereichert.

Gesunder Menschenverstand und etwas Glück reichen aus, um ein Tier überleben zu lassen und zur Fortpflanzung zu bringen. Aber seine psychischen Bedürfnisse zu befriedigen und es potentiell tauglich für die Natur zu erhalten, erfordert etwas mehr. Dazu braucht man gute wissenschaftliche Erkenntnisse – darüber, was das Tier in der Natur tut, sowie Einblicke, die zum Teil der experimentellen Psychologie entstammen. Das ist Wissenschaft in moderner und subtiler Form. Neben dieser «reinen» Wissenschaft brauchen wir ein angemessenes und notwendiges Maß dessen, was man als menschliches Einfühlungsvermögen bezeichnen könnte.

Ein Versuch, die Tiere zu verstehen: Anthropomorphismus

Der grundlegendste und einfachste Weg zum Verständnis von Tieren ist die Annahme, sie seien wie wir, eine Einstellung, die man als Anthropomorphismus bezeichnet. Er offenbart sich auf vielerlei Weise. Die Tierporträts von Aesop bis Edwin Landseer – schlaue Füchse und edle Hirsche – sind gewissermaßen Anthropomorhismen, Tiere mit menschlichen Eigenschaften, die als Symbole dieser Eigenschaften dargestellt werden. Die Tiere in Kindererzählungen – wie *Die Geschichte von den zwei bösen Mäusen und Feuchtel Fischer*, *Wind in den Weiden*, *Rupert Bear* und *Donald Duck* – sind Menschen in Tweed, Gamaschen und Matrosenanzug. Aufgrund ihres Aussehens und Verhaltens geht man jedoch davon aus (wie bei Aesop und Landseer), daß sie über einige der Eigenarten der Tiere verfügen, deren Physiognomie sie angenommen haben: der anmaßende Feuchtel, der wichtigtuerische Maulwurf und der aufbrausende Donald. Auch Pudel mit Diamanthalsbändern, die auf ihre Limousine zustolzieren, sind ein Ausdruck von Anthropomorphismus; ebenso wie Rottweiler oder Pitbullterrier, die von muskulösen, tätowierten Männern durch den Park gezerrt werden.

Anthropomorphismen dieser primitiven Form stecken voll jämmerlicher Fehler. Im schlimmsten Fall erniedrigen sie zweifellos die Tiere und würdigen sie herab. Selbst Landseers majestätische Löwen am Trafalgar Square in London verunglimpfen Löwen in gewissem Sinne; denn sie erwecken die Vorstellung, Löwen seien insofern bewundernswert, weil sie dem Duke of Wellington ähneln, aber *nur* deswegen, weil sie ihm ähneln. Sie werden nicht um ihrer selbst Willen oder nach ihren eigenen Maßstäben bewundert. Sicher sollten wir uns über solche Dinge nicht erhaben fühlen. Ich habe nichts auszusetzen an Beatrix Potter oder Rupert Bear. Aber man kann dennoch behaupten, unsere bezaubernden Gefährten aus Kindertagen führten uns – jedenfalls in ihrer Tendenz – zu einer falschen Einstellung.

Einfache Anthropomorphismen sind auch ein schlechter Leitfaden für die Tierhaltung. Läßt man Pudel von der Leine los, sind sie Hunde wie jeder andere, jagen Schafe und beißen sich mit ihren nadelspitzen Zähnen fest. Sie sind genau wie jeder andere Hund imstande zu verwildern. Man kann sich kaum vorstellen, daß es ihnen gefällt, auf

Seidenkissen zu sitzen und wie Kutschpferde zu laufen (die ähnliche Opfer menschlicher Launen sind). Haustiere leiden überdies unter Anthropomorphismen, weil man sie tatsächlich dazu *gezüchtet* hat, menschlichen Vorstellungen zu entsprechen. Deshalb sind viele ausgesprochen unmöglich geworden: Möpse, die nicht atmen können, Bulldoggen, die keine Jungen gebären, große Kampfhunde, die – vom Standpunkt der Natur – einfach unsinnig sind; denn kein wilder Wolf würde sich so verhalten, wie Shakespeares Bullenbeißer (Mastiffs), die «blindlings einem russischen Bären in den Rachen laufen und sich ihre Köpfe wie faule Äpfel zerquetschen lassen» (*Heinrich V.*, III. vii). Selbst wenn Anthropomorphismen nicht so augenscheinlich grotesk sind, können sie doch schlimm für das Tier sein. Sir Peter Medawar, einer der großen Biologen des 20. Jahrhunderts, erinnert sich, wie er als Junge einen Frosch in ein schönes warmes Bett steckte – was ihm als etwas sehr Angenehmes erschien, den Frosch aber tötete.[1]

Gewiß, gesunder Menschenverstand und Erfahrung vermeiden eine Menge solcher Fallstricke. Aber dennoch können wir Tiere nicht erfolgreich halten, nur weil wir annehmen, sie seien wie wir. Wie wir gesehen haben, führt Paarbildung bei Tieren unter nach menschlichem Ermessen günstigen Bedingungen – junges Männchen und junges Weibchen in privater Atmosphäre – nicht unbedingt (oder sogar in der Regel nicht) zu einer Verpaarung. Auch intellektuell sind solche Anthropomorphismen beengend. Sie verhindern ein wirkliches Verständnis. Wie Darwin betont, kann kein Naturforscher hoffen zu erkennen, was in der Natur vor sich geht, solange er nicht schon eine Vorstellung davon hat, was er beobachten könnte. Das «ahnungslose Auge», welches Claude Monet anzuwenden versuchte, ist sehr schwer zu verwirklichen. Wenn der Naturforscher sich beispielsweise mit der vorgefaßten Meinung ins Feld begibt, Löwen seien «würdevoll», wird er einfach seinen Augen nicht trauen, wenn er sieht, wie sie Aas fressen, Jungtiere töten oder faul herumliegen, während die Weibchen auf Jagd gehen. Die Naturgeschichte litt außerordentlich unter solcher Kurzsichtigkeit, hervorgerufen durch falsche, vorgefaßte Meinungen. Doch die Naturgeschichte liefert jene Daten (oder sollte sie liefern), auf denen biologische Theorien beruhen.

Deshalb müssen wir uns über die Anthropomorphismen der Geschichtenerzähler und Fabelschreiber hinwegsetzen. Wir müssen uns der zurückhaltenderen Objektivität der Wissenschaft bedienen.

Mit den Augen eines Wissenschaftlers

Die Wissenschaft ist im Prinzip und im besten Fall wie ein frischer Wind. Sie machte sich auf, systematisch alle Arten von Fallstricken zu umgehen, über die man bei der Wahrheitsfindung stolpern könnte. Sie erreichte einen *modus operandi*, der zweifellos die Hoffnung auf Fortschritt birgt – ich meine damit einen Fortschritt an Einsicht. Die Wissenschaftler und die «Naturphilosophen», die ihnen vorausgingen, brauchten einige tausend Jahre, um diese Fallstricke zu erkennen, dennoch können wir nie sicher sein, daß schon alle aufgedeckt sind. Doch besteht Grund zu berechtigter Zuversicht.

Der erste Anspruch an eine gute Wissenschaft – eine generelle Anforderung an alle Philosphien und nicht ausschließlich die Wissenschaft – besteht darin, Tautologien und Zirkelschlüsse zu vermeiden. Tautologisch ist zum Beispiel zu behaupten, Löwen seien «würdevoll», weil sie eine Eigenschaft haben, die man als Würde bezeichnen kann. Sicher, diese Erklärung wäre nicht mehr nur tautologisch, steuerten wir eine zusätzliche Einsicht bei; beispielsweise wenn wir zeigten, daß Würde eine Art Substanz ist, sagen wir ein Hormon, das die speziellen Effekte hervorruft.

Die zweite Anforderung sind wiederholbare Beobachtungen, unterstützt durch Messungen. Beobachtungen sind das Ausgangsmaterial, die Daten, die Grundlage der Theorien, die Phänomene, die erklärt werden müssen. Doch jeder Richter weiß, wie wenig man selbst von der Aussage des kritischsten Augenzeugen halten kann. Man irrt sich zu leicht, wenn man etwas nur einmal sieht. Beobachtungen, die wirklich die Grundlage für ein wissenschaftliches Verständnis bilden können, müssen so felsenfest wie nur möglich sein. Zuverlässigkeit erreicht man in mancher Hinsicht, indem man alles mißt, was man beobachtet. Auf dem Gebiet der Verhaltensforschung an Tieren könnte das bedeuten «unter Bedingung A, tat das Tier dieses 50mal und jenes 100mal, unter Bedingung B dieses 100mal und jenes 50mal». Ohne einen solchen Anspruch ist es sehr schwierig, zu erfassen, wie sich das Tier wirklich unter verschiedenen Bedingungen verhält; und bevor wir nicht wissen, was es wirklich tut, wissen wir auch nicht, was wir erklären müssen.

Die dritte Forderung ergibt sich aus der zweiten und lautet – wann immer möglich –, die Bedingungen zu kontrollieren. Wir können nicht erklären, es gebe einen Unterschied zwischen Umstand A und Umstand B, solange wir nicht genau festlegen, worum es sich bei A und B handelt. Das ist selbst im Labor schwierig. Wir machen vielleicht 100 Versuchsdurchläufe und ziehen den Schluß, «wenn das Tier ein grünes Licht sieht, tut es dies, und wenn es ein rotes sieht, tut es jenes». Doch reagiert das Tier auf die Farbe der Lichter oder auf deren Position? Schließlich sind viele Tiere farbenblind. Flimmert eines der Lichter? Erklärt das den Unterschied? Bei den meisten modernen Laborexperimenten geht es um weitaus mehr als nur zwei farbige Lichter. Sie lassen enormen Raum für Unklarheiten, die man beseitigen muß. In der Natur hat man keine Kontrolle über die Umstände, es sei denn, der Beobachter entschließt sich zu einem Feldversuch und manipuliert absichtlich die Ereignisse. Aber in der Natur ist eine Kontrolle noch viel schwieriger als im Labor.

Vor allem weil es so schwierig ist, all dem zu folgen, was in der wirklichen Welt passiert, und sämtliche Faktoren außer dem untersuchten zu kontrollieren, zergliedern Wissenschaftler Probleme in überschaubare Aufgaben. Dies ist ein Aspekt des *Reduktionismus* – ein Denkansatz, der vermutlich von René Descartes begründet wurde. Mendels Untersuchungen der Vererbung sind ein klassisches Beispiel für angewandten Reduktionismus. Wie Darwin erkannte, ist es unglaublich schwierig, die Vererbung der Augenfarbe beim Menschen zu erklären, wenn man dabei direkt mit der Betrachtung der menschlichen Augenfarbe beginnt. Greift man jedoch ein einfacheres Problem heraus – die Samenfarbe bei Erbsen –, erhält man dadurch auch Einblicke in ein komplexeres. Sir Peter Medawar resümiert dies im Titel seines Buches von 1967: Wissenschaft ist «die Kunst des Lösbaren».[1]

Einen entscheidenden Einblick in die wahre Arbeitsweise der Wissenschaft stellte erst Mitte dieses Jahrhunderts Sir Karl Popper zusammenfassend dar. In gewissem Sinne erweiterte er die Ansicht Darwins und anderer Philosophen, daß man eine Vorstellung im Kopf haben muß, bevor man etwas beobachten kann. Wie Popper betonte, sammeln Wissenschaftler nicht – wie allgemein angenommen – einfach nur Fakten und warten, bis sich die Erklärung dafür von alleine ergibt. Statt dessen, so sagt er, entwickeln sie ständig Vermutungen – Hypothesen – darüber, wie die Welt funktioniert, und überprüfen diese Hypothesen dann. Er stellte jedoch auch heraus, daß es theoretisch unmöglich ist, jede Hypothese zu *überprüfen*. Schließlich könnte es immer der Fall sein – gleich welche Erklärung man sich auch einfallen läßt –, daß im Hintergrund etwas vollkommen anderes wirkt, an das man gar nicht gedacht hat. Was man im Prinzip laut Popper tun kann, ist, Hypothesen zu *widerlegen* – zu zeigen, daß sie nicht richtig sind. Doch nicht jede Hypothese läßt sich falsifizieren. Beispielsweise wäre es ausgesprochen schwierig, die Hypothese zu widerlegen, daß Gott existiert. Das bedeutet nicht, daß Gott existiert, sondern nur, daß die Hypothese von seiner Existenz außerhalb des Erfahrungsbereichs der Wissenschaft liegt. Popper ist demnach insgesamt der Ansicht, daß die Wissenschaft mit ganz bestimmten Hypothesen beginnt – mit solchen, die man im Experiment überprüfen kann und die sich widerlegen lassen. Jene Hypothesen, die auch die besten Versuche überstehen, sie zu widerlegen, erlangen den Stellenwert von «Theorien» und werden schließlich als wissenschaftliche «Tatsache» anerkannt. «Tatsachen», die eingehenden Überprüfungen unterworfen waren und diese überstanden, bekommen ein gewisses Gewicht. Sie sind weitaus besser als zufällige Ereignisse, die nicht überprüft wurden. Die Wissenschaft ist also alles andere als trivial. Aber sie ist auch nicht allwissend; sie befaßt sich nur mit bestimmten Vorstellungen und lebt immer mit Ungewißheiten.

Die Idee eines Modells ist der Ansicht verwandt, man müsse mit einer Hypothese beginnen, und auch der allgemeinen Denkweise des Reduktionismus. Das bedeutet, der Wissenschaftler geht folgendermaßen vor: Er vergleicht etwas, das er zu verstehen versucht, mit etwas anderem, das er schon versteht – dieses dient ihm dann als «Modell». Es ist beispielsweise verblüffend, wie unser Verständnis des menschlichen Auges zumeist den technischen Fortschritten gefolgt ist. So hat man vor 300 Jahren das Auge mit einem Teleskop verglichen. Im 19. Jahrhundert diente die Kamera als «Modell» für das Auge. Heute faßt man die Netzhaut als Kombination eines hochempfindlichen Filmes und eines Computers auf. Womöglich werden wir nie über eine Maschine verfügen, die dem menschlichen Auge ganz gleichkommt (wie bisweilen angedeutet wurde). Daher ist das einzige geeignete Modell vielleicht das Auge selbst. Eine zwar hochinteressante Ansicht; aber in der Zwischenzeit müssen wir bei unseren Versuchen zum Verständnis des Auges mit den vorhandenen Modellen auskommen.

Thomas Kuhn hat den Begriff des Modells zu dem des Paradigmas erweitert. Ihm zufolge ist all unser Verständnis von der Welt und vom umliegenden Universum in jedem Stadium der Geschichte in einen Rahmen aus bestimmten und so weit wie möglich zusammenhängenden Theorien, Erklärungen, Mythen und Beispielen eingebunden. All dies zusammen nennt er das «Paradigma». Der Fortschritt der Wissenschaft, sagt Kuhn, ist nicht so gleichmäßig und unerbittlich, wie es scheint. Vielmehr werden im Laufe der Zeit neue Beobachtungen gemacht, die nicht völlig den vorhandenen Paradigmen entsprechen. Eine Zeitlang versucht man, diese neuen Beobachtungen wegzudiskutieren, oder die Wissenschaftler ignorieren sie einfach. Doch schließlich werden sie so überwältigend, daß die existierenden Paradigmen auseinanderbröckeln und statt dessen relativ rasch neue, ganz andere Sichtweisen auf die Welt entstehen, gleich einem Insekt, das seine Haut sprengt und in neuer Form hervorkommt. Wie wir noch sehen werden, erklärt diese Vorstellung vom wissenschaftlichen Fortschritt auf bewunderungswürdige Weise den derzeitigen Wandel in der «wissenschaftlichen» Sicht der Tierpsychologie.

Schließlich haben die Philosophen schon seit dem Mittelalter – schon vor der Zeit der modernen Wissenschaft – die Notwendigkeit der Sparsamkeit von Hypothesen erkannt. Das bedeutet, man unterbreitet keine komplizierte Erklärung, wenn es auch eine einfache tut. Wir sollten uns tatsächlich zunächst mit einfachen Erklärungen auseinandersetzen, bevor wir uns komplizierteren zuwenden. Der große Arachnologe (Spinnenspezialist) W. M. Bristowe bot einmal ein schönes Beispiel dafür. Er beobachtete, wie ein kleiner Junge ein Spielzeugboot im Park schwimmen ließ (lange vor der Zeit der Fernbedienung!). Das Boot trieb in die Mitte des Teiches, wo das Wasser Wellen schlug. Es drehte um und kehrte ans Ufer zurück, wo es zu Füßen des kleinen Jungen ans Ufer stieß. Man stelle sich vor, so Bristowe, er wäre ein guter, altmodischer Autor von Kindergeschichten gewesen, wie der ausgezeichnete Autor von *Thomas the Tank Engine*. «Das Boot», hätte er gesagt, «machte sich mutig auf den Weg, den mächtigen Teich zu überqueren. Aber als es in der Mitte ankam, sah es, wie aufgewühlt das Wasser war. ‹Ich mag diese eine Stelle nicht!›, schrie es und drehte so schnell es konnte um in Richtung Ufer. Peng, peng, peng, schlug es gegen die Uferbank zu Füßen seines jungen Kapitäns und rief: ‹Bitte hol' mich raus!›»

Derartiges ist amüsant (und von seiten des Pfarrers Awdry *et alii* ganz besonders), doch als exakte Interpretation der Ereignisse ist so etwas eindeutiger Unsinn. Wir wissen, daß Holzboote nicht denken. Der Wind trieb es hinaus, drehte und blies es wieder zurück. Das Entscheidende ist nicht nur, daß ein denkendes Boot ein Stück Anthropomorphismus ist. Die literarische Interpretation begeht eine grundlegendere philosophische Sünde. Sie produziert Vorstellungen, die einfach überflüssig sind. Es besteht keine Notwendigkeit zu der Annahme, ein Boot habe ein Gehirn. Vor allem würde man, nähme man das wirklich an und gründete eine Universitätsabteilung für die Psychologie von Booten, erstens Zeit verschwenden und zweitens nicht die wahre Ursache erforschen. Nur wenn Erklärungen sich als falsch erweisen, die auf Luftströmungen beruhen, sollte man zu etwas Komplizierterem greifen.

Diese Prinzipien – wiederholbare Beobachtungen, Messung und Kontrolle, Überprüfen der Hypothesen, Aufstellen von Modellen sowie die allgemeinen Grundsätze der Sparsamkeit und der Vermeidung von Tautologien – waren der Forschung sehr dienlich. Ohne sie wäre die Wissenschaft ein geistiges Durcheinander. Doch diese Ansätze haben auch ihre Mängel. Auf dem Gebiet der Tierpsychologie offenbaren sie sich.

Das Problem zu großer Genauigkeit

Beginnen wir fast ganz von vorne: Messung, Kontrolle und Wiederholbarkeit waren die Grundlagen soliden Fortschritts. Doch sie haben auch Nachteile. Zunächst lassen sich Beobachtungen von Tieren in der Natur nicht so kontrollieren, wie es die Genauigkeit verlangen würde. Versuchen wir, die Bedingungen zu beherrschen, beeinflussen wir tatsächlich genau das, was wir messen wollen. Beobachter überbrücken diese mangelnde Kontrolle teilweise, indem sie erstaunlich gewissenhaft sind: Sie zeichnen strenggenommen alles auf, was ein Tier über einen repräsentativen (und in der Regel großen) Zeitraum tut, und analysieren die Ergebnisse dann mit statistischen Methoden. Das ist ebenfalls gut. Es ist zwar ein Kompromiß, aber der bestmögliche. Manche Ereignisse sind jedoch zu selten, um statistisch «signifikant» zu sein, obgleich sie für das Leben der Tiere außerordentlich bedeutungsvoll sein mögen. So hat Jane Goodall, die fast 30 Jahre lang die Schimpansen im heutigen Gombe-Nationalpark in Tansania studierte, etwas beobachtet, was sehr stark wie Kriegführung unter Schimpansen aussah (wir werden dies noch diskutieren). Ich weiß nicht, wie man ein solches «außerordentliches» Ereignis statistisch behandeln sollte und wie es daher zur Richtschnur wissenschaftlicher Genauigkeit paßt. Vielleicht findet es in einem Jahrhundert nur einmal statt. Aber dennoch liefert es außergewöhnliche Einsichten.

Es ist auch von Nachteil, Medawars Mahnung, Wissenschaft sei «die Kunst des Lösbaren», zu kritiklos hinzunehmen. Natürlich stimmt das. Nur bedeutet es, daß es zu jeder Zeit auf jedem Gebiet viele Phänomene geben wird, mit deren Erforschung wir noch nicht begonnen haben, vor allem, weil wir noch nicht entsprechend gerüstet sind – geistig oder technisch –, um entscheidende Untersuchungen zu starten. Der Nachteil liegt in der selbstgefälligen Annahme, über das hinaus, was wir bisher herausgefunden haben, gebe es nichts weiter. Wir werden später noch erfahren, daß Tiere stark hierunter gelitten haben, nämlich unter der Annahme, das vorhandene Wissen sei eine geeignete Grundlage für ihre Haltung. Man vergaß allzu leicht, daß dieses vorhandene Wissen begrenzt war. Es erklärte nur jene Dinge, die man untersucht hatte; doch die untersuchten Dinge sind die einfachsten, weil man die einfachen Dinge vor den komplizierten untersuchen muß. Schließlich ist Wissenschaft die Kunst des Lösbaren.

Selbst die alte Regel der Sparsamkeit kann irreführen. Natürlich ist es töricht, grundlos komplizierte Erklärungen anzubieten. Wir sollten uns jedoch an eines erinnern: Wir bedienen uns nicht einfacher Erklärungen, weil einfache Erklärungen zwangsläufig richtig sind, sondern weil es vorteilhafter ist, mit dem Einfachen zu beginnen. Oftmals scheinen die einfachsten Erklärungen schon alles zu erläutern, was verstanden werden muß. Doch selbst wenn sie das tun, können sie dennoch falsch sein. Man nehme den Fall des Holzbootes. Eine auf Luftströmungen basierende Beschreibung erklärt sein Verhalten sehr gut. Aber eine solche Erklärung schließt die Möglichkeit nicht aus, daß das Boot ein Gehirn haben könnte. Die Erklärung von Pfarrer Awdrey *könnte* die richtige sein. Alles in allem aber lassen Erfahrung und gesunder Menschenverstand darauf schließen, daß es besser ist, sich für die Erklärung mit dem Wind als Grundlage zu entscheiden und daran festzuhalten, bis sie sich wirklich nicht mehr aufrechterhalten läßt. Doch auf dem Wind beruhende Erklärungen würden nicht begründen, warum schwimmende Menschen an der Küste immer wieder ans Ufer zurückkehren.

Die Tatsache, daß eine einfache Erklärung auszureichen scheint, sollte man also nicht als Indiz dafür nehmen, daß der Fall abgeschlossen ist. Sich zu stark auf das Prinzip der Sparsamkeit zu stützen ist seinerseits ein philosophischer Fehler. Denken Sie darüber nach, selbst Tautologien können hilfreich sein. Vielleicht gibt es eine Substanz namens «Würde». Es lohnt sich, das zu überprüfen.

Wissenschaft ist also notwendig. Ohne gute Beobachtungen, Messungen, das Aufstellen überprüfbarer Hypothesen und ihre genaue Untersuchung ist es wirklich sehr schwierig (eigentlich unmöglich), über subjektive Eindrücke und Meinungen hinauszukommen. Und diese konnten nachweislich kein überzeugendes Verständnis tierlichen Verhaltens und tierlicher Motivation liefern. Kurzum: Die Wissenschaft übertrifft den gesunden Menschenverstand. Doch wir erkennen allein schon aus theoretischen Gründen, daß sie uns – ohne die entscheidende Einschränkung durch gesunden Menschenverstand – vom rechten Weg abbringen kann. Was hat die Wissenschaft nun tatsächlich zu unserem Verständnis des Verhaltens, der Motivation und der Vorlieben von Tieren beigetragen?

Die genaue Beobachtung von Tieren

Die ersten Jahrzehnte des 20. Jahrhunderts waren eine Zeit des «geistigen Frühjahrsputzes». In der Philosophie erlebten sie unter anderem die Geburt des logischen Positivismus: den Versuch, die Philosophie auf eine Reihe von Behauptungen zu reduzieren, die man alle als eindeutig richtig betrachten konnte und die allein die (so glaubte man) geeigneten Grundlagen für ein Verständnis des Universums bildeten. Maler (siehe die Kubisten) versuchten die wesentlichen Formen zu erkennen und darzustellen, die ihrer Ansicht nach den bloßen Erscheinungen zugrunde liegen. Architekten (Loos, Le Corbusier, Gropius, van der Rohe) entledigten sich der grotesken Ausschweifungungen des 19. Jahrhunderts und bauten wieder, ähnlich den Kubisten, in den einfachsten Grundformen.

Ebenso erging es der Wissenschaft: der Biologie und dem unver-
besserlich ungeordneten Gebiet der Tierpsychologie. Sicher, die
Tierpsychologen des frühen 20. Jahrhunderts erbten ein Durcheinander. Aus den drei vorangegangenen Jahrhunderten war eine ungeheure Ansammlung von naturgeschichtlichen Daten überliefert, viele
davon hervorragend und gewissenhaft ermittelt (zum Teil von wahren
Biologen wie Darwin selbst und Henri Fabre), zumeist aber ein
Mischmasch an Reiseerzählungen – alle ausgeschmückt mit typischen
Anthropophismen. George Romanes, ein Freund von Charles Darwin, hatte versucht, dem Verhalten von Tieren eine stammesgeschichtliche Ordnung aufzuerlegen, und entwickelte eine sorgfältig
ausgearbeitete Hierarchie: Fische zum Beispiel konnten ihm zufolge
«wiedererkennen», aber nicht denken. Jegliche derartige Beobachtungen sind brauchbar und tragen vermutlich zu einem besseren
Verständnis bei. Aber auch er verfiel der Romantik; doch die Tierpsychologen – als Wissenschaftler unvollendete logische Positivisten –
brauchten etwas Grundlegenderes.

Sie gründeten zwei solide Plattformen. Die erste war die Neurolo-
gie, die Erforschung der Nerven und ihrer Funktion. Auch sie hatte
eigentlich im 19. Jahrhundert begonnen. Zweifellos (so stellte sich
heraus) funktionieren Nerven wie elektrische Stromkreise (eine andere Erkenntnis des 19. Jahrhunderts). Damit gab es eine Möglichkeit, etwas Reales zu untersuchen, das ohne Zweifel für das Verhalten von Tieren von Bedeutung ist. Es mag in der Tat letztendlich
möglich sein (ein Gedanke, mit dem ich mich als Sechstkläßler trug),
das Verhalten jedes Tieres, von Würmern bis Hamlet, als Spiel elek-
trischer Stromkreise zu beschreiben. Wie diese Kreise funktionieren
(wenn auch nicht unbedingt die Nerven selbst), konnte man auf verschiedene Weise untersuchen. Am bedeutendsten waren die Untersuchungen von Iwan Pawlow über Reflexe. Seine Entdeckung des bedingten Reflexes war besonders aufschlußreich. Beispielsweise kann
ein Hund (unbewußt) lernen, einen ansonsten neutralen Reiz (wie
eine Glocke oder ein Licht) mit einem Reiz zu assoziieren, der für ihn
von Natur aus eine Bedeutung hat (wie der Geruch von Fleisch).
Beim Ertönen einer Glocke beginnt der Hund zu speicheln. Denkt
man darüber nach, erscheint es bemerkenswert, wieviel Verhalten
sich mit dem bedingten Reflex erklären – oder scheinbar erklären
läßt.

Die zweite Grundlage war das Verhalten selbst. Die Beobachter des 19. Jahrhunderts neigten dazu, Tieren verschiedene seelische Verfassungen zuzuschreiben: Glück, Verstand, Freude, Trauer. Sie mögen wirklich solche Seelenzustände haben. Aber man kann sie nicht messen. Zumindest hat niemand im frühen 20. Jahrhundert über eine Möglichkeit nachgedacht, wie sich das bewerkstelligen ließe. Und was man nicht messen konnte, konnte auch nicht Bestandteil einer soliden, überprüfbaren Hypothese werden. Wollen wir Fortschritte machen, sagten die Tierpsychologen zu Anfang des 20. Jahrhunderts, müssen wir Dinge weglassen, die wir nicht in den Griff bekommen. Verhalten ist, was man beobachten und in Zahlen ausdrücken *kann*. Der Amerikaner J. B. Watson war ein bekannter Anhänger dieser pedantischen (und notwendigen) Richtung. Er wird im allgemeinen als der Begründer des «Behaviorismus» angesehen.

Der Behaviorismus wurde Mitte des Jahrhunderts vor allem von seiten eines anderen Amerikaners, B. F. Skinner, verherrlicht. Er übertraf Pawlow mit seinem eigenen Konzept der «operanten Konditionierung»: Hierbei lernten Tiere, bei entsprechender Belohnung (tatsächlich «automatisch») bestimmte Dinge zu tun und andere Dinge zu vermeiden, die bestraft wurden. Eine Taube, die immer mit Erdnüssen belohnt wurde, wenn sie nach Aufleuchten eines Lichtes auf einen Zielpunkt pickte, lernte auf diese Weise sehr schnell, bei jedem Erscheinen des Lichtes auf die richtige Stelle zu picken. Die operante Konditionierung und der bedingte Reflex scheinen zusammen tatsächlich aussagekräftig. Es ist wirklich erstaunlich, was sich mit ihnen *scheinbar* alles erklären läßt. Alles in allem vertrat Skinner die Ansicht, das Verhalten sei das einzige, was sich zu studieren lohnt, nicht (um gerecht zu sein), weil die seelischen Zustände, die dem Verhalten zugrunde liegen könnten, nicht existieren, sondern ganz einfach, weil man sie nicht erforschen kann.

Die Behavioristen studierten Tiere meistens unter streng kontrollierten Bedingungen im Labor. Ohne Kontrolle war ihrer Ansicht nach kein solider Fortschritt möglich. Es gab im 20. Jahrhundert aber auch eine Tradition in der Feldbeobachtung (oder zumindest unter natürlicheren Bedingungen). Anerkannte Pioniere auf dem Gebiet der genauen Beobachtung natürlicheren Verhaltens waren der Österreicher Konrad Lorenz und der in Großbritannien tätige Niederländer Niko Tinbergen. Lorenz neigte oft zu Anthropomorphismen,

300

während Tinbergen sich mehr dem Behaviorismus zuwandte. Keiner von beiden tendierte zu Erklärungen, die einfach nur auf neurologischen Schaltkreisen beruhten – auf «Reflexen». Aber beide bekräftigen die Ansicht, Tiere ließen sich durch verschiedene innere «Antriebe» oder «Instinkte» leiten, die wir in moderner Ausdrucksweise «Programme» nennen würden.

Die Leistungen der Behavioristen und der Ethologen aus der Schule von Lorenz und Tinbergen sollte man nicht unterschätzen. Ihre Bemühungen führten uns aus der Rätselhaftigkeit der Mythen und des leeren Geredes des 19. Jahrhunderts heraus. Sie stellten das Studium tierlichen Verhaltens auf eine feste Grundlage, sowohl im Labor als auch im Feld. Im wesentlichen kam folgendes aus beiden Schulen heraus (wenn auch in erster Linie von den Behavioristen): Tiere sind Maschinen, die von der natürlichen Selektion so programmiert sind, daß sie automatisch auf Reize ihrer Umwelt reagieren, sicher kompliziertere Maschinen als Uhrwerke, aber dennoch Maschinen.

Doch die Vorkämpfer dieser beiden Richtungen fielen über philosophische Fallstricke. Der Hauptfallstrick ist die Annahme, eine einfache Erklärung, wenn sie funktioniert, reiche auch aus. Um Fortschritte beim Verständnis zu machen, war es notwendig, sich auf das Verhalten von Tieren zu konzentrieren, statt die Vorstellung von der «seelischen Verfassung» zu beschwören. Aber das bedeutet nicht, daß Tiere keine Seelenzustände haben, sondern nur, daß man sie zum Vorteil der Wissenschaft aus den Untersuchungen ausschließen sollte. Zur Erforschung des Verhaltens von Tieren im Labor mußten ihnen einfache Aufgaben unter einfachen Bedingungen gestellt werden; denn es ist sehr schwierig, Versuche mit komplexen Aufgaben und mannigfaltigen Lösungsmöglichkeiten zu überwachen. Und was man nicht kontrollieren kann, führt zu keinen interpretierbaren Ergebnissen. Aber das bedeutete nicht, Tiere seien nicht in der Lage, komplexe Aufgaben zu lösen. Mit etwas Einfallsreichtum war es scheinbar möglich, einen Großteil des tierlichen Verhaltens zu erklären, indem man sich auf einfache Mechanismen berief: Reflexe und Instinkte, insbesondere wenn die Tiere (wie im Labor) nur einfache Dinge unter einfachen Bedingungen taten. Aber das besagte wiederum nicht, daß Reflexe oder Instinkte die vollständige Erklärung liefern.

Kurzum, um die Psychologie von Tieren zu erklären, konzentrierten sich die Wissenschaftler des frühen 20. Jahrhunderts auf das Verhalten, denn nur ihr Verhalten konnten sie beobachten und messen. Und zur Erklärung des Verhaltens entwickelten sie eine Reihe einfacher mechanischer «Modelle». Diese Modelle waren kaum komplizierter als ein Uhrwerk. Ein geistreiches Stück mittelalterlicher Maschinerie konnte mit einem entsprechenden Programm dasselbe tun, was man auch an Tieren beobachtete.

Wie jedoch in den vergangenen beiden Jahrzehnten deutlich wurde, können Tiere beträchtlich mehr und es auf bedeutend vielfältigere Weise, als sich durch solche vertrauten Mechanismen erklären läßt. Es zeigte sich auch, daß ihr Verhalten wirklich sehr stark von den äußeren Bedingungen abhängt. Das Modell der programmierten Maschine reicht nicht mehr aus. In derselben Zeit lernten die Psychologen Laborexperimente durchzuführen, die weitaus komplizierter als jene ihrer behavioristischen Vorgänger (aufbauend auf deren Erfahrungen) und dennoch kontrollierbar sind. Damit können sie jetzt Tiere unter bedeutend mannigfaltigeren und schwierigeren Umständen testen. Wie Feldstudien mit immer mehr Tieren andeuten, führen diese ihr Leben zwar nach einer Art Programm (wie wir es selbst vielleicht auch tun), doch solche Programme sind bestimmt nicht einfach. Sie bestehen sicher aus sehr viel mehr als einer Reihe von Reflexen. Alles in allem erweist es sich tatsächlich als ziemlich schwierig, in einfacher Form zu erklären, was Tiere tun, *ohne* die einst verbotene Vorstellung eines «Seelenzustands» zu beschwören: Selbstvertrauen, Zufriedenheit, Depression – all die Myriaden seelischer Verfassungen der einen oder anderen Form, wie sie Shakespeare und Tschechow beim Menschen beschrieben haben. Kurz: Das «Paradigma», Tiere seien im wesentlichen geistreiche Uhrwerke, wurde gebrochen.

Über das Uhrwerk hinaus

Einige der Beobachtungen, die diesen Paradigmenwandel hervorriefen, wurden auf der Tagung über «tierliche Intelligenz» der Royal Society in London 1984 beschrieben.[2] Es gab Berichte über Ratten in Labyrinthen, die nicht von der herkömmlichen T-Form waren – mit

einem Stück Käse in einem Arm und einem kleinen Stromstoß auf die
Nase im anderen –, sondern Apparaturen, die nach dem «Trafalgar
Square»-Modell konstruiert waren: mit einem zentralen Raum und
vielen Armen, die wie die Straßen auf dem bekannten Platz in London nach außen führen. Man bot in einigen Armen Nahrung und in
anderen nicht. Die Ratten mußten sich daran erinnern, welche Arme
was enthielten. Außerdem drehte man das gesamte Gebilde, so daß
die Ratten keine Anhaltspunkte von außerhalb einbeziehen konnten.
Düfte wurden abgewischt – so konnten die Ratten sich nicht einfach
an einer hinterlassenen Spur orientieren. Man untersuchte nur das
räumliche Erinnerungsvermögen. (Ich schäme mich zuzugeben, daß
ihre – auf der Tagung beschriebenen – Fähigkeiten dabei meine eigenen übertreffen. Ich arbeitete lange in der Nähe des echten Trafalgar
Square und muß immer noch zweimal überlegen, wohin all die Straßen führen.) Doch Ratten (und eine Anzahl anderer Tiere, die man
inzwischen getestet hat) entwerfen *en passant* im Geiste genaue Kar-
ten. Eulen merken sich zweifellos jeden Ast auf jedem Baum – eine
dreidimensionale Karte – und finden ihren Weg durch die Wälder bei
Nacht mehr durch das Erinnerungs- als das Sehvermögen.

Krallenaffen – im allgemeinen als weniger intelligente Primaten betrachtet – zeigten nicht nur eine außerordentliche Fähigkeit, gut ver-
steckte Belohnungen in einer komplexen Umgebung zu finden, sondern vermitteln die Standorte dieser Belohnungen anscheinend auch
ihren Artgenossen. Das taten sie bereitwillig. Tauben können sich
beträchtliche Zahlenfolgen merken und – noch weitaus bedeutender –
verschiedene Teile dieser Zahlenreihen in Kategorien und Hierar-
chien einteilen. Selbst Goldfische lernen, behalten und unterscheiden
zweifelsohne weitaus besser, als die meisten von uns je glauben moch-
ten. Dies erkennen wir, wenn die Versuche so gestaltet sind, daß sie
ihre körperlichen Einschränkungen berücksichtigen.

Der Behaviorismus kann diese neuerkannten Fähigkeiten schlicht
nicht erklären. Nach behavioristischer Ansicht reagieren Tiere einfach in einer vorgeschriebenen Art und Weise auf einen Reiz von außen wie die «Prüfe-Deine-Kraft»-Automaten auf dem Jahrmarkt.
Doch wie Herb Terrace von der Columbia University in New York
nach der Tagung der Royal Society 1984 bemerkte, können wir nun
erkennen, daß «der Reiz aus der Umwelt nicht vollständig vorherr-
schen oder verstehen läßt, was ein Tier tun wird». Vorausgesetzt na-

türlich, die Umstände erlauben dem Tier etwas Spielraum. Darüber hinaus «ist das Tier selbst in der Lage, Reize zu erzeugen». Und wenn es seine eigenen Reize erzeugt und Reize von außen erhalten hat, kann das Tier «sie rechnerisch verarbeiten und mit den Ergebnissen der Berechnung eine geeignete Entscheidung treffen». Das ist ganz einfach ein Denkprozeß. Wir werden auf das Thema Denken bei Tieren noch einmal zurückkommen.

Die Laborversuche und andere, sehr genau kontrollierte Studien, die zumeist auf der Tagung der Royal Society beschrieben wurden, ergänzte man seit den sechziger Jahren durch intensive Untersuchungen an wildlebenden Tieren. Diese Studien erstreckten sich über so lange Zeiträume mit so eingehenden Beobachtungen und sorgfältigen Aufzeichnungen und wurden unter einem dermaßen repräsentativen Spektrum von Umständen durchgeführt, daß sie wirklich genau analysiert und nachgeahmt werden sollten. Sie haben in der Tat alle Eigenschaften bedeutender Wissenschaft. Zu den ersten und sensationellsten gehörten die Studien von Jane Goodall an Schimpansen. Fülle, Vielfalt und Komplexität des Verhaltens von Schimpansen, die Jane Goodalls (und andere) Untersuchungen enthüllten, übertrafen alle Erwartungen. Wie sie zeigen konnten, stellen Schimpansen Werkzeuge her – vor Jane Goodalls Studien galt das als ein Privileg des Menschen. Unter Schimpansen bestehen Freundschaften und persönliche Abneigungen, sie verbünden sich und tragen Fehden aus. Ihre Persönlichkeiten sind so mannigfaltig wie menschliche – und die individuelle Persönlichkeit hat erheblichen Einfluß auf das Überleben. Einer Gruppe mit einem intelligenten und großzügigen Anführer ergeht es besser als einer, an deren Spitze ein Tyrann steht. Schimpansen haben insofern tatsächlich eine Kultur, als verschiedene Gruppen unterschiedliche Verhaltensschlüssel und Fähigkeiten aufweisen, die erlernt und von einer Generation zur nächsten Generation weitergegeben werden.

Einmal teilte sich Jane Goodalls «Hauptuntersuchungsgruppe» in zwei Teile: in einen größeren nördlichen Trupp und einen kleineren südlichen. Nach der Trennung beschimpften sich beide Horden vier Jahre lang über das zwischen ihnen liegende Niemandsland hinweg mit Rufen. Dann starteten die Männchen der größeren Gruppe eine Reihe von Überfällen auf das Territorium der südlichen Schimpansen. Trafen sie die südliche Horde auf ihrem eigenen Territorium an, attackierten sie diese Gruppe laut Jane Goodall sogar «in erschrek-kend brutaler Weise».

Alltägliche Konflikte innerhalb der Gruppen dauern gewöhnlich nicht länger als eine halbe Minute. Diese Peinigungen dauerten jedoch länger. Sie zogen sich zehn oder 20 Minuten lang hin. Alle Opfer starben an ihren Wunden. Das waren in der Tat keine simplen Streitigkeiten. Eine Gruppe machte sich systematisch auf – das ist sicher der richtige Ausdruck –, die andere auszulöschen. Ich fragte Jane Goodall, ob man das im Grunde genommen als Krieg bezeichnen könnte. Sie sagte nicht direkt, daß dazu nur Generäle mit Plänen fehlten, doch genau das war der Tenor.

Verhaltensweisen wie diese und alle anderen, die man inzwischen im Feld und im Labor katalogisiert hat, lassen sich nicht mit einem Verweis auf ein Uhrwerk erklären. Pat Bateson, Tierpsychologin an der Universität Cambridge, drückte es so aus: «In manchen Versuchen ist es am vorteilhaftesten, von der Annahme auszugehen, Tiere seien wie Menschen, bis sich etwas anderes zeigt.» Haben wir uns nun einmal im Kreise gedreht? Sind wir wieder bei den Anthropomorphismen angelangt? Nicht ganz, lautet die Antwort; oder zumindest nicht in der primitiven Form, wie zuvor erwähnt.

Modelle sind ein wesentliches Instrument wissenschaftlichen Fortschritts. Es ist sehr schwierig, Unverstandenes in den Griff zu bekommen, ohne es mit bereits Bekanntem zu vergleichen und ihm gegenüberzustellen. Das Modell des Uhrwerkes erwies sich für die Erklärung tierlichen Verhaltens als ungeeignet. Wir könnten das mechanische Modell auch weiterentwickeln und das Uhrwerk beispielsweise durch den Computer ersetzen. Aber Tiere verhalten sich auch nicht wie Computer. Computer tun, was man von ihnen verlangt – exakt, ausdauernd und immer nur eine Sache zur selben Zeit. Tiere können hingegen eines der vielen Dinge tun, die das Ergebnis (so könnte man sagen) vieler verschiedener, gleichzeitig und parallel ablaufender Berechnungen und Impulse sind. Doch wir brauchen immer noch ein Modell – etwas, mit dem wir das Tier vergleichen können. Wenn Uhrwerke sich nicht dazu eignen, was dann?

Warum geht es nicht mit uns? Sicher, Menschen haben auch kein umfassendes Verständnis vom Menschen, doch wir haben einen einzigartigen Einblick in uns selbst. Wir kennen die grundsätzlichen Gefahren des Anthropomorphismus. Sind wir auf kritische Weise anthropomorphistisch, vergleichen wir das, was wir von uns wissen, vernünftig mit jenem, was wir bei anderen Tieren erkennen, sollte uns dies doch sicher einige wertvolle Einsichten bringen? Schon viele andere beschritten zuvor diesen Weg. Einer von ihnen war René Descartes im 17. Jahrhundert. Er bemerkte unter anderem, daß Tiere nicht denken. Zwar studierte er die Tiere nicht, aber er war bekannt für seine Logik. Und die sagte ihm folgendes: Denken beruht auf dem Gebrauch einer Sprache wie der des Menschen – das heißt auf der Verwendung von Wörtern. Tiere haben jedoch keine verbale Sprache. Also denken Tiere auch nicht. Das scheint der Feststellung von Herb Terrace auf der Tagung der Royal Society zu widersprechen, denn die von ihm beschriebenen Vorgänge klangen bemerkenswert nach Denken. Descartes lebte vor langer Zeit und beobachtete Tiere nicht auf moderne Art und Weise; daher könnten wir über seine Bemerkung einfach hinweggehen. Doch logische Argumente sollte man nicht einfach beiseite schieben, sonst werden sie uns immer von neuem verfolgen. Wie sollte man ihm antworten?

Denken Tiere?

Descartes' Behauptung wirft zwei naheliegende Fragen auf. Erstens: Stimmt es, daß Tiere keine Sprache haben, die der menschlichen vergleichbar ist? Und zweitens: Erfordert das Denken tatsächlich eine Sprache? Mehrere Jahrzehnte lang versuchten verschiedene amerikanische Wissenschaftler, die erste dieser Fragen durch Studien an Schimpansen zu klären. Einige Zeit zählte dazu auch Herb Terrace. Sicher stellten diese Wissenschaftler nicht die grundsätzlichen Fragen: «Haben Tiere eine Sprache?» und «Inwieweit benutzen sie ihre Sprache beim Denken?». Doch sie fragten sich: «In welchem Ausmaß sind die Sprachfähigkeiten des Menschen bei unseren nächsten Verwandten schon vorhanden?» Diese Untersuchungen stehen zweifellos mit unserem Thema in Zusammenhang.

Um es kurz und rücksichtslos zusammenzufassen: Aus sehr langandauernden Studien an mehreren Schimpansen haben Alan und Trixie Gardner von der University of Nevada[3] geschlossen, daß diese ein beträchtliches Vokabular entwickeln können. Anscheinend können sie Begriffe des Vokabulars so manipulieren, daß sie ganz neue Gedanken ausdrücken.* Moja zum Beispiel, einer ihrer Schimpansen, kombinierte die Begriffe «Hören» und «Trinken», um damit «Alka-Seltzer» auszudrücken.

Ein Ergebnis am Rande, aber eines, das solchen Laborversuchen noch erregende Aspekte hinzufügt, sind die Forschungen von Robert Seyfarth und seiner Frau Dorothy Cheney in Afrika. Wie sie gezeigt haben, verwenden Grüne Meerkatzen verschiedenartige Laute (Alarmrufe) als Reaktion auf unterschiedliche Raubfeinde. Andere Meerkatzen, die diese hören, reagieren entsprechend. Wenn der Alarmruf «Leopard!» bedeutet, klettern sie auf einen Baum. Auf den «Adler!»-Ruf hin gehen sie in Deckung, und wenn sie «Python!» hören (in der Meerkatzensprache), stellen sie sich aufrecht und schauen, woher die Gefahr kommt.

Seyfarth und Cheney haben jedoch nie die Vorstellung erweckt, diese Meerkatzenrufe seien direkt mit der menschlichen Sprache vergleichbar (wenngleich sie die Reichhaltigkeit des Soziallebens von Affen verdeutlichen). Viele bezweifeln auch, ob die – wenn auch bemerkenswerte – Fähigkeit von Schimpansen, sich Symbole zu merken und sie anscheinend auch zu manipulieren, wirklich mit der menschlichen Sprache vergleichbar ist. Das Wesentliche dieses Konflikts liegt in der Philosophie von Noam Chomsky vom Massachusetts Institute of Technology, der zum Nestor der Theorie der Linguistik im 20. Jahrhundert wurde. Chomsky zufolge ist das Entscheidende an der menschlichen Sprache, daß sie eine Syntax hat. Menschen verbinden nicht einfach Laute mit sichtbaren Objekten, um Worte zu bilden; sie haben nicht einfach nur ein Vokabular. Sie reihen diese Laute auch nicht einfach aneinander, um sie ganzen Gedanken zuzuordnen. Sie ordnen die Worte vielmehr in einer Hierarchie, klassifizieren sie als Verb, Nomen, Adjektiv und fügen mühelos Nebensätze in Hauptsätze ein. Kleinkinder tun dies lange bevor ihnen jemand die Regeln der Grammatik beibringt oder sie überhaupt wissen, daß es so etwas gibt. Erst die Fähigkeit, zusammengesetzte Wörter unmittelbar einteilen und unterteilen zu können, und nicht die Errungenschaft der Wörter selbst macht wirklich die Sprache aus.

* Ich sage so umständlich «Begriffe des Vokabulars», weil Schimpansen keinen Kehlkopf haben, der es ihnen ermöglicht, so zu sprechen wie Menschen – das heißt, eine beträchtliche Zahl verschiedener Laute zu formen; daher wurde für die Studien in der Regel die Zeichensprache eingesetzt. Das Prinzip ist jedoch dasselbe.

Herb Terrace arbeitete einige Jahre mit den Gardners zusammen. Er zählt aber zu jenen Wissenschaftlern, die heute die Ansicht zurückweisen, Schimpansen besäßen eine der menschlichen vergleichbare Sprache, und zwar aus zwei Gründen. Erstens, so sagt er, weisen einfache Neukombinationen von «Hören» und «Trinken» (und all die anderen vergleichbaren Kombinationen) nicht auf eine Fähigkeit im Sinne Chomskys hin, die Wörter in eine Hierarchie zu ordnen und entsprechend einen Satz aufzubauen. Kurzum: Schimpansen haben keine Syntax – und die Syntax ist das Entscheidende.

Aber in einem zweiten Punkt stimmt Terrace nicht mit Chomsky überein. Er glaubt nicht, wie Chomsky behauptet, Syntax sei die grundlegende Eigenschaft der menschlichen Sprache. Das grundlegendste Merkmal ist nach seiner Ansicht der einfache Wunsch der Menschen – selbst von Babys –, Wörter einfach dazu zu benutzen, Aufmerksamkeit auf Dinge um sie herum zu lenken. So wird ein Kind nicht «Katze!» sagen, weil es möchte, daß ihm jemand eine Katze gibt, sondern einfach die Tatsache mitteilen, daß es eine Katze gesehen hat. Schimpansen tun das laut Terrace nie. Wenn sie «Trinken» oder «Hören–Trinken» signalisieren, tun sie dies nur, weil sie etwas zu Trinken wollen. Das ist eine verblüffend einfache Beobachtung, doch je mehr man darüber nachdenkt, desto aufschlußreicher wird sie. Der Wunsch, Gedanken mitzuteilen, muß sicher der entsprechenden Fähigkeit vorausgehen, denn wie hätte die natürliche Selektion diese Fähigkeit verfeinern können, hätten die Vorläufer der Menschen nicht bereits ihre kommunikativen Fähigkeiten ausprobiert?

Wir erkennen auch den stammesgeschichtlichen Einfluß dieses Wunsches, einfach über Tatsachen der umliegenden Welt zu kommunizieren. Urmenschen, wie auch Menschenaffen, waren gemessen an ihren Zeitgenossen bereits klug. Hatten sie erst einmal aktiv den Versuch begonnen, über ihre Gedanken zu kommunizieren, waren sie imstande, «die Köpfe zusammenzustecken» und gemeinschaftlich zu denken. Bücher, die sich auf Hunderte vorhergehende Autoren berufen und so viele Gedanken enthalten, wie sie keine Einzelperson je zu Lebzeiten oder (vermutlich) sogar während der Existenz des Universums denken könnte, zeigen, wie potentiell einflußreich diese Vorliebe war. Sie deuten an, daß die natürliche Selektion tatsächlich deren Entwicklung begünstigte, als es erst einmal etwas gab, worauf sie einwirken konnte.

Wir mögen also einsehen (ich tue es zweifellos), daß Menschenaffen die Kriterien von Chomsky und Terrace für die menschliche Sprache nicht erfüllen. Fraglos kommunizieren sie und alle anderen Tiere jedoch miteinander. Ohne Zweifel ordnen sie Laute oder Signale Objekten ihrer Umgebung zu, und diese Laute und Signale lassen sich als Vokabular bezeichnen. Wir könnten diese drei Punkte zusammenfassen und schließen, daß Tiere daher eine Art Sprache haben.

Zweifellos zeigen Tiere auch in anderen Zusammenhängen einige jener geistigen Fähigkeiten, die wir mit Syntax verbinden. Viele Tiere können Objekte hierarchisch ordnen. Zahllose soziale Tiere äußern auch ohne Anlaß Laute, um mit ihren Artgenossen in Kontakt zu bleiben – man kann beispielsweise hören, wie Gruppen von Totenkopfäffchen sich gegenseitig hoch in den Bäumen zuzwitschern. Dies ließe sich als Vorläufer des menschlichen Wunsches ansehen, über umfassendere Gedanken zu kommunizieren.

Aber kein Tier außer dem Menschen verbindet all diese Fähigkeiten und manipuliert im Geiste Symbole hierarchisch, um Gedanken zu übermitteln. Dieses Zusammenwirken von geistigen Fähigkeiten verschafft uns zusammen mit unserer körperlichen Befähigung, diese Symbole durch potentiell unendlich viele kontrollierte Laute auszudrücken – mit anderen Worten: zu sprechen –, tatsächlich einen Vorteil über den Rest der Schöpfung. Zwar können wir sagen, daß andere Tiere eine Sprache haben und verschiedene Tiere zumindest einige der Elemente zeigen, die wir mit Sprache assoziieren. Dennoch müssen wir letzten Endes zugeben, daß nur Menschen menschlich sprechen und die menschliche Sprache eine Sonderstellung einnimmt. Somit wollen wir die andere Frage stellen, die aus Descartes' Behauptung folgt. Ist eine menschliche, auf Wörtern beruhende Sprache für das Denken erforderlich?

Betrachten wir Herb Terraces Zusammenfassung der Berichte von der erwähnten Tagung der Royal Society. Darin schreibt er, daß

«...der Reiz aus der Umwelt nicht vollständig spezifizieren oder verstehen lassen kann, was ein Tier tun wird...daß das Tier selbst in der Lage ist, Reize zu erzeugen...sie rechnerisch verarbeiten und mit den Ergebnissen der Berechnung eine geeignete Entscheidung treffen kann.»

Was aber ist dieses Treffen von Entscheidungen, Berechnen und Einsetzen des Gedächtnisses, wenn nicht «Denken»? Was ist Denken, außer der Summe dieser Fähigkeiten? Außer wir erlauben Descartes selbst die Tautologie, «Denken» zu definieren als «die Form von Berechnung, die durch Wörter erzeugt und vermittelt wird», müssen wir akzeptieren, daß Tiere in der Tat denken. Wie Herb Terrace sagt: «Die Aufgabe lautet nun, zu erklären, wie Tiere ohne *Sprache* denken.»

Wir sollten die Fähigkeiten anderer Tiere oder die Art und Weise, wie sie bestimmte Dinge tun, nicht unterschätzen. Im Grunde genommen sind sie in jeglicher Hinsicht nicht wie wir. Aber sie sind auch keineswegs wie mechanische Uhrwerke. Wir erfahren wirklich sehr viel mehr von der Wahrheit, wenn wir sie mit uns vergleichen, statt sie als Uhrwerke zu betrachten (und dabei die Warnungen beherzigen). Doch es gibt noch ein weiteres menschliches Merkmal, das wir in der Vergangenheit den Tieren absprechen wollten. Wir haben Gefühle, und diese Gefühle sind äußerst wichtig für uns, denn sie stecken großenteils unsere Ziele ab und bestimmen unser Handeln. Haben auch Tiere Gefühle?

Haben Tiere Gefühle?

Wir wissen nicht, ob Tiere ebenso Gefühle haben wie wir. Wir können zweifellos nicht sagen, was sie empfinden. Darüber hinaus ist es nur sehr schwer vorstellbar, wie wir je ein Experiment zuwege bringen sollten, das uns Einblicke verschaffen würde, was Tiere innerlich erleben. Die Wissenschaft muß von Ideen ausgehen, die sich überprüfen lassen. Daher läßt sich nur schwer ein wissenschaftlicher Zugang zu dem Problem der Gefühle bei Tieren erkennen. Deshalb wiesen die Behavioristen zunächst die Vorstellung von tierlichen Gefühlen («Seelenzuständen») zurück.

Einige vom gesunden Menschenverstand diktierte Bemerkungen scheinen jedoch angebracht. Erstens kann keiner je in den Schädel oder die Haut eines anderen Menschen schlüpfen; daher kann niemand genau sagen, was ein anderer denkt. Wir zweifeln jedoch nicht daran, daß andere Menschen etwas empfinden. Alle anderen diesbezüglichen Beobachtungen deuten darauf hin, daß andere Menschen uns in jeglicher direkt beobachtbaren Hinsicht ähnlich sind: «Wenn ihr uns stecht», wie Shylock sagte, «bluten wir nicht?» (Shakespeare

Der Kaufmann von Venedig; III, i). Wir schließen, daß andere Menschen Gefühle haben, weil wir sie selbst erleben; denn es wäre seltsam, wenn in dieser Hinsicht jeder von uns einzigartig wäre, und noch seltsamer, wenn uns alle anderen eigene Gefühle nur vorspiegelten. Ferner neigen wir unter bestimmten Umständen zu bestimmten Gefühlen: zum Beispiel zu Angst, sehen wir uns großen oder entlaufenen Hunden gegenüber. Haben wir bestimmte Gefühle, zeigen wir eine charakteristische Mimik und senden Signale über die Körpersprache; und – siehe da – andere Menschen zeigen in vergleichbaren Situationen dieselbe Mimik und die gleichen Körpersignale. Die Ansicht, andere Menschen empfänden Gefühle wie wir, ist eine Hypothese; aber alles in allem ist sie weitaus plausibler als die Hypothese, sie hätten keine.

Warum sollten wir eigentlich nicht – sowohl aus Gründen des gesunden Menschenverstands als auch im Hinblick auf die Evolutionstheorie – dieselbe Logik auf die Frage der Gefühle bei Tieren anwenden? Jeder, der schon einmal einen Hund hatte, weiß, wann dieser glücklich *aussieht*, ängstlich oder wütend, depressiv oder selbstzufrieden oder in irgendeinem anderen vergleichbaren Zustand zu sein *scheint.* Gewiß: Wir können nicht wissen, ob das, was ein Hund subjektiv als «Angst» empfindet, genau dem entspricht, was wir empfinden. Aber so etwas Ähnliches? Es scheint genauso unsinnig, die Vorstellung zurückzuweisen, er fühle überhaupt *etwas*, als würden wir den Gedanken zurückweisen, daß ein anderer Mensch etwas fühlt, wenn seine Knie sichtbar zittern, sein Gesicht blaß ist, seine Zähne klappern und er starren Blickes auf etwas zeigt. Es scheint ebenso vernünftig, aus allen äußerlichen Anzeichen folgendes zu schließen: Was immer ein Hund als Angst erlebt, ist unangenehm, wenn es über das Stadium bloßer Aufregung hinausgeht (was ebenfalls ganz deutlich erkennbar ist).

Hunde scheinen Angst auch unter den gleichen Umständen zum Ausdruck zu bringen wie wir: Wenn sie sich einem anderen Hund gegenübersehen, der sehr kräftig wirkt und ein Verhalten zeigt, das – selbst für uns – sehr nach Aggression aussieht. Kurz gesagt: Die Vorstellung zurückzuweisen, Tiere empfänden Gefühle, scheint völlig absurd. Überdies weiß jeder, der zeitweise mit einem bestimmten Tier oder einer Gruppe von Tieren zusammen ist: Tiere senden Signale aus, die ein beträchtliches Spektrum an Gefühlen vermuten lassen. Es gibt kaum ein vom Menschen bekanntes Gefühl, das wir nicht zumindest den intelligenteren Tierarten zuschreiben können. Dazu benötigen wir weder Wunschdenken noch Anthropomorphismus.

Es gibt immer noch pedantische Wissenschaftler, die aus Gründen der «Sparsamkeit» Einwände erheben mögen. Man solle keine unnötigen Vorstellungen beschwören, um tierliches Verhalten zu erklären – insbesondere keine, die sich nicht direkt überprüfen lassen. Man kann erklären, warum ein Hund vor einem anderen wegläuft, der seine Zähne fletscht, ohne davon auszugehen, daß er Angst empfindet. Aber das haben wir bereits abgehakt. Psychologen verbrachten Jahrzehnte damit, das Verhalten von Tieren auf ausgesprochen sparsame Weise zu erklären – ohne Erfolg. Tiere tun Dinge, für die einfache mechanische Erklärungen nicht genügen. Wir sind wohl oder übel dazu gezwungen, nach neuen Modellen zu suchen. Die Vorstellung, ein Tier sei in grundlegender Hinsicht wie ein Mensch – es empfände Angst (oder irgendein gleich unangenehmes Äquivalent), wenn es herausgefordert wird, und dies sei ein bedeutender Teil seiner Motivation zur Flucht –, ist nach all den Anhaltspunkten eine bessere Hypothese als jene, nach der es nichts empfindet. So ist es töricht zu sagen, «ein Fuchs ist schlau» oder «ein Löwe ist würdig». Es ist aber nicht töricht zu meinen, jedes Tier erlebe auf seine Weise eine ganze Reihe von Gefühlen, die unseren eigenen zumindest analog sind. Das scheint in der Tat eine ausgesprochen plausible Hypothese zu sein, die jene – begrenzten –Tests, die man vornehmen *kann*, übersteht. Tieren Gefühle zuzuschreiben – vorausgesetzt, man berücksichtigt, was sich tatsächlich beobachten läßt – wird heute nicht nur als gesunder Menschenverstand angesehen, sondern auch als gute Wissenschaft.

Zwei letzte Punkte seien noch erwähnt. Erstens deutet die moderne Einsicht, daß Tiere denkende und fühlende Geschöpfe sind, auf folgendes hin: Man sollte sie in menschlicher Art und Weise behandeln und darf sie nicht als Maschinen ansehen, die man einfach nur ölen und in die Garage stellen muß. Wir dürfen – ihretwegen – jedoch nicht vergessen, daß die Warnungen vor Anthropomorphismen immer noch gelten. Jede Art (und jedes Individuum jeder Art) sieht die Welt mit eigenen Augen. Es nimmt nicht dasselbe wahr wie wir. Bestandteile der Umwelt, die wir überhaupt nicht bemerken (wie Gerüche und Oberflächenstrukturen) oder die wir als unwichtig erachten, können für das Tier von entscheidender Bedeutung sein. Wir sollten Tieren Gefühle zuschreiben, doch wir sollten nicht aus Bequemlichkeit annehmen, all ihre Gefühle seien dieselben wie unsere oder von denselben Ursachen hervorgerufen. Kurzum: Wir sollten Tiere als fühlende Individuen respektieren. Wir müssen aber die Unterschiede zwischen ihnen und uns erforschen, um sicherzustellen, daß wir sie mit dem versorgen, was *sie* als notwendig ansehen.

Zweitens müssen wir aber akzeptieren, daß Tierhaltung der Gärtnerei oder der klinischen Medizin recht ähnlich ist. Das heißt, sie muß sich so stark wie möglich auf die Wissenschaft stützen, weil deren Informationen zwar nicht immer eindeutig, aber solide sind. Die Wissenschaft übertrifft den gesunden Menschenverstand und kann ganz neue Einsichten liefern. Doch Tierhalter haben ebenso wie Gärtner und Ärzte nie ein vollständiges Wissen, müssen aber dennoch darauf vorbereitet sein, Probleme in Angriff zu nehmen. Kurz gesagt: Tierhalter, Gärtner und Ärzte müssen darauf gefaßt sein, auch ohne vollständiges Wissen zu handeln, und müssen in der Tat solche vagen Eigenschaften wie «Intuition», «Fingerspitzengefühl» und «liebevolle Fürsorge» einsetzen.

Dies ist die allgemeine Vorstellung, die dem aufkommenden Zweig der Bereicherung des Verhaltens zugrunde liegt. Mit den Worten von Hal Markowitz, jetzt Biologieprofessor an der San Francisco State University und Autor des Klassikers *Behavioral Enrichment in the Zoo*:

«Wir werden immer häufiger mit der Feststellung konfrontiert, daß auch andere Tiere als wir gerne bestimmte Dinge tun – gerne sehen, wie sich Dinge aufgrund ihrer Bemühungen verändern, gerne den Stolz genießen, ihre eigene Nahrung zu sammeln oder Wasser zu finden, und gerne eine gewisse Kontrolle über ihr Leben haben. Und genau darum geht es bei der Bereicherung des Verhaltens.»[4]

Die Bereicherung des Verhaltens

Die Philosophie der Bereicherung des Verhaltens befindet sich immer noch in der Entwicklung. Sie führt zu einem Wandel in der Einstellung gegenüber Tieren, der es nun offensichtlich macht, daß man sie nicht in Gitterkäfigen halten sollte. Auch die Wissenschaft entwickelt sich weiter: Die Verhaltensforschung, die aufdeckt, was jede Art wirklich braucht; die Veterinärmedizin, die es den Verantwortlichen in den Zoos ermöglicht, statt auf hyperhygienische Betonböden und gekachelte Wände jetzt auf «angenehmere» Naturböden und Bäume zu vertrauen. Aber der von gesundem Menschenverstand getragene Gedanke, Tiere brauchten mehr als nur vergitterte Käfige, existiert schon sehr lange.

Hervorragend und richtungsweisend in der Neuzeit war in dieser Hinsicht Carl Hagenbeck, der in Hamburg Hagenbecks Tierpark gründete. Anscheinend war sein Hauptanliegen die Zurschaustellung. Wie Jeremy Cherfas sich in *Zoo 2000* erinnert[5], unterhielt er einmal einen «Menschenzoo», in dem die Europäer Nubier, Lappen und buddhistische Priester bestaunen konnten. Aber er sorgte sich auch um das Wohlergehen seiner Tiere. Die naturalistische Gestaltung der Tieranlagen, mit einem beträchtlichen Platzangebot und verschiedenen natürlichen Materialien, sollte zumindest grundsätzlich eine Verbesserung gegenüber dem simplen Käfig sein.

Auch viele Wissenschaftler des 20. Jahrhunderts befaßten sich direkt mit dem Wohlergehen der Tiere. So schrieb der große amerikanische Primatologe Robert Yerkes 1925: «Die größte Möglichkeit, unser Angebot für Primaten in Menschenobhut zu verbessern, liegt in der Erfindung und dem Einbau von Geräten, welche die Affen zum Spiel oder zur Beschäftigung nutzen können.» Man beachte das Datum: Er schrieb dies zu einer Zeit, als Pawlow die Reflexe bei Hunden erforschte. Und man beachte die Ausdrucksweise: Die Begriffe «Spiel» und «Beschäftigung» galten in den fünfziger Jahren als ausgesprochen anthropomorph. Moderne Wissenschaftler, die sich mit der Bereicherung des Verhaltens befassen, wie Hal Markowitz in Nordamerika und David Shepherdson in England, bezeichnen Yerkes als den Begründer dieses Zweiges (wenngleich die Briten im allgemeinen auf den puritanischen Begriff der «Beschäftigung» nicht so großen Wert legen).

Hagenbeck und Yerkes repräsentieren (und begründeten größtenteils) zwei sehr unterschiedliche Traditionen der Bereicherung des Verhaltens. Hagenbeck und seine Nachfolger waren in erster Linie darauf aus, täuschend echte Landschaften zur Freude der Besucher zu schaffen, wobei das Wohlergehen der Tiere zwar wichtig, aber nur ein Nebeneffekt war. Yerkes war Wissenschaftler ohne zahlende Besucher. Ihn interessierte vor allem das geistige Wohlbefinden der Tiere – teils aus menschlichen Gründen und teils, weil er das Verhalten von Menschenaffen untersuchen wollte, und das ist bei gelangweilten und neurotischen Tieren bestimmt gestört. Man beachte jedoch, daß er von «Geräten» sprach, die man «erfinden» und «einbauen» sollte. Das Erscheinungsbild bedeutete ihm nichts. An Turnhallen erinnernde Behausungen, Pappkartons, Maschinen – alles, worauf die Tiere positiv reagierten, fand er gut.

Sowohl für die Verantwortlichen in den Zoos als auch für ernsthafte Zookritiker ist es sehr wichtig, diese beiden Traditionen nicht durcheinanderzubringen. Sie überlappen und ergänzen sich beträchtlich. Savannentieren gefällt es in Landschaften im Hagenbeckstil. Ein Baum ist ein hervorragendes Stück Landschaft, aber auch ein ausgezeichnetes «Gerät» für einen baumlebenden Affen: Das beste, was es gibt. Es kommt jedoch auch zu Widersprüchen. Manche Tiere werden in offenen Anlagen gehalten, damit der Besucher sie gut sehen kann, während sie sich lieber im Gebüsch versteckten. Der Engländer John Aspinall ist einer jener Zoodirektoren, die das berücksichtigen: Seine Schabrackenhyänen in Howlett's Zoo Park in Bekesbourne in Kent erblickt man nur selten zwischen den Büschen ihres Geheges. Heutzutage kann man auch durch die Kulisse herrliche Illusionen von Weite und Natürlichkeit schaffen: mit gemalten Hintergründen, Bäumen aus Glasfiber und Stahl sowie Pflanzen im Hintergrund, die aber außer Reichweite der Tiere sind. Werden solche «naturalistischen» Umgebungen derart gestaltet, daß dabei die Bedürfnisse der Tiere berücksichtigt sind und diese die Wahlmöglichkeit haben, viele Dinge zu tun – dann ist es gut. Aber allzu leicht baut man eine zwar wunderschön aussehende Anlage, die dem Tier aber auch nicht mehr Ausdrucksfreiheit gibt als ein simpler Käfig. Wir müssen uns auch immer fragen, ob künstliche Materialien wie Glasfiber für die Tiere dasselbe «bedeuten» wie für den Besucher. Menschen betrachten Bäume größtenteils nur, aber Tiere klettern vielleicht hoch, riechen und fühlen sie, höhlen ihre Stämme aus oder untersuchen, was unter der Borke ist. Ein Glasfiberbaum mag zumindest für einige Arten nicht interessanter sein als ein Betonpfahl. Wir sollten auch Hagenbecks Landschaften nicht kritiklos akzeptieren. Echte Bäume sind hervorragend, aber für Tiere nur von begrenztem Nutzen, wenn sie (wie es oft der Fall ist) ein Elektrozaun vom Erklettern des Baumes abhält.

Grundsätzlich scheint es ideal zu sein, das beste beider Traditionen zu kombinieren. Natürliche Landschaften allein können weniger anregend wirken, als es scheint, und sind auch ausgesprochen anfällig: Tiere neigen dazu, Bäume zu zerstören, mit denen sie täglich Kontakt haben. Aber künstliche Umgebungen – turnhallenähnliche Anlagen, Maschinen zur Beschäftigung – müssen äußerst einfallsreich, komplex und aufwendig sein (zumindest vom pflegerischen Zeitaufwand), wollen sie sich mit der Reichhaltigkeit der Natur messen. Bäume, Erde, Sand und Wasser sind unendlich variabel.

Wie ich schon zu Beginn dieses Kapitels sagte, hat die Bereicherung des Verhaltens (ob auf Geräten oder natürlichen Landschaften beruhend) zwei Ziele: das Wohlergehen der Tiere und die Vorbereitung auf die Natur. Wir wollen beide der Reihe nach betrachten.

Reichhaltige Umgebungen für glückliche Tiere

Ende der achtziger Jahre hatte Dr. David Shepherdson im Zoo London die Aufgabe, das Leben der dort gehaltenen Tiere zu verbessern und den Wissenschaftszweig der «Bereicherung des Verhaltens» zum Wohle der Tiere in den Zoos auf der ganzen Welt zu entwickeln. Er ging das Problem systematisch an. Die erste Frage, die man stellen muß, ist laut Shepherdson folgende: Wie läßt sich sagen, ob ein Tier glücklich ist oder nicht? Muß man seine Umgebung bereichern und fühlt es sich wohler, nachdem seine Umgebung verändert wurde? Diese Fragen lassen sich auf zwei Wegen beantworten.

Zum ersten über die Physiologie: Man mißt die Hormone, von denen man weiß (nicht zuletzt durch Untersuchungen am Menschen), daß sie mit Streß verbunden sind, zum Beispiel die Steroidhormone der Nebennierenrinde. Der Vorteil dieses Ansatzes liegt in seiner Objektivität. Hormone sind Chemikalien und lassen sich eindeutig quantifizieren. Das offensichtliche Problem besteht darin, den Zusammenhang von Hormonspiegel und seelischem Zustand zu erkennen. Streßsituationen sind beispielsweise nicht unbedingt unangenehm: Auch freudige Erregung ist eine Art Streß, und es wäre alles andere als vorteilhaft, diesen abzubauen.

Der zweite Ansatz ist die Beobachtung des Verhaltens der Tiere. Hierbei gibt es laut Shepherdson wiederum zwei Möglichkeiten. Erstens kann man beobachten, wie sich das Tier in Situationen verhält, von denen man weiß, daß sie ihm unangenehm sind – wenn es unter Schmerzen leidet oder angegriffen wird. Denn hierbei offenbaren sich zumindest einige Anzeichen, die bekannte (oder stark vermutete) seelische Zustände anzeigen. Die zweite, gewöhnlichere Lösung besteht darin, das Verhalten der Tiere in der Natur zu beobachten und zu vergleichen, wie sehr das Verhalten im Zoo diesem entspricht. Natürlich ist nicht alles, was einem Tier in der Natur widerfährt, «gut»; dort gibt es unzählige Rivalen, Raubfeinde und Parasiten. Zwar mögen die Verantwortlichen in den Zoos sich große Mühe geben, Gefahren und Krankheiten zu beseitigen, doch sie können kaum hoffen, die Natur durchweg zu übertreffen. Die meisten pflichten Hedigers Bemerkung in seinem Buch *Mensch und Tier im Zoo* bei: «Der Maßstab für die Beurteilung des Zootieres ist nach wie vor sein Dasein in der sogenannt freien Natur.»[7]

Kurzum: Eine ausgesprochen vernünftige Möglichkeit, die Qualität einer Umgebung im Zoologischen Garten zu beurteilen, besteht darin, das Verhalten des Tieres im Zoo mit dem in der Natur zu vergleichen und – wenn möglich – die Vergleiche in Zahlen auszudrükken. Drei Fragen muß man stellen. Inwieweit sind das Verhalten in der Natur und das in Menschenobhut ähnlich? (Je ähnlicher sie sind, desto besser.) Inwieweit weicht das Verhalten im Zoo von der Norm ab? Und drittens, falls das Verhalten abnorm ist: Ist es das, weil die Umgebung im Zoo zusätzliche Reize bietet, die in der Natur nicht vorhanden sind, oder weil es an bestimmten Elementen mangelt, die dem Tier fehlen?

Zunächst zur Beantwortung der ersten Frage: Was genau tun Tiere in der Natur? An welchem Maßstab messen sich die Zoos? Verschiedene Arten weichen in Einzelheiten beträchtlich voneinander ab, aber nur sehr wenige wurden wirklich eingehend studiert. Doch die bisherige Forschung verdeutlicht einige äußerst aufschlußreiche Verhaltensmuster. Die meisten Wildtiere verbringen sehr viel Zeit ruhend. Auffallende Ausnahmen sind kleine, warmblütige Tiere wie Spitzmäuse und Singvögel – insbesondere solche mit Jungtieren –, die täglich ihr eigenes Körpergewicht (oder mehr) an Futter zu sich nehmen oder sammeln müssen. Doch Huftiere verbringen bis zu 50 Prozent ihrer Zeit schlafend oder dösend. Großkatzen, die nicht jeden Tag Nahrung brauchen und mehrere Tage an einem großen Riß verbringen können, schlafen oder dösen unter Umständen bis zu 20 Stunden am Tag. Gorillas sitzen stundenlang herum und so weiter. Wildtiere verbringen auch gewöhnlich einen Großteil ihrer Zeit mit Nahrungssuche und Fressen. Wildlebende Huftiere sind bis zu zwölf von 24 Stunden auf Futtersuche. Berggorillas, die in einer komplexeren Waldumgebung Blätter fressen, verbringen noch mehr Zeit mit der Suche nach Nahrung, womöglich bis zu 45 Prozent des Tages. Buschbabys sind acht von zwölf Stunden am Tag auf Futtersuche.

Gesellige Tiere verbringen viel Zeit mit Sozialverhalten: mit gegenseitiger Körperpflege («Grooming»), Spiel, Werbeverhalten und Rangordnungsauseinandersetzungen. Selbst wenn sie ihre Zeit nicht hierauf verwenden, interagieren sie in der Regel doch auf irgendeine Weise mit ihren Artgenossen. So rufen sich Totenkopfäffchen bei der Nahrungssuche in den Bäumen ständig gegenseitig. In Herden lebende Huftiere halten sich am liebsten in Sichtweite zu den übrigen Herdenmitgliedern. Für soziale Tiere – darin stimmen die Verantwortlichen in den Zoos überein – sind Artgenossen die wichtigste «Bereicherung», die man ihnen bieten kann. Aber die Gruppen müssen eine Struktur aufweisen, die der jeweiligen Art entspricht, und jedem Tier müssen verschiedene Möglichkeiten offenstehen. Wenn es etwas Schlimmeres für ein geselliges Tier gibt als ein einsames Leben, ist das ein – in der Regel kurzes – Leben mit ständiger Störung durch schlecht ausgewählte, aggressive Gehegegenossen, vor denen es kein Entrinnen gibt.

Schließlich wird jedes derartige Verhalten von allgemeinen Aktivitäten getragen, vom Gebrauch des Gehirns (denn Tiere denken, wie Herb Terrace sagt) und der Gliedmaßen. Tiere könnten sich theoretisch in «Gefangenschaft» genauso ausarbeiten, wie es Menschen in ähnlicher Situation tun, indem sie Probleme lösen, die irgendwie mit ihren Aktivitäten in der Natur zusammenhängen, oder einfach körperlich aktiv bleiben (und zwar für denselben prozentualen Zeitraum wie in der Natur). Im allgemeinen sind jedoch einige Unterschiede zwischen dem Verhalten in Menschenobhut und jenem im Freiland zu erwarten. «Die Natur» ist kein einfacher, gleichförmiger Ort, und jedes Tier paßt sich bestimmten Umständen an. Somit können wir nicht erwarten, daß jegliches in der Natur beobachtete Verhalten für das Verhalten unter allen natürlichen Bedingungen typisch ist. Wir sollten auch nicht unkritisch annehmen, jede Abweichung vom natürlichen Verhalten in Menschenobhut sei unbedingt schlecht. Verhält sich das Tier jedoch genauso, wie es das in der Natur tun würde, können wir mit Recht schließen, daß es nicht unglücklich ist. Das ist keine todsichere Annahme. Aber sie ist zumindest berechtigt.

Wie steht es nun mit der zweiten allgemeinen Frage? Wie können wir Verhalten in Menschenobhut erkennen, das wirklich «abnorm» ist? Übermäßige Lethargie ist ein Zeichen. Unglückliche Tiere schlafen vielleicht sogar noch mehr als in der Natur. Manchmal übertreiben sie auch die Körperpflege, rupfen sich möglicherweise Haare und Federn aus, bis sie kahl sind. Bisweilen sind sie auch unverhältnismäßig aggressiv. Manches Mal überfressen sie sich (Fettleibigkeit bei Menschen kann auch ein Zeichen von Depression sein!) oder verweigern die Nahrung. Unglückliche Tiere pflanzen sich oft nicht fort (obgleich nochmal betont sei: Die Fortpflanzung allein ist kein sicheres Zeichen für geistiges Wohlbefinden). Viele wildlebende Tiere fressen ihren eigenen Kot (Koprophagie), um damit ihre Ernährung zu ergänzen, denn die Exkremente enthalten unzählige Bakterien, bei vielen Arten eine Menge größtenteils unverdautes Futter und können daher sehr nährstoffreich sein. Bei Kaninchen ist dies eine Selbstverständlichkeit. Auch Gorillas frönen in der Natur hin und wieder der Koprophagie. In Menschenobhut können Tiere dies aber im Übermaß tun.

Die auffallendste Form scheinbar abnormen Verhaltens sind jedoch sogenannte *Stereotypien*. Das betreffende Tier wiederholt ganz einfach dieselbe Handlung immer und immer wieder: Das kann Auf und Abschreiten sein oder Kopfpendeln («Weben»), Von-einem-Fuß-auf-den-anderen-Schaukeln, Im-Kreis-Herumlaufen sowie das Ausrupfen von Haaren oder Federn bei sich selbst oder einem Artgenossen. Ein solches Verhalten sieht schrecklich aus und mag es in der Tat auch sein. Stereotypien erregen mit Recht das Interesse der Öffentlichkeit. Man sieht sie bei einigen Zootieren häufiger als bei anderen (Eisbären scheinen ganz besonders anfällig für Stereotypien zu sein). Das hat zu diffamierenden Schlagzeilen wie «Verrückte Bären» und so weiter geführt.

Das spezielle Problem der Stereotypien

Es ist nicht einfach, Stereotypien zu definieren. Sie suggerieren jedoch eindeutig die Merkmale Wiederholung und Abnormität. Dieses Verhalten scheint in der Natur nicht vorzukommen. Es dient offenbar keinem «Zweck». Etwas Einfühlungsvermögen in die Tiere läßt zumindest auf Langeweile und Frustration schließen. Wollen wir jedoch wirklich Abhilfe schaffen, sollten wir alle Probleme mit klarem Kopf angehen. Alles in allem scheinen Parallelen mit stereotypem Verhalten bei geistig behinderten Kindern nicht gerechtfertigt, wie ähnlich beides – oberflächlich betrachtet – auch sein mag. Bekanntlich läßt sich zum Beispiel bei den meisten Tieren stereotypes Verhalten beheben oder zumindest deutlich verbessern, steigert man den Wert ihrer Umgebung. Das läßt darauf schließen, daß das Tier in den meisten Fällen seine Fähigkeit zu normalem Verhalten behält. So etwas bezeichnet man gewöhnlich nicht als «verrückt».

Wir sollten auch zwischen Verhalten unterscheiden, das wirklich neurotisch und selbstzerstörerisch ist, und jenem, das man als Bewegungsübung ansehen könnte. Wildlebende Eisbären sind ausdauernde Läufer, und wie Graham Law vom Zoo in Glasgow herausstellt, haben sie erstaunliche Navigationsfähigkeiten, die sie einsetzen, um trotz der Rotation der polaren Eiskappe von Monat zu Monat ihre Position zu halten. Sicher, ihre Zoogehege sind gewöhnlich klein und oft besonders kahl – ein verfehlter Versuch, die Arktis zu simulieren. Wenn sie in einem Teil davon auf und ab schreiten, versuchen sie vermutlich, sich Bewegung zu verschaffen. Das ist nicht unbedingt etwas entschieden anderes als der routinemäßige Spaziergang eines Menschen durch den Park. Manche Tiere, wie Tiger, die zu regelmäßigen Zeiten gefüttert werden, beginnen häufig vor den Mahlzeiten auf und ab zu laufen. Dies kann man zu Recht mit nichts Schlimmerem als Erwartung erklären. Erheben sie sich gegen Ende jeder Runde auf die Hinterfüße (was sie häufig tun), könnte dies der Versuch sein, über die Köpfe der Besucherschar hinwegzusehen.

Wir sollten uns auch fragen, ob das Tier den ganzen Tag auf und ab läuft oder nur für kurze Zeit. Haben wir es nur zufällig in einem «ungünstigen» Augenblick erwischt? Und wiederum: Ist das eine Handlung, die es normalerweise auch in der Natur ausführen würde (wie Laufen), oder weist sie noch zusätzliche Besonderheiten (wie das

Drehen des Kopfes) auf? Letzteres gibt dem Anschein nach mehr Grund zur Besorgnis als ersteres. Erfolgt das stereotype Verhalten immer an einer bestimmten Stelle oder zu einer bestimmten Tageszeit? Läuft das Tier beispielsweise zur Fütterungszeit an der Tür auf und ab, durch die das Futter hereinkommt? Oder auch: Läßt sich das Tier leicht von seinem Verhalten abbringen oder widersteht es allen Ablenkungsversuchen? Schließlich sollten wir die Vorgeschichte des Tieres kennen, bevor wir zu viele nachteilige Schlüsse ziehen. Manche Zootiere hatten zum Beispiel eine wechselhafte Vergangenheit. Entwickelten sie früh in ihrem Leben unter irgendwelchen ungünstigen Umständen eine Stereotypie, behalten sie diese möglicherweise in einer neuen, vielleicht sogar besseren Umgebung bei.

Keine dieser Bemerkungen zielt darauf ab zu leugnen, daß es Stereotypien gibt und die davon betroffenen Tiere oft unglücklich sind. Wir sollten auch nicht in Abrede stellen, daß sie stark ausgeprägt sein können. Manche Zootiere zeigen praktisch immer Stereotypien – vielleicht drehen sie den Kopf oder wiegen sich von einem Fuß auf den anderen –, die sie nur zum Fressen oder Schlafen unterbrechen. Das ist selbstverständlich ein Problem. Es ist jedoch immer wichtig, genau festzustellen, worin das Problem besteht, und ob es überhaupt existiert, bevor man es in Angriff nimmt.

Stereotypien wurden eingehend erforscht. Doch wie David Shepherdson betont[8], sind wir noch weit davon entfernt, sie zu verstehen. Welche Ursachen liegen ihnen zugrunde? Die Vermutungen reichen von zu geringer Anregung oder Sinnesverlust bis zu Übererregung, wozu zum Beispiel Angst zählt. Auch innere Konflikte könnten eine Rolle spielen – soll ich dieses oder jenes tun? Dieses Gefühl des Konflikts vermischt sich mit einer fehlenden Kontrolle des Tieres über seinen eigenen Zustand und somit über sein eigenes Schicksal. Wie Hal Markowitz betont, ist das Gefühl, sich «unter Kontrolle» zu haben, unbedingt notwendig für die innere Ruhe. Vielleicht spielt all dies bei verschiedenen Tieren zu unterschiedlichen Zeiten eine Rolle. Die Ursachen schließen sich nicht gegenseitig aus: Es ist möglich, gleichzeitig einen Sinnesverlust zu erleiden und ängstlich zu sein.

Zu welchem Zweck verhalten sich Tiere aber stereotyp? Was erreichen sie dadurch? Welche *Funktion* hat dieses Verhalten? Hier sind die Vorstellungen laut Shepherdson wieder «ebenso vielfältig wie verwirrend». Am meisten akzeptiert wird die Erklärung, stereotypes

Verhalten «helfe den Tieren, mit einer ungünstigen Umgebung zurechtzukommen. Das könnte geschehen, indem es das Ausmaß der Erregung oder des Anreizes reguliert, die Vorhersehbarkeit der Umgebung steigert oder indem es dem Tier seine ungünstige Umgebung oder seinen Zustand weniger bewußt macht.»

Zwar könnten die Tiere auf diese Weise davon profitieren, doch die zugrundeliegenden Mechanismen sind unklar. Die Forschung der vergangenen Jahre hat die Existenz von Endorphinen in den Gehirnen von Tieren (einschließlich des Menschen) offenbart. Diese Hormone binden sich an die gleichen Rezeptoren, über die angeheftete Opiumpräparate ihre Wirkung ausüben. Die Endorphine scheinen in der Tat die eingebauten Schmerz- und Beruhigungsmittel des Körpers zu sein. Opium wirkt deshalb, weil es (vermutlich rein zufällig) die Endorphine in geeigneter Weise chemisch imitiert und daher imstande ist, sich an solche Rezeptoren zu binden, die sich ursprünglich dazu entwickelt haben, die körpereigenen Endorphine aufzunehmen. Sei es, wie es mag, man weiß heute, daß Bewegungsübungen zur Freisetzung von Endorphinen führen, die dazu dienen, die Schmerzen der Bewegung zu unterdrücken. Diese Freisetzung von Endorphinen könnte der Grund sein, daß manche Menschen dem Jogging «verfallen» und sehr nervös werden, können sie ihm nicht frönen. Vielleicht zeigen Tiere Stereotypien, um sich selbst Endorphine zuzusetzen. Mit einer Injektion von Medikamenten, welche die Freisetzung von Endorphinen blockieren und somit das stereotype Verhalten weniger wirksam machen würden, lassen sich Stereotypien tatsächlich reduzieren (aber nur zeitweise). Ein derartiges Ergebnis kann man jedoch auf vielerlei Weise interpretieren, und somit ist das Problem noch ungelöst.

Neuere Studien der Stereotypien – vor allem an landwirtschaftlichen Nutztieren in Intensivhaltung – lassen darauf schließen, daß sie sich in zwei Stufen entwickeln. Zunächst reagiert das Tier vielleicht auf irgendeinen störenden Bestandteil seiner Umwelt – ein Schwein zieht vielleicht an seiner Kette. Doch dann beginnt das Tier möglicherweise, dieselbe Bewegung auch auszuführen, wenn es nicht angekettet ist. Im Laufe der Zeit wird die Bewegung einfacher, verfeinert und spontan, ohne Anreiz aus der Umgebung, ausgeführt. «Wahrscheinlich gehen viele der in Zoos erkennbaren Stereotypien nie über diese erste Phase hinaus», sagt Shepherdson. «Hier kommt einem das Aufundablaufen vor der Fütterung in den Sinn.»

Gehen die Stereotypien über diese erste Phase hinaus, sieht die Abfolge der Ereignisse in einem Zoo vielleicht wie folgt aus: Ein Tier könnte sich in den hinteren Bereich seines Geheges bewegen, um von den Besuchern wegzukommen, merkt, daß es nicht mehr weiter kann, und beginnt, auf und ab zu laufen, um seine Erregung zu reduzieren. Im Laufe der Zeit vereinfacht es dann die Bewegung und zeigt sie auch, wenn nichts da ist, dem es ausweichen müßte. Die Veränderungen, die man gewöhnlich zur Bereicherung des Verhaltens vornimmt, sind in der Regel darauf ausgerichtet, Stereotypien zu reduzieren. Muß ein Tier seine Nahrung suchen, und wird die Nahrung zu unterschiedlichen Tageszeiten angeboten, dann ist es nicht so wahrscheinlich, daß es an der Tür auf und ab laufen wird, zu der man das Futter hereinbringt (denn es wird nicht jeden Tag auf demselben Weg und zur selben Zeit gebracht). Oftmals aber vermitteln Tiere, die Stereotypien zeigen, den Eindruck, sie wollten einfach nur heraus. Wiederum scheint es naiv, davon auszugehen, die meisten Tiere hätten eine grundsätzliche Vorstellung von «Freiheit». Sie wollen nicht unbedingt einer gut eingerichteten Umgebung entfliehen. Versuchen sie es dennoch, lautet die Aufgabe, die speziellen Gründe dafür zu finden. Und auch hier gibt es laut Shepherdson wieder drei verschiedene Möglichkeiten.

Zum ersten will das Tier vielleicht einfach nur einem Gehegegenossen entfliehen, den es nicht mag oder von dem es nicht gemocht wird oder vor einem bestimmten Pfleger oder vor den Besuchern. «Die Größe des Geheges ist von Bedeutung. Kann ein Tier seine Fluchtdistanz gegenüber den Besuchern oder dem Pflegepersonal nicht einhalten, dann wird es versuchen zu entkommen.» Zur zweiten Kategorie zählt, wenn das Tier etwas erlangen oder tun möchte, das es in seinem Gehege nicht kann: einen Geschlechtspartner, Nahrung, einen wärmeren beziehungsweise kühleren Ort oder einen gemütlichen Ruheplatz finden, ein Loch graben oder ein Nest bauen. «In der Natur», meint Shepherdson, «würde sich dies als Erkundungsverhalten ausdrücken.»

Die dritte Möglichkeit ist gegeben, wenn das Tier etwas außerhalb seines Geheges sieht, das es haben möchte, aber nicht bekommen kann: Beute, einen potentiellen Geschlechtspartner, einen Konkurrenten oder einen Pfleger, der mit Futter kommt. Oder es möchte einfach den Bereich erkunden, den es beobachten kann. Man beachte jedoch, daß die Ausblicke in die Umgebung, wie sie die Zoos in Glasgow und Edinburgh unter großen Mühen für ihre Raubtiere und Primaten schaffen, Frustration eher mildern als fördern. Die männlichen Gorillas in Apeldoorn wollen ihre Rivalen im Blick behalten.

Die Bereicherung des Verhaltens befaßt sich zwar nicht nur mit der Linderung von Stereotypien; doch man hält eine Reduktion stereotypen Verhaltens in der Regel für ein Zeichen, daß diese Maßnahmen sich wohltuend auswirken. Praktisch versuchte man die Bereicherung des Verhaltens vor allem auf zwei Wegen zu erreichen – die man ebenfalls wieder als überlappend und sich ergänzend ansehen sollte. Im ersten Fall (im Stile von Hagenbeck) stellt man fest, auf welche Elemente der natürlichen Umgebung das wildlebende Tier wirklich reagiert, und bildet diese Elemente im Gehege nach. Der zweite Ansatz (im Sinne von Yerkes) steht vor allem mit dem Namen Hal Markowitz in Verbindung. Die allgemeine Aufmerksamkeit ist zu fördern, und die Tiere sind zu Aktivitäten anzuspornen (welche deren Biologie berücksichtigen), indem man Geräte einsetzt, mit denen sich die Tiere beschäftigen können. Ich werde diesen zweiten Ansatz zuerst diskutieren.

Geräte zur «erschöpfenden» Beschäftigung

In den siebziger Jahren beschäftigte sich Hal Markowitz im Zoo von Portland in Oregon damit, die Haltung der Tiere zu verbessern. Er und seine Kollegen begannen damit beim Weißhandgibbon oder Lar (*Hylobates lar*); denn die «Haltungsbedingungen des Zoos schienen für diese Art besonders ungeeignet».[9] In der Natur leben Gibbons paarweise in Monogamie. Ein Paar kann ein Gebiet von über 40 Hektar bewohnen. Doch in Portland lebten sie in einem der damals gebräuchlichen Käfige: glatte Wände und Böden, einige wenige Stahlröhren zum Schwingen und ein Seil. Obwohl Gibbons in der Natur einen Großteil ihrer Zeit hoch in den Wäldern Südostasiens zubringen, bewegten sich die Gibbons in Portland – wie die Mehrzahl der Zoogibbons damals – die meiste Zeit auf waagerechten Flächen, sogar auf dem Betonboden, auf dem man ihnen ihr Futter darbot. Die Ideallösung – ein natürliches Habitat neu zu schaffen – stand nicht zur Debatte.

Der Käfig hatte vier Bewohner: Mama, die Mutter, mit ihren halberwachsenen Nachkommen Harvey und Kahil sowie ihrem Kind Squirt. Das einzige einigermaßen aktive Tier war Harvey, der regelmäßig für die Besucher seine Schwünge zeigte und dabei gewöhnlich gegen die Wände schlug, wenn er durch den Käfig fegte. Alle nannten ihn nur Harvey Wandschläger (wie sonst?). Die anderen drei taten nicht viel, außer Harvey zu beobachten und einmal am Tag herunterzusteigen, um zu fressen, wenn das Futter über eine Schütte hereinkam.

Markowitz und seine Mitarbeiter installierten einen Apparat, der im allgemeinen jenen ähnelte, wie sie die Behavioristen für ihre andersartigen Ziele bevorzugten. Er sollte den Tieren etwas bieten, das sie ausfüllt. Der Apparat basierte auf einer «Belohnung» in Form von Nahrung und war hoch im Käfig angebracht. Schließlich verbringen wildlebende Gibbons ungefähr 40 Prozent ihrer Zeit mit der Nahrungssuche, und zwar «in Bewegung», indem sie (als «Schwingkletterer») hoch in den Bäumen hangeln. Das Prinzip war folgendes: Die Tiere konnten einen Hebel betätigen, wenn auf einer Seite des Käfigs (nahe der Decke) ein Licht leuchtete (obgleich man die Aufmachung im Laufe der Zeit änderte). Anschließend konnten sie sich auf die andere Käfigseite begeben und in etwa acht Meter Entfernung ihre Belohnung einsammeln. Sie lernten alle schnell.

Bereits die anfängliche Arbeit bestätigte, was andere schon anderenorts beobachtet hatten: Haben Tiere die Wahl zwischen Futter auf einem Teller und Futter, für das sie eine Aufgabe lösen müssen, ziehen sie es vor, sich zumindest für einen Teil ihrer Nahrung zu betätigen. Bald wurde auch deutlich, daß die Tiere selbst auf diesen einfachen Apparat in vielfältiger Weise reagierten. Harvey drückte beispielsweise gerne den Hebel, um das Futter auf der anderen Käfigseite freizusetzen, wenn Mama die Belohnung bekam, tat es aber gewöhnlich nicht für seine Geschwister. Die Wissenschaftler bezogen auch die Besucher in das Geschehen ein: Durch Einwurf von zehn Cents konnten sie das Licht zum Leuchten bringen und damit den Vorgang einleiten. Eine kleine Notiz wies sie jedoch darauf hin, daß «Tiere keine Maschinen sind und die Gibbons sich vielleicht entschließen, beim Einschalten des Lichtes nicht zu reagieren». Dennoch summierten sich die Zehncentstücke der Besucher im ersten Jahr zu 3000 Dollar, die in die Forschung flossen.

Von diesen Anfängen liefen die Bemühungen von Hal Markowitz und seinen Mitarbeitern in viele Richtungen, aber immer mit demselben durchgehenden Motiv: die Konstruktion von Apparaten, um den Geist der Tiere anzuregen und ihre Muskeln in Bewegung zu halten. Eine Familiengruppe der westafrikanischen Dianameerkatzen (*Cercopithecus diana*) lernte (zumindest taten dies die Jungen), wie man Plastikmarken durch Ziehen an einer Kette (auf ein Lichtsignal hin) bekommt und diese dann gegen Futter einzutauschen. Auch hier offenbarten sich weitere vielfältige Verhaltensweisen. Ein älterer Affe lehnte es ab (oder war nicht in der Lage), den Trick selbst zu lernen, war aber zweifellos imstande, Futter von einem jüngeren zu stehlen, der den Trick beherrschte. Doch der jüngere lernte wiederum, die Marken wie ein Taschenspieler verschwinden zu lassen, und der ältere blieb verwirrt zurück. Nicht immer lernten die berühmten Genies im Tierreich die Tricks am besten. Bei einer Unterwasservariante des Gibbonapparats begriffen Robben schnell, was zu tun war, während Delphine, die vermeintlichen «Einsteins» der Natur, zuschauten. Strauße – traditionelle Symbole der Dummheit – zeigten, daß sie Apparate, die ihre Intelligenz überprüften, auf eine Weise betätigen konnten, wie es die Experimentatoren nie geglaubt hätten. Das war der normale Verlauf der Versuche: Die Tiere dachten sich höchst überraschende Tricks aus.

Solche Geräte könnten zweifellos für Raubtiere von Vorteil sein; denn die Hauptaktivität der «Nahrungssuche» – die Jagd – wird ihnen im Zoo zumeist vorenthalten. Man gab beispielsweise Servalen die Gelegenheit, sich auf schwingende Stäbe zu stürzen, die dann Futterbrocken freigaben; Servale haben sich in der Natur auf auffliegende Vögel spezialisiert, die sie im Flug erwischen. Für eine Fleischbelohnung konnten Pumas Murmeltieren aus Glasfiber – vergleichbar den elektrischen Hasen bei Windhundrennen – hinterherjagen. Ähnliche Beutefanggeräte hat man in Neuwied und Salzburg für Geparden entwickelt – man ist in diesen beiden Zoos besonders um die Gepardenhaltung bemüht –, damit diese ihre Beute wie in der Natur nach einem kurzen Sprint «schlagen» können.

Dieser Ansatz hat jedoch auch seine Haken. Beispielsweise jagen Katzen in der Natur nicht sehr viel. Die Pumas in Portland jagten ihre künstliche Beute jedoch bis zu 200mal am Tag. Das Verhalten selbst mag dem in der Natur ähnlich gewesen sein, aber es wurde viel zu oft gezeigt. Nach genereller Ansicht der Kritiker sorgten Apparate im Stile von Markowitz, wenn man sie nicht mit einer angemessenen Beschränkung einsetzte, nur für neue Formen abnormen Verhaltens anstelle dessen, was auch immer zuvor an derartigem aufgetreten war. Schlimmstenfalls wurden die Tiere süchtig nach diesem Verhalten, wie Kinder nach Spielautomaten. Markowitz räumt ein, dies könne passieren – aber wenn es passiert, so sagt er, liege der Fehler nicht an der grundlegenden Philosophie, sondern an ihrer unüberlegten Anwendung. Wohldurchdachte Apparate können dazu beitragen, Tiere in guter körperlicher und geistiger Verfassung zu halten; sie können (und sollten natürlich) jene Fähigkeiten widerspiegeln, die ein Tier auch in der Natur einsetzt und braucht. Und sie können sicherlich die einst traditionelle sterile Unterbringung verbessern.

Alles in allem umfaßt das Gebiet der Bereicherung des Verhaltens gegenwärtig (Anfang der neunziger Jahre) sicher viele Ideen, die durch Markowitz' Arbeit in den Siebzigern inspiriert wurden. Es ist durch die allgemeine Ansicht beeinflußt, Tiere seien gerne aktiv (zumindest für einen Teil des Tages) und möchten Abwechslung und Herausforderungen. Heutzutage geht die Tendenz generell in Richtung sogenannter «sanfter» Umgebungen, die so viele natürliche Materialien wie möglich enthalten. Laborartigen Vorrichtungen gibt man – sofern man sie überhaupt verwendet – ein natürlicheres Aussehen. In Großbritannien zählen David Shepherdson in London und Graham Law in Glasgow zu jenen, die Vorstöße in dieser Richtung unternehmen.

Der sanftere Stil: London

Hal Markowitz bemühte sich außerordentlich, die Kosten seiner Apparatur gering zu halten. Alle Zoos – selbst die wohlhabenden – müssen mehr Aufgaben erledigen, als ihnen Geld zur Verfügung steht. Je mehr Geld man für Spielgeräte für Gibbons ausgibt, desto weniger bleibt für anderes. Seinen ersten Apparat in Portland baute er aus Teilen einer alten mechanischen Kaffeemühle. Aber das Zusammensuchen von Teilen beansprucht Zeit, und auch Zeit ist Geld. Solche Geräte haben natürlich in der Regel nur eine begrenzte Lebensdauer; sind sie defekt, findet sich gewöhnlich niemand, der sie repariert. So

ist das eben. Darüber hinaus waren einige der Nachfolger von Markowitz' Originalen gar nicht so puritanisch. Antwerpen besaß ein «Heuschreckengewehr» – vergleichbar einer Revolverkanone –, das lebende Insekten zu den Fenneks hineinschoß. Großartig! Aber jede
Kammer mußte leider immer einzeln mit einer Heuschrecke geladen
werden.

In London suchte David Shepherdson immer nach einfachen Lösungen. Er erkennt seine intellektuelle Schuld gegenüber Hal Markowitz an, aber er neigt auch dazu, Armand Chamove anzuführen, der
zusammen mit seinen Kollegen an der Sterling University Anfang der
achtziger Jahre die Vorteile von Sägespänen für das Verhalten von
Primaten herausstellte. Sägespäne sind etwas ganz Einfaches. Aber
jeder einzelne ist ein potentielles Spielzeug, und es dauert lange, bis
darunter verborgenes Futter gefunden wird. In der Natur verbringen
Affen und Menschenaffen je nach Art viel Zeit mit der Nahrungssuche zwischen Laub oder Blattstreu. Grundsätzlich versuchte auch
Shepherdson (wie Markowitz), sich darauf zu konzentrieren, das Verhalten durch interessanter gestaltete Nahrungssuche zu bereichern.
Schließlich nimmt sie bei den meisten Wildtieren den größten Teil
ihrer Wachphase ein. Nur ihr Sozialleben ist noch wichtiger (für gesellige Tiere). Aber dafür trägt man durch geeignete Artgenossen Sorge,
oder indem man den Tieren ermöglicht, in ihren gewohnten erweiter-
ten Familiengruppen zu leben.

Der Londoner Zoo ist ein Stadtzoo mit vielen Tieren auf begrenztem Raum. Nach modernem Zoostandard sind die Gehege nicht
groß. Man gestaltet sie jetzt aber in der Regel interessanter, indem
man Äste zur Verfügung stellt (denn nichts ist vielfältiger und variabler als Äste) und einfache Geräte, wodurch die Nahrungssuche wieder mehr zu einer Herausforderung wird und die (wie Shepherdson
betont) großenteils von Pflegern entworfen wurden. Das simple Ge-
genstück zu dem Heuschreckengewehr ist einfach eine durchlöcherte
Röhre, die mit Zeitungspapier vollgestopft ist. In den Zwischenräu-
men verbergen sich Grillen. Die Röhre wird an der Decke aufgehängt, und ab und zu – in unvorhersehbaren Abständen – fällt eine
Grille durch eines der Löcher. Eine Variation davon stellt (ebenfalls
in London) eine durchlöcherte Plexiglasröhre dar, die mit Mehlwür-
mern und Sägemehl gefüllt ist und an der Decke des Meerkatzenkä-
figs befestigt ist. Auch hier fallen von Zeit zu Zeit Mehlwürmer durch

die Löcher. Im Kölner Zoo machte man mit ähnlichen «Lebendfutterspendern» ebenfalls gute Erfahrungen.

Krallenaffen tragen nach vorne gerichtete Zähne im Unterkiefer, mit denen sie in der Natur Löcher in Kautschukbäume nagen. Kautschuk ist ein wichtiger Bestandteil ihrer Ernährung (ihr Darm hat sich speziell daran angepaßt, ihn zu verdauen). Der Zoo in London nutzt heute wie der Kölner Zoo und viele andere Kautschukspender; sie sind aus Holzröhren hergestellt und enthalten Gummiarabikum, nach dem die Krallenaffen nagen müssen.

Eines der vielen sensationellen Ergebnisse von Jane Goodalls Forschungen am Gombestrom in den sechziger Jahren war, daß Schimpansen Werkzeuge nicht nur benutzen, sondern auch herstellen. Unter anderem streifen sie die Blätter von Zweigen ab und stellen auf diese Weise «Sonden» her. Damit stochern sie in Termitenhügeln. Entsprechend haben viele Zoologische Gärten, beispielsweise der Basler Zoo, heute künstliche Termitenhügel aus Glasfiber oder Zement, in denen Schimpansen nach vielerlei Leckerbissen stochern können. Die Werkzeuge dazu stellen sie sich aus zur Verfügung gestellten Zweigen selbst her. Interessanterweise tun dies Gorillas und Orang-Utans auch gerne, obgleich man keinen von beiden bisher in der Natur nach Termiten oder etwas Vergleichbarem stochern sah. Gorillas sind vielleicht sogar noch geschickter als Schimpansen, denn sie haben eine ruhigere Wesensart und können sich daher länger konzentrieren.

In London führte Shepherdson eine Variante ein, die keinen derartigen Schauwert hat wie ein Termitenhügel, aber dennoch «funktionell gleichwertig» ist. Es ist eine außerhalb des Käfigs befestigte Plastikröhre, die Fruchtstücke enthält. Schimpansen schieben diese mit Zweigen ans Ende der Röhre. Dazu bearbeiten sie die Zweige selbst und stochern durch kleine Löcher in der Seite der Röhre. Andere Zoos entwickelten noch viele weitere Varianten.

Stellvertretend sei hier noch einmal der Kölner Zoo genannt, in dem die Kuratorin Uta Ruempler und ihre Primatenpfleger einen ähnlichen Einfallsreichtum bewiesen.[10] Hier sind kleine Metallröhrchen in die Kletterbäume für die Menschenaffen eingebaut, in die man beispielsweise Honig füllt. Man bietet den Affen auch Futter in durchlöcherten Behältern auf der Gitterdecke, an das sie nur mit Werkzeugen gelangen. Mit Löchern versehene Plastikröhrchen füllt man mit Rosinen oder Körnern und Holzröhrchen mit Banane. Zweimal in der Woche bietet man den Affen zur Beschäftigung ganze Früchte; sie werden frei aufgehängt oder für die Menschenaffen in Kartons versteckt. Auch eine ständig wechselnde Einstreu aus Laub, Rindenmulch, Heu, Stroh, Sägespänen oder Holzwolle, in der man mehrmals täglich kleine Nahrungspartikel wie Sonnenblumen- oder Kürbiskerne verteilt, regt die Affen zu einer intensiven Nahrungsche an.

Schließlich gibt es noch ein Stück Bereicherung des Verhaltens, das nicht die Nahrungssuche, sondern das Sozialleben betrifft. Gibbons stecken in der Natur ihre Gebietsansprüche durch Gesänge ab, gewöhnlich von Männchen und Weibchen im Duett. Weißhandgibbons singen etwa 15 Minuten lang, manchmal nur ab und zu (beispielsweise einmal in fünf Tagen), bisweilen aber auch zweimal täglich. Das Entscheidende für die Gesänge ist, die verschiedenen Paare getrennt zu halten. Dennoch ist der Gesang ein Teil des Soziallebens. Anscheinend wirkt sich der Gesang eines Rivalen auch auf die Stärke der Bindung jedes Paares aus.

Der Zoo in London hält – wie viele Zoos – nur ein Gibbonpaar. David Shepherdson glaubte, es könnte das Leben dieses Paares bereichern, hörte es den Gesang anderer. So installierte er ein Tonband, das eine Aufnahme vom Gesang wildlebender Weißhandgibbons über einen 30-Watt-Lautsprecher vom Dach des großen Affenhauses in 50 Meter Entfernung und zehn Meter Höhe abspielt. Eine endlos laufende Cassette von einer Minute Länge enthielt laut Shepherdson «mehrere Abfolgen alternierender Rufe von Männchen und Weibchen mit zunehmender Intensität, die sich bis zum Höhepunkt mit einem langen Kreischen des Weibchens, dem lauten Ruf und dem Trillern des Männchens steigerten». Diese Cassette spielte man zweimal am Tag für 14 Minuten ab – um 11 und 16 Uhr –, mit Pausen von drei Minuten. Das entspricht in etwa dem Gesangsmuster in der Natur. Ohne Zweifel reagierten die Gibbons auf den Gesang. In der halben Stunde nach dem Abspielen waren sie bedeutend aktiver, verbrachten mehr Zeit im oberen Bereich ihres Käfigs und hangelten öfter als die halbe Stunde zuvor. Der Gesang wurde ihnen auch nicht langweilig, das heißt, sie «gewöhnten» sich nicht an ihn und begannen nicht, ihn zu ignorieren. Viele Monate nach der Einrichtung reagierten sie immer noch.

Große Raubtiere werfen besondere Probleme auf, denn sie sind von Natur aus Jäger, daher gefährlich und schwierig zu handhaben. Wegen ihrer Größe ist alles, was man für sie unternimmt, bestimmt teuer. Doch der Raubtierpfleger aus Glasgow, Graham Law, und seine Mitarbeiter zeigten, daß sich auch für sie viel tun läßt.

Glasgow: Großkatzen und Kleinkatzen

Es schien eine gute Idee zu sein, die Geparden im Zoo von Glasgow zu füttern, indem man ihnen ihr Fleisch über den Zaun in ihr Gehege warf – das mußte für sie interessanter sein als die gewöhnlichen, langweiligen Futternäpfe. Normalerweise schnappten die Geparden das Fleisch im Sprung, aber manchmal verfehlten sie es. Doch immer, wenn es auf dem Boden landete, schienen sie verwirrt. Sie kamen zurück an den Zaun und machten ein Gesicht, als wollten sie sagen: «Wo ist es geblieben?» Die Pfleger in Glasgow (wie auch andere) bemerkten jedoch, daß Geparden stundenlang dasitzen und in die Ferne starren. Schließlich jagen sie am Tage nach dem Gesichtssinn, suchen ihre Beute aus der Entfernung und rennen sie dann nieder. Ihr Sehvermögen auf große Distanzen ist ihre Stärke. Sie haben keinen besonders guten Geruchssinn, sehen Dinge in der Nähe nur schlecht und verfehlen Gegenstände vor ihrer Nase.

Der erste Schritt – er wurde zu einem generellen Merkmal der Haltung in Glasgow wie auch derjenigen im benachbarten Edinburgh – bestand im Bau einer erhöhten Plattform, von der aus die Geparden über das nahegelegene Elefantenhaus hinweg bis zu den Autos auf der Autobahn, die durch Glasgow führt, und zu den benachbarten Hirschen sehen konnten. Die Einrichtung bewährte sich. Die Geparden nutzen ihre Plattformen ständig. In der Natur klettern Geparden (wie Feldstudien inzwischen gezeigt haben) auf Termitenhügel, um dort ihren Kot abzusetzen und Ausschau zu halten. Auch den Tigern im Zoo von Glasgow baute man eine große erhöhte Plattform, auf der sie nun die meiste Zeit verbringen. Sie haben von hier einen Blick auf die Reitschule auf der anderen Seite des Flusses.

Die Geparden und Tiger im Zoo von Glasgow bewohnen große Anlagen, die Leoparden und Kleinkatzen jedoch kleinere Käfige. Um die Unterbringung grundsätzlich zu verbessern, brachten Law und seine Tierpflegerkollegen Felsen, Äste und Holzspäne ein. Doch fütterte man die Tiere immer noch nur einmal am Tag mit Fleisch, das sie einfach verschlangen. Die erste Änderung war, die Tiere dreimal am Tag zu füttern. Dann folgten Spiele. Die Pfleger befestigten das Futter für die Leoparden am Stiel einer Spitzhacke, den sie vom Dach herunterhängen ließen und jeden Tag an eine andere Stelle plazierten, gerade außerhalb der Reichweite. Bei jeder Mahlzeit mußte der Leopard ergründen, wie er das Problem am besten angehen, ob er vom Boden oder von einem Ast aus springen sollte, und wenn letzteres, von welchem Ast. Wie Markowitz herausfand, sind Tiere erfinderisch, stellt man ihnen ein Problem. Eine der Lösungen des Leoparden bestand darin, vom Boden hochzuspringen und den Stiel in Schwingung zu versetzen. Dann sprang er auf einen Ast und ergriff das Fleisch am Ende des Schwunges.

Für die Ozelots probierten die Pfleger eine Variante dieses Themas. Ein Stock hing vom Drahtgeflecht des Käfigdaches herunter. Oberhalb des Stockes stand eine Plastikdose mit Fleisch, das die Ozelots von unten herausangeln mußten, waren sie erst einmal an dem Stock hochgeklettert. Um das Ganze noch schwieriger zu gestalten, hing der Stock an einem Drehring. Gewiß: Die erste anspruchsvolle Version mußte man noch ändern, da der Ozelot mit «150 Stundenkilometern» herumwirbelte und schwindelig zu Boden fiel. Doch das Prinzip funktioniert, und den Drehring ersetzte man durch ein einfaches Seil. Es gibt aber auch noch einfachere Tricks, beispielsweise den, das Futter in einem Reisighaufen zu verstecken. In der Natur angeln Kleinkatzen an ebensolchen Stellen nach kleinen Nagetieren. Dies alles macht den Tag interessanter, die Umgebung komplexer und unberechenbarer – wie in der Natur. Stiele von Spitzhacken und Reisighaufen sind billig. Nötig sind nur etwas Zeit und Einfallsreichtum des Pflegers.

Glasgows Eisbären

Eisbären waren für Zoos eine große Herausforderung. Sie sind, wie Law sagt, «leicht am Leben zu erhalten» und züchten heutzutage einigermaßen gut. Aber sie gehören zu jenen Tieren, die am häufigsten stereotypes Verhalten zeigen. Auf und ab laufende, den Kopf dre-

hende, schaukelnde und den Kopf wiegende Eisbären sind ein wohl-
bekannter und betrüblicher Anblick. Selbst Zooanhänger haben oft
bezweifelt, ob man Eisbären in Menschenobhut halten sollte. Wo
aber liegen die Probleme? In der Natur ist der Eisbär ein aktives Tier,
das riesige Strecken zurücklegt und im Meer jagt. Doch das muß kein
Nachteil sein. Andere lebhafte Arten, darunter Primaten, können
sich in Menschenobhut durchaus wohl fühlen.

Es scheint jedoch naheliegend, daß von Natur aus agile Tiere eine
anregende Umwelt brauchen; doch von allen Anlagen in Zoos ist
wahrscheinlich keine kahler als die der Eisbären. Das bedeutet nicht,
daß die Verantwortlichen in den Zoos Eisbären nicht mögen. Doch
die Ökonomie, die Logistik, der Körperbau der Bären und ein Mangel an Kenntnissen über ihre wahren Bedürfnisse wirken zusammen
und lassen es den Eisbären schlecht ergehen. Eisbären sind zunächst
einmal außerordentlich kräftig und fressen von allen Bären auch das
meiste Fleisch. Sicherheit steht also an erster Stelle. Am billigsten und
einfachsten läßt sich die Sicherheit gewährleisten, indem man ein tiefe
Grube mit glatten Betonwänden versieht. Das ist in der Regel der
Ausgangspunkt.

Eisbären sind Fleischfresser, und deswegen hinterlassen sie zumeist
alte Knochen um ihre Behausung herum. Zusammen mit dem Abfall,
der unvermeidlich in ihre Grube hineinfällt und hineingeweht wird,
ergeben sie rasch ein Bild äußerster Verunreinigung. Die Pfleger
müssen die Bären in ihren Behausungen einschließen, haben die Besucher den Zoo verlassen, damit sie die Außenanlage reinigen können. Dies ist jedoch schwierig, weil die Bären nur sehr ungern hinein-
gehen – sie werden nicht gerne eingeschlossen. Sind es zwei Bären,
kann man sie noch nicht einmal mit Futter hineinlocken, denn zumeist
holt jeder für sich das Futter und kommt wieder heraus, um es zu
fressen. Vor allem um das unvermeidliche Säuberungsproblem zu
verringern, füttern Zoos daher in der Regel Hackfleisch mit Vit-
aminzusätzen und vielleicht ganze Küken, aber nichts, was Abfälle
hinterläßt. Also eine langweilige, von den Bären in wenigen Minuten
hinuntergeschlungene Nahrung. Aufgrund des begrenzten Wissens
über Eisbären in der Natur, aber durch den Wunsch, eine «natürliche» Umgebung zu gestalten, versuchten Zoos schließlich seit alters
her, Eis und Meer mit Betonhügeln und natürlich einem Badebecken
zu imitieren. Beton ist aber kein angenehmes Material.

Graham Law und seine Mitarbeiter übernahmen in Glasgow eine traditionelle Eisbärengrube, die in den sechziger Jahren erbaut worden und seinerzeit mit 0,4 Hektar eine der größten der Welt war. Früher lebten darin sechs Tiere, aber zu jener Zeit, als Law in Erscheinung trat, hielt der Zoo nur ein Männchen und zwei Weibchen – alle zu alt zur Zucht und mit stereotypem Verhalten. Law und seine Kollegen machten sich systematisch daran, die Probleme zu lösen. Als erstes erkannten sie, daß das Männchen tagsüber zum Teil deswegen stereotypes Verhalten zeigte, weil es nichts anderes zu tun hatte, als auf seine Abendmahlzeit zu warten. Daher entschlossen sie sich – ganz einfach! –, ihn statt dessen am Morgen zu füttern. «Es war wie ein Wunder», berichtet Law. «Er pflegte sein Futter auf einmal hinunterzuschlingen; danach legte er sich dann irgendwo zum Sonnenbad hin und schwamm anschließend in seinem Becken herum – das war ganz normales Verhalten!» Um sein Leben noch interessanter zu gestalten, begannen sie, ihn mehrmals täglich zu füttern. Das funktionierte sogar noch besser.

Als zweite Neuerung brachten sie Stroh in die Behausungen der Bären, auf dem diese schlafen konnten. Es mag erstaunen, daß man Eisbären gewöhnlich kein Stroh zur Verfügung stellte; aber sie leben doch schließlich in der Arktis. Und da gibt es kein Stroh. Zuerst schleppten die Bären das Stroh ins Freie. Aber bald merkten sie, daß man darauf angenehm schlafen kann. Damit war größtenteils das Problem gelöst, sie abends in die Behausungen zu bekommen. Somit wurde es einfacher, die Anlage zu säubern, und daher konnte man ihnen auch eine interessantere Nahrung bieten. Nun erhielten die Bären ganze Rinderbeine. Sie lernten, die Knochen zu knacken, um an das Mark zu gelangen. Man bot ihnen ganze Kaninchen an, die für sie eine Herausforderung waren und ihnen tierische Fasern lieferten. In ihr Schwimmbecken warf man tote Fische und lebende Krabben.

Eisbären sind auch nicht so ausgesprochene Fleischfresser wie allgemein angenommen. In der Natur tauchen sie nach Tang, wenn sie die Gelegenheit dazu haben. In Menschenobhut schätzen sie – wie mehrere Zoos inzwischen gezeigt haben – Gemüse jeglicher Form und Äste, beispielsweise Weidenäste, die sie gerne mit Knoblauch gewürzt haben. Als weitere Veränderung friert man tierische und pflanzliche Leckerbissen ein und läßt die Eisblöcke im Badebecken schwimmen. Die Bären lieben diese Herausforderung. Eisbären finden auch

Gefallen an Spielzeugen. Das haben inzwischen viele Zoos herausgefunden. Sie mögen große, leuchtende Dinge, die schwimmen – wie
Verkehrsleitkegel und Plastikkanister verschiedener Größen. In
Glasgow erfanden sie mit letzteren ein spezielles Spiel: Sie bringen sie
an Land, bearbeiten sie mit ihren Vorderpfoten und werfen sich dann
mit ihrem ganzen Gewicht darauf. In der Natur brechen sie auf genau
dieselbe Weise Eishöhlen von Robben auf. Junge Eisbären machen
Handstand auf den Eishöhlen, um ihr mangelndes Gewicht auszuglei-
chen.

Aber nicht jedes Spielzeug behält ewig seinen Reiz. Die Pfleger
müssen ständig darum bemüht sein, sich neue Unterhaltungsmöglich-
keiten auszudenken. Zusammen mit den vermehrten Fütterungen am
Tag und den zusätzlichen Säuberungsarbeiten erhöht dies den Arbeitsaufwand beträchtlich. Doch wie Law sagt: «Das kann man nur
schwerlich ungern tun, denn die Eisbären selbst schenken ihre ganze
Zeit dem Zoo und den Zoobesuchern.»

Alles in allem gilt – verdeutlicht durch die Taten im Zoo von Glasgow und in anderen, ähnlich gesinnten Zoos: Eisbären sind *nicht wie*
Robben. In erster Linie sind sie *Bären*. Wie die paläontologischen
Befunde zeigen, entwickelten sie sich vermutlich trotz ihres Äußeren
erst vor etwa 70000 Jahren aus den Braunbären. Sicher, sie lieben
Wasser und sind hervorragend der Arktis angepaßt. Aber sie tun auch
gern jene Dinge, die andere Bären gerne tun: Sie zerreißen Äste,
graben Löcher und klettern sogar auf Bäume (wie die Eisbärin im Zoo
von Edinburgh zeigte, als man sie in die Braunbärenanlage brachte).
Wie viele Wildtiere mögen sie einen guten Ausblick. Kurzum: Die
herkömmlichen Betongruben, erbaut als schwache Imitation des
Nordpoles, sind genau der Gegensatz einer guten Eisbärenunterbrin-
gung. Eisbären lieben Felsen für Sonnenbäder, viel Platz zum
Schwimmen und all die Abwechslungen und Varianten in der Ernährung, die sich Pfleger nur vorstellen können. Aber sie mögen auch
Hügel und Bäume oder Erde und Gras zum Graben. Die Anlage
sollte groß – wir sollten immer in der Größenordnung von mehreren
tausend Quadratmetern denken – und im Idealfall nur ein Teil davon
für das Publikum einsehbar sein. Es sollte Bereiche und Gehölze geben, in die sich die Tiere zurückziehen können. Vielfalt, Auswahl-
möglichkeiten und gute Ausblicke – das sind die grundlegenden Elemente für die Haltung intelligenter Tiere. Wie wir gesehen haben,

sind die meisten Säuger (insbesondere Bären) weitaus intelligenter, als man ihnen im allgemeinen zugetraut hatte.

Im Zoo von Glasgow ließ sich jedoch bis 1990 noch keine ideale Eisbärenanlage errichten. Man war gezwungen, einfach die bereits vorhandene abzuändern. Für die Kragenbären konnte man jedoch von Grund auf neu beginnen. Das ist also vielleicht wirklich die Anlage der Zukunft.

Glasgows Kragenbären

Mitte der achtziger Jahre hatte der Zoo in Glasgow nicht speziell vor, Kragenbären zu erwerben. Bären erwiesen sich grundsätzlich als umstritten in Zoos, und der Zoo von Glasgow war immer noch dabei, seine Probleme mit den Eisbären zu lösen. Wie Graham Law es ausdrückte: «Wollen wir wirklich wieder in so etwas verwickelt werden?» Es gab jedoch einen Tierpark in der Nähe, der sich auf die Haltung von Bären spezialisiert hatte. Zumindest hätte er es gerne getan. Doch die Bären entkamen hin und wieder, und der Stadtrat entzog ihm die Erlaubnis. Der Zoo in Glasgow wurde gefragt, ob er vier der Bären aufnehmen könnte, und bekam für den Anfang etwas finanzielle Unterstützung.

Der Zoo in Glasgow ist zwar ein Stadtzoo, doch er verfügt über viel Land. Punkt eins war also, 1,2 Hektar für die neuerworbenen Kragenbären auszuersehen. Darunter waren zwei Drittel bewaldetes Hügelland mit einem Wasserlauf am Fuße. Um die gesamte Anlage herum verläuft ein hoher Drahtzaun, der bis tief unter die Erde reicht und der oben überall mit einer glatten Absperrung versehen ist (an manchen Stellen besteht sie aus Panzerglas), um die Bären am Herausklettern zu hindern.

Von Anfang an verfolgte man die Idee, den Bären zu helfen, ihre Zeit soweit wie möglich wie in der Natur zu verbringen. Da das Hügelland bewaldet war, gab es überall genügend natürliche Materialien und Stellen für den «Nestbau». Die Pfleger fügten noch mehr Nistmaterialien hinzu. Tatsächlich verbrachten die Bären sehr viel Zeit mit dem Bau ihrer Nester, die ordentlich und sorgsam ausgearbeitet waren. Gastbiologen drückten ihr Erstaunen darüber aus, daß die Bären solche Nester selbst, ohne die Hilfe der Pfleger bauen.

Die Bären haben ein gewöhnliches Haus, in dem sie nachts schlafen und überwintern können. Sie schlafen in Metallkörben – «wie Tante Friedas Hängegeranien» –, die Graham Law sich ausdachte und bei einem ortsansässigen Schmied herstellen ließ. Sie waren teuer, und es war nicht sicher, ob die Bären sie annehmen würden. Aber sie taten es und polsterten sie mit Stroh.

Die Bären verfügen wie die Tiger und Geparden über eine Aussichtsplattform. Auch sie genießen den Ausblick. Ein weiterer positiver Apekt ist hierbei, daß Weibchen beim Hochklettern gewandter sind als Männchen; so können sie einem Männchen aus dem Weg gehen, wenn es aggressiv ist. Ein großer Holzstoß im flachen Teil der Anlage dient ihnen als Versteck – oder könnte als solches dienen, plünderten sie nicht soviel davon für den Nestbau.

Am Morgen befestigen die Pfleger kleine Fleischstückchen an den Beinen der Plattform, nach denen die Bären klettern. Über die gesamten 1,2 Hektar verstreuen sie Fleisch, Früchte und Gemüse. Rosinen sind ein großer Genuß. Obgleich klein und im Unterwuchs versteckt, finden die Bären sie bei ihren Erkundungen doch. Anderes Futter verstecken die Pfleger im Holzstoß oder werfen es in Abflußrohre, die senkrecht in die Erde eingegraben wurden. Dort müssen die Bären es herausangeln. Einige Teile der Anlage werden von den Bären im allgemeinen nicht genutzt – das scheint eine Verschwendung. Daher binden die Pfleger kleine Fleischstücke an das Ende einer Schnur und ziehen sie in jene Ecken, um eine Duftspur zu hinterlassen (ein Trick, den ein Tierpsychologe vorgeschlagen hat). Die Bären folgen solchen Spuren, selbst wenn das Fleischstück nur klein ist. Zuweilen lassen die Pfleger das Fleisch am Ende der Spur liegen, zuweilen nicht. Auch die Natur ist unberechenbar: Nicht jede Jagd endet erfolgreich. Alles in allem nimmt die Nahrungssuche wie in der Natur einen Großteil des Tages ein.

Nach Ansicht der Pfleger in Glasgow bleibt immer noch viel zu tun. Sie zogen die Möglichkeit in Betracht, das Futter mit einer Armbrust oder einem Tontaubengewehr in der Weite der Anlage zu verteilen, fanden aber bisher noch keine durchführbare Methode, nicht mehr in der ganzen Anlage herumziehen zu müssen. Der Wasserlauf am Fuße des Hügels könnte eine Quelle für tote oder lebende Fische werden. Erneut bieten sich unendlich viele Möglichkeiten. Aber das Leben der Bären in Glasgow scheint schon nicht mehr stark von jenem der wildlebenden abzuweichen. Die Besucher können sie entweder von der Spitze des Hügels aus durch den Zaun beobachten oder eine ungehinderte Sicht vom Tal auf der anderen Seite des Hanges erlangen. Ich schlug vor, eine kleine Tribüne zu errichten. Dann könnten die Besucher den Bären wie einem Kricketspiel zuschauen. Tiere zu beobachten, die ein natürliches Leben führen, kann ein äußerst angenehmer Zeitvertreib sein.

David Shepherdsons Aufgabe im Zoo London bestand im allgemeinen darin, die Ausgestaltung bereits existierender Gehege zu verbessern. Der Zoo in Glasgow vervollkommnet manche Anlagen und schafft andere von Grund auf neu. Es gibt jedoch bereits einige wenige Zoos, die insgesamt von Anfang an so gestaltet wurden, daß sie den Verhaltensbedürfnissen der Tiere entsprechen. Zwei davon habe ich schon mehrmals in diesem Buch erwähnt: das Monkey Sanctuary in Looe im englischen Cornwall und Apenheul im holländischen Apeldoorn. Es ist ausgesprochen lohnenswert, diese vorzustellen.

Das englische Monkey Sanctuary und das holländische Apenheul

Das Monkey Sanctuary in Cornwall hält sich nur eine Tierart – ja sogar nur eine Unterart des südamerikanischen Wollaffen *Lagothrix lagothricha*. Als ich dies schrieb, lebten dort 20 Tiere: Eine einzige Population, die inzwischen in der vierten Generation ist, mit dem dominanten Männchen Charlie, dem in der Rangordnung zweithöchsten Männchen, Django, sowie Weibchen, Halberwachsenen und Jungtieren.

Der Gründer des Sanctuary, Leonard Williams, hätte die Bezeichnung «Zoo» nicht gerne gehört. Als er das Sanctuary ins Leben rief, waren Zoos nicht jene Orte, die einige von ihnen inzwischen geworden sind. In diesen weit zurückliegenden Tagen (war es wirklich erst in den sechziger Jahren?) konnte man Affen ohne Einschränkung exportieren (was Brasilien heute verbietet) und ebenso uneingeschränkt importieren. Wollaffen sind gesellig, intelligent und gemessen an anderen Primaten verhältnismäßig ruhig. Daher zählten sie zu den beliebtesten Affen. Doch die meisten nach Großbritannien importierten Wollaffen wurden einzeln als Haustiere oder als «Requisiten» von Photographen gehalten. Es waren diese Tiere, die zumeist in Zoos endeten. Die Zoos wiederum hielten sie meistens in kahlen Käfigen, manchmal paarweise, wobei die Männchen – ohne geeignete Gruppe, die sie anführen konnten – dazu neigten, die ihnen zugedachten Ehepartner fürchterlich zu traktieren. Die Tiere züchteten nur selten, noch seltener zogen sie ihre Jungen erfolgreich auf.

Williams wurde von vielen Fachleuten damals der Kardinalsünde des Anthropomorphismus bezichtigt, während er seinerseits auf die Behavioristen schimpfte – in seinen Briefen und Büchern. Er wollte die Affen nicht wie kleine Menschen behandeln, aber wie empfindsame und intelligente Geschöpfe mit ihrer eigenen Auffassung vom Leben, die Respekt verlangte. Sie hatten freien Zugang zu seinem Haus einschließlich der Drahtkäfige, die daran anschlossen. Er bekam die Tiere auf die gleiche Weise wie die Zoos – er «befreite» sie aus ungeeigneten Haltungen. Sie bildeten aber rasch eine Kolonie und züchteten fast von Beginn an.

Das Sanctuary ist auf vielerlei Weise bemerkenswert. Um die 20 Tiere kümmern sich nicht weniger als 15 Pfleger, die alle dort in einer Gemeinschaft leben – zehn davon ständig, die weiteren fünf sind vorübergehende Volontäre (darunter auch Zoologiestudenten und Tierpflegerlehrlinge). Doch es ist die Haltung, die hier interessiert; denn sie verdeutlicht außerordentlich klar die modernen Prinzipien der Bereicherung des Verhaltens. Zum ersten *bilden* die Affen eine Kolonie. Wegen ihrer geselligen Natur sind die wichtigsten Dinge in ihrem Leben die Artgenossen. Das Fütterungssystem ist beispielhaft vernünftig. Die Affen werden zweimal am Tag gefüttert und bekommen dabei mehr, als sie verzehren können, denn sonst fressen Tiere in der Obhut des Menschen zu schnell, und pflanzenfressende Arten erleiden dadurch Blähungen. Das Futter (eine Vielzahl von Früchten und Gemüsen; weil Wollaffen größtenteils, wenn auch nicht ausschließlich, Vegetarier sind) wird nur grob in Stücke geschnitten, und so verbringen die Affen lange Zeit damit, sich die besten Leckerbissen herauszusuchen und abzureißen. Die Pfleger bringen ihnen auch regelmäßig viele Äste und Wildkräuter; die Wollaffen lieben beispielsweise Platane, aber nicht, weil die Blätter besonders angenehm schmecken, sondern wegen der Insekten, die immer auf ihnen sitzen. Die Affen fressen auch von sich aus von den Pflanzen in ihrem Gehege und haben Zugang zu einem großen Baum, auf dem sie manchmal zusätzlich Vogeleier finden.

Die Gehege selbst sind mit Drahtgeflecht nach oben verschlossen und haben teils gemauerte Wände, doch sie sind geräumig und sehr interessant. Die Pfleger beobachten ständig die Bedürfnisse der Affen und fügen Seile und Äste hinzu. Die meiste Zeit sind alle Gehege durch Gänge miteinander verbunden und bilden so ein zusammenhängendes Territorium, das auch einen Teil des Hauses einschließt. Doch als die Kolonie noch etwas kleiner war, hielt man gewöhnlich ein Gehege ganz vor ihnen verschlossen. Sie durften nur ab und zu zum «Vergnügen» hinein – und empfanden es jedesmal als großes Erlebnis, die Vegetation nach ihrer Abwesenheit stark gewachsen vorzufinden. Wie Leonard Williams festhielt, ging das dominante Männchen gewöhnlich als erstes hinein und brach unter anderem abgestorbene Äste von den Bäumen ab, bevor es die anderen hereinließ. (Ob es das tat, um die anderen vor Verletzungen zu bewahren, oder weil es gerne Äste abbrach, bleibt offen.) Vor allem aber können die Affen immer neue Wege durch die Gehege finden. Damit haben sie Abwechslung und Wahlmöglichkeiten. Sofern sie wollen, können sie auch Tieren aus dem Weg gehen, die sie nicht mögen (denn auch sie haben sicher ihre Vorlieben und Abneigungen), oder sich das Alphamännchen vom Halse halten, wenn es erforderlich erscheint. Das Entscheidende ist: Kein Tier braucht sich je von einem anderen in die Ecke gedrängt zu fühlen, wie es in herkömmlichen Gehegen so leicht geschieht.

Die Abschlußprüfung für jedes Zootier und seine Pfleger lautet natürlich: Kann man es erfolgreich in die Natur zurückbringen? Wir werden die spezielle Vorbereitung auf die Natur später noch erläutern. In der Zwischenzeit mögen wir uns an Kapitel 5 und daran erinnern, daß zwei junge Männchen aus dem Monkey Sanctuary Anfang 1991 in den brasilianischen Wald zurückgekehrt sind, nicht nur, um dort ihr Glück zu versuchen, sondern um tatsächlich die Verantwortung über eine Gruppe junger, in der Natur geborener Affen zu übernehmen. Auch wenn dem Projekt kein endgültiger Erfolg beschert war, war dieses Vorgehen doch ein zukunftsweisender Schritt für die Tierhaltung und für die Zucht in Menschenobhut.

In Großbritannien gibt es heute ein Gesetz, das den Kontakt zwischen Zoobesuchern und nichtdomestizierten Tierarten verbietet. Das Gesetz enthält aber eine Klausel, die es dem Monkey Sanctuary erlaubt, seine traditionelle Praxis fortzusetzen – es einigen weiblichen

Affen zu ermöglichen, mit den Besuchern am Ende von deren Besuch in Berührung zu kommen und sogar auf deren Schoß zu sitzen. Die Affen haben jedoch die Wahl. Sie kommen nur zu den Besuchern, wenn sie möchten.

Im Apenheul in Apeldoorn gehen die Kontakte zwischen Tieren und Menschen vermutlich so weit wie nur möglich. Die meisten der 18 Primatenarten (darunter rund 30 Wollaffen) können mit den Besuchern soviel und sooft Kontakt aufnehmen, wie sie (die Tiere) wollen. Nur einige wenige – beispielsweise die Gorillas – sind ständig auf ihren beiden Inseln abgetrennt. Doch wenn die Tiere von den Besuchern fernbleiben wollen, können sie das. Wann immer sie glauben, genug von der menschlichen Gesellschaft zu haben, können sie sich sofort zurückziehen. Es gibt überall Fluchtwege; die Totenkopfäffchen steigen von den Bäumen herab und rauben den Besuchern die Taschen aus, doch sie sind auf und davon, wenn sie des Spieles überdrüssig geworden sind.

Die Gestaltung von Apenheul ist ein Wunder an Einfallsreichtum. Der begrenzende Zaun – wieder eine glatte Absperrung über einem Drahtzaun – ist hoch, aber hervorragend zwischen den Bäumen versteckt. Der Zoo selbst, eine natürliche Landschaft, ist in mehrere gesonderte Bereiche unterteilt, die durch Gräben voneinander abgetrennt sind – im Endeffekt eine Reihe von Inseln. Arten, die gut miteinander auskommen, leben auf derselben Insel, und jene, die nicht gut harmonieren, sind getrennt. Wollaffen kommen beispielsweise sehr schlecht mit Klammeraffen aus, obwohl sie im selben Teil der Welt leben und sich vermutlich im Wald begegnen. Sie harmonieren aber gut mit Lemuren, die zwei Kontinente weiter auf Madagaskar vorkommen. Die Besucher wechseln uneingeschränkt über Brücken zwischen den Inseln, die Affen aber nicht. Warum? Weil man im Winter, wenn keine Besucher da sind, den dominanten Männchen beibringt, die Brücken nicht zu überqueren. Was die dominanten Männchen nicht tun, wagen auch untergeordnete Tiere nicht. Die Affen lernen dies durch kleine Stromstöße von einem Elektrozaun, der im Sommer abgeschaltet wird. Aber wenn die Affen erst einmal wissen, was sie nicht tun sollen, braucht man ihn nicht mehr.

Hier gibt es Dutzende kleiner Merkmale guter Tierhaltung. Natürlich suchen die Affen einen Großteil ihres Futter selbst: Die Totenkopfäffchen bilden einen einzigen Trupp von 100 oder mehr Tieren (wie in der Natur). Sie sammeln sich wie Vögel in den Bäumen, zwitschern einander zu, um in Kontakt zu bleiben, und rufen ihre Artgenossen zu Verstecken von Früchten und Insekten. Wie Erich Mager von Apenheul sagt, «sollten Besucher am Ende des Tages einen steifen Hals haben». Das Futter, das die Affen suchen können, umfaßt Kräuter – Petersilie, Koriander, Minze und so weiter –, die unter einem Drahtgeflecht wachsen, so daß die Affen die oberen Blätter abpflücken können, ohne die Pflanzen zu entwurzeln. Das Entscheidende daran ist: Wildlebende Primaten (und vermutlich auch viele andere Wildtiere – darunter natürlich Katzen- und Hundeartige) suchen bestimmte Kräuter aus, wenn sie krank sind, und nehmen sie zu sich. Beobachtungen in Apenheul zufolge haben diejenigen Affen, die solche Kräuter aufsuchen, zumeist feuchten Stuhlgang, was auf irgendeine Darmverstimmung hindeutet. Das Thema der Tierpharmakologie ist potentiell sehr umfassend (denn die meisten Wildpflanzen sind in einem gewissen Ausmaß pharmakologisch aktiv) und wird erst jetzt zur Sprache gebracht.

Wim Mager (Erichs Bruder), der Apenheul Anfang der siebziger Jahre gründete, wollte zunächst, daß auch die Gorillas Kontakt mit den Besuchern haben. Letztendlich überwog jedoch die Vorsicht. Die Gorillas erhielten statt dessen eine große Insel, die sie mit den bodenlebenden Husarenaffen teilen, die äußerst schnell zu Fuß sind. Die Gorillakolonie wuchs, und man mußte sie trennen. Der Mythos von Edgar Rice Burroughs, daß Gorillas dem Neanderthaler ähnlnde Jäger sind, wurde seit einigen Jahren von der Vorstellung verdrängt, sie seien unendlich liebenswerte, pflanzenfressende Riesen – aber auch das ist nicht ganz wahr. Jede Gorillakolonie wird im typischen Fall von einem großen Silberrückenmännchen angeführt, und dominante Silberrückenmännchen sehen nicht gerne ihresgleichen in der Nähe. Das Problem war also, die Gorillainsel so zu unterteilen, daß Spannungen zwischen den beiden neuen Gruppen möglichst gering gehalten werden.

Wie sich zeigte, war seine Lösung alles andere als einfach. Die naheliegendste Lösung war der Bau einer hohen Mauer. Aber dies wäre wohl erstens häßlich (und auch teuer) gewesen, und zweitens wurde es vom Stadtrat verboten. Drittens hätte es die Alphamännchen in Riech- und Hörweite voneinander gelassen, aber außerhalb des Blickfeldes – eine mögliche Quelle für Frustration und Streß. Eine

342

weitere Möglichkeit wäre gewesen, einfach einen Graben durch die Mitte zu ziehen. Das würde jedoch zu viel Sichtkontakt zwischen den rivalisierenden Männchen belassen, und es schien recht wahrscheinlich, daß der eine oder andere in seiner Aufregung und bei dem Bemühen, zum anderen zu gelangen, ertrinken würde.

Die Gebrüder Mager fanden schließlich gemeinsam mit den Pflegern eine geniale Lösung. Die beiden Gorillakolonien sind in der Tat durch einen Graben getrennt. Doch auf beiden Seiten des Grabens erhebt sich ein steiler Erdwall mit Vegetation an der Böschung und einem Elektrozaun auf der Oberseite. Sicher – ein wütender und frustrierter Silberrückenmann könnte eine solche Barriere leicht durchbrechen. Aber auf jeder Insel liegt etwa ein Dutzend Meter vom Erdwall entfernt ein Hügel. Jeder Alphagorilla kann auf seinem eigenen Hügel stehen und den anderen beschimpfen. Wenn sie sich jedoch einander nähern wollen, müssen sie den Hügel herunterkommen, und verlieren so den Sichtkontakt, was den Anreiz verringert. Um den Sichtkontakt wiederherzustellen, müssen sie sich voneinander wegbewegen und wieder den Hügel besteigen.

Soweit die Theorie. Die Erdwälle und Hügel wurden unter hohem Kostenaufwand errichtet. Niemand wußte, ob diese Vorkehrung funktionieren würde. Tatsächlich funktionierte sie traumhaft. Jeden Morgen klettern beide Männchen auf die Spitze ihres Hügels, lassen ihre Muskeln spielen, sträuben ihre Haare, brüllen und geben sich wild und schön. Wenn die Ehre auf beiden Seiten befriedigt ist, kommen sie wieder herunter und verbringen den Rest des Tages in Frieden. Das ist angewandte Psychologie – und zeigt, daß Psychologie funktionieren kann!

Noch eine weitere Feinheit: Die Gorillas sollten unbedingt wissen, daß auf der anderen Seite des Erdwalles wirklich ein Graben ist, der den Wall entlang verläuft; sie sollten dies wissen, ohne auf den Erdwall hinaufklettern zu müssen. Daher hat jede Gorillakolonie einen Uferstreifen am einen Ende ihres Walles. Die beiden Uferstreifen befinden sich jedoch an den entgegengesetzten Enden des trennenden Grabens, und der Graben verläuft in einem Bogen. Wenn sich also beide Gruppen an ihrem Uferstreifen aufhalten, sind sie außerhalb des Blickfeldes der anderen.

Apenheul verdeutlicht ein wichtiges Prinzip: Tiere können ihr Verhalten den Menschen anpassen, ohne ihre eigene Biologie ungerechtfertigt einschränken zu müssen; und Menschen sind im großen und ganzen durchaus in der Lage, die Bedürfnisse der Tiere zu respektieren. Der nächste Schritt nach Apenheul ist, die Tiere in einem Nationalpark zu halten – wo sie vollkommen wild leben (wenn auch unter Management), aber von Verstecken aus beobachtet werden können. Solche Orte existieren bereits, wie Jeremy Cherfas in *Zoo 2000* beschreibt. Aber Orte, an denen die Tiere in großer Entfernung von ihrer Heimat gehalten werden, wie Apenheul und wie gute Zoos überhaupt, spielen ebenfalls eine ganz entscheidende Rolle. Folgen alle Zoos den modernen Pfaden zur Bereicherung des Verhaltens, selbst wenn sie glauben, Verhältnisse wie in Apenheul nicht erreichen zu können, wird es nur wenig Grund zur Beanstandung geben.

Doch wir können nichts für selbstverständlich halten. Wir sollten nicht etwa annehmen, jede Veränderung im Namen der Bereicherung des Verhaltens sei auch unbedingt von Vorteil. Tiere ignorieren ihre neuen Spielzeuge womöglich. Vielleicht spielen sie nur ein paar Tage lang mit den neuen Einrichtungen und vergessen sie dann. Die Veränderungen können sogar schaden. Daher ist es wichtig, die Reaktionen zu beobachten und zu bewerten.

Funktioniert die Bereicherung des Verhaltens wirklich?

Daß Erfindungen zur Bereicherung des Verhaltens auch schaden können – und der Schaden alles andere als naheliegend sein kann –, verdeutlicht ein heilsames Beispiel aus einem amerikanischen Zoo. Man gab Schimpansen ein Geduldsspiel: einen Kasten aus Leichtmetall mit Fächern darin und mit Löchern auf der Vorderseite, durch die man den Finger stecken konnte. Das oberste Fach enthielt Erdnüsse, und die Schimpansen mußten die Nüsse Fach für Fach nach unten schieben, indem sie mit den Fingern durch die Löcher stießen. Unten kamen die Nüsse dann heraus.

Als erstes beobachtete man, daß manche Individuen sich viel öfter mit dem Geduldsspiel beschäftigten als andere. Am meisten benutzten es die dominanten Tiere. Ihr eigenes allgemeines Verhalten änderte sich: Sie waren weniger aggressiv gegenüber ihren Artgenossen und zeigten weniger Stereotypien. Doch den untergeordneten Tieren erging es schlecht. Sie waren frustriert, weil die dominanten sie nicht an das Geduldsspiel heranließen, und ihre Stereotypien verschlimmerten sich. Natürlich macht ein wenig angewandter Anthropomorphismus all dies verständlich. Mögen Kinder jedes Spielzeug, das man ihnen gibt? Wird es ihnen nicht mit der Zeit langweilig? Zanken sie sich nicht manchmal oder sind mißgestimmt, weil das größte Kind die besten Spielsachen gewaltsam an sich reißt?

Von direkterem Nutzen ist es jedoch, die Reaktionen irgendwie zu messen – unter Anwendung jener Methoden, die Feldbiologen während des ganzen Jahrhunderts ausgearbeitet haben. Gibt es beispielsweise ein unerwünschtes (oder «negatives») Verhalten, das der Pfleger zu reduzieren versucht, dann sollte er vergleichen, wie häufig es vor und nach der Einführung einer Maßnahme vorkommt, die man zur Beseitigung dieses Verhaltens unternimmt. Genauso läßt sich natürlich auch eine Zunahme des erwünschten («positiven») Verhaltens beurteilen. Beispielsweise maß Shepherdson die Zunahme des Hangelns und der allgemeinen Aktivität bei den Gibbons, nachdem sie die aufgezeichneten Gesänge gehört hatten. Es gibt viele statistische Methoden, mit denen sich absichern läßt, daß die Vergleiche stichhaltig sind. Man kann beispielsweise aufzeichnen, ob ein bestimmtes Verhalten in einem bestimmten Zeitraum vor und nach einer herbeigeführten Veränderung auftritt oder nicht. Es ist generell wichtig, Beobachtungen zu verschiedenen Tageszeiten zu machen (Schimpansen stochern vielleicht den ganzen Vormittag in einem Termitenhügel, lassen ihn aber nachmittags vollkommen in Ruhe) und sie entsprechend oft zu wiederholen – wobei «entsprechend oft» von statistischen Grundlagen bestimmt wird, aber in der Regel «viele Male» bedeutet. Folgt man den Regeln der Statistik, sind die Ergebnisse aussagekräftig.

Wie wir jedoch weiterhin betonen, muß das Endziel lauten, die Tiere in die Natur zurückzubringen, vielleicht nicht in dieser Generation, womöglich auch nicht in vielen darauffolgenden, aber doch früher oder später. Wie bereits in Kapitel 5 geschildert, finden sich Tiere, die keine hohen Ansprüche stellen – beispielsweise die Arabische Oryx –, relativ leicht in der Natur zurecht. Aber wie wir ebenfalls gesehen haben, müssen selbst Oryxantilopen eine Menge mehr *lernen*, als man bisher dachte, bevor sie in der Natur überleben können. Manche Tiere – wie waldlebende Primaten – müssen mehr lernen als in der Wüste lebende Pflanzenfresser. Es scheint bereits zweifelsfrei, daß Affen, die in einer «natürlichen» Umgebung aufgewachsen sind – wie die Wollaffen im Monkey Sanctuary –, zumindest in eine quasi-natürliche Umwelt gefahrlos zurückkehren können. Aber die Bedingungen in Menschenobhut sind nicht immer so vorteilhaft wie in Cornwall. Manchmal muß man die Zootiere erst wieder auf ein Leben in der Natur vorbereiten. Die Wissenschaft der Wiedervorbereitung auf die Natur steckt noch in den Kinderschuhen. Das ist ein neuartiges Problem. Aber es gibt schon einige Fortschritte.

Vorbereitung auf die Natur

Nach Überzeugung der Behavioristen sind Tiere Maschinen – konstruiert, um äußere Reize auf vorbestimmte Weise zu beantworten. Die Ethologen sprachen von «Instinkten» und «Antrieben». Auch das schien darauf ausgerichtet, daß sich jedes Tier «automatisch» auf eine Weise verhält, die sein eigenes Überleben begünstigt, befindet es sich in seiner gewohnten Umgebung. In der modernen Computersprache würden wir sagen, das Verhalten der Tiere wurde größtenteils als fest verdrahtet angesehen.

Eine der beiden großen Erkenntnisse der letzten Jahrzehnte ist, daß alle Tiere mit Ausnahme der einfachsten einen hohen Anteil der zum Überleben notwendigen Fähigkeiten *lernen* müssen. Sie machen dies wie die Menschen: Indem sie im entsprechenden Alter den entsprechenden Umständen ausgesetzt sind, durch Versuch und Irrtum, durch Beobachtung anderer und tatsächlich auch durch direkte Anleitung von ihren Eltern, Geschwistern und Artgenossen. Natürlich hat jede Tierart – wie es auch für Menschen zutrifft – nur ein begrenztes Repertoire: Jede Art tut zumeist bestimmte Dinge in bestimmten Zusammenhängen und auf bestimmte Weise. Aber das Verhaltensrepertoire besteht eher aus möglichen Reaktionen und Aktivitäten als aus vorherbestimmten. Wir könnten vielleicht eine Parallele zum menschlichen Spracherwerb ziehen. Laut Chomsky und Terrace werden Menschen mit einer ihnen eigenen Vorliebe für Sprache geboren: einem Wunsch zu kommunizieren (Terrace) und der angeborenen Fähigkeit, Laute in Sätze unzuwandeln (Chomsky). Dennoch müssen wir eine bestimmte Sprache sprechen lernen, soll diese Vorliebe in eine für das Überleben nützliche Fähigkeit umgewandelt werden. Noch mehr: Wollen wir wirklich redegewandt sein, müssen wir mit Menschen zusammenkommen, die sich tatsächlich gut artikulieren können. Wollen wir eine Sprache als «Muttersprache» sprechen – im Gegensatz zu einer, der wir nur kundig sind –, sollten wir sie von der Wiege auf lernen.

Dasselbe gilt für die vielfältigen Fähigkeiten von Tieren. Tiere müssen im allgemeinen ebenfalls bestimmte grundlegende Fähigkeiten erlernen, um zu überleben: Wie man generell jagt oder Nahrung sucht. Aber sie müssen auch bestimmte Traditionen übernehmen, die für ihr eigenes Gebiet zweckmäßig sind. Wir haben beispielsweise bereits erfahren, wie die in Oman freigelassenen Arabischen Oryxantilopen stetig ihre Kenntnisse der örtlichen Topographie ausbauten. Primaten, die man im Wald freiläßt, müssen erkunden, wo bestimmte Futterbäume wachsen und zu welcher Zeit sie Früchte tragen. Derartiges Wissen wird in jeder Population von Individuum zu Individuum und von Generation zu Generation weitergegeben – «Traditionen» ist ein äußerst passender Begriff. Intelligente Tiere wie Schimpansen stoßen hin und wieder auf völlig neue Fähigkeiten, die sie ebenfalls von Generation zu Generation weitergeben. So entstehen Traditionen, die sie durch Erfindungsgabe erweitern. Auf diese Weise werden «Traditionen» bei intelligenteren Tieren zu einer «Kultur». Die zweite neue Erkenntnis der vergangenen Jahrzehnte ist wie gesehen folgende: Das Leben der Tiere und ihr Verhaltensrepertoire, das ihnen das Überleben ermöglicht, sind weitaus komplexer, als man vermutet hatte.

Wachsen Tiere in Menschenobhut auf, müssen sie also die Fähigkeiten, die sie in der Natur brauchen, erst lernen oder wieder erlernen, will man sie gefahrlos zurückbringen. Vor wenigen Jahren hätte es seltsam angemutet zu erwägen, ein Zootier *könne* seine «natürlichen» Fähigkeiten überhaupt erlernen – und noch seltsamer anzunehmen, Zootiere könnten vieles von dem, was sie wissen müssen, von Menschen erfahren. Wie sich herausstellte – und auch zu erwarten war – lernen einige Arten, einige Individuen innerhalb von Arten und einige Altersgruppen leichter als andere. Im allgemeinen wird es immer deutlicher, daß die meisten in Menschenobhut aufgewachsenen Tiere in der Lage sind zu lernen, um zumindest in einer quasinatürlichen, geschützten Umgebung zurechtzukommen. Zwar gelangten erst sehr wenige wiedereingebürgerte Tiere über die erste Generation hinaus, doch besteht aller Grund zur Annahme, ihre in der Natur geborenen Nachkommen könnten auch in «noch natürlicheren» Umgebungen überleben. Wir dürfen in der Tat hoffen, daß wiedereingebürgerte Gruppen mit der Zeit und im Laufe von Generationen viele oder den überwiegenden Teil der Fähigkeiten und des Verhaltens ihrer ursprünglichen wildlebenden Vorfahren erwerben werden – oder sich zumindest genügend des alten Wissens aneignen, um fortbestehen zu können.

Daher wurde die Vorbereitung von Zootieren auf die Natur zu einem anerkannten Bestandteil moderner Arterhaltungspraxis. Sie findet vor oder nach der Freilassung der Tiere statt oder – am besten – zuvor und danach. Das generelle Prinzip lautet – wie bei jedem guten Unterricht: mit dem Einfachen zu beginnen und dann schwieriger zu werden, Schritt für Schritt von dem, was der Schüler weiß, zu dem zu kommen, was er nicht weiß.

Was ein Lehrplan der Wiedervorbereitung auf die Natur wirklich unbedingt enthalten sollte, hat Dr. Hilary Box von der Reading University in ihrer Ansprache auf dem Symposium der Zoological Society of London über Wiedereinbürgerung im Jahre 1989 ausgeführt.[11] Sie faßte die Fähigkeiten, die Tiere erlernen müssen, unter fünf Punkten zusammen: Orientierung, Ernährung, Ruhe- und Schlafplätze, zwischenartliche Beziehungen und innerartliche Beziehungen. Die Gliederung der folgenden Ausführungen basiert auf ihrem Überblick, weicht allerdings ein wenig davon ab.

Die Kunst der Bewegung und Orientierung

Tiere, die auf Bäumen leben – wie die meisten Primaten –, müssen lernen, sich auf ihnen zu bewegen. Jedes Tier muß lernen, ob und wann es sein Gewicht zurückschnellenden Ästen und Lianen anvertrauen kann, die in merkwürdigen Bahnen schwingen. Ist es in einem Käfig aus starren Eisenverstrebungen aufgewachsen, scheint ihm das alles andere als einfach. Orang-Utans, die man ohne Vorbereitung aus der Obhut des Menschen freiläßt, werden es wahrscheinlich ablehnen, überhaupt auf Bäume zu klettern. Dies läßt sich am ehesten durch natürliche Vegetation in den Gehegen umgehen. Die Fähigkeit des Kletterns kann nicht früh genug gelernt werden!

Das zweite Problem besteht in der Orientierung; denn die Kronenregion ist komplex – ein dreidimensionales Durcheinander, das scheinbar unendlich viele Wege bietet. Die Fähigkeit, sich durch einen einzelnen Baum zu bewegen oder von Baum zu Baum – ökonomisch und ohne zu verunglücken –, erfordert unglaublich genaue innere Bilder von der Umwelt. Tiere, die in einfachen Käfigen aufwachsen, mit nur einer Übergangsmöglichkeit von einer Seite auf die andere, werden die notwendigen körperlichen und geistigen Fähigkeiten vielleicht nie erwerben. Das Einprägen der örtlichen Topographie ist ein zusätzliches Problem – zu lernen und sich zu erinnern, welche Bestandteile der Umgebung welche Art von Dingen enthalten.

Als eine naheliegende Möglichkeit, derartige Probleme zu lösen, läßt man die Tiere nicht in Käfigen, sondern auf Inseln heranwachsen – wie es der Zoo auf Jersey und viele andere heute machen –, oder man hält sie praktisch frei wie in Apenheul. Als Alison Hannah Schimpansen in einem Reservat in Liberia freiließ, zeigte sie den Tieren tatsächlich die Umgebung! Die neueingeführten Tiere lernten später von den bereits anwesenden die Umgebung kennen. Auch in Apenheul nutzten die Krallenaffen, die in einer eingeschränkteren Umgebung geboren worden waren, nur einen Teil ihres Gebiets – doch die nächste Generation bevölkerte schon ein größeres Territorium und so weiter.

Wie man Nahrung findet

Gerade in die Natur entlassene Tiere müssen auch lernen, Nahrung zu finden oder zu erbeuten. Das erfordert ein ganzes Spektrum von Fähigkeiten: Unterscheidungsvermögen (Was kann man fressen?) und eine «optimale Strategie der Futtersuche» (Wieviel Zeit lohnt es sich, zur Suche einer bestimmten Nahrung zu verwenden? Wie viele Risiken lohnt es sich einzugehen?) müssen die einfache Fähigkeit ergänzen, das zu finden oder zu erbeuten, was man braucht. Zu jeder Fähigkeit werden die Tiere mit bestimmten Anlagen geboren, aber jede Anlage muß sich erst durch Lernen entwickeln. Katzen kommen eindeutig mit der Neigung zur Welt, alles zu jagen, was sich bewegt, aber nicht mit der Erfahrung, eine bestimmte Beute richtig zu töten. Ein Gepardenweibchen mit Jungen wird eine Gazelle erbeuten und sie dann wieder loslassen – so können ihre Jungen die Kunst, sie zur Strecke zu bringen, vervollkommnen.

Für Allesfresser (oder Omnivore), wie Ratten und die meisten Primaten (darunter der Mensch), ist das Unterscheidungsvermögen ganz besonders wichtig. Für Ratten und Primaten könnte sich im Grunde genommen jeder Bestandteil der Umwelt theoretisch als gute und brauchbare Nahrung erweisen; «man kann es aber erst sagen, wenn man es probiert hat». Doch die meisten Bestandteile der Umwelt (wie Erde und Holz) sind als Nahrung nicht einträglich, manche ganz einfach giftig; aber eine Minderheit (das kann immer noch eine recht große Zahl sein!) ist nahrhaft. Manche Blätter sind, beginnt man sie zu fressen, nahrhaft, aber während des Konsumierens werden sie giftig (weil viele Pflanzen als Reaktion auf einen Angriff rasch Gifte produzieren).

Allesfresser haben die kompliziertesten Speisezettel. In der Regel stellen omnivore Tiere wie Ratten und Primaten (die auch intelligent sind) ein Menü bevorzugter Nahrung aus der sie umgebenden Fülle zusammen: So ernähren sich menschliche Jäger und Sammler in den Tropenwäldern von etwa 80 Pflanzenarten (sowie einer Vielzahl von Tieren) der vielen hundert, die in ihrer Umgebung wachsen. Einige dieser 80 Pflanzen (oder wie viele es auch immer sein mögen) sind bestimmt etwas bedenklich, während andere, theoretisch nahrhaftere, vielleicht ungenutzt bleiben. Das ist nicht außergewöhnlich – es spiegelt nur die Schwierigkeit der Aufgabe wider. In der Praxis kann das Nahrungsspektrum nur erweitert werden, wenn ein beherztes Individuum etwas Neues probiert. Doch jeder Versuch könnte für dieses risikofreudige Individuum der letzte sein. Das ist ein Aspekt der Tatsache, daß das Überleben manchmal von einem schwierigen Kompromiß aus Zurückhaltung und Forscherdrang bestimmt wird. Allesfresser scheinen aber besonders aufmerksam zu beobachten, was andere Tiere fressen, und sie ahmen erfolgreiche Versuche nach. So stellt jedes Individuum mit der Zeit sein eigenes Repertoire zusammen, teils auf den Resultaten eigener Beherztheit und teils auf den Ergebnissen anderer Individuen beruhend. Normalerweise läßt sich folgendes feststellen: Verschiedene Populationen derselben Tierart (oder verschiedene Menschenvölker), die in sehr ähnlichen Gebieten leben, können dennoch ein unterschiedliches Nahrungsspektrum haben; denn jede hat in der Vergangenheit andere Dinge ausprobiert. Eine typische Feststellung ist auch, daß Tiere (einschließlich des Menschen) den größten Wagemut zeigen, wenn sie jung sind. Haben sie jedoch erst einmal ihr Spektrum an Vorlieben erworben, werden sie äußerst zurückhaltend. So würde jeder von uns eine Vorliebe für Robbenspeck entwickelt haben, wären wir unter den nach alter Tradition lebenden Eskimos aufgewachsen. Sind wir nicht dort großgeworden, empfinden wir die Vorstellung wahrscheinlich als recht abstoßend. Wie wir erkennen können, ist dieses Gleichgewicht aus Mut und Zurückhaltung eine ausgesprochen effiziente Überlebensstrategie. Wären wir nicht risikofreudig, würden wir verhungern. Haben wir jedoch erst einmal ein Repertoire an Nahrung zusammengestellt, mit dem wir überleben können, ist es das Sicherste, daran festzuhalten und auf alles andere zu verzichten.

Auf jeden Fall ist dieses Gleichgewicht von Mut (insbesondere bei Jungtieren) und Zurückhaltung genau das, was man bei wildlebenden Allesfressern sowie vielseitigen Pflanzen- oder Insektenfressern, wie Primaten, beobachten kann. Wir erkennen auch (wie sich vorhersagen ließe), daß verschiedene Populationen waldlebender Primaten aufgrund unterschiedlicher Traditionen in den einzelnen Bestandteilen ihrer Nahrung voneinander abweichen. Doch Tiere, die in Menschenobhut aufgewachsen sind, müssen erst lernen, was in einem bestimmten Gebiet eßbar ist und was nicht. Darüber hinaus müssen sie wie Jäger mit den Schwierigkeiten fertig werden, die verschiedene Nahrungsbestandteile mit sich bringen. Kein «Instinkt» wird einem Schimpansen sagen, daß in einem Termitenhügel wohlschmeckende Leckerbissen verborgen sind. Er muß das Verhalten anderer imitieren; denn es ist äußerst unwahrscheinlich, daß ein Tier von allein diese Tatsache entdeckt. Kein Instinkt kann einem Schimpansen oder anderen Affen sagen, daß ein bestimmter Baum bei einem bestimmten Fluß nur zu einer bestimmten Jahreszeit Früchte trägt.

Glücklicherweise sorgen Tiere (wie Hal Markowitz in einem anderen Zusammenhang beobachtet hat) gerne für sich selbst. Alison Hannahs Schimpansen in Liberia begannen rasch, Früchte und Blätter von Wildpflanzen zu fressen, obgleich sie zusätzlich mit Nahrung versorgt wurden. Andere Fähigkeiten verlangen eine spezielle Anleitung: Wie Studien in Senegal und in Gambia zeigten, können Menschen Schimpansen beibringen, in Termitenhügeln zu stochern. Natürlich erlernen später eingebürgerte Tiere die notwendigen Fähigkeiten von den erfahrenen, schon ansässigen. Einzelne Tiere lernen jedoch viel mehr und viel leichter von Individuen, die sie mögen: Sie schenken ihnen mehr Aufmerksamkeit und verbringen mehr Zeit mit ihnen. Es zahlt sich also aus, die Tiere in Gruppen freizulassen, deren Individuen sichtlich gut miteinander auskommen. Tiere verschiedener Generationen und verschiedenen Geschlechts begreifen bestimmte Dinge auch unterschiedlich schnell. Wie man festgestellt hat, lernen Goldgelbe Löwenäffchen in Gruppen, die sich aus Tieren verschiedenen Geschlechts und verschiedener Altersstufen zusammensetzen, schneller als Paare aus erwachsenen Männchen und Weibchen.

Ein Ruhe- und ein Schlafplatz

Denken wir an Nester, stellen wir uns Vogelnester vor; doch Säugetiere können ebenfalls hervorragende Nestbauer sein. Viele Nager bauen ein Nest, aber auch viele große Tiere. Schimpansen, Gorillas und Bären errichten Schlafnester für die Nacht, während Schweine Nester zur Aufzucht ihrer Jungen bauen. Trotz der eben gemachten Bemerkungen darüber, daß Tiere eine Menge lernen müssen, trifft es auch zu, daß sie erstaunlich viel instinktiv – auch ohne Anleitung – hervorbringen können. So bauen Hausschweine – sofern sie die Gelegenheit dazu erhalten – Nester für ihre Ferkel, selbst wenn viele Generationen ihrer Vorfahren vielleicht in Verschlägen und Ställen aufgewachsen sind. Aber Tiere in komplizierten Umgebungen wie Wäldern müssen erst lernen, was geeignete Nestbau- und Schlafplätze sind – sie müssen unter anderem außerhalb des Blickfeldes und am besten auch außer Reichweite von Raubfeinden sein. Diese Tiere müssen die Fähigkeit des Nestbauen auch üben. Die ersten Nester von Webervögeln sind in der Regel ausgesprochen unordentlich.

Zwischenartliche Beziehungen –
insbesondere zu Raubfeinden

Auf Inseln lebende Tiere, die sich über viele Generationen hinweg in völliger Abwesenheit ernsthafter Raubfeinde entwickelten, sind oft einfältig zahm und fallen dem ersten Angreifer zum Opfer. Der Tölpel ist ein hervorragender Flieger mit einem Schnabel wie eine Gartenschere, aber er erhielt seinen Namen (im Spanischen heißt er soviel wie «Clown»), weil er gerne auf vorbeifahrenden Schiffen landete, gelegentlich gefangen und in den Kochtopf gesteckt wurde.

Auf dem Festland lebende Tiere, die sich inmitten von Raubfeinden entwickelten, bildeten eine Reihe von Verhaltensweisen zur Feindvermeidung. Diese gehen in Menschenobhut in unterschiedlichem Ausmaß verloren, müssen aber sicher wieder vervollständigt werden, sollen die Tiere in die Natur zurückkehren. Die ersten Goldgelben Löwenäffchen, die Devra Kleiman Anfang der achtziger Jahre in brasilianischen Reservaten freiließ, konnten sich nur schwer in den Bäumen zurechtfinden (weil ihnen das Orientierungsvermögen fehlte) und liefen statt dessen zumeist auf dem Boden. Wildlebende Individuen tun dies nur selten – in einem Land voll Jaguarundis (und anderen Raubtieren) ist dies äußerst gefährlich. Die Wollaffen im Monkey Sanctuary behalten ihre allgemeine Vorsicht gegenüber Raubfeinden bei (sie ducken sich, wenn Bussarde über sie hinwegfliegen und gehen der Katze des Sanctuary aus dem Weg). Bringt man sie jedoch in die Natur zurück, müssen sie die speziellen Fähigkeiten zum Vermeiden von großen, baumlebenden Schlangen und die Kronenregion durchsuchenden Harpyien erst erlernen.

Eine zu vertrauensvolle Einstellung gegenüber Menschen ist auf zweierlei Weise eine Gefahr für Tiere, die in Menschenobhut geboren wurden. Sind sie zu zahm, werden sie – jedenfalls in der Theorie – zu leicht gejagt; wenngleich zumindest Primaten äußerst empfänglich für die Regeln ihrer Sozialgruppe zu sein scheinen. So wurde, wie wir bereits erfahren haben, ein von Hand aufgezogener und in Noah's Park in Brasilien freigelassener Wollaffe eines jener Tiere seiner Sozialgruppe, das dem Menschen gegenüber am scheuesten war. Vielleicht noch problematischer ist aber folgende Tatsache: In Menschenobhut geborene Raubtiere verkennen womöglich, daß sie von Menschen nicht unbedingt gern gesehen werden. So mußte man einen

Geparden, den man von De Wildt in der Nähe von Pretoria freigelassen hatte, wieder zurückbringen, nachdem er eine Vorliebe für die Jagd auf Motorradfahrer zeigte. Ein anderer tauchte auf der Veranda eines Farmers auf, was an sich sehr nett wäre, könnten Geparden nicht unter Schafen Verheerungen anrichten und für Kinder gefährlich werden. Im allgemeinen sind die verwilderten Hunde, die in manch einer Stadt in Südeuropa oder der Dritten Welt herumlaufen, viel gefährlicher als Wölfe. Die haben gelernt, daß es sich nicht auszahlt, Menschen zu belästigen, oder selbst nur so zu wirken, als wären sie daran interessiert. Darüber hinaus müssen wir feststellen, daß auch schlecht ausgebildete Haushunde *weitaus* gefährlicher sein können als Wölfe, denn erstens meiden sie den Menschen nicht seit jeher, und zweitens wurden sie speziell dazu gezüchtet, böse und überaggressiv zu sein. Wildtiere sind nur dann aggressiv, wenn es sein muß. Doch wir erschießen Wölfe und lassen Menschen, die nichts über die Handhabung von Hunden wissen, große und oftmals neurotische Tiere in öffentliche Parks ausführen.

Können Tiere in Menschenobhut jemals das in der Natur erforderliche Verhalten lernen?

Die grundsätzliche Antwort auf diese grundsätzliche Frage muß «Ja» lauten. Wir haben es bereits Hunderte Male ablaufen sehen. Die meisten Fälle betreffen bisher Haustiere, die entkommen sind. Aber wie wir in Kapitel 5 gesehen haben, nimmt die Liste der Wiedereinbürgerungen zur Arterhaltung stetig zu. Einige machen bereits einen vielversprechenden Eindruck. Sicher bringen manche Probleme mit sich, aber Probleme sind dazu da, daß man sie überwindet.

Die bisher vielleicht eindrucksvollste Rechtfertigung für die Zucht in Menschenobhut kommt von Noah's Park in Brasilien und – erneut – vom Monkey Sanctuary. Wie bereits erwähnt, versucht Marc van Roosmalen von Noah's Park, sein Reservat (eine ehemalige Wasserschweinfarm) mit einheimischen, ortsansässigen Tieren zu bestücken. Zu diesen einheimischen Tieren gehören Wollaffen. Die Kautschukzapfer töten die erwachsenen Tiere zu Nahrungszwecken und verkaufen die wertvollen Jungen. Für diese Jungen bietet Noah's Park ein geeignetes Schutzgebiet.

Das Problem ist: Die Wollaffenbabys sind zu klein, um alleine in der Natur zurechtzukommen. Ende 1990 hielt jedoch das Monkey Sanctuary drei vierjährige Männchen – Nick, Ricky und Ivan, die in das Alter kamen, in dem sie eine eigene Gruppe anführen sollten; aber das dort ansässige, dominante Männchen Charlie hatte noch viele Jahre vor sich, und das ältere, Django, war als Nummer zwei etabliert. Aus genetischen Gründen schien es vorteilhaft, Nick in Cornwall zu lassen; doch Rachel Hevesi, Chefpfleger im Monkey Sanctuary, schmiedete zusammen mit Marc van Roosmalen einen Plan, Ricky und Ivan zu Noah's Park zu bringen. Sie sollten dort als «Beschützer» der Gruppe von Affenbabys auftreten, die Ende 1990 zusammengestellt worden war. In Cornwall hatten Ricky und Ivan bereits gezeigt, daß sie gut mit Affenkindern zurechtkommen, indem sie mit ihnen spielten und ihnen erlaubten, in der für Wollaffen typischen Weise auf ihrem Rücken zu reiten. Man traute ihnen daher zu, an die in der Natur geborenen Affenbabys allgemeine Fähigkeiten für das Leben weiterzugeben und ihnen zu helfen, in ihrer eigenen Umgebung zurechtzukommen.

Wie bei der Wiedereinbürgerung der Arabischen Oryx nach Yalooni, bestand auch hier die Vorstellung, Ricky und Ivan nach und nach in die Natur zurückzuführen. Mike Norris und Eric Schneider vom Monkey Sanctuary reisten schon vor den Affen zu Noah's Park, und Mike baute dort einen Käfig für sie im Wald. Wenig später, im Mai 1991, folgten Ricky und Ivan zusammen mit Rachel Hevesi. Zu diesem Zeitpunkt hatten die verwaisten Affen im Park bereits eine Art Gruppe gebildet – das heißt, sie streiften alle gemeinsam umher –, aber sie zeigten keinerlei der üblichen sozialen Interaktionen. Ricky und Ivan hatten also eindeutig ihre Aufgabe.

Zunächst blieben Ricky und Ivan im Käfig, um sich an die Geräusche, den Anblick und den Geruch der Wildnis zu gewöhnen. Von Beginn an teilten sie den Käfig mit drei sehr jungen Waisen, die noch zu jung waren, um sie freizulassen. In der Nähe des Käfigs baute Mike eine Futterplattform für die freilebenden verwaisten Affen, so daß auch diese die Neuankömmlinge kennenlernen konnten. Die freilebenden Affenwaisen zeigten sofort Interesse an Ivan und Ricky und schliefen zum ersten Mal draußen im Wald, in der Nähe des Käfigs. Die einzige Enttäuschung war, daß Ivan und Ricky zunächst kaum Kontakt mit ihren Käfiggenossen aufnahmen. Es gab zwar keine Aggressionen, aber auch nur wenig Freundlichkeiten. Eines Nachts jedoch löste ein schwerer tropischer Sturm alle sozialen Probleme. Am nächsten Morgen fand man alle fünf Affen des Käfigs dicht und behaglich zusammengedrängt. Danach paßten Ricky und Ivan auf die Jüngsten auf und erlaubten ihren kleinen Käfiggenossen wohlwollend, ihr Fell zu pflegen.

Nach sieben Wochen schien die Zeit gekommen, um die Käfigtüre zu öffnen. Wie erhofft und erwartet, akzeptierten die freilebenden Affen die jungerwachsenen Männchen sofort als ihre Anführer. Der ruhigere und selbstbewußtere Ivan erwies sich als eindeutige Nummer eins und Ricky als ihm untergeordnet. Zunächst waren die beiden in schlechter Verfassung und nicht imstande, mit dem Trupp mitzuhalten. Aber schon bald erlangten sie die nötige Stärke und übernahmen ihren natürlichen Platz an der Spitze der sozialen Rangordnung.

Nur fünf Wochen nach dem Freilassen jedoch – drei Monate nach der Ankunft von Ricky und Ivan – schlug das Schicksal zu. Vier Affen wurden krank, darunter Ricky. Es war kein Tierarzt für eine Diagnose verfügbar, aber wahrscheinlich war eine Vergiftung durch irgendeine Wildpflanze die Ursache. Eines der Weibchen starb, und Ricky verschwand – man vermutet, daß auch er tot ist. Dem folgte ein weiterer Rückschlag: Wie so oft in dieser von Menschen regierten Welt standen plötzlich politische, soziale und ökonomische Gesichtspunkte im Vordergrund. Marc van Roosmalen mußte sein ganzes Projekt an eine andere Stelle verlagern. Die Verbindung zwischen ihm und dem Monkey Sanctuary riß ab. Zur Zeit als ich dies schrieb (im April 1993) war der Verbleib von Ivan unklar.

Insgesamt gesehen war das Ergebnis dieses Projekts also sehr unterschiedlich. Einer der in Menschenobhut geborenen Affen ist wahrscheinlich tot, der andere unauffindbar. Zyniker könnten somit schlicht ihre Ansicht bestätigt sehen, es sei in der Praxis unmöglich, intelligente Tiere in komplexe Umgebungen zurückzuführen. Doch bekanntlich *ist* die Wildnis hart und die Sterberate hoch. Und wenn Menschen an einer Sache beteiligt sind, treten allzu leicht politische und ökonomische Überlegungen in den Vordergrund. Positiver – und meiner Meinung nach realistischer – betrachtet, war das Experiment außerordentlich ermutigend. Die in Menschenobhut geborenen Affen fanden sich *gut* in der Natur zurecht und wurden von den in der Natur geborenen Waisen akzeptiert. Und sie formten aus einem bunt zusammengewürfelten Haufen verwilderter junger Geschöpfe eine zusammenhängende Sozialgruppe. Unter normalen Umständen – ohne offensichtliches Pech – könnte das Projekt erfolgreicher verlaufen sein, als je jemand zu träumen gewagt hätte. Rachel und ihre Kollegen vom Monkey Sanctuary sind weiterhin auf der Suche nach geeigneten Stellen zur Wiedereinbürgerung. Es besteht aller Grund zu der Annahme, daß sie und die Affen beim nächsten Mal mehr Glück haben werden.

Vor 20 Jahren hätte man ein solches Vorgehen als absurd angesehen. Heute scheint es die logische Folge des bereits Erreichten zu sein. Das ist Fortschritt. Wir waren in der Tat in diesem Buch Zeugen des Fortschritts: in den theoretischen Grundlagen der Ökologie, bei der Tierhaltung, bei den Zuchtstrategien, beim Management der Natur, im Verständnis der Tierpsychologie und bei den Beziehungen zwischen Menschen und Tieren. Wohin könnten solche Fortschritte führen?

Vogelspinne bei einem privaten Halter in London.

Fische und Wirbellose spielen bei Erhaltungszuchtprogrammen in Zoos noch eine untergeordnete Rolle. Bei der Haltung und Vermehrung bedrohter Arten dieser beiden Tiergruppen könnte in Zukunft jedoch auch Laien und Hobbyzüchtern große Bedeutung zukommen. (Photo Th. Braunbeck.)

8.
Die Zukunft

Es gab Zeiten in der Geschichte unserer Erde und selbst in der Menschheitsgeschichte, in denen nicht viel passierte. Wie Fossilfunde belegen, blieben einige Schnecken über viele Millionen Jahre hinweg unverändert und behaupteten sich während dieser Zeit in fast gleicher Individuenzahl. Das legt nahe, daß auch ihre Umgebung in etwa gleich blieb. Eine Million Jahre lang veränderte sich unser eigener Vorfahre, der *Homo erectus*, anscheinend nur sehr wenig und stellte am Ende dieses Zeitraumes fast dieselben Werkzeuge her wie zu Beginn. Wie lange solche Zeitspannen auch immer andauern mögen, sie sind gebrechlich. Eine einzige Veränderung kann eine weitere hervorrufen, diese wieder eine andere und so fort. Plötzlich (relativ gesehen) ist die gesamte Umwelt verwandelt, und viele oder sogar die meisten der vorherrschenden Lebewesen sterben aus. Bisher wissen wir von fünf solcher Massenaussterben in den vergangenen 600 Millionen Jahren.

Es gab jedoch immer einige Geschöpfe, welche die Massenaussterben der Vergangenheit überlebten. Rückschauend läßt sich nicht sagen, warum manche Tierarten überdauerten und andere nicht; es scheint keine feststellbare Eigenschaft zu geben, die Dauerhaftigkeit gewährleistet. Wir wissen nur, daß einige Lebewesen durchkamen, sonst könnten wir jetzt nicht hier sein und darüber schreiben.

Ohne jede Frage ist unser Zeitalter ein Zeitalter des Übergangs. Man ist versucht, eine Parallele zu ziehen zwischen dem, was derzeit geschieht, und den Massenaussterben der Erdgeschichte. Doch ist eine solche Parallele nicht ganz angemessen; denn zumindest einige der Massensterben in weit zurückliegender Vergangenheit scheinen über vielleicht Millionen Jahre hinweg langsam über die Lebewesen hereingebrochen zu sein. Offensichtlich haben wir in Tausenden von Jahren größere Tiere in einer ungeheuren Geschwindigkeit ausgelöscht; und jetzt droht zumindest die Hälfte der noch auf der Erde verbliebenen Arten innerhalb weniger Jahrzehnte zu verschwinden, weil wir die tropischen Wälder vernichten. Im Ausmaß sind also die Massenausrottungen, die wir heute begehen, vergleichbar mit denen der Vergangenheit; aber in der Geschwindigkeit übertreffen die gegenwärtigen Auswüchse alles bisher Dagewesene bei weitem. Weil die Ausrottungen so viel schneller vonstatten gehen, haben die Tierarten keine Zeit, sich anzupassen. Die Möglichkeit, durch Umwandlung in andere Arten zu überleben, die einige Geschöpfe in der Vergangenheit hatten, besteht nicht mehr. Wir haben zusammenhängende Landschaften unterbrochen, indem wir Prärien und Wälder zu isolierten kleinen Flecken reduzierten und somit auch die Möglichkeit zu wandern beseitigten. Doch Wanderungen ermöglichten in der Vergangenheit vielen Arten, manchen Unbilden zu entfliehen, beispielsweise denen der Eiszeiten.

Die Massenaussterben der Vergangenheit wurden immer durch Klimaänderungen hervorgerufen. Noch verschlimmernd kamen womöglich Veränderungen in der Topographie hinzu, als sich die Kontinente vereinigten oder voneinander trennten, oder sogar Meteoriteneinschläge. Noch nie zuvor starben ganze Artengruppen aus, weil ein bestimmtes Lebewesen sie vernichtete. In diesem großen Maßstab ist das ohne die Aktivitäten der Landwirtschaft ökologisch unmöglich. Doch das gegenwärtige Massenaussterben wird direkt oder indirekt durch eine einzige Art verursacht – durch den *Homo sapiens*. Zu behaupten, wir hätten das Aussterben unter Kontrolle, hieße, sich trügerischen Hoffnungen hinzugeben. Aber wir sind die Ursache, und wir können den Verlauf der Ereignisse beeinflussen, indem wir uns entscheiden, bestimmte Dinge zu tun oder zu lassen. Das Ergebnis des derzeitigen Aussterbens wird in gewissem Maße vom menschlichen Willen bestimmt.

Allen Massenaussterben der Vergangenheit folgte – sobald die Dinge wieder Zeit hatten, in Schwung zu kommen – eine Periode der *adaptiven Radiation*. Die Tiere, die zufällig überlebten, entwickelten sich daraufhin oft erstaunlich rasch und in die verschiedensten Richtungen, um die frei gewordenen ökologischen Nischen zu füllen. Schlechten Zeiten folgte die Renaissance. Die Säugetiere erschienen vor 200 Millionen Jahren auf der Erde – etwa zur gleichen Zeit wie die Dinosaurier. Die nächsten rund 130 Millionen Jahre vegetierten sie im Schatten der Dinosaurier als kleine, in Erdlöchern oder auf Bäumen lebende Kreaturen, die im allgemeinen Erscheinungsbild den heutigen Spitzhörnchen ähnelten. Doch innerhalb weniger Dutzend Millionen Jahre nach dem Aussterben der Dinosaurier spaltete sich die Klasse der Säugetiere in wunderbarer Weise auf – in Wale, Riesenraubtiere und Vorformen der Elefanten, in Mäuse und Robben. Die Fledermäuse entstanden, bevor die Dinosaurier ausstarben, und entwickelten sich nach deren Verschwinden auseinander, um die vielfältigste Säugetiergruppe hinter den Nagetieren zu werden.

Sollte die gegenwärtige Vernichtung der Wildtiere überhaupt den Massenaussterben der Vergangenheit vergleichbar sein, dann könnten wir vielleicht auf eine ähnliche Renaissance irgendwann in der Zukunft hoffen. Sie wird natürlich – wie jede in der Vergangenheit – mit all jenem beginnen, was das Zeitalter des Rückgangs überlebt hat. Das Problem ist vom menschlichen Standpunkt aus folgendes: Zwar ist der Zeitraum, der für eine adaptive Radiation erforderlich ist, in geologischer Hinsicht nur ein Augenblick – eine Million Jahre oder weniger können bemerkenswerte Veränderungen mit sich bringen –, doch nach menschlichen Maßstäben ist er sehr lang. Das gegenwärtige Aussterben ist *unser* Verschulden; wir haben es durch unsere Aktivitäten verursacht, und ein Großteil davon fand in wenigen Jahrzehnten statt oder wird in diesem Zeitraum stattfinden. Vielleicht sollten wir auch die Renaissance einfädeln, denn wenn wir nur Ratten und Küchenschaben hinterlassen, wird der Wiederaufbau zu lange dauern, und wir erreichen nie mehr die ehemalige Vielfalt.

Daher sehe ich die gegenwärtigen Arterhaltungsbemühungen in zwei verschiedenen Zusammenhängen. Der erste ist, das Ausmaß der Massenausrottungen zu begrenzen. Der zweite, die Renaissance in Gang zu bringen, sicherzustellen, daß es – wenn die Welt wieder in eine Aufbauphase kommt, vergleichbar den Perioden der Wiedererneuerung durch adaptive Radiation – noch viel gibt, worauf sich aufbauen läßt.

Die beiden Aufgaben ergänzen sich – sie müssen Hand in Hand voranschreiten, denn es gibt nur eine Welt, um die wir uns kümmern müssen, und nur einen Zeitraum, in dem wir wirken können. Der Schutz von Lebensräumen läßt sich (ich denke, das kann man so sagen) als Aufgabe der Schadensbegrenzung ansehen, die Zucht in Menschenobhut und andere Versuche, die Vielfalt auf einer höheren Ebene als jener zu erhalten, die sich derzeit in der Natur erreichen läßt, analog dazu als Grundlage der Renaissance.

Selbst wenn wir die Zucht in Menschenobhut als berechtigtes Streben ansehen – was dieses Buch natürlich beabsichtigt –, rechtfertigt dies auch die Existenz von *Zoos*?

Brauchen wir Zoos wirklich?

Wenn wir «Zoo» engstirnig definieren – als Sammlung von Tieren in Gitterkäfigen – lautet die Antwort auf diese gewichtige Frage «Nein». Aber Zoos – darüber waren wir uns im gesamten Buch einig – müssen nicht so sein. Sie sollten nicht so sein, und – wenn wir von guten, modernen Zoos reden – sie sind auch nicht so. Fassen wir die Definition für «Zoo» hingegen etwas weiter – als Ort, an dem Tiere in einem geschützten Zustand leben und dem Menschen zur Beobachtung zugänglich sind –, rechtfertigen Zoos sich von selbst. Existierten keine Zoos, würde jede vernünftige Arterhaltungspolitik unausweichlich zu ihrer Gründung führen.

In der Tat: Betrachten wir die modernen Methoden der Erhaltung von Tierarten, erkennen wir ein ganzes Spektrum von Ansatzmöglichkeiten. An einem Extrem steht das Zentrum intensiver Zucht. Das muß und sollte keine Reihe von Käfigen sein. Hält man jedoch Tiere auf engem Raum (und jeder künstliche Lebensraum ist bestimmt klein im Vergleich zur Natur) und züchten sie dennoch, ist dies definitionsgemäß ein «Zentrum intensiver Zucht». Am anderen Ende des Spektrums steht die Wildnis selbst. Dazwischen gibt es jegliche Übergangsformen: eingezäunte Schutzgebiete (Reservate) für nur eine Art, Schutzgebiete mit straffem Management für eine ausgewählte Anzahl von Arten und mit natürlicher Vegetation, Schutzgebiete mit natürlicher Vegetation, die mit der «Wildnis» in Verbindung stehen, aber Schutz vor Raubfeinden bieten, Nationalparks, die der Wildnis entsprechen, aber dennoch ein Management erfordern, damit ihre Vielfalt erhalten bleibt und um lokales Aussterben zu verhindern, und die Wildnis selbst, in der man der Ökologie erlaubt, sich vollkommen nach ihren eigenen Gesetzen zu entfalten.

Die Wildnis bleibt das «Ideal», die Traumvorstellung, die Verkörperung der unberührten Welt. Man muß die Wildnis erhalten, wo immer es geht (von Menschen nur besucht und untersucht). Die Artenschützer sollten sich bemühen, soweit wie möglich vom intensiven Ende des Spektrums zur Wildnis hin vorzustoßen. Zoos sollten sich allgemein zu Nationalparks entwickeln. Zumindest einige Nationalparks sollten schließlich so groß werden, daß man sie sich (fast) selbst überlassen kann.

Es gibt dieses Spektrum. Und jeder Bestandteil des Spektrums läßt sich in der heutigen Welt rechtfertigen, vorausgesetzt, jeder ist für seine Zwecke geeignet. Verschiedene Sprichwörter treffen den Kern: «Der Zweck heiligt die Mittel» oder «Viele Wege führen nach Rom». Kurzum: Jede Form von «Schutzgebiet» hat ihre Vor- und Nachteile. Ein Stadtzoo nutzt, wenn auch mit nur wenig Platz, das verfügbare Geld sehr gut, und Geld ist im Artenschutz sehr geschätzt. Obwohl im Vergleich zu Kontinenten winzig, erhalten alle Stadtzoos zusammen Populationen, die jenen in der Natur vergleichbar sind und sie in einigen wenigen Fällen sogar zahlenmäßig übertreffen. Schutzgebiete (oder Zoos) für nur eine Art können insofern von Vorteil sein, als sie ihre Bemühungen konzentrieren und die Bedingungen an die Bedürfnisse einer bestimmten Art anpassen können. Natürlich gibt es triftige Gründe für ein Schutzgebiet für Spitzmaulnashörner und für die Zucht von Geparden in De Wildt. Aber auch ein Gemisch von Arten kann Vorteile bringen: Grasfressende Tiere nutzen die Pflanzendecke besser aus, wenn sich ergänzende Arten gemeinsam grasen. Wälder haben Baumkronen für Affen, lassen aber am Boden auch Platz für Hirsche und Schweine. Wissenschaftler, die eine Katzenart studieren, können von der Beobachtung anderer lernen – und durch Vergleiche mit völlig anderen Tieren. Tierärzte, welche die Behandlung einer exotischen Art beherrschen, nutzen ihre Zeit am besten, wenn sie ihr Fachwissen auch auf andere anwenden.

Die Tatsache, daß es nicht nur vielfältige, sondern ein ganzes Spektrum von Ansatzmöglichkeiten gibt, ist ebenfalls günstig. Die Wiederansiedlung in der Natur ist das eigentliche Endziel der Erhaltungszucht. Wie wir in den Kapiteln 5 und 7 gesehen haben, läßt sich das am besten bewerkstelligen, indem man die Tiere Schritt für Schritt in Umgebungen einführt, die immer natürlicher werden. Beim derzeitigen Stand der Dinge kann man die Tiere vom Zentrum intensiver Zucht in ein «naturnahes» Gehege bringen, von dort in ein Schutzgebiet und so weiter. Eine derartige, phasenweise Wiedereinbürgerung kann aber nicht stattfinden, wenn nicht alle Zwischenstufen vorhanden sind.

Warum aber Tiere in Chester oder Cincinnati halten, die eigentlich in Indien oder Brasilien leben? Müssen sie geschützt werden, warum hält man sie dann nicht in Reservaten ihrer Ursprungsländer? Selbstverständlich spricht vieles für die Erhaltung von Tieren in ihrer Heimat: von Spitzmaulnashörnern in Schutzgebieten in Kenia und Südafrika, von Sumatranashörnern und Balistaren in Indonesien oder von Wisenten in Deutschland. Diese und viele andere sind Beispiele für berechtigte Erhaltung *in situ*. Doch dieselben Probleme, die auf eine Tierart in der Natur zukommen, können sie auch in Menschenobhut bedrohen, verbleibt sie in der Heimat. Elefanten in Schutzgebieten in Vietnam oder Säbelantilopen im Tschad hätten die Verheerungen des Krieges nicht überlebt. Die Population der Puerto-Rico-Amazone in einem Schutzgebiet auf Puerto Rico wurde durch den Hurrikan Hugo halbiert. Populationen vor Ort sind ausgesprochen wünschenswert – sogar notwendig –, es ist aber ebenfalls sinnvoll, weitere Populationen anderenorts zu halten.

Schließlich erhalten wir Tierarten nicht einfach, weil sie für uns von Vorteil sind. Es ist zumindest eine wertvolle Metapher, unsere Mitgeschöpfe als einen anderen Teil der Schöpfung zu betrachten, von der wir die privilegiertesten Mitglieder sind. Allgemeiner ausgedrückt: Wir sollten Tiere erhalten, weil wir sie erhalten wollen, da es richtig ist, dies zu tun.

Dennoch wäre es widernatürlich und unnötig nachteilig für sie und uns, nicht jede Gelegenheit wahrzunehmen, von ihrer Existenz zu profitieren. Um die Sache einfach auszudrücken: Artenschutz in armen Ländern (und Artenschutz ist in der Regel in armen Ländern am dringlichsten) sollte soweit wie möglich seine eigenen Kosten tragen. Auch in wohlhabenden Ländern muß man die Leute mit Geld dazu bringen, sich daran zu beteiligen, denn in der heutigen Welt gelingt nichts mehr ohne Geld.

Die meisten Wege, auf denen wir von Tieren profitieren, sind für sie in gewissem Maße unangenehm. Bei manchen wird das Tier getötet und bei anderen (wie im Zirkus) erniedrigt. Doch wenn wir zufrieden damit sind, Tiere einfach nur zu betrachten und ihre Gegenwart zu erleben – was wirklich Entschädigung genug sein sollte –, müßten wir von ihnen profitieren können, ohne sie aus dem Gleichgewicht zu bringen. Praktisch lassen sie sich durch mehr als wenige Spezialisten nur schwer beobachten; denn Tiere bemühen sich nicht besonders, beobachtet zu werden. Doch mit moderner Technologie, viel Einfallsreichtum und einer Menge Geld ist es möglich, sie vielen Menschen zu zeigen, ohne sie zu stören. Die Techniken reichen vom Fernsehen aus dem Adlernest in Cincinnati für eine begrenzte Zuschauerschaft bis hin zu sorgfältig geführten Touren in Nationalparks (im Gegensatz zu dem Rummel mit Landrovern). Jeremy Cherfas diskutiert unzählige solcher Möglichkeiten in *Zoo 2000*. Entscheidend ist jedoch, daß eine solche «Zurschaustellung» wirklich notwendig ist, teils weil sie Einkünfte erbringt und teils, weil sie das Bewußtsein der Öffentlichkeit steigert. Solange sich Menschen nicht um die Tiere kümmern, besteht für diese keine Hoffnung; und sie werden sich mehr um sie kümmern, wenn sie die Tiere sehen können.

Wir werden auf das Thema Beobachtung von Tieren noch einmal zurückkommen. Ich wollte hier nur zeigen, daß sich der Zoo – in seiner weiter gefaßten Definition – von alleine erfindet. Wenn man Tiere schützt (wie es angebracht ist) und sie den Menschen zeigt (wie es erforderlich ist, um die Sympathie der Öffentlichkeit zu erwecken und Einkünfte zu erzielen), hat man – *per definitionem* – einen Zoo. Und noch etwas ist klar: Soll die Erhaltung von Arten die kommenden Jahrhunderte hindurch, in denen die menschliche Bevölkerung ihren Höchststand erreichen wird, erfolgreich sein, werden wir (und die Tiere) immer mehr geschützte Orte brauchen, während die Menschen, die vielleicht mehr Freizeit und gesteigerte Erwartungen haben, immer mehr Zugang zu ihnen haben wollen. Kurz gesagt: Zoos sind notwendig. Sie werden in der absehbaren Zukunft ein Bestandteil des zivilisierten Lebens sein.

Eine Änderung ist jedoch unausweichlich. Das Spektrum der «Schutzgebiete» vom Zuchtzentrum bis hin zum Nationalpark wird ohne Zweifel generell verschwommener werden; es wird sich immer schwieriger unterscheiden lassen, was ein Zoo ist und was ein öffentlich zugängliches Reservat. Allerdings sind Definitionen nicht so wichtig. Entscheidend ist nur: Was existiert, muß den Umständen gerecht werden; und die Tendenz sollte dahingehen, Orte «wilder» zu machen statt «zahmer». Die ideale Rolle des Menschen besteht nicht darin, den Ablauf zu organisieren, sondern einfach sicherzustellen, daß er vonstatten gehen kann.

In Zukunft wird es auch nicht mehr so ganz einfach sein, zwischen freilebenden natürlichen Populationen und solchen in Menschenobhut zu unterscheiden.

Wildpopulationen und Zoopopulationen

Wie wir in Kapitel 4 ausführlich diskutierten, sind die Bestandszahlen ein kritischer Punkt bei der Arterhaltung. Zu kleine Populationen sterben aus. Wir haben jedoch gesehen, daß die Lebensfähigkeit einer Population nicht einfach von der Anzahl abhängt. Sind alle Tiere einer Population genetisch ähnlich oder herrscht in jeder Teilpopulation Inzucht, ist diese Population in Gefahr, außer sie trägt – wie die der Geparden – nur sehr wenige nachteilige Gene und kann daher Homozygotie tolerieren. Doch, wie wir gesehen haben, sind die verbliebenen Naturräume oft zu klein, um lebensfähige Populationen zu beherbergen. Auch Zoos werden immer mehr Schwierigkeiten bekommen, in ihren Beständen, die unausbleiblich begrenzt sind, eine entsprechende genetische Vielfalt zu erhalten.

Ein Teil der Antwort auf diese beiden Probleme besteht darin, Tiere oder ihre Gene zwischen Populationen in Menschenobhut und Wildpopulationen auszutauschen. Derzeit wird nur sehr wenig ausgetauscht – obgleich es bereits schwierig ist, in der Population der Goldgelben Löwenäffchen in Brasilien zwischen wildlebenden Tieren und solchen in Menschenobhut zu unterscheiden. Immer häufiger werden wir jedoch aufgrund der in Kapitel 6 diskutierten Techniken – das Sammeln von Sperma in der Natur oder (letztendlich) von Eizellen aus toten Weibchen und den Transfer von Embryonen – einen Austausch von Keimplasma aus der Natur in Menschenobhut und von dort in die Natur erleben. Kurz gesagt, Populationen in der Natur und in Menschenobhut werden bald ein genetisches Kontinuum bilden, so wie es bereits zwischen verschiedenen Zoopopulationen, die am selben *Species Survival Plan* beteiligt sind, besteht.

Wir werden auch immer besser einzelnen Individuen in der Natur auf der Spur bleiben und Blut- oder Gewebeproben von ihnen entnehmen können, ohne sie zu beunruhigen, um ihre DNA zu analysieren. Selbst kurzfristig werden wir so erkennen, ob ein bestimmtes

Wildtier einer erblich verarmten Population in Menschenobhut genetisch sehr unähnlich ist, und es daher (angenommen, es ist nicht zu
unterschiedlich und gehört einer anderen Unterart an) der Inzucht
entgegenwirken könnte. Schließlich ließe sich möglicherweise zeigen,
daß bestimmte Abschnitte der DNA bestimmten Genen mit einer bestimmten Funktion entsprechen. Auf diese Weise könnte man Wildtiere identifizieren, die jene Gene besitzen, die in der Population in
Menschenobhut verlorengingen.

Letzten Endes wird es sogar denkbar sein (und als wünschenswert
angesehen werden), dieselben Vorgänge auch in umgekehrter Richtung auszuführen. Beobachtet man beispielsweise, daß in einer bestimmten Wildpopulation die genetische Vielfalt zu rasch zurückgeht,
wäre es angebracht, ihr aus dem Genpool in Menschenobhut neue
Gene hinzuzufügen – entweder durch Besamung von Weibchen in der
Natur oder (wo dies sozial möglich und nicht zu gefährlich ist) durch
Wiedereinbürgerung bestimmter Individuen in die Wildpopulation.

Kurzum: Man wird das derzeit in den am besten funktionierenden
Zuchtprogrammen praktizierte genetische Management erweitern,
um auch die Wildpopulationen mit einzuschließen. Das sollte jedoch
nur geschehen, wenn es erforderlich ist. Im Idealfall wären die Wild-
und die Zoopopulation so groß, daß keine von ihnen Gene von der
anderen entleihen müßte. Vielleicht könnte es sich aber dennoch lohnen, Gene auszutauschen, ganz einfach, um sicherzustellen, daß die
beiden Populationen nicht «auseinanderdriften» und zu getrennten
Unterarten werden. Doch mit diesen Fragen können sich zukünftige
Generationen von Biologen auseinandersetzen, wenn sie aktuell werden. Sie sollten dann dankbar sein, daß sie derartige Probleme zu
lösen haben.

Die Abgrenzung zwischen Zoos und ausgedehnteren Reservaten
wird sich verwischen und desgleichen die Unterscheidung zwischen
Genpools in der Natur und in Menschenobhut. Im Laufe der Zeit
werden wir auch erleben, wie die Abgrenzung zwischen den Fachleuten, die von Berufs wegen Tiere erhalten, und den Amateurzüchtern
immer mehr schwindet.

Fachleute, Amateurzüchter und kommerzielle Züchter

Das ganze Buch hindurch habe ich zwei Dinge als selbstverständlich vorausgesetzt: *daß Species Survival Plans* und EEPs in Zoos oder Reservaten durchgeführt werden sollten, die mit irgendeiner «offiziellen» Körperschaft verbunden oder ihr zumindest angegliedert sind, insbesondere der IUCN, und daß sie in der Regel von berufsmäßigen Zoologen, Tierpflegern und Tiermedizinern ausgeführt werden sollten. Doch wie ich ebenfalls herausstellte, besteht bei allen Arterhaltungsbemühungen chronischer Geldmangel. Daher ist es ausgesprochen hilfreich und sogar unabdingbar, das Interesse der Allgemeinheit zu wecken.

Offensichtlich besteht da ein Widerspruch. Selbstverständlich braucht der Artenschutz Fachleute. Aber Fachleute verursachen zusätzliche Kosten. Da sie ihre Tätigkeit beruflich ausüben, neigen sie dazu (teils absichtlich, teils unabsichtlich), sich von den Laien abzugrenzen. Hervorragende zoologische Gesellschaften, die sich beispielhaft um den Artenschutz bemühten, machten bisweilen nicht den Eindruck öffentlicher Institutionen, sondern den privater Clubs. Es gibt jedoch zwei ungebundene und heterogene Gruppen von Menschen, die im allgemeinen nicht «offiziell» sind – ich meine damit, sie sind nicht offiziell von der IUCN oder einer vergleichbaren Körperschaft unterstützt. Sie könnten theoretisch beträchtlich dazu beitragen, die Hauptprobleme der Fachleute zu lindern. Die erste dieser Gruppen sind die «Amateur-» oder «Hobbyzüchter». Die zweite sind die kommerziellen Züchter, die Tiere sowohl an Hobbyzüchter als auch an professionelle Zoos verkaufen. Amateurzüchter sind manchmal stümperhaft inkompetent, und viele haben überhaupt kein ernsthaftes Interesse an der Arterhaltung. Einige kommerzielle Züchter sind sowohl inkompetent als auch charakterlos und würden am liebsten sehen, daß Tiere selten sind, damit der Geldwert der verbliebenen steigt. Aber in den Reihen der Amateur- und kommerziellen Züchter finden sich auch einige der besten aller Tierhalter – Menschen, die wirklich «grüne Daumen» haben. Viele sind gewissenhaft, hingebungsvoll und sorgen sich zutiefst um das Überleben von Arten. Zusammengenommen zahlen und handeln Amateurzüchter und kommerzielle Züchter wahrlich gewaltige Geldsummen: Amateuraquarianer geben allein in Großbritannien jährlich umgerechnet

250 Millionen Mark für ihr Hobby aus und weltweit etwa 15 Milliarden US-Dollar. Darüber hinaus *sind* die Amateurzüchter definitionsgemäß auch «das Volk»; indem man sie mit einbezieht, überbrückt man mit einem Schlag die Lücke zwischen Fachleuten und der allgemeinen Öffentlichkeit. Aus all diesen Gründen glauben die «Fachleute» heute, daß man das «Potential» der Hobbyzüchter und kommerziellen Züchter weitaus umfangreicher erschließen sollte.

Das Prinzip hat sich ohne Frage bereits gut bewährt. Manch eine Ranch in den USA beherbergt Antilopen aus Afrika oder Asien, Herden, welche die «offiziellen» Bestände der Erhaltungszucht in Menschenobhut vergrößern könnten und dies in einigen Fällen auch tun. In Südafrika werden Auktionen für Viehfarmer abgehalten, bei denen diese um überzählige «Wildtiere» aus Schutzgebieten mitbieten können. Das mag abstoßend klingen. Aber Viehfarmer, die ich (im Fernsehen) gesehen habe, sagten, sie seien nicht der Ansicht, daß sie die Tiere «besitzen»; vielmehr, daß sie nur das Vorrecht erworben haben, sich um sie zu kümmern und sie für die Zukunft zu erhalten. Eine derartige Einstellung scheint mir unanfechtbar. Allein die Größe einiger amerikanischer und afrikanischer Viehfarmen legt nahe, daß sie einen wirklich bedeutenden Beitrag leisten könnten. Ohne Zweifel rettete der Duke of Bedford in seinem Landgut in Woburn den Davidshirsch. Die Arabischen Oryxantilopen, die in Palastgärten im Nahen Osten aufwuchsen, trugen zu der ursprünglichen «Weltherde» bei und ergänzen weiterhin den Genpool.

Natürlich sind Herzöge und amerikanische Viehfarmer nicht der Plebs. Ihre Beteiligung bringt nicht gerade die wünschenswerte Demokratisierung. Aber vom finanziellen Standpunkt könnten kleine Leute ebenfalls einen großen Beitrag leisten. Wir sprachen in Kapitel 4 von der Notwendigkeit von Junggesellenherden: ideal für Leute, die einen Hektar Platz für ein paar Tiere haben, aber nicht die Umstände der Zucht wollen. Der Schabrackentapir ist eine bedrohte Art: Ein Dutzend Männchen, verteilt in den Gärten englischer Landgasthöfe oder den ländlichen Hauptsitzen von Handelsgesellschaften, würde sich wohl beträchtlich auswirken. Privathalter könnten beispielsweise auch vollkommen gesunde Tiere halten, mit denen man nicht ernsthaft züchten möchte, weil ihre Gene vielleicht schon gut repräsentiert sind oder weil es sich um Hybride handelt. Die Privathalter würden ihnen dann ganz einfach «Asyl» gewähren. Dies ist dringend notwendig, denn manches Zuchtprogramm wird gebremst, weil Zoos nur ungern Platz schaffen, indem sie die gegenwärtigen Bewohner einschläfern. Eine einzige Einschränkung wäre zu machen: Junggesellen oder Tiere, denen Asyl gewährt wird, sollten nicht auf Kosten der einheimischen Fauna und Flora gedeihen. Das würde allerdings keine Rolle spielen, wenn man sie beispielsweise als Alternative zu Schafen hielte (von denen es in Europa insgesamt viel zu viele gibt).

Man braucht jedoch kein großes Landhaus, um zur Arterhaltung beizutragen. Aquarianer und Vogelzüchter (und selbst die Halter von Reptilien und Amphibien) erzielen oft bemerkenswerte Resultate in Privatwohnungen und Gartenschuppen. Ende 1990 verhandelte Dr. Gordon Reid vom Horniman Museum im Süden Londons, der einige der einzigen verbliebenen Zuchtgruppen von mehreren Buntbarscharten der Gattung *Haplochromis* aus dem Victoriasee hält, mit der British Cichlid Society, ihn bei seinen Bemühungen zu unterstützen. Aquarianer, die andere Buntbarscharten aufziehen, können auch *Haplochromis*-Arten halten. Ganz besonders würden vielleicht Wirbellose von der Mithilfe von «Amateurzüchtern» profitieren. Paul Pearce Kelly vom Zoo London fragt sich zur Zeit, ob und in welchem Ausmaß er Hilfe von außen für die Handaufzucht der zahlreichen Nachkommen seiner Vogelspinnen auskundschaften sollte.

Papageien sind als Gruppe erschreckend gefährdet. Einige kommerzielle Papageienhändler sind Feinde dieser Vogelordnung und sogar des Lebens überhaupt. Sie fangen die Papageien und begrüßen es, wenn sie selten sind, weil das ihren Geldwert erhöht. Einige Züchter zählen jedoch zu den erfahrensten und kenntnisreichsten Vogelhaltern der Welt, und manche sind selbstlose Artenschützer. Harry Sissen in Yorkshire verzeichnet beispielsweise hervorragende Erfolge mit Aras; allein 1989 züchteten er und seine Frau Arakakadus, Kleine Vasapapageien, Fächerpapageien, Blaulatzsittiche und Goldsittiche. Da können nur wenige Zoos mithalten.

Die Beteiligung von Amateur- und kommerziellen Züchtern birgt jedoch theoretische Gefahren. Viele Aquarianer versuchen beispielsweise traditionell, ihre Schützlinge zu «veredeln» – wie die Züchter der Koikarpfen mit ihrer ständigen Suche nach neuen, exotischen Farben. Sie schrecken vor nichts zurück: Manche erzeugen bewußt Bastarde, um neue Formen hervorzubringen – und Fische hybridisieren in der Regel leicht (weil sich verwandte Arten genetisch oft nur wenig unterscheiden, obgleich die ökologischen Unterschiede beträchtlich sein können). Selektive Zucht und das Erzeugen von Hybriden sind für den Erhaltungszüchter ein Fluch. Hobbyzüchter und kommerzielle Züchter, die sich an *Species Survival Plans* beteiligen wollten, müßten daher ebenso wie Zoos grundsätzlich die Anweisungen des Artkoordinators befolgen. Viele sind jedoch sicherlich der Meinung, daß es sehr viel befriedigender ist, an einem ernsthaften Erhaltungsprojekt beteiligt zu sein, als sich daran zu erfreuen, Tiere zu züchten, die oft nur Zerrbilder sind.

Manche Fachleute befürchten auch, die Amateurzüchter könnten einfach das Interesse verlieren und ihr Unterfangen auf halbem Wege einstellen. Das passiert uns allen – wir werden unserer Hobbys irgendwann überdrüssig. Andererseits würde niemand eine gesamte Art nur einem Halter – ob Amateurzüchter oder Fachmann – anvertrauen. Auch Fachleute sind nicht hundertprozentig verläßlich. Wissenschaftlern geht die finanzielle Unterstützung aus, Zoos schließen, Schutzgebiete werden von Hurrikanen dem Erdboden gleichgemacht – nichts ist sicher. Wir müssen nur die Risiken so gut wie möglich verteilen.

Schließlich wurde behauptet, Amateurzüchter erforderten mehr Organisation, als ihr gesamtes Unterfangen wert ist. Das scheint jedoch nur eine theoretische Ansicht zu sein. Gute Amateurzüchter sind wirklich wichtig. Hin und wieder wenige Stunden Arbeitsaufwand von Fachleuten könnten Hunderte von Stunden (und Hunderttausende von Mark) der Hilfe hervorlocken. Es kommt vielleicht wirklich die Zeit – warum auch nicht? –, in der Laien möglicherweise auch als Zuchtbuchführer oder sogar Artkoordinatoren fungieren. Für Pensionäre könnte das eine hervorragende Beschäftigung sein: Sie wäre interessant und würde bedeuten, daß man unmittelbar an einer weltweiten Angelegenheit beteiligt ist. Man muß keine Tiere halten, um ein guter Organisator zu sein.

Kurzum: Es scheint vernünftig, die mögliche Einbeziehung von Amateur- und kommerziellen Züchtern unter denselben Aspekten zu betrachten wie die Zusammenarbeit mit den Harasis als Bewacher der Arabischen Oryx. Jeder profitiert davon; und weil jeder profitiert, sind die Tiere sicherer. Dies sind demnach die praktischen Veränderungen, die man künftig vornehmen könnte und sollte, entwickeln sich die Arterhaltungsbemühungen weiter und verschreiben Zoos sich ihrer neuen Rolle. Ebenfalls verändern muß sich die Einstellung: natürlich die der Menschen, aber interessanterweise auch jene der Tiere.

Gewöhnung

Sollen Tiere in lebensfähigen Beständen in einer von Menschen übervölkerten Welt weiterleben, müssen wir unsere Einstellung ihnen gegenüber ändern. Gleichermaßen jedoch, aber unausweichlich, müssen auch *sie* ihre Einstellung *uns* gegenüber ändern. Sie müssen eine spezielle Grundhaltung annehmen, die irgendwo zwischen dem liegt, was man als «wild» und «zahm» bezeichnet – eine Haltung, wie sie Rotkehlchen in den Vorstadtgärten zeigen, die vom Rande des Schubkarrens aus beobachten, die man jedoch nie ins Haus locken könnte. Diesen Zustand nennen die Biologen Gewöhnung.

Der Zustand der Gewöhnung ist aus der Sicht der Behavioristen äußerst gut zu erklären. Ein Tier reagiert auf einen Reiz. Wird dieser aber nicht (durch eine Belohnung) verstärkt oder bestraft, reagiert das Tier bald nicht mehr. Alle Tiere können sich an etwas gewöhnen. Schnecken lernen recht schnell, ihre Fühler auf einen Windstoß hin nicht einzuziehen – wenn sich der Windstoß oft genug wiederholt und nicht irgendwelche weiteren ernsthaften, nachteiligen Auswirkungen zur Folge hat. Soldaten im Krieg lernen, das allgemeine Getöse des Artilleriefeuers zu überhören. Aber nichtsdestoweniger ist Gewöhnung etwas sehr Subtiles; denn Soldaten verlieren nie ihre Fähigkeit, auf das spezielle Geräusch einer Granate zu «lauschen» und zu reagieren, die auf sie gerichtet ist. Das Gehirn filtert die ankommenden Reize – was sehr sinnvoll ist –, schaltet aber nicht ab.

Die stammesgeschichtliche Bedeutung der Gewöhnung ist ebenso einfach zu erklären. Alle Tiere, deren Sinne nicht in dieser oder jener Weise verarmt sind, werden ständig mit Reizen überflutet, auf die sie theoretisch reagieren könnten. Ein Tier, das auf alles reagieren würde, wäre ein nervliches Wrack. Ein Vogel, der vor jedem Rascheln und jedem Schatten fortflöge, könnte sich nie lange genug niederlassen, um zu fressen. Demnach muß das Nervensystem der Tiere mit Filtern ausgestattet sein: Wiederholte Reize, die nichts Gefähr liches bedeuten, werden ignoriert. Es muß sich jedoch ein Gleichgewicht einstellen. Eine zahme Taube auf dem Lande und ein Soldat, der sich bis zur Sorglosigkeit an seine Umwelt gewöhnt hat, werden leicht erschossen.

Der Zustand der Gewöhnung ist jedoch flexibel. Ein Tier, das an einen bestimmten Zusammenhang gewöhnt ist, wird nicht unbedingt an einen anderen gewöhnt sein. In Städten lebende Ringeltauben fressen einem aus der Hand. Rabenkrähen hüpfen zwischen den Liegestühlen im St. James Park im Herzen Londons herum. Begegnet man einer dieser beiden Vogelarten auf dem Lande, kann man sich ihnen kaum bis auf 400 Meter nähern. Auf dem Lande werden sie von Menschen geschossen; zumindest haben diese das dort in der Vergangenheit oft genug getan. Daher entwickelte sich eine Tradition der Feindvermeidung. Natürlich könnte man argumentieren, die an Menschen gewöhnten Tauben der Städte und die fluchtbereiten Wildtauben bildeten verschiedene Teilpopulationen, die nicht gelernt haben, sich zu gewöhnen oder nervös zu sein, sondern einfach der natürlichen Selektion ausgesetzt waren. Dabei wäre folgendes passiert: An Menschen gewöhnte Individuen würden auf dem Lande einfach geschossen, während sich nervöse Individuen in der Stadt nie niederließen, um zu fressen. Was Krähen und Tauben angeht, weiß ich hierüber nichts; aber Angaben von anderen Arten deuten darauf hin, daß sich einzelne Individuen eindeutig den Umständen entsprechend anpassen können. So spazieren Graugänse durch die öffentlichen Parks Skandinaviens wie Kanadagänse in London. Aber wenn die Graugänse dann nach Südeuropa ziehen, wird es schwierig, sich *denselben Individuen* zu nähern; denn in Südeuropa werden sie von den Menschen bejagt.

Tauben, Krähen und Gänse sind jedoch unproblematische Beispiele. Manche Menschen mögen zwar keine Tauben und manche keine Krähen, es gibt aber keinen bestimmten Grund, sie zu fürchten. Große Raubtiere verursachen mehr Schwierigkeiten: Ein Gepard auf der Veranda ist erschreckend, wenn man kleine Kinder (oder Schafe) hat, und es muß ein wenig beängstigend sein, einen Geparden immer näher kommen zu sehen, obgleich man auf seinem Motorrad immer mehr Gas gibt. Wie wir ebenfalls bemerkt haben, gibt es kein gefährlicheres Tier auf der Erde als große, aggressive Haushunde – eben weil sie den Menschen nicht fürchten.

Doch wildlebende Raubtiere sind intelligent – viel intelligenter als Gänse, die – wie gesehen – ihr Verhalten von Ort zu Ort vollkommen anpassen können. Es leben immer noch Wölfe in stark bevölkerten Ländern: beispielsweise in Italien, im Iran und in den Vereinigten Staaten. Gelegentlich haben Wölfe Menschen erschreckt, aber seit Menschengedenken wurde *kein* Mensch je von einem getötet – mit einer äußerst seltenen Ausnahme: an abgelegenen Orten von Tieren mit Tollwut. Das Verschulden liegt aber bei dem Virus und nicht bei den Wölfen. Es ist theoretisch möglich, Tollwut bei Wildtieren unter Kontrolle zu bekommen, indem man mit einem Impfstoff versetzte Köder auslegt. Wie Hartmut Jungius vom WWF einmal sagte: Wölfe haben «Manieren»» – ein Aspekt ihrer Traditionen. Sie wissen, daß sie Menschen nicht bedrohen sollten. Derzeit sind Wölfe jedoch vorsichtiger, als es ideal zu sein scheint. Sie sollten so weit an den Menschen gewöhnt sein, daß sie sich gerne zeigen, aber nicht bis zu einem Punkt, an dem Menschen und Wölfe leicht in direkten Kontakt zueinander kommen, denn das könnte zu Mißverständnissen führen. Wir dürfen sie aber nicht unterschätzen – sie sind lernfähig.

Im Feld arbeitende Biologen merken häufig, daß sich selbst die Tiere mit der höchsten Fluchtbereitschaft nach einer gewissen Zeit an sie gewöhnen. Die Gorillas in Ruanda sind immer noch Wildtiere; aber sie stieben nicht auseinander, wenn Menschen kommen, um sie zu beobachten, solange diese auf Distanz bleiben. Die Wollaffen in Noah's Park zeigen ein unterschiedliches Verhalten: Manche kommen von den Bäumen herab, um ihnen bekannte Menschen zu treffen (wie Marc van Roosmalen), andere nicht. Sie sind an Menschen gewöhnt, lassen sich beobachten und in unserer Gegenwart entspannt. Man zwingt ihnen bei Angst keine menschliche Nähe auf. Aber sie sind nicht zahm. Sie würden nicht wie ein Tölpel herumstehen, sich nicht streicheln oder kraulen lassen und sich nicht in einen Käfig stecken oder von einem Adler erwischen lassen.

Wir dürfen deswegen aber nicht zu unvorsichtig sein. Die Bären, die sich gewöhnlich in den Camps der nordamerikanischen Nationalparks herumtrieben, waren ausgesprochen gefährlich. Hätten sie sich nicht allmählich an den Menschen gewöhnt (und wären sie nicht entschieden dazu ermuntert worden), hätten sie sich nicht in der Nähe der Camps aufgehalten. Solche Zusammentreffen sind jedoch nicht das, was ich mir vorstelle. Es wäre vermutlich ebenso dumm, Wölfe mit Dosen voller Hundefutter in die Dörfer zu locken; denn sofern sie erst einmal in einer menschlichen Siedlung und außerhalb ihres Heimatgebiets sind, fühlen sie sich leicht in der Falle; werden sie überrascht, reagieren sie dann wahrscheinlich panisch. Entscheidend ist nicht, ein direktes Aufeinandertreffen herauszufordern, sondern einfach die Abneigung zu verringern, die heute die meisten Wildtiere befällt, bemerken sie die Anwesenheit von Menschen. Andere Arten haben einen gesunden Respekt voreinander, wenn dieser angebracht ist. Sie sind aber nicht derartig voneinander abgesondert wie die meisten Wildtiere uns gegenüber.

Sollen sich Tiere jedoch an uns gewöhnen, müssen wir lernen, die Art und Weise, wie wir ihnen gegenüber reagieren, dem anzupassen. Haben wir heutzutage Kontakt mit Tieren, dann mit Haustieren, insbesondere Hunden. Dies kann einen falschen Eindruck von den gewöhnlich vorhandenen Beziehungen vermitteln. Hunde sind nämlich ein Spezialfall: teils, weil sie gesellige Tiere sind; teils, weil ihre charakteristische Form des Zusammenlebens eine hierarchische Gliederung aufweist (wobei untergeordnete Tiere mit dem Schwanz wedeln), bis hin zu einem Punkt, wo Untergeordnete sich nicht einmal mehr fortpflanzen. Nach Tausenden von Jahren der Züchtung und des Zusammenlebens sind sie offenbar geneigt, sich selbst als Menschen ehrenhalber zu betrachten – und Menschen als dominante Hunde ehrenhalber.

Die meisten Tiere haben aber nicht diese spezielle Biologie und Geschichte. Sie bewerten die Annäherungsversuche von Tieren anderer Arten fast nie als Versuch, Freundschaft zu schließen, und erkennen nicht die Notwendigkeit einer solchen Freundschaft. Soweit sie soziale Beziehungen innerhalb der eigenen Art aufbauen, geschieht dies durch eine Reihe bestimmter Signale, die für jede bestimmte Art charakteristisch sein können. Menschen sind neugieriger und wißbegieriger als fast alle anderen Arten und wie die meisten Primaten äußerst feinfühlig. Wir neigen dazu, Dinge zu bestaunen, die uns interessieren, und berühren sie gerne. Doch Tiere sehen solche Annäherungen gewöhnlich als Bedrohung an. Selbst bei Tieren, die wirklich zahm sind und gerne Kontakt mit Menschen haben, kommt es leicht zu Mißverständnissen. Sie fühlen sich bedroht, obwohl wir es doch gut meinen. Wollaffen können beispielsweise sehr zahm werden, und die zahmen lassen sich auch gerne anfassen, denn sie verbringen auch viel

Zeit in Körperkontakt mit ihren Artgenossen. Doch wenn ein Wollaffe seine Hand auf den Kopf eines anderen legt, bedeutet dies, «ich
bin dir überlegen, und du mußt mir aus dem Wege gehen». Für Menschen sind ein Klaps auf den Kopf und das Streicheln der Haare Signale der Zuneigung und Anerkennung. Es beunruhigt Erich Mager
in Apenheul, daß ein Besucher und einer der zahmeren Wollaffen
sich eines Tages mißverstehen könnten. Fühlen sich Affen bedroht
und können sie nicht entkommen, beißen sie. Wenn wir wollen, daß
Affen, Wölfe oder irgendwelche anderen Tiere uns freundlich gesinnt
sind, müssen wir grundsätzlich auch lernen, ihnen entgegenzukom-
men: Wir müssen ihre Würde respektieren, ihre Gesetze erlernen und
ihnen «Raum» gewähren.

Wir sollten uns eine Beziehung Tieren gegenüber angewöhnen, die
nicht von Besitztum oder Wohltätigkeit geprägt ist, sondern von Respekt und Bewunderung: eher dem entsprechend, was wirkliche Kenner – im Gegensatz zu bloßen Sammlern – angesichts großer Kunst
empfinden. Die Bewunderung von Tieren hat noch eine größere Bedeutung als diese; denn Tiere sind – im Gegensatz zu leblosen Objekten – empfindende Lebewesen und unsere Mitgeschöpfe. Es lohnt
sich, die Idee der Kennerschaft näher zu betrachten.

Tierkenner

Eine Theaterkarte in einer großen westeuropäischen Stadt kostet
wahrscheinlich drei- bis 20mal soviel wie eine Eintrittskarte für den
Zoo. Viele Zoos erfreuen sich einiger Steuervergünstigungen, weil sie
gemeinnützig sind. Die Einkünfte der meisten hängen jedoch von den
Menschen ab, die durch ihre Tore kommen, dazu von Mitgliedsbei-
trägen zuzüglich jeglicher Erbschaften oder Spendengelder. Nur sehr
wenige Zoos verfügen über mehr Geld, als sie unmittelbar sinnvoll
einsetzen könnten, und viele müssen sich von Jahr zu Jahr durchschla-
gen. Wir scheinen uns einfach an die Vorstellung gewöhnt zu haben,
ein Zoo sei ein billiges Ausflugsziel und seine Aufgabe bestehe nur
darin, unsere Kinder zu ermüden.

So muß es aber nicht sein. Wenn Zoos zur Arterhaltung beitragen –
wie sie es können –, und wenn Tiere kostbar sind – was der Fall ist –,

sollte es auch wirklich nicht so sein. Für mich (wie auch für alle Pfleger, mit denen ich mich je unterhalten habe) sind Zoos ein unumgänglicher Bestandteil auf jeder Reiseroute. Wann immer ich reise, stelle ich vorher fest, ob auf meiner Route ein besuchenswerter Zoo liegt. Aufgrund meines Berufs bin ich imstande, Gelegenheitstrips durchzuführen. Hannover war 1976 die erste Stadt, die ich bewußt mit einem Zoobesuch im Hinterkopf ansteuerte, Washington über Cincinnati war die letzte. Ich habe auch Urlaube um Zoobesuche herum geplant. 1990, bei meinem Aufenthalt in Holland und Deutschland, nahm ich die Zoos von Amsterdam, Arnheim, Apeldoorn, Stuttgart und Köln in mein Reiseprogramm auf. In Großbritannien gibt es etwa ein Dutzend Zoos, für die ich fast regelmäßig einen Umweg mache. Ich beabsichtige nicht, Sie mit Erinnerungen oder gar Urlaubsdias zu langweilen, sondern möchte einfach nur andeuten, daß Zoos ein guter Zusatzpunkt auf einer Reiseroute sind, zusammen mit all den anderen Gründen, neue Orte zu besuchen.

Einige der Zoos, die ich besuchte, waren heruntergekommen, sinnlos und schauderhaft. Noch gibt es schlechte Zoos. Ich suche mir aber die guten heraus, und diese bilden weltweit – oder sogar in einzelnen Ländern – eine eindrucksvolle Riege. Ich genoß oft das Vorrecht von Führungen durch Direktoren, Wissenschaftler oder Pfleger. Zum Teil deswegen, zum Teil aber auch als zahlender Besucher habe ich Dutzende wunderschöner Stunden in Zoos genossen. Einige Einzelheiten bleiben vor allem im Gedächtnis haften: die Familie der Kleinen Pandas, die in der Dämmerung eines Novembermorgens im Zoo von Cincinnati aus ihrer Höhle kam; ebenfalls eine Morgendämmerung im Monkey Sanctuary in Cornwall, als ich im Nieselregen von Charlie, dem Alphamännchen, bedroht wurde; der Zoo von San Francisco, wo die Moschusochsenkälber in einem eiligen Konvoi trabten, wie besessene kleine Soldatentrupps oder wie es Warzenschweine zu tun pflegen; im Zoo von Glasgow in der Höhle der Kragenbären; im Zoo von Chester auf Tuchfühlung mit den Elefanten – aber auch mit dem Wasserschwein, das sich aus dem See herausreckte, um die Blätter der Trauerweiden fressen zu können; die Löffelstöre in London, die ihre Kiemenbögen wie Schleppnetze ausbreiteten, um das Plankton herauszufiltern; ein Sommerabend in Marwell unter Antilopen auf einem Hügel in Hampshire, nachdem alle Besucher schon gegangen waren; die Geparden und Geier in

De Wildt; die freilebenden Madagassischen Haubennnetzspinnen in Washington und die verblüffenden Seeanemonen, Garnelen und Käferschnecken. «Welch ein Meisterwerk ist der Mensch», sagte Hamlet (Shakespeare *Hamlet;* II, ii). Welch ein Meisterwerk ist *jede* Kreatur, wenn man sich nur die Zeit nimmt, sie zu betrachten, und Zoos können die geeigneten Beobachtungsplätze sein.

Solche Zeit steht jedem zur Verfügung. Es ist nur eine Frage des häufigen Hingehens an verschiedene Orte und der Rückkehr an dieselben Stellen zu anderen Zeiten, in anderer Stimmung. Wenn Zoos zum Hobby werden, zu einem Teil des Lebens, bekommt es auch Sinn, Zeit und Geld darauf zu verwenden. Als Mitglied der örtlichen Zoogesellschaft (die meisten guten Zoos haben Gesellschaften von «Freunden» oder «Mitgliedern») kann man so oft in den Zoo gehen, wie man möchte. Es ist oft das Beste, nur für eine Stunde hineinzugehen, manchmal nur, um bestimmte Tiere zu beobachten oder einfach nur etwas herumzulaufen.

Zoos könnten ihrerseits weitaus mehr für diejenigen tun, die wirklich gerne Tiere beobachten und sich für sie interessieren. In vielen Zoos gibt es heute freiwillige Führer, von denen einige äußerst gut Bescheid wissen. In einigen Ländern – zum Beispiel in Großbritannien – ist es gewöhnlich nicht einfach, jemanden zu finden, der sich wirklich die Zeit nehmen kann, einem zu zeigen, was tatsächlich im Zoo vor sich geht, und der die notwendigen Einblicke hat – außer man hat den Vorwand, ein Buch zu schreiben. Viele Zoos haben heutzutage auch hervorragend gestaltete Gehegeschilder; aber auf nur recht wenigen erfährt man, was man wirklich wissen möchte: Warum diese bestimmten Tiere in diesem bestimmten Gehege sind, wie sie gehalten werden, welche Individuen über welche dominieren, ob eine bestimmte Population Bestandteil eines koordinierten Zuchtprogramms oder welches der Status der Art in Menschenobhut und in der Natur ist. Die auf den meisten Zooschildern vermittelten Informationen sind viel allgemeinerer Art – oft sind es Dinge, die man in jedem Schülerlexikon finden kann. Kurzum: Nur sehr wenige Zoos tun wirklich genug, um jene Minderheit (ich würde sagen, eine bedeutende Minderheit) zu unterstützen, die sich tatsächlich die Mühe macht, zu Kennern zu werden.

Betrachten wir, was sich erreichen ließe. Die Menschen in England und an einigen wenigen, ähnlich exzentrischen Orten schauen sich ein

Spiel namens Kricket an. Wichtige Spiele sind für fünf Tage angesetzt. Selbst vergleichsweise durchschnittliche Wettkämpfe dauern drei oder vier Tage. Stundenlang passiert kaum etwas, doch die Zuschauer kommen in einen rauschähnlichen Zustand – eine ruhige Erwartung, zeitweise unterbrochen von Augenblicken der Verzückung. Mein Bruder und ich pflegten als Jungen an allen drei Tagen eines dreitägigen Spieles zuzuschauen. Tiere kann man in derselben Weise beobachten. Berufsmäßige Zoologen beobachten sie in dieser Art, wenn sie draußen im Feld sind. Auch Amateurzoologen verbringen bereits viele Stunden in Verstecken, um Wasservögel zu beobachten, oder (die wohlhabenderen) auf Balkonen, von denen aus sie ausgewählte (und sorgfältig eingerichtete) Wasserlöcher in Afrika überblicken. Ich frage mich daher, warum wir nicht (beispielsweise) Bären in Städten beobachten könnten, an speziell für sie eingerichteten Orten: in Parks mit Hochsitzen und vielleicht einer Tribüne an einem Zentrum der Aktivität. An solchen Orten wäre es möglich, Tiere in bedeutender Zahl zu züchten und ihr Verhalten zu bewahren. So könnte man auch diejenigen befriedigen (die auch nicht exzentrischer sind als die Zuschauer eines Kricketmatches), die stundenlang beobachten, wenn ihnen der Sinn danach steht.

Es gibt eine Menge möglicher Ansätze. Kurzfristig ist wichtig, daß die Tiere in ausreichender Vielfalt und mit genügend intaktem Verhalten überleben sollten, damit man sie irgendwann in der Zukunft in einer ruhigeren und aufgeklärteren Zeit in die Natur zurückbringen kann. Zoos tragen auch in ihrer derzeitigen Form dazu bei, daß dies geschieht. Hätten die Zoos und alle anderen ernsthaften Arterhaltungsbemühungen das Zehnfache ihrer gegenwärtigen Geldmittel zur Verfügung, würde schon bald eine riesige Zahl von Menschen weitaus mehr Freude und Aufklärung durch den Kontakt mit Tieren erfahren, und wir könnten für die weitere Zukunft optimistisch sein. Wenn sich die Tiere in der Zukunft durch fehlende Bedrohung an den Menschen gewöhnen, sollten wir auch erwarten, uns an einer weitaus engeren und häufigeren Beziehung zu erfreuen – wir bekämen eine Art Arkadien. Zehnmal soviel zu investieren als gegenwärtig, wäre angesichts eines solchen Lohnes nicht zuviel. Für reiche Länder wäre der gesamte Aufwand immer noch unbedeutend. Betrachten wir, wofür wir Geld ausgeben, und was sich erreichen ließe, setzten wir es sinnvoll ein, erscheint das wie eine Bagatelle.

Im Optimalzustand würden Zoos (der weiter gefaßten Definition) – selbst derzeit – die geeigneten Orte für Tiere sein, an denen sie viele Generationen leben können. Lebt ein Tier als Mitglied eines seiner Art entsprechenden Sozialverbands, ernährt es sich von natürlicher Vegetation, wählt es sich selbst seine Geschlechtspartner aus und zieht es seine Jungen aus eigener Kraft auf, scheint es nicht allzuviel auszumachen, wenn es auch vor Feinden geschützt oder dem Menschen zur Beobachtung zugänglich ist. Selbst die besten Zoos sollten jedoch nur ein Teil eines Spektrums sein – und auch als solcher betrachtet werden –, das von einem Zentrum intensiver Zucht bis hin zur Wildnis reicht. Sie sind nicht das alleinige Endziel der Arterhaltungsbemühungen, aber für die absehbare Zukunft muß man sie als Bestandteil dieser Bemühungen ansehen.

Geht alles gut, werden die Zoos in wenigen Jahrhunderten an Bedeutung verlieren. Zur Zeit müssen sie aber noch an Bedeutung gewinnen. Wir müssen erkennen, daß sie für die kommenden Jahrhunderte ein notwendiger Bestandteil unserer Zivilisation sind. Werden sie dieser Forderung gerecht, werden sie zu einer hochinteressanten Einrichtung. Jede geringere Einsicht und jedes geringere Bemühen bedeutet, die Sachlage zu verkennen.

Anmerkungen

Anmerkung des Autors

Ich bin zwar gelernter Zoologe, doch meine Arbeitsmethoden entsprechen denen eines Wissenschaftsautors. Ein Großteil meines Wissens und meiner Erinnerungen stammt von Tagungen, aufgezeichneten Interviews (nicht zuletzt aufgrund meiner Zeit beim Rundfunk der BBC) und aus direkten Gesprächen – viele davon mit Direktoren, Kuratoren, Wissenschaftlern, Veterinären und Tierpflegern während der Betrachtung von Tiergehegen. Dieser *modus operandi* hat seine Vorteile; doch ich bedaure, daß ich nicht für jedes der Zitate einen entsprechenden Literaturhinweis bieten kann, weil sie in vielen Fällen nicht in schriftlicher Form existieren. Das gilt besonders für Kapitel 8, in dem alle Zitate von Menschen stammen, die ich persönlich getroffen oder mit denen ich mich auf meinen Reisen unterhalten habe.

Die folgenden Angaben verweisen auf Bücher, die ich für besonders nützlich oder sonst irgendwie informativ halte; auf Tagungen, deren Inhalte zu gegebener Zeit in Verhandlungsberichten verfügbar sein sollten, wenn nicht bereits zur Zeit der Veröffentlichung (Einzelheiten sind von den erwähnten Gesellschaften zu erfahren); und eine Auswahl besonders wichtiger Veröffentlichungen.

Einführung

1 Frankel, O. H.; Soulé, M. E. *Conservation and Evolution.* Cambridge (University Press) 1981.

Kapitel 1

1 Myers, N. (Hrsg.) *The Gaia Atlas of Planet Management*. Pan Books. 1985.
2 Jones, D. *Lifewatch*. London Zoo & Whipsnade. 1990. Heft Frühjahr (1990), S. 10
3 In: *New Scientist* Heft 3. März (1990), S. 22.
4 Harris, M. *Good to Eat*. Allen & Unwin. 1986.
5 Tudge, C. (Hrsg.) *The Environment of Life*. New York (Oxford University Press) 1988.

Kapitel 2

1 May, R. *How Many Species Are There on Earth?* In: *Science* 241 (1988), S. 1441–1449.
2 Zitiert in: May R.; siehe Nr. 1.
3 Siehe Nr. 1.
4 Zitiert aus Darwins Briefen in: Fisher, R. C. *An Inordinate Fondness for Beetles*. In: *Biological Journal of the Linnean Society* 35 (1988), S. 131–319.
5 Siehe Nr. 1.
6 Myers, N. (Hrsg.) *The Gaia Atlas of Planet Management*. Pan Books. 1985.
7 Diamond, J. M. *The Present, Past and Future of Human-Caused Extinctions*. London (The Royal Society) 1989.
8 Collar, N. J.; Andrew, P. *Birds to Watch. The ICBP World Checklist of Threatened Birds*. Cambridge (International Council for Bird Preservation), herausgegeben 1988.
9 Siehe Nr. 7.
10 Siehe Nr. 8.
11 Siehe Nr. 7.
12 Siehe Nr. 7.
13 McKenna V.; Travers, W.; Wray, J. *Beyond the Bars*. Thorsons Publishing Group. 1987.
14 Siehe Nr. 13.
15 Soulé M. et al. *Zoo Biology* 5. New York (Liss) 1986, S. 101–104.
16 Siehe Nr. 7.

Kapitel 3

1 *International Zoo News*. London (Zoo-Centrum). Erscheint sechsmal im Jahr.
2 Hofmann R. R.; Matern, B. *Changes in Gastrointestinal Morphology Related to Nutrition in Giraffes*, Giraffa camelopardalis: *A Comparison of Wild and Zoo Specimens*. In: *International Zoo Yearbook* 27. Zoological Society of London. 1988, S. 168–176.
3 Siehe beispielsweise in: Goodall, J. *Wilde Schimpansen*. Reinbek (Rowohlt) 1971.
4 Brambell, M.; Matthews, S. *The Zoological Society of London 1826–1976 and Beyond*. London/New York (Academic Press) 1976, S. 147–165.

Anmerkungen

5 Scott, P. *The Special Feature of Nutrition of Cats.* In: Crawford, M. A. (Hrsg.) *Comparative Nutrition of Wild Animals.* Zoological Society of London / Academic Press. 1968, S. 21–36.

6 Crawford, M.; Crawford, S. *What We Eat Today.* Neville Spearman. 1972.

7 Toone, W. D.; Risser, A. C. jr. *Captive Management of the California Condor.* In: *International Zoo Yearbook* 27. Zoological Society of London. 1988, S. 50–58.

8 Zitiert in: Tudge, C. *A Wild Time at the Zoo.* In: *New Scientist.* Heft 5. Januar (1991), S. 26–30.

9 Cherfas, J. *Zoo 2000.* British Broadcasting Corporation. 1984.

10 Gould, N. *Intern. Zoo News* 222. Zoo-Centrum. Heft Juli / August (1990), S. 2f.

11 Williamson, H. *Tarka the Otter.* Putnam. 1927.

Kapitel 4

1 Darwin, C. *Die Entstehung der Arten durch natürliche Zuchtwahl.* Stuttgart (Reclam) 1963, S. 39.

2 Huxley, J. S. *Evolution: The Modern Synthesis.* Chatto & Windus. 1963.

3 Foose, T. J.; Ballou J. D. *Population Management: Theory and Praxis.* In: *International Zoo Yearbook* 27. Zoological Society of London. 1988, S. 26–41.

4 Conway, W. *The Practical Difficulties and Financial Implications of Endangered Species Breeding Programmes.* In: *International Zoo Yearbook* 24/25. Zoological Society of London. 1986, S. 210–219.

5 Mayr, E. *Towards a New Philosophy of Biology.* Cambridge, Mass. (Harvard University Press), 1988.

6 de Boer, L. *EEP Co-Ordinators' Manual, May 1989 Version.* Amsterdam (National Foundation of Research in Zoological Gardens) 1989.

7 Ferguson A. *Conservation of Genetic Diversity in Brown Trout and Other Salmonids.* Veröffentlichung auf dem Symposium *The Biology and Conservation of Rare Fish* (The Fisheries Society of the British Isles, Lancaster University) 16.–20. Juli 1990.

8 Ryder, O. A. et al. *Individual DNA Fingerprints from Galapagos Tortoises.* In: *International Zoo Yearbook* 28. Zoological Society of London. 1989, S. 84–87.

9 See Meffe, G. K. *Genetic Approaches to Conservation of Rare Fishes: Examples from North American Desert Species.* In: *Journal of Fish Biology.* Academic Press. 1990, S. 105–112.

10 O'Brien, S. *A Molecular Solution to the Riddle of the Giant Panda's Phylogeny.* In: *Nature* 317 (1990), S. 140–144.

Kapitel 5

1 Scheel, D.; Ross, D. *How Not to Save a Species.* In: *New Scientist.* Heft 16. Oktober (1986), S. 39–42.

2 Kawata, K. *Japan's Survival Programme Gets Off the Ground.* In: *International Zoo News.* Heft Januar / Februar (1991), S. 6–8.

3 Paulus, Korinther 13, 13.

4 Horizon. BBC 2. 3. März 1991.

5 Brett, R. A. *The Status of Sanctuary Populations of the Black Rhinoceros in Kenya*. Bericht für die Gallmann Memorial Foundation, Nairobi, und das Institute of Zoology, London. Juni 1990.

6 Grimwood, I. *Operation Oryx: The Start of It All*. In: Dixon, A.; Jones, D. (Hrsg.) *The Conservation and Biology of Desert Antelopes*. Helm. 1988, S. 1–8.

7 Kolter, L.; Zimmermann, W. *EEP Co-Ordinators' Manual, May 1989 Version*. Amsterdam (National Foundation of Research in Zoological Gardens) 1989.

8 Glatson, A. *The Red Panda Studbook*. In: *International Zoo News* 223 (1990), S. 5–8.

9 Powell R. *Paignton Zoological and Botanical Gardens Newsletter*. Sommer 1990.

10 Maitland, P. Stellungnahme auf dem Symposium *The Biology and Conservation of Rare Fish* (The Fisheries Society of the British Isles, Lancaster University) 16.–20. Juli 1990.

11 Stanley Price, M. *A Review of Mammal Reintroductions*. Veröffentlichung auf dem Symposium *Beyond Captive Breeding* (Zoological Society of London) 24.–25. November 1989.

12 Laycock, G. *The Alien Animals*. New York (Ballantine Books) 1970.

13 Lever, C. *Naturalized Birds of the World*. Longman Scientific and Technical. 1987.

14 Siehe Nr. 11.

15 Siehe Nr. 6, S. 14–17.

16 Williamson, D. *Gulf Gazelle Reintroduction*. In: *Lifewatch*. Heft Winter (1990), S. 12 f.

17 Kleiman, D. In: Benirschke K. (Hrsg.) *Primates: The Road to Self-Sustaining Populations*. Springer. 1986, S. 959–979.

18 Moore, D.; Smith, R. *The Red Wolf as a Model for Carnivore Reintroduction*. Veröffentlichung auf dem Symposium *Beyond Captive Breeding* (Zoological Society of London) 24.–25. November 1989.

19 Siehe Nr. 1.

20 Toone, W. D.; Risser, A. C. *Captive Management of the California Condor*, Gymnogyps californianus. In: *International Zoo Yearbook* 27. Zoological Society of London. 1988, S. 50–52.

21 *Oryx*. Bd. 26, Hefte Januar und Juli (1992), S. 15, 136.

22 *Oryx*. Bd. 27, Heft Januar (1993), S. 15.

23 Cherfas, J. *Return of the Native*. In: *New Scientist*. 1989. Bd. März, S. 50–53. Und: *The Value of Reintroduction to Bird Conservation*. Bericht vom Symposium des Wildfowl Trust and the International Council for Bird Preservation. 29. November–1. Dezember 1988.

Kapitel 6

1 Für eine Zusammenfassung der Forschungen und Ideen des Institute of Zoology, auf die in diesem Kapitel Bezug genommen wird, siehe in: *Science for Conservation*. Zoologigal Society of London. 1991.

Anmerkungen

2 Dresser, B. L. *Embryo Transfer in Exotic Species*. Veröffentlichung auf dem Symposium *Biotechnology and the Conservation of Genetic Diversity* (Zoological Society of London) 4.–5. September 1990.
3 Siehe beispielsweise in: Fehlly, C. B.; Willadsen, S. M.; Tucker, E. M. *Interspecific Chimaerism Between Sheep and Goat*. In: *Nature* 307 (1984), S. 634; und in: Meinecke-Tillmann, S.; Meinecke B. *Chimaeras of Sheep and Goat*. In: *Nature* 307 (1984), S. 637.

Kapitel 7

1 Medawar, P. *Die Kunst des Lösbaren; Reflexionen eines Biologen*. (Göttingen, Vandenhoeck & Ruprecht) 1972.
2 *Animal Intelligence*. Tagung der Royal Society. 6. Juni 1984.
3 Siehe Nr. 2.
4 Markowitz, H. *Behavioral Enrichment in the Zoo*. New York (Van Nostrand Reinhold) 1982, S. 8.
5 Cherfas, J. *Zoo 2000*. British Broadcasting Corporation. 1984.
6 Siehe: Tudge, C. *A Wild Time at the Zoo*. In: *New Scientist*. Heft 5. Januar (1991), S. 26–30.
7 Hediger, H. *Mensch und Tier im Zoo: Tiergartenbiologie*. Zürich (Müller) 1965, S. 7.
8 Shepherdson, D. *Ratel*. Bd. 16 (1988), S. 100.
9 Markowitz, H. *Behavioral Enrichment in the Zoo*. New York (Van Nostrand Reinhold) 1982, S. 16.
10 Ruempler, U. *Beschäftigungsmöglichkeiten bei Primaten im Zoo*. In: *Zeitschrift des Kölner Zoo*. Bd. 35, Heft 2 (1992), S. 47–68.
11 Box, H. *Training Animals for Life After Release*. Veröffentlichung auf dem Symposium *Beyond Captive Breeding* (Zoological Society of London) 24.–25. November 1989.

Index

A

Ackerbau, siehe Bauern
adaptive Radiation 360f
Afrikanischer Elefant 18, 24f, 68
Aggression 311
Allele 107–110, 115f, 121–126
Alligator River National Wildlife Refuge (ARNWR) 238
Alpenzoo Innsbruck 241
Amateurzüchter 248
American Association of Zoological Parks and Aquaria (AAZPA) 128, 169
Amerika, Besiedlung durch den Menschen 64
Angst 311
Anthropomorphismus 290f, 299, 305, 312
Apenheul in Apeldoorn 231, 288, 341–344
Apparate, zur Beschäftigung von Tieren 326
Arabische Oryx 176, 191–194
    Wiederansiedlung 214–223
Aristoteles 191
Arizona Zoological Society 193
Arten
    Anzahl auf der Erde 19, 56–60
    Definitionen 142–144
    Einführung fremder 66f
Artkoordinator 171–174, 195, 198
Association for Research on and Conservation of Endangered Cichlids (IARCEC) 209
Ataxie 201–204
    beim Przewalskipferd 139
Ausreißerprinzip von R. A. Fisher 150
Australasian Species Management Scheme (ASMS) 170

B

Balistar 246f
Barro Colorado 69
Bartgeier 239–242
Bastarde, siehe Hybride
Bauern 36–39, 46–48
Behaviorismus 300f, 303
Bereicherung des Verhaltens 313–316, 344
Besamung, künstliche 259–262
Beuteltiere 255
Bevölkerungsentwicklung 20, 46, 87f
biologische Vielfalt 22f
Birds to watch, Liste gefährdeter Arten 61f
Blastocyste 278
Blauwal 67
Bluterkrankheit 118
Bongo 252, 284f
Braunkopfklammeraffe 206
Breagyps clarki 243
Breitmaulnashorn 97
British Cichlid Society 370
Bruttosozialprodukt 285
Buntbarsch 67, 85, 208f
    Arten 370

C

Captive Breeding Specialist Group der IUCN 180, 184, 189
Center for the Reproduction of Endangered Wildlife (CREW) 189, 275
Chimären 277
Chomsky, N. 307–309, 346
Chromosom 111–113
Chromosomensatz 278
Computer 163, 167, 172, 253, 294, 305

387

Index

Index

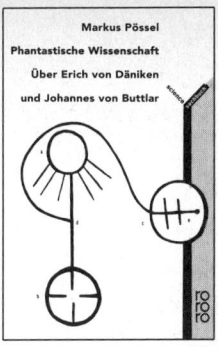

Hans Christian Baeyer
Das All, das Nichts und Achterbahn *Physik und Grenzerfahrungen*
(rororo science 60357)
«Der Autor ist ein Meister der Analogie, der das Abstrakte durch klug gewählte Beispiele mit dem Vertrauten verknüpft.»
bild der wissenschaft
Das Atom in der Falle *Forscher erschließen die Welt der kleinsten Teilchen*
rororo science 9923)
Regenbogen, Schneeflocken und Quarks *Physik und die Welt, die wir täglich erleben*
(rororo science 9709)

Albert Einstein /
Leopold Infeld
Die Evolution der Physik
(rororo science 9921)

Paul Halpern
Löcher im All *Modelle für Reisen durch Zeit und Raum*
(rororo science 60356)
Der Physiker Paul Halpern nimmt den Leser auf eine atemberaubende Reise in die Welt der kosmischen Löcher und Röhren mit.

Markus Pössel
Phantastische Wissenschaft
Über Erich von Däniken und Johannes von Buttlar
(rororo science 60259)
«In meinem Buch geht es um verschlüsselte Botschaften in Hamburgs Hauptkirchen, die Entwicklung der Hieroglyphenschrift, die Art und Weise, wie bestimmte Dinosaurier Fußabdrücke hinterlassen, und viele mehr.»
Markus Pössel

Gero von Randow (Hg.)
Der Fremdling im Glas *und weitere Anlässe zur Skepsis, entdeckt im «Skeptical Inquirer»*
(rororo science 9665)
Mein paranormales Fahrrad *und andere Anlässe zur Skepsis, entdeckt im «Skeptical Inquirer»*
(rororo science 9535)

science

rororo sachbuch

Ausflüge in die Welt der Gehirn- und Bewußtseinsforschung:

Francis Crick
Was die Seele wirklich ist *Die naturwissenschaftliche Erforschung des Bewußtseins*
(rororo science 60257)
«Sie, Ihre Freuden und Leiden, Ihre Erinnerungen, Ihre Ziele, Ihr Sinn für Ihre eigene Identität und Willensfreiheit – bei alledem handelt es sich in Wirklichkeit nur um das Verhalten einer riesigen Ansammlung von Nervenzellen und dazugehörigen Molekülen. Lewis Carrolls Alice aus dem Wunderland hätte es vielleicht so gesagt: «Sie sind nichts weiter als ein Haufen Neurone.» – So beginnt das Buch des Medizin-Nobelpreisträgers Francis Crick, das unsere Vorstellungen dessen, was die Seele ist, auf den Kopf und den Boden der Tatsachen stellt.

Detlef B. Linke
Kunst und Gehirn *Eine Einführung*
(rororo science 60258)
Wie erzeugen Nervenzellen Bilder aus elektrischen Signalen? Wie arbeiten dabei linke und rechte Gehirnhälfte zusammen? Ist Genialität eine Hirnstörung? Ein Buch voller Geschichten von Menschen, bekannten wie van Gogh, Leonardo da Vinci oder Beuys, und unbekannten wie dem Studenten, der sich im Selbstversuch auf Linkshändigkeit umstellen wollte.

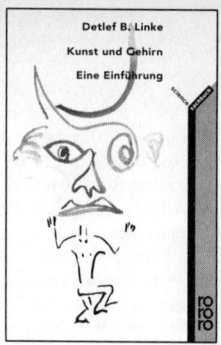

Detlef B. Linke
Kunst und Gehirn
Eine Einführung

Jacques-Michel Robert
Nervenkitzel *Den grauen Zellen auf der Spur*
(rororo science 60253)
«Jacques-Michel Robert informiert den Leser amüsant und leicht verständlich über ein komplettes wissenschaftliches Sachgebiet.»
Badische Zeitung

Ulrich Schnabel /
Andreas Sentker
Wie kommt die Welt in den Kopf? *Reise durch die Werkstätten der Bewußtseinsforscher*
(rororo science 60256)
Die Autoren porträtieren in ihrem Buch die Protagonisten der «Bewußtseinsszene» und bieten Orientierung im Dschungel der Theorien und Spekulationen.

rororo science wird herausgegeben von Jens Petersen. Ein Gesamtverzeichnis aller lieferbaren Titel finden Sie in der *Rowohlt Revue*. Vierteljährlich neu. Kostenlos in Ihrer Buchhandlung.